Davich · Meditation

W0321655

Meditation

VICTOR N. DAVICH

Der einfache Weg zu mehr Zufriedenheit, Entspannung und Gelassenheit

Mit Meditationsmethoden aus aller Welt

Mosaik

Für Mom und Dad
Endlich habe ich meine Hausaufgaben gemacht.

Der Herausgeber bedankt sich für die Genehmigung zur Verwendung der Cartoons von Neal Crosbie aus der Zeitschrift *Tricycle, The Buddhist Review.*

Ein besonderes Dankeschön geht an Jean Marie Stine, Brenda Burke, Frankie Hill und Scott Gerdes.

Teile des dritten Kapitels wurden mit Genehmigung von Jeremy P. Tarcher, Inc., einem Unternehmen der Putnam Publishing Group, dem Buch *Chop Wood Carry Water* von Rick Fields, Rex Wyler, Rick Ingrasci und Peggy Taylor entnommen. Copyright 1984 by Rick Fields, Rex Wyler, Rick Ingrasci und Peggy Taylor.

Der Dank des Autors gilt Shinzen Young, dessen Werk ihm bei einigen Teilen dieses Buches wertvolle Hilfe geleistet hat.

Titel der Originalausgabe: »The Best Guide to Meditation«
Originalverlag: Renaissance Books, Los Angeles

© 1998 Textcopyright Renaissance Media, Inc.

Alle Rechte der deutschsprachigen Ausgabe
© 1999 Mosaik Verlag München in der
Verlagsgruppe Bertelsmann GmbH / 5 4 3 2 1

Übersetzung aus dem Amerikanischen: Gabriele Ginzkey
Redaktion: Monika König/Beatrix Heeg
Textbearbeitung: Linde Wiesner
Umschlaggestaltung: Design Team München
Umschlagfoto: ZEFA/Tana Powell
Satz: Filmsatz Schröter GmbH, München
Druck und Bindung: Mohndruck Graph. Betriebe GmbH, Gütersloh
Printed in Germany
ISBN 3-576-11341-X

Inhalt

Meditationsübungen

Vorwort

Angeregt durch Angaben der Vereinten Nationen, möchte der Autor dieses Buches darauf hinweisen, daß die Zahl der Menschen auf unserem Planeten, die meditieren, größer ist als die Zahl derjenigen, die es nicht tun. Wie kommt das?

Die meisten Menschen in der westlichen Welt haben schon einmal von Meditation gehört. Viele fragen sich, wie sie in ihrem täglichen Leben von der Meditation profitieren könnten. Und einige meditieren bereits. Man kann durchaus behaupten, daß Millionen von uns Suchende sind: Menschen auf der Suche nach Glück und nach mehr Harmonie in ihrem Leben, die ihre eigenen Gefühle besser kennenlernen wollen, um ganz bewußt die Verbindung zu dem Teil von uns, den wir unsere Seele nennen, herzustellen.

Mit dem Buch »Chicken Soup for the Soul« und ähnlichen Werken haben mein Mitautor Mark Victor Hansen und ich uns mit aller Kraft bemüht, unseren Lesern bei der Bewältigung ihrer Probleme im Alltag zu helfen, indem wir ihnen die Augen geöffnet haben für die Erfahrungen anderer Menschen, die zeigen, wie man die vollkommene Erfüllung erreichen kann.

Auch die Meditation trägt zur Bereicherung des täglichen Lebens bei. Für viele Menschen in Ost und West gehört die Meditation zu ihrem persönlichen Lebensstil. Es handelt sich dabei um eine uralte Methode, die ihre Wurzeln in den weitest verbreiteten religiösen Traditionen der Welt hat und dem Menschen auf der Suche nach etwas Größerem, als er selbst ist, hilft – mit dem Ziel der Erleuchtung.

Was immer Sie auch erreichen wollen – Zufriedenheit, Streßabbau, inneren Frieden, Gelassenheit, den Sinn des Lebens zu finden, mit sich ins reine zu kommen –, die Meditation mit ihrer Vielzahl an Facetten und Formen bietet etwas für jeden von uns.

Dieses Buch soll Ihnen als persönlich zugeschnittene Anleitung zur Meditation dienen, indem es leicht verständliche Erklärungen von Mantras, Koans, Rückzugsmöglichkeiten, Karma und daneben auch der verschiedenen Schulen und Meditationsauffassungen von der Meditation vermittelt.

Angefangen von der Definition des Begriffs Meditation durch den Autor als »sich jedem Moment mit ruhigem Bewußtsein öffnen« über die Erklärung spiritueller Erleuchtung bis hin zur Erläuterung dessen, wie man seine täglichen Tätigkeiten bewußter ausübt, nimmt das vorliegende Buch den Leser bei der Hand und führt ihm Schritt für Schritt vor, wie er seine eigene Methode der Meditation entwickeln kann.

Jeder Schritt – angefangen von der einfachen Atemmeditation, bei der der Leser sofort zu meditieren beginnt, bis hin zu von den Meistern übernommene Techniken für Anfänger mit Vorkenntnissen und Fortgeschrittene – wird von klar und deutlich beschriebenen Übungen begleitet, mit denen Sie Ihre Technik verbessern können.

Es ist ein Kompliment für den Autor und ein Vorteil für den Leser, daß das Wesen der Meditation auf diesen Seiten wiedergegeben wird. Niemand wird bestreiten, daß es ein lohnenswertes Ziel ist, zu lernen, wie man sein Leben mit freundlicher Liebe und Anteilnahme lebt. Darin liegt der Schlüssel zum besseren Teil unserer selbst.

JACK CANFIELD *Santa Barbara, Kalifornen*

Einführung

Wenn Sie eine Reise machen, nehmen Sie einen Reiseführer zur Hand, etwa weil Sie nicht die Zeit haben, sich alles anzusehen, weil Sie nicht wissen, was es zu sehen gibt; oder weil Sie zwar wissen, was Sie sehen wollen, aber erfahren möchten, wie Sie am schnellsten dorthin kommen. Ein guter Führer hat folgende Vorteile:

- Er läßt Ihnen die Auswahl der Orte, die Sie aufsuchen möchten.
- Er hebt die Orte hervor, die man nach allgemeiner Auffassung »gesehen haben muß«.
- Er nimmt häufig gestellte Fragen vorweg und beantwortet diese.
- Er zeigt Ihnen den richtigen Weg zur Vertiefung Ihrer Kenntnisse.

Wenn die Reise dann vorbei ist, haben Sie schließlich das Gefühl, einen Eindruck von der Stadt oder dem Land gewonnen zu haben, auch wenn Sie sich nicht alles ansehen konnten. Und Sie wissen genau: Wenn Sie einmal wiederkommen, können Sie sich ganz auf bestimmte Teile konzentrieren, die für Sie besonders interessant sind.

Betrachten Sie das vorliegende Buch in diesem Sinne als Führer zu einem neuen, verführerischen und aufregenden Ort – der Welt der Meditation. Wenn Sie dieses Buch lesen und die Anweisungen befolgen, besitzen Sie am Ende der Führung folgende Fähigkeiten:

- Sie meditieren und verwenden dabei eine elegante, leicht verständliche Meditationstechnik, die darauf basiert, daß Sie Ihre Atmung bewußt einsetzen.
- Sie kennen die Wurzeln der Meditation.
- Sie wissen, worum es bei der Meditation geht.
- Sie haben die unterschiedlichen Meditationstechniken erforscht.
- Sie haben die Meditation zu einem Teil Ihres Lebens gemacht.
- Sie wissen, wie Sie mit Hilfe der Meditation Ihre Leiden verringern und mehr Zufriedenheit erreichen.
- Sie haben eine Form der Meditation ausprobiert, die Ihre Beziehung zu Ihrer Familie, Ihren Freunden, sogar zu Ihren Feinden verändern kann.
- Sie wissen, wo Sie weitermachen müssen und wie Sie Ihre Kenntnisse vertiefen können.

Damit Sie unmittelbare Erfahrungen mit der Meditation machen können, enthält dieses Buch mehr als 50 Übungen.

Die jahrhundertealte Meditation kann Ihnen auch heute mehr Zufriedenheit, inneren Reichtum, Ruhe und Erfüllung bescheren. Die Meditation hilft Ihnen,

- Streß abzubauen,
- zu entspannen,
- sich treiben zu lassen,
- Ihre eigenen Gefühle besser kennenzulernen,
- akute und chronische Schmerzen zu lindern,
- mehr Anteilnahme zu empfinden,
- ein erfüllteres und reicheres Leben zu führen,
- es zur Meisterschaft zum Beispiel im Golf, beim Jogging oder als Koch zu bringen.

Diese Aufzählung läßt sich praktisch endlos fortsetzen. Sie berührt alle wichtigen Aspekte Ihres Lebens. Um das Meditieren zu erlernen, müssen Sie aber nicht erst unzählige Kenntnisse und Techniken erwerben oder Ihre religiöse Überzeugung ändern. Die Meditation erfordert von Ihnen lediglich eine gewisse Einsatzbereitschaft, indem Sie täglich ein paar Minuten Ihrer Zeit aufwenden, um durch die Konzentration auf das ruhige Bewußtsein mehr über sich selbst zu erfahren. Das ist alles. Sie müssen keine dicken Wälzer lesen, sich keinem Geheimbund anschließen, keine größeren Geldbeträge investieren.

Meditation ist ganz einfach die Kunst, sich jedem Augenblick des Lebens mit ruhiger Aufmerksamkeit zu widmen. Vielleicht erscheint es Ihnen seltsam, daß etwas, was so einfach und so alt ist wie die Meditation, dem modernen Menschen solche erstaunlichen Vorteile bringen kann. Das ist durchaus in Ordnung. Es ist kein Fehler, mit einem gesunden Maß an Skepsis an die Meditation heranzugehen. Ob die Meditation Ihrem Leben tatsächlich zu einer positiven Wendung verhelfen kann, erfahren Sie eigentlich nur durch die praktische Anwendung. Und genau dabei soll Ihnen dieses Buch behilflich sein.

Ziel dieses Buches ist es, den Vorgang oder besser die Kunst des Meditierens zu entmythologisieren, zu erläutern und Ihnen nahezubringen. Es eignet sich für Anfänger ebenso wie für Personen, die bereits über Erfahrung auf diesem Gebiet verfügen – also für jeden, der mit dem Meditieren beginnen oder es weiterentwickeln möchte. Dieses Buch ist für Sie geschrieben.

Das Buch geht davon aus, daß Sie

- ein ganz normaler Mensch sind, der sich natürlich mehr Zufriedenheit wünscht und glaubt, daß die Meditation ihm Vorteile bringen könnte;
- bisher wenig oder gar nicht über Meditation gelesen oder selbst meditiert haben;
- es endlich wissen und noch heute mit dem Meditieren beginnen möchten.

Auf dem Markt sind bereits viele Bücher, Kassetten und andere Lernmittel zum Thema Meditation erhältlich. Normalerweise lassen sie sich wie der Brei im Märchen vom Goldlöckchen und den drei Bären in drei Kategorien einteilen:

- zu schwierig,
- zu leicht oder
- genau richtig.

Dieses Buch gehört zur Kategorie »genau richtig« und damit zu einer Minderheit. Meditieren ist nicht ganz leicht und nicht allzu schwierig. Wenn Ihnen jemand sagt, Meditieren sei ein Kinderspiel oder andersherum, es sei mit einem Verzicht in Ihrem Leben, Ihrer Arbeit und Ihrer Familie verbunden und Sie müßten sich für die nächsten zehn Jahre in ein Kloster in Kyoto zurückziehen, so entsprechen beide Meinungen nicht der Realität.

Dieses Buch ist so geschrieben, daß das Meditieren

- einfach zu erlernen ist,
- in Ihren Alltag eingebaut werden kann,

- durchaus zu schaffen ist, so daß Sie darin eine gewisse Fertigkeit erlangen können,
- daß es Ihnen und den Menschen in Ihrem Umfeld etwas bringt.

Um es mit Worten Buddhas, des ersten Meditationslehrers, auszudrücken: Dieses Buch führt Sie auf dem goldenen Mittelweg zur Meditation hin. Und das ist der beste Weg.

Warum du nicht sagen willst, daß du meditierst

Teil 1
Die ersten Schritte

Meditation beruhigt unser gewöhnlich so rastloses Bewußtsein. Indem wir den Geist körperlich und mental zum Schweigen bringen, erreichen wir eine größere geistige Klarheit. Viele Experimente, so der Arzt und Forscher Harold Bloomfield, beweisen, daß Meditation »positive Gefühle erzeugt, die ... die emotionale Gesundheit fördern ..., eindeutig das Selbstwertgefühl und die Gemeinschaftsfähigkeit steigern ..., Angst, Anspannung, Reizbarkeit, chronische Müdigkeit und Depressionen lindern«, während gleichzeitig Zweifel und Unsicherheit abnehmen.

Die durch die Meditation ausgelöste geistige Ruhe und Gelassenheit haben eine tiefgreifende körperliche wie auch geistige Wirkung. »Innere Ruhe ist von wesentlicher Bedeutung für die Gesundheit«, so Bloomfield. »Man erfährt einen Zustand tiefer Entspannung, der sich durch eine Verringerung der Herzfrequenz, des Sauerstoffverbrauchs, der Schweißtätigkeit, der Muskelanspannung, des Blutdrucks und des Anteils der Streßhormone im Blut auszeichnet.« Kein Wunder also, daß die Meditation nach 10 000 Jahren immer noch aktuell ist.

Meditation wirkt sich geistig und körperlich beruhigend aus

Man kann sich kaum vorstellen, wie jemand dem Drang widerstehen kann, alles stehen- und liegenzulassen, um das Meditieren zu erlernen. Viele von uns kennen jemanden, der täglich meditiert und glaubhaft verkündet, sein Leben habe sich dadurch zum Besseren gewendet. Diese Menschen sind heiterer, leistungsfähiger und erfolgreicher als vorher. Ihre Beziehungen zu ihren Angehörigen und Kollegen verbessern sich.

Warum wehren wir uns dagegen, das Meditieren zu lernen? Viele von uns haben das Gefühl, zuwenig Zeit zu haben. Und wenn wir versuchen, uns die Zeit zu nehmen, schrecken wir davor zurück, weil wir es vielleicht nicht so gut können werden. Der exotische Hintergrund so mancher Formen der Meditation ist schon ein wenig bedrückend oder gar abschreckend. Wir meinen, wir verstehen vielleicht nicht alles. Und wenn wir dann tatsächlich versuchen zu meditieren, bedrückt uns die Angst vor dem Versagen. Also suchen wir ständig neue Ausflüchte – keine Zeit, kein Geld für einen Kurs, kein geeigneter Lehrer ...

Nur in der Meditation selbst lernen wir das Wesen der Meditation kennen

Ein Buch zu lesen ist nur der Anfang. Kein Buch über die Meditation kann dem Leser ein vollständiges Bild der Sache selbst vermitteln. (Obwohl es sehr gute Bücher beispielsweise für Gartenfreunde, über Tennis oder persönliche Beziehungen gibt, die eine radikale Verbesserung versprechen, kann keines von ihnen den Erfolg garantieren.) Über eine tiefgreifende Erfahrung zu lesen kann die Erfahrung selbst nicht ersetzen. Um etwas über Meditation zu erfahren, muß man konkret damit beginnen.

In den nächsten Kapiteln werden Sie dazu aufgefordert, so schnell wie möglich mit der praktischen Meditation zu beginnen. Theorie, Geschichte und verwandte Themen kommen später dran. Fürs erste sollten Sie sich der Sache vertrauensvoll hingeben. Teil 1 bereitet Sie vor und gibt Ihnen eine Grundlage. Mögliche Einwände oder Zweifel kommen zur Sprache, und Sie verlieren Ihre Angst vor der Unwissenheit. Sie werden erfahren, wie Sie sich vorbereiten müssen, was Sie brauchen, wie Sie mit dem Meditieren beginnen, noch bevor Sie einen geeigneten Kurs oder einen Lehrer gefunden haben.

Doch zunächst fangen Sie einfach an. Sie sind dabei, eine Technik zu erlernen, die älter als die großen Religionen und in praktisch jeder Kultur unseres Planten vertreten ist. Sobald Sie einmal die ersten Versuche unternommen haben, werden Sie sich, wie viele andere vor Ihnen, schnell davon überzeugt haben, daß Ihr Gehirn und Ihr Körper zum Meditieren geschaffen sind. Sie lassen sich nicht auf etwas Neues und Fremdartiges ein, sondern entdecken Ressourcen, Fähigkeiten und Einsichten, von denen Sie bisher nicht ahnten, daß Sie sie besitzen.

Viele Menschen, die täglich meditieren, sind heiterer und sogar erfolgreicher als vorher

Meister, wohin gehen wir?
Das ist meine Gelegenheit zu sagen: Es gibt kein Ziel.
Das ist meine Gelegenheit zu fragen: Wann kommen wir dort an?
crosbie

Es ist einfacher, als Sie glauben

Shunryu Suzuki Roshi (*Roshi* bedeutet soviel wie Lehrer oder Meister) war der japanische Zen-Meister, der die Zen-Meditation in den sechziger Jahren des 20. Jahrhunderts nach Amerika brachte. In seinem klassischen Werk »Zen-Geist, Anfänger-Geist« schreibt er: »Der Geist des Anfängers bietet viele Möglichkeiten, der Geist des Kundigen nur wenige.« Die großen Meditationstraditionen nehmen Anfänger mit offenen Armen auf. Suzuki Roshi riet allen seinen Schülern, auch den fortgeschrittensten unter ihnen, ihren Anfängergeist zu bewahren. Für einen wahren Anfänger, wie Sie es vielleicht sind, ist das eine hervorragende Sache. Ohne Voreingenommenheit an die Meditation heranzugehen und dabei nicht durch irgendwelche Vorstellungen davon, was richtig und was falsch ist, blockiert zu sein, ist so, als würden Sie ohne schlechte Gewohnheiten lernen, Golf zu spielen.

Jeder kann lernen zu meditieren

Anfänger wollen Fortschritte sehen

Während es durchaus sinnvoll ist, die Meditation unvoreingenommen anzugehen, sollte man sich keine allzu großen Vorwürfe machen, wenn man doch eine vorgefaßte Meinung hat. Wir sind alle nur Menschen, und wir tun kaum et-

Gehen Sie so unvoreingenommen wie möglich an die Meditation heran

was, ohne dabei durch unsere Vorurteile beeinflußt zu werden. Ob Sie Anfänger sind oder nicht, wenn Sie dieses Buch lesen, haben Sie bereits ein Ziel vor Augen oder gewisse Erwartungen, die Sie an die Meditation richten. Vielleicht haben Sie etwas auf dem Umschlag gelesen, das Sie neugierig gemacht hat, oder Sie haben etwas von den Vorteilen und Wirkungen der Meditation gehört – angefangen vom inneren Frieden über bessere Gesundheit und kreative Einsichten bis hin zu spirituellem Wachstum –, das vielversprechend klang oder in Ihnen den Eindruck erweckte, daß sich das Meditieren lohnen könnte.

> »Dennoch verblühen die Blumen trotz
> all unserer Liebe. Und das Unkraut
> gedeiht trotz all unserer Abneigung.«
>
> Dogen (bekannter Zen-Mönch)

Ziele und Erwartungen sind durchaus etwas Positives; sie regen Sie dazu an, der Meditation eine Chance einzuräumen und sich pro Tag die 20 Minuten Zeit zu nehmen, die Sie brauchen, um zu meditieren. Bevor wir fortfahren, ist es vielleicht ganz sinnvoll, sich die Vorteile der Meditation genauer anzusehen, die Ihr ursprüngliches Interesse daran überhaupt geweckt haben. Nachfolgend sind einige der Ziele formuliert, die die Menschen gewöhnlich mit der Meditation in Verbindung bringen. Welche davon treffen auf Sie zu? Welche davon hoffen Sie durch Meditation zu erreichen?

- Innere Zufriedenheit / innere Ruhe;
- Erleichterung bei Bluthochdruck, Streß, Herzproblemen, Asthma oder anderen gesundheitlichen Störungen;
- spirituelle Erfahrungen;

- Selbstentdeckung oder bessere Selbstkenntnis;
- Lösung bei persönlichen oder beruflichen Problemen;
- kreative Einsichten;
- Linderung des Drucks und der Schmerzen nach traumatischen Erlebnissen, etwa dem Tod eines Angehörigen, Mißbrauch, Krieg, Unfall, Scheidung;
- Erleichterung bei Angst, Verwirrtheit, Depressionen;
- Unterstützung der Entwöhnung bei Alkoholismus, Drogenmißbrauch, Sexsucht und anderen zwangsneurotischen Verhaltensweisen;
- Auftrieb für das Gedächtnis und die Hirntätigkeit;
- Reduzierung oder Beseitigung chronischer körperlicher Schmerzen;
- Nähe zu Gott;
- mehr Selbstdisziplin im Umgang mit dem eigenen Gewicht, den Launen, bei Passivität, Wutausbrüchen oder anderen Bereichen Ihres Lebens, in denen es an Harmonie mangelt.

Erreichen Sie durch Meditation Ihre persönlichen Ziele!

Die Meditation kann Ihnen dabei helfen, diese Ziele auf natürliche und einfache Weise sowie mit dauerhafter Wirkung zu erreichen. Meditation wird auf einer tiefen, intuitiven Ebene wirksam und führt zu echten, nicht nur oberflächlichen oder kosmetischen Veränderungen. Meditation ist keine andere Form, sich etwas zu wünschen. Wenn Sie meditieren, meditieren Sie nicht, um zehn Kilo abzunehmen. Sie meditieren einfach.

»Nein, danke«

Bleiben wir doch mal bei dem Beispiel Diät. Die Meditation kann Ihnen durchaus dabei helfen, diese zehn Kilo abzunehmen. Je häufiger Sie meditieren, um so eher finden Sie auf natürliche Weise zu sich selbst. Sie sind sich deutlicher dessen bewußt, was Sie in jedem einzelnen Augenblick tun. Das gilt natürlich auch für die Momente, in denen Sie essen.

An einem offenbar ganz normalen Tag sind Sie vielleicht mit dem Essen fertig und bereit für eines dieser kalorienreichen Desserts, die Sie so gerne mögen. Es steht vor Ihnen. Es sieht phantastisch aus. Sie nehmen den Löffel in die Hand. Und dann tun Sie etwas, was Sie vorher nie getan haben: Sie sehen sich das Dessert genau an. Was als nächstes passiert, ist für alle eine Überraschung, auch für Sie selbst. Sie sagen höflich: »Nein, danke« – und reichen es weiter.

Am nächsten Morgen beim Frühstück sehen Sie sich die gewohnte Portion Croissants, Brötchen und Marmelade, die vor Ihnen steht, wieder genau an. Sie sind sich, vielleicht zum erstenmal, ganz natürlich darüber im klaren, daß dies nicht das Frühstück für jemanden ist, der abnehmen möchte. In aller Seelenruhe schieben Sie die Croissants beiseite und greifen zum Müsli.

So fängt es an. Ohne Bücher, ohne Hungerkur, ohne komplizierte Ernährungspläne – nur mit einem gesteigerten Bewußtsein dafür, was Sie tun, und mit mehr Gefühl dafür, was Ihr Körper für seine Gesundheit braucht. Das Ergebnis ist sichtbar und von dauerhafter Wirkung. Sie sind zufriedener und gesünder.

Mit Meditation können Sie auf leichte Art und Weise abnehmen

Die Meinung der Wissenschaft

Die Meditationsforschung hat in den vergangenen 30 Jahren besonders in den USA spürbar Zuwachs erhalten. Seit den frühen Siebzigern wurden allein in englischsprachigen Wissenschaftsjournalen, Büchern und Doktorarbeiten mehr als 1000 Untersuchungen zur Meditation veröffentlicht. Durch diese Tests – zu denen unter anderem EEG, Hirnszintigraphie, Blut- und Hormonuntersuchungen sowie eine Reihe weiterer moderner wissenschaftlicher Untersuchungsmethoden gehören – wurden die Vorteile der Meditation eindeutig bewiesen. Eingehende Analysen haben gezeigt, daß sie eine beachtliche Wirkung auf Herz und Kreislauf, Nebennierenfunktion, Hormonhaushalt und Stoffwechsel ausübt und bestimmte Verhaltensweisen positiv beeinflußt sowie bedeutende nützliche Veränderungen der inneren Erfahrungen, der Wahrnehmung und des Selbstbildes hervorruft. Diese Untersuchungen dienen laut Michael Murphy, dem Mitbegründer des Esalen-Instituts in Kalifornien, dazu, »unser wissenschaftliches Verständnis der Meditation dahingehend zu verbessern, daß die in der traditionellen kontemplativen Literatur enthaltenen Einsichten ergänzt werden«. Die wohltuende Wirkung schien sich bei allen Personen, unabhängig von Geschlecht, Nationalität und gesundheitlichen Problemen, bemerkbar zu machen.

Die positive Wirkung auf den Körper läßt sich wissenschaftlich beweisen

Der psychologische Nutzen

Hunderte von wissenschaftlichen Untersuchungen belegen, daß schon 20 Minuten Meditation einmal täglich zu einer Steigerung des psychischen Wohlbefindens und der geistigen Leistungsfähigkeit führen. Andere wohltuende Wirkungen der Meditation sind unter anderem:

- verbesserte geistige Gesundheit,
- größere emotionale Stabilität,
- Aufgeschlossenheit,
- Unabhängigkeit,
- Spontaneität,
- weniger Anspannung und Depressionen,
- geringere Abhängigkeit von Medikamenten und Drogen,

- mehr Sinn und Interesse für spirituelle Dinge,
- verbesserte Urteilsfähigkeit,
- Kreativität,
- verbesserte Konzentrationsfähigkeit,
- Mitgefühl,
- besseres Gedächtnis und höhere Intelligenz.

Die körperlichen Auswirkungen

Hunderte von anderen wissenschaftlichen Untersuchungen legen nahe, daß die tägliche 20minütige Meditation die Gesundheit verbessert und sogar die Symptome einiger schwerer Krankheiten lindern kann. Die Meditation

Meditation hat ausschließlich positive Auswirkungen

- erzeugt einen Energieschub,
- steigert die Ausdauer,
- beschleunigt den Genesungsprozeß,
- verringert Asthmaanfälle und andere allergische Reaktionen,
- führt zu einer deutlichen Senkung des Blutdrucks,
- führt zu einem Rückgang von Streß und streßverbundenen Krankheiten wie Herzproblemen, Bluthochdruck und Schlaflosigkeit,
- lindert deutlich akute und chronische körperliche Schmerzen bei Arthritis, Rückenleiden und vielen anderen Krankheiten,
- verbessert Reaktionsgeschwindigkeit, Motorik, Koordinationsvermögen und andere körperliche Reaktionen.

Was ist Meditation?

Meditation mag zunächst geheimnisvoll und schwierig erscheinen. Doch sie ist einfacher, als Sie denken. Im Prinzip ist meditieren so einfach, wie von einem Balken zu fallen, meint Dr. med. Herbert Benson. Er hat in klinischen Experimenten Tausenden von Menschen erfolgreich beigebracht zu meditieren. Benson weist darauf hin, daß unter Umständen mehrere Versuche nötig sind, bis man sich daran gewöhnt. Doch er ist davon überzeugt, daß jeder den körperlichen und psychischen Nutzen schon bald spüren wird. Bensons Forschungen haben gezeigt, daß vier Faktoren nötig sind, um einen Zustand tiefer Meditation zu erreichen:

- ruhige Umgebung, um Ablenkungen zu vermeiden;
- bequeme Haltung, die vollkommene Entspannung ermöglicht;
- ein paar Momente der Entspannung;
- »geistiges Hilfsmittel« (traditionell Mantra oder Gebet genannt), das helfen soll, den endlosen Gedankenstrom des wachen Verstandes auszuschalten.

Benson schlägt vor, am Anfang langsam alle Muskeln zu entspannen, wobei Sie bei den Füßen anfangen und mit Hals, Kopf und Gesicht aufhören. Die nächsten zehn bis 20 Minuten atmen Sie bei weiterhin entspannter Muskulatur locker und natürlich ein und aus und sagen im stillen bei jedem Atemzug »eins« (oder verwenden ein anderes geistiges Hilfsmittel, das Sie sich ausgesucht haben).

Es ist einfach – fangen Sie nur an

Wozu soll man überhaupt meditieren? Warum kann man nicht einfach ruhig dasitzen und sich entspannen? Weil einfache Entspannung nicht dieselbe geistige und körperliche Wirkung hat wie Meditation. Ein von den Universitäten Oxford und London durchgeführtes Forschungsprojekt hat gezeigt, daß Meditation wesentlich effektiver zum Abbau von Streß beiträgt als einfache Entspannungsmethoden.

Definition von Meditation

Es gibt viele Definitionen der Meditation. Eine echte Erklärung bietet eigentlich keiner der Versuche, Meditation mit Worten zu definieren.

In der Zen-Philosophie gibt es ein berühmtes Sprichwort: »Zen ist nicht der Mond, sondern nur ein Finger, der zum Mond weist.« Das bedeutet, daß das Wort nicht die Realität ist. Oder, wie Alfred Korzybski es ausdrückte: »Die Landkarte ist nicht das Terrain.« Genausowenig, wie man in Frankreich ist, wenn man eine Karte von Frankreich betrachtet, meditiert man nicht, wenn man Definitionen von Meditation oder Bücher über Meditationstechniken liest. Die einzige Möglichkeit, zu verstehen, was Meditation bedeutet, ist, zu meditieren.

Eines der berühmtesten und weisesten Bücher der Welt ist das chinesische »Tao Te Ching« oder »Das Buch vom Weg«. Es wird dem chinesischen Meister Lao-tse zugeschrieben, der im 8. Jahrhundert lebte. Gegenstand des Buches ist das *Tao*, der große Strom von Leben und Tod. Darin heißt es: »Doch die Worte, die auf das Tao weisen, scheinen eintönig und fade. Wenn du es sehen willst, gibt es nichts zu sehen. Wenn du es hören willst, gibt es nicht zu hören. Wenn du es anwendest, ist es unerschöpflich.«

Die Bedeutung der Meditation erschließt sich nur durch Meditieren

Meditation ist mit Worten ebensowenig zu fassen wie das Tao. Sie können endlos darüber lesen und sind am Ende nicht klüger als vorher. Doch in der Praxis ist die Meditation eine unerschöpfliche, ewige Quelle von Energie, Einsicht und echter Weisheit.

Das Wort *wach* in dem von Buddha verwendeten Sinne meint nicht einfach wachsam. Wach sein ist gleichzusetzen mit mehr Freude, Bereicherung und Zufriedenheit. Wenn die mächtige Sonne der Klarheit den Nebel der den einzelnen umhüllenden Illusionen verdunsten läßt, finden wir uns an einem neuen, helleren, glücklicheren Ort wieder, an dem immer die Sonne scheint. Darüber hinaus verhilft uns die Meditation auf ganz neue Weise zur Verbindung mit dem Universum.

BUDDHA UNTERWEGS

Kurz nach seiner Erleuchtung, so heißt es, kam Buddha auf der Straße an einem Mann vorbei, der von dem außergewöhnlichen friedlichen Glanz überrascht war, der von Buddha ausging. Der Mann hielt an und fragte: »Mein Freund, was bist du? Bist du ein himmlisches Wesen oder ein Gott?«

»Nein«, antwortete Buddha.

»Nun, dann bist du vielleicht eine Art Magier oder Zauberer?«

Wieder antwortete Buddha: »Nein.«

»Bist du ein Mensch?«

»Nein.«

»Nun, mein Freund, was bist du dann?«

Buddha erwiderte: »Ich bin wach.«

Eine einfache Definition

Wenn Sie gerade erst beginnen zu meditieren, können Sie sich an diese Definition halten: *Meditation ist die Kunst, sich jedem Augenblick mit ruhiger Bewußtheit zu öffnen.*

Meditation ist nicht kompliziert!

Vielleicht sollten Sie diesen Satz überall dort anbringen, wo Sie gewöhnlich Ihre Notizzettel haben – über der Spüle, am Monitor Ihres Computers, im Badezimmer am Spiegel, an der Sonnenblende im Auto, im Eßzimmer auf dem Platzdeckchen, an der Kühlschranktür ...

Wenn Sie fortfahren zu meditieren, werden Sie im Laufe

Integrieren Sie die Meditation in Ihren Alltag!

der Zeit auf viele Definitionen der Meditation stoßen. Vielleicht formulieren Sie Ihre eigene Definition. Denken Sie daran, wie immer sie lauten und wo immer sie herstammen: Definitionen sind nichts als Worte, und als solche können sie die Meditation nur andeuten.

Den Geist beruhigen

Der meditative Zustand unterscheidet sich von Rausch, Schlaf und Hypnose. Es handelt sich dabei um einen einzigartigen körperlichen Zustand. Der Autor und Psychologe Lawrence LeShan schreibt in »How to Meditate«, daß das Besondere am meditativen Zustand die gewaltige Verringerung von Signalen ist, die unser Körper und unser Gehirn verarbeiten müssen.

Normalerweise werden unsere Sinne ständig mit einer Vielzahl von Reizen bombardiert, die dringend nach einer Reaktion unseres Gehirns verlangen. Es kann sich um körperliche Reize wie etwa Hunger, um geistige, durch das Denken ausgelöste Reize oder um emotionale Reize wie Angst handeln. Wenn das Gehirn zu viele Botschaften auf einmal empfängt, kommt es unter Umständen zu einer Überhitzung wie bei einem überlasteten elektrischen System. Das macht sich im Bewußtsein durch Angst, ein Gefühl der Machtlosigkeit, Verwirrtheit und Streß bemerkbar.

Im meditativen Zustand jedoch richtet der Mensch sein gesamtes Bewußtsein, all seine Konzentration und Aufmerksamkeit auf eine Sache, die als das »Meditationsobjekt« bezeichnet wird. Wenn wir uns beispielsweise auf die Atmung konzentrieren, lassen wir alle Gedanken und Wahrnehmungen, derer wir uns bewußt werden, außer acht und wenden uns sofort wieder der Atmung zu. Indem wir uns geistig auf einen einzigen Gegenstand konzentrieren, wird die Anzahl der an das Gehirn gesendeten Signale beträchtlich reduziert, so daß der Geist in einen zutiefst entspannten, jedoch gleichzeitig gesammelten Zustand gleiten kann.

Ihre Atmung ist das einfachste Meditationsobjekt

Suzuki Roshi und die Tiere

In »Zen-Geist, Anfänger-Geist« verwendet der große Zen-Meister Suzuki Roshi Tiere als Sinnbild für unsere limitierten Gedanken und Ideen: Seinem Schaf oder seiner Kuh eine große Weide zur Verfügung zu stellen, ist eine Möglichkeit, die Kontrolle darüber zu behalten. Genauso ist es beim Menschen. Um beim Meditieren vollkommene Ruhe zu erhalten, dürfen Sie sich nicht um all die Bilder kümmern, auf die Sie in Ihrem Inneren stoßen. Lassen Sie sie kommen und gehen.

Die Wurzeln der Meditation

Meditation ist eine Tradition, deren Wurzeln in den großen Religionen der Welt liegen. Die Meditation trägt ebenso wie die Götterverehrung und das Gebet dazu bei, dem Menschen auf der Suche nach den höheren Werten zu helfen.

Einige klassische Beschreibungen der Meditation

Nachdenken, sinnende Betrachtung, religiöse Versenkung.

Duden

... wie eine Taucherausrüstung. Du kannst deine Gedanken sehen, hören, anfassen und schmecken, ohne darin zu ertrinken.

Laurie Fisher Huck

Die Kunst, das Denken in Worten und Symbolen für eine bestimmte Zeit zu unterbrechen, so wie ein höfliches Publikum unmittelbar vor dem Beginn eines Konzerts aufhört zu sprechen.

ALAN WATTS

Durchdachtes Handeln zur Herstellung von Ordnung. Meditation ist nichts anderes als eine Entspannungstechnik zu unterschiedlichen weiterreichenden Zwecken.

ANDREW WEIL

... Heimkehr des Geistes.

SOGYAL RINPOCHE

... Aufmerksamkeit, Aufmerksamkeit, Aufmerksamkeit.

ZEN-MEISTER IKKYU

Meditation muß als Werkzeug zur Erlangung einer Freiheit dienen, die kein Werkzeug benötigt.

JACK KORNFIELD

... ruhiger Gehorsam.

TIBETISCHE TRADITION

... nicht Mittel zum Zweck. Es ist sowohl das Mittel als auch der Zweck.

KRISHNAMURTI

Der Aufbau von Bewußtsein mit Hilfe der Konzentration als Werkzeug.

Ven. H. Gunaratana Mahathera

Eine Technik, die uns hilft, unseren Körper, unser Herz, unseren Verstand und unsere Umwelt klar zu erkennen und auf all das weise und mitfühlend zu reagieren und es zu verstehen.

Joseph Goldstein und Jack Kornfield

Ein geläutertes Gehirn und Bewußtsein. Es gleicht dem schlammigen Wasser, das länger in einem Glas steht. Nach und nach setzt sich der Schlamm am Boden ab, und das Wasser wird klar.

Taisen Deshimaru

Man ist, was man gerade ist, was man war und was man sein wird, alles gleichzeitig.

Peter Matthiessen

Wenn nun dein Auge lauter ist, so ist dein ganzer Leib licht.

Jesus von Nazareth

Alle großen Religionen, Judaismus, Hinduismus, Christentum und Buddhismus, haben neben dem Aspekt der Verehrung auch den Aspekt der Weisheit oder den meditativen Aspekt entwickelt.

In seinem Buch »Coming Home« beschreibt Lex Hixon folgendes Gleichnis: »Stellen Sie sich vor, Sie wandeln durch eine riesige Kathedrale. Auf unzähligen bunten Glasfenstern, die in der Dunkelheit leuchten, sind Formen der Anbetung und des Verständnisses von der Entwicklung des Menschen im Laufe seiner Geschichte dargestellt. Auf einigen Fenstern wird die Gegenwart Gottes durch eine Gestalt oder Merkmale einer Gestalt verkörpert, und andächtig betet der Sucher vor diesen. Andere Suchende, die den Weg der Weisheit vorziehen, betrachten die Glasfenster, die keine figürlichen Darstellungen enthalten, sondern esoterische Muster, die Harmonie und Einheit verkörpern. Verehrung und Weisheit sind Möglichkeiten, Erleuchtung zu erlangen. Einige religiöse Traditionen vereinen beide Möglichkeiten in sich.«

In allen Weltreligionen finden sich mehr oder weniger ausgeprägte Formen der Meditation

Somit stützt sich das verehrende Gebet bei der Suche des Menschen nach dem Namen für den, der nicht einen, sondern viele Namen hat, auf die Meditation. Das ist die Grundlage aller großen Religionen, die in den Schriften des Hinduismus, dem Bhagavad-Gita oder Gesang Gottes, als »in eine Richtung weisende Konzentration des Willens, die den Menschen zur Einheit mit Gott führt« beschrieben wird. Für Gott gibt es viele Namen, unter anderem Dharma, Natur Christi, Höhere Macht, Tao, der Allgegenwärtige, Gotteshaupt, Allah, Jahwe, Ursprünglicher Geist.

Dementsprechend gibt es auch verschiedene Arten des Gesangs und der Meditation, die alle denselben Zweck, die Verehrung Gottes, verfolgen. Man kann in Berlin auf einen

Buddhisten stoßen, der immer wieder das Mantra *Om* wiederholt, oder in Kalifornien Mönchen des Zen-Buddhismus beim Zazen (der Meditation im Sitzen) begegnen, die ruhig auf ihre Atmung achten. All diesen Menschen ist das innere Gespräch gemeinsam, der Einsatz der Meditation in der Ausübung ihres persönlichen religiösen Glaubens.

Auch Atheisten können meditieren

Viele Meditierende verbinden ihre religiösen Überzeugungen mit Meditationsformen anderer Herkunft, manchmal mit doppelt wirksamem Ergebnis. Jedoch sind religiöse Überzeugungen keine Bedingung für ernsthafte und tiefe Meditation. Meditation kann, muß aber nicht auf religiösem Glauben beruhen.

Der Dalai Lama und das Evangelium

Nie trat das Zusammentreffen von östlichen und westlichen religiösen Traditionen deutlicher zutage als im September 1994 beim zehnten jährlich stattfindenden John-Main-Seminar in England, als die World Community for Christian Meditation sich zu einem viertägigen Symposium versammelte. Religionsführer aus der ganzen Welt hatten sich zusammengefunden, um eine Rede des Friedensnobelpreisträgers Dalai Lama über die Betrachtung der Bergpredigt, der Auferstehung Christi und des christlichen Evangeliums aus buddhistischer Perspektive zu hören.

In »The Good Heart«, einer Mitschrift des Seminars, erklärt der Dalai Lama, wie die zwei wichtigsten Formen tibetischer Meditation, die kontemplative Meditation und die Sammlung, auf die christliche Anbetung angewandt werden können, um eine tiefgreifende und machtvolle Erfahrung des Mitgefühls zu ermöglichen: »Nehmen wir das Beispiel der Meditation über Liebe und Mitgefühl im christlichen Kontext. Bei einem analytischen [denkenden] Aspekt

Laut dem Dalai Lama kann die tibetische Meditation auf die christliche Anbetung übertragen werden

dieser Meditation würde unser Denken in bestimmten Bahnen verlaufen, beispielsweise ... daß man, um Gott wahrhaft zu lieben, diese Liebe durch die aufrechte Liebe zu seinen Mitmenschen, durch Nächstenliebe demonstrieren muß ... Diese Art des Denkprozesses ist der analytische Aspekt der Meditation über das Mitgefühl.«

Sobald Sie vollkommen von dem außerordentlichen Wert und der Notwendigkeit von Mitgefühl und Toleranz überzeugt sind, verspüren Sie das Gefühl, berührt zu werden, das Gefühl einer Veränderung von innen heraus. Richten Sie Ihren Geist an dieser Stelle einzig und allein auf diese Überzeugung. Auf diese Weise finden beide Formen der (tibetischen) Meditation in einer Sitzung Anwendung.

Erste Annäherung an die Meditation

Heutzutage besteht die Neigung, sich kopfüber und ohne lange zu überlegen in etwas Neues zu stürzen. Häufig führt unsere Ungeduld zu Frustration, und der erste Versuch endet schließlich damit, daß man eine Sache als zu schwierig oder nicht der Mühe wert aufgibt. Deshalb sollten Sie sich der Meditation behutsam nähern.

Die Meditation ist eine Fähigkeit, die einen gewissen Übungsaufwand erfordert und sich nicht über Nacht aneignen läßt. Dennoch ist die Meditation weder kompliziert oder abgehoben, noch übersteigt Sie Ihren Horizont. Meditieren zu lernen ist nicht schwer, und jeder kann es lernen. Im nächsten Kapitel lernen Sie eine einfache und wirkungsvolle Art der Meditation kennen, die auf einem stets gegenwärtigen und mächtigen Hilfsmittel der Meditation basiert – der Atmung.

Nehmen Sie sich Zeit

Die Meditation kann jeder Mensch erlernen, jedoch sollte man es langsam angehen

Wenn Sie gerade erst anfangen zu meditieren, sollten Sie wissen, daß die Muskeln, die als Ihre Meditationsmuskeln bezeichnet werden könnten, möglicherweise ein wenig schwach sind. Genauso, wie Sie nicht gleich den Mount Everest zu erklimmen versuchen, wenn Sie mit dem Bergsteigen beginnen, sollten Sie auch beim Meditieren nicht mit Gewalt über Ihre eigenen Grenzen hinausgehen.

Am Anfang mag eine einminütige Meditation so unerreichbar erscheinen wie der Mount Everest. Das ist ganz natürlich und auch nicht anders zu erwarten. Tragen Sie es mit Fassung, und seien Sie nachsichtig mit sich selbst. Fangen Sie langsam an, und arbeiten Sie sich nach und nach weiter vor. Wenn Sie mit dem Meditieren beginnen, reicht es vollkommen aus, einmal pro Tag zehn Minuten lang zu üben. Fangen Sie damit an, und bauen Sie diesen Rhythmus langsam auf, wobei Sie immer nur so viel Zeit hinzufügen, wie für Sie zu schaffen ist, ohne daß Sie den Mut verlieren.

Das Gefühl für die Meditation

Die folgende Übung wurde speziell dafür entwickelt, Ihnen eine Vorstellung davon zu ermöglichen, was Meditation sein kann. Doch wie die meisten Anfänger wollen Sie wahrscheinlich schon vor dem Meditieren wissen, wie sich das körperlich und geistig anfühlen wird. Vielleicht haben Sie schon einmal irgend etwas darüber gehört, das sich ein wenig unheimlich anhörte, obwohl in Wirklichkeit nichts an der Meditation unheimlich ist – und schon gar nicht beim ersten Mal. Eigentlich kann man nicht im voraus wissen, welche Erfahrung Sie beim Meditieren machen werden – außer, daß sie positiv sein wird.

Während und nach der Meditation können verschiedene Reaktionen und Emotionen auftreren

Ein Grund, warum sich die Wirkung der Meditation so schwer vorhersagen läßt, ist, daß die Meditation so einmalig ist wie Sie selbst. Unterschiedliche Menschen machen unterschiedliche Erfahrungen. Die Empfindungen währenddessen und danach umfassen ein breites Spektrum.

Spirituelle Erste Hilfe
Alle in diesem Buch enthaltenen Meditationen wurden sorgfältig für Anfänger ausgewählt, und es ist kaum wahrscheinlich, daß sie einen starken Energieschub auslösen. Sollten Sie jedoch damit oder mit anderen Formen der Meditation, die Sie später lernen, Probleme haben, hier ein Tip für die Erste Hilfe für den Geist: Bleiben Sie einfach sitzen, und konzentrieren Sie sich auf Ihre Atmung. Versuchen Sie, die Energie in Ihrem Innern als leuchtende Masse in Ihrer Brust zu sehen und zu spüren. Stellen Sie sich anschließend jedesmal beim Ausatmen vor, wie die Energie Ihr Inneres mit dem Atem verläßt. Wenn Sie fühlen, daß die Energie Ihren Körper verlassen hat, hören Sie damit auf, und beenden Sie die Meditation.

Reaktionen von Anfängern nach dem ersten Mal sind unter anderem:

- überhaupt keine Reaktion (selten),
- ruhig und entspannt (sehr häufig),
- ruhig, dabei positiv gestimmt und energiegeladen (sehr häufig),
- Ekstase und Kribbeln (nicht so häufig),
- ein Ansteigen geistiger und/oder körperlicher Energie, das schwer zurückzuhalten ist (extrem selten, aber problemlos zu handhaben).

Am ehesten werden Sie am Ende der folgenden Übung Gefühle wie Frieden, Gelassenheit, Entspannung, Ruhe empfinden. Weiter hinten finden Sie eine Anleitung, die Ihnen helfen soll, einen täglichen Meditationsplan aufzustellen, an den Sie sich halten können, ohne die Lust an der Sache zu verlieren.

Folgende Angaben können hilfreich sein, um für den Anfang Ihre optimalen zehn Minuten im Tagesverlauf festzustellen:

- Die ruhigste Zeit des Tages ist für mich ________.
- Die Wahrscheinlichkeit, daß ich zehn Minuten lang nicht gestört werde, ist um ______ Uhr am größten.
- Der Ort, wo am wenigsten Reize und Anforderungen auf mich einwirken, ist ________.

MEHR ALS WORTE

1. Nehmen Sie sich zehn Minuten Zeit. Suchen Sie sich einen bequemen, ruhigen Ort, an dem Sie sich sicher fühlen und wo Sie am ehesten ungestört sind. Legen Sie den Hörer neben das Telefon, ziehen Sie die Schuhe aus. Beginnen Sie, sich zu entspannen.

Zuerst müssen Sie lernen, sich Zeit zu nehmen

2. Setzen oder legen Sie sich bequem hin. Schließen Sie sanft die Augen, doch bleiben Sie aufmerksam.

3. Sagen Sie sich, daß Sie sich gerne an bestimmte Erfahrungen in Ihrem Leben erinnern möchten, an die Phasen, in denen Ihre Sinne so tief in einer Aktivität oder einem Ereignis verwickelt waren, daß
– die Zeit stehengeblieben zu sein schien und es nur diesen einen Moment gab;
– Sie sich nicht durch Erinnerungen an die Vergangenheit oder durch Angst vor der Zukunft beschwert fühlten;
– Sie einfach waren, anstatt zu handeln.

Grenzerfahrungen müssen nicht spektakulär sein!

Solche Phasen kann man auch als Grenzerfahrungen bezeichnen. Es kann sich dabei um visuelle Erlebnisse handeln – einen unvergeßlichen Sonnenuntergang am Meer, das eine Mal, als eine Gruppe von Delphinen um Ihr Fischerboot herumschwamm, die ersten Schritte Ihres Kindes. Vielleicht war es ein akustisches Erlebnis – das unglaubliche Konzert von Pavarotti, das Geräusch, das der Wind machte, als Sie auf Skiern ins Tal hinunterfuhren, die ersten Worte Ihres Kindes.

4. Während Ihr Verstand die Erinnerungen an solche Grenzerfahrungen durchstöbert, sortiert und in Kategorien aufteilt, tritt eine Erinnerung besonders deutlich in den Vordergrund. Konzentrieren Sie sich darauf. Untersuchen Sie sie genau, bis ins kleinste Detail. Lassen Sie die Erinnerung in Ihrem ganzen Körper und Wesen widerhallen. Spüren Sie, daß Sie ganz in jener Erfahrung gegenwärtig sind? Können Sie sich die Zeitlosigkeit in Erinnerung rufen, die Sie empfanden, als Sie ein Ereignis erlebten, das Sie nicht zu beeinflussen, zu manipulieren oder zu beurteilen versuchten?

5. Lassen Sie sich fallen, und durchleben Sie erneut diesen zeitlosen Moment von Gegenwärtigkeit. Verändern Sie nichts daran. Machen Sie nicht mehr daraus, als es war. Behandeln Sie diesen Moment behutsam, indem Sie sich ihm mit ruhigem Bewußtsein öffnen. Wenn Sie diesen Moment erneut durchlebt haben, hören Sie auf, und öffnen Sie Ihre Augen. Halten Sie inne, um die körperliche und geistige Erfahrung auszukosten.

Am Anfang sind täglich zehn Minuten Meditation ausreichend

Sie beginnen zunächst mit einer Meditationssitzung pro Tag. Im Laufe der Zeit können Sie die Dauer nach und nach steigern und eine zweite Sitzung einbauen. Die meisten Meditierenden meditieren zweimal pro Tag, normalerweise nach dem Aufstehen und unmittelbar vor dem Schlafengehen. Versuchen Sie täglich um dieselbe Zeit zu meditieren. Es wird zu einer festen Gewohnheit und sorgt außerdem für konstante Übung.

Versuchen Sie am Anfang, die in diesem Buch enthaltenen Anweisungen zu befolgen. Doch seien Sie auch flexibel, und nehmen Sie Rücksicht auf Ihr Privatleben und Ihren Terminkalender. Die Meditation spiegelt das wahre Leben wieder – alles ist im Fluß. Wenn Sie also am Anfang morgens im Büro meditieren, doch später feststellen, daß es Ihnen in der Mittagspause eigentlich besser paßt, ändern Sie das einfach.

Die meisten Meditierenden meditieren zu Hause, wo sie bis zu einem gewissen Grad die Kontrolle über ihre Umgebung haben, doch Sie allein müssen entscheiden, was für Sie die beste Zeit und der beste Ort ist.

Vergessen Sie nicht: Ihr Ziel ist es, einen Rhythmus täglicher Meditation zu entwickeln, den Sie Ihr ganzes Leben lang beibehalten. Es ist auf jeden Fall besser, täglich ein paar Minuten zu meditieren als einmal pro Woche eine Stunde.

Bevor Sie anfangen

Nehmen Sie sich Zeit!

Wenn Sie sich morgens zum Meditieren hinsetzen, haben Sie höchstwahrscheinlich einen hektischen Tag vor sich. Vielleicht grübeln Sie noch über den Traum nach, aus dem Sie aufgewacht sind, oder Sie gehen schon die Liste mit den Aufgaben für den Tag durch, der vor Ihnen liegt.

Wenn Sie sich unvermittelt zum Meditieren hinsetzen, solange Ihr Verstand noch auf Hochtouren arbeitet, läuft er vielleicht erst am Ende der Sitzung langsamer, wenn überhaupt. Deshalb ist es ganz sinnvoll, sich vor dem Meditieren eine Minute Zeit zu nehmen, um das Tempo ein wenig zu drosseln.

Folgen Sie dieser Checkliste:

- Nehmen Sie Ihre Sitzhaltung ein. Werden Sie ganz ruhig.
- Wiegen Sie Ihren Körper sanft vor und zurück. Nehmen Sie bewußt die Haltung Ihres Körpers wahr.
- Sagen Sie sich: »Für die nächsten __ Minuten meditiere ich. Ich muß nirgendwohin, ich muß nichts machen, nirgendwo sein. Ich muß niemand Bestimmtes sein.«
- Beginnen Sie mit der Meditationsübung.

Nach dem Meditieren

Lassen Sie die Meditation sanft »ausklingen«

Sie fühlen sich nach der Meditation sofort entspannter, ruhiger und wohler; vom Stuhl oder vom Kissen hochzuspringen könnte die Harmonie stören. Die Voraussetzung für Ihr Wohlbefinden ist, daß Sie sich nach Beendigung der Meditation einige Minuten Zeit nehmen, um sich langsam auf die vor Ihnen liegenden Aufgaben vorzubereiten und auf den Tag einzustellen.

Ein oder zwei Minuten Pause für die Umstellung nach Beendigung einer Sitzung verstärkt die Wirkung. Hier ist eine Checkliste für das Ende der Meditation:

- Bleiben Sie still sitzen, und überprüfen Sie in Ruhe Ihren Körper und Geist. Ist etwas anders als vorher? Besser oder schlechter?
- Erkennen Sie an, daß Sie sich durch das Meditieren etwas Gutes getan haben. Unabhängig davon, was Ihrer Meinung nach geschehen ist, es war positiv.
- Sagen Sie sich, daß Sie die nützliche Wirkung der Bewußtwerdung überallhin mitnehmen.
- Reiben Sie langsam Ihre Knie und Ellbogen, um die Durchblutung in diesen Bereichen anzuregen.

- Erheben Sie sich ganz bewußt aus Ihrer Meditationsposition. Achten Sie auf die Bewegungen Ihres Körper, während Sie aufstehen.

ZUSAMMENFASSUNG

Meditation kann nicht schaden, sondern nur nützen

- Meditation ist einfach und unkompliziert.
- Seien Sie stets offen für Neues.
- Meditation hat eine wissenschaftlich erwiesene positive Wirkung auf Körper und Geist.
- Die einzige Möglichkeit, die Meditation zu verstehen, ist das Meditieren selbst.
- Die Meditation hat ihren Ursprung in den großen Weltreligionen.
- Die Meditation erzeugt einen körperlichen Zustand tiefer Entspannung gepaart mit einer wachen und äußerst aufmerksamen geistigen Haltung.
- Einmal täglich 20 Minuten reichen vollkommen aus, damit die Meditation ihre Wirkung entfalten kann.

Bevor wir anfangen, möchte ich etwas fragen:
Hat jemand von euch schon einmal bewußtseinserweiternde Drogen genommen?

Los geht's

Wie erwähnt läßt sich Meditation nicht mit Worten beschreiben; die einzige Möglichkeit zu verstehen, was Meditation bedeutet, ist zu meditieren.

Das Folgende versetzt Sie in die Lage, sofort zu meditieren. Setzen Sie sich einfach hin, wobei Sie eine entspannte und gleichzeitig wachsame Position einnehmen, und folgen Sie den Anweisungen.

Fangen Sie jetzt an

Das ist der Beginn Ihrer ersten Meditationssitzung. In den nächsten zehn Minuten sollen Sie die Kunst üben, sich jedem Moment des Lebens mit ruhiger Aufmerksamkeit zu öffnen. Ohne vorgefaßte Meinungen, ohne Diskussion darüber, worauf und wie Sie sitzen sollen, was Sie mit Ihren Händen und Augen machen sollen, werden Sie einfach meditieren.

Wenn Sie die Übung im letzten Kapitel gemacht haben, besitzen Sie bereits eine Vorstellung davon, was es heißt, sich auf ein Bild oder eine Erfahrung zu konzentrieren, ohne sich von anderen Wahrnehmungen oder Gedanken ablenken zu lassen. Die nächsten zehn Minuten sollen Sie genau dasselbe tun. Das Objekt Ihrer Meditation ist dabei ganz einfach Ihre Atmung.

Das einfachste und immer zur Verfügung stehende Meditationsobjekt ist die Atmung

Schaffen Sie sich für diese kurze Zeit eine friedliche, ungestörte Umgebung. Schließen Sie die Tür, und leiten Sie alle Telefongespräche auf den Anrufbeantworter um.

Viele Leute haben anfangs das Gefühl, daß die Zeit, die sie sich zum Meditieren nehmen, in Wirklichkeit eine Entschuldigung zum Nichtstun oder Zeitverschwendung ist. Doch durch das Meditieren tun Sie etwas sehr Wichtiges für sich selbst; jeder Moment ist eine einmalige Gelegenheit, mehr Erfüllung und Zufriedenheit zu erlangen. Machen Sie sich selbst klar, daß Sie einen Anspruch auf Ihre Meditation haben. Versuchen Sie nicht darüber nachzudenken, was Sie tun sollten oder müssen. Es sind ja nur zehn Minuten. Nach der Meditation können Sie genau da fortfahren, wo Sie Ihre Tätigkeit unterbrochen haben.

Auch bei Krankheiten müssen Sie nicht auf Ihre tägliche Meditation verzichten

Wenn Sie das erstemal meditieren, können Sie sich überall und in jeder beliebigen Haltung hinsetzen, die Sie bequem finden. Wenn Sie sich nicht wohl fühlen, krank oder verletzt sind, können Sie sich auch hinlegen. Wenn Sie auf einen Rollstuhl angewiesen sind, brauchen Sie ihn nicht zu verlassen, es sei denn, es ist Ihnen lieber.

Sie sollten sich in der eingenommenen Position entspannt fühlen, doch nicht so entspannt, daß Ihr Körper annehmen muß, es sei Zeit zu schlafen. Denken Sie daran: Nach unserer Definition ist Meditation die Kunst, sich jedem Moment des Lebens mit ruhiger Aufmerksamkeit zu öffnen. Ein Nickerchen ist damit nicht gemeint.

Wenn Sie eine passende Stelle gefunden haben, bleiben Sie einen Moment lang einfach sitzen. Atmen Sie ein paarmal tief ein und aus, und fühlen Sie Ihren ganzen Körper. Sie haben begonnen zu meditieren.

Während Sie diese oder eine andere Meditationsübung durchführen, legen Sie das Buch zur Seite. Man kann die Übungen nur machen, indem man zuerst darüber liest und die Bedeutung aufnimmt, um sich die Dinge zu merken, die man während der Übung konkret brauchen wird. Es würde nur stören, wenn Sie das Buch beim Meditieren in die Hand nehmen und darin blättern. Verarbeiten Sie den Inhalt der Übung, und merken Sie sich soviel davon wie möglich, anschließend fahren Sie ruhig fort. Wenn Sie möchten, können Sie die Anweisungen auch auf Kassette aufnehmen und anschließend abspielen.

MEDITATION MIT DER ATMUNG

1. Nehmen Sie eine Haltung ein, die Sie mühelos für einen längeren Zeitraum beibehalten können. Wach und aufmerksam atmen Sie viermal tief und langsam durch. Beachten Sie, daß Sie zu diesem Zeitpunkt die Kontrolle über Ihren Atem haben. Machen Sie sich das bewußt.

2. Achten Sie bewußt auf Ihre Atmung. Es spielt keine Rolle, was Sie darüber denken oder wie Sie darüber urteilen: Versuchen Sie nicht, Ihre Atmung zu steuern, sondern nehmen Sie den Atem nur bewußt wahr.

Versuchen Sie, Ihren Atem einfach fließen zu lassen!

3. Fahren Sie fort, sich auf Ihre Atmung zu konzentrieren. Gleichzeitig lassen Sie ihr freien Lauf. Lassen Sie den Atem seinen Tanz tanzen. Versuchen Sie, ihn unkritisch und objektiv zu betrachten. Vielleicht haben Sie bemerkt, daß die Atmung am Anfang kurz und stoßweise erfolgte. Nun scheint sie in längere, gleichmäßigere, wellenförmige Bewegungen überzugehen. Das ist die Weisheit des Atems. Sie selbst brauchen sich keine Sorgen darüber zu machen. Ihr Atem weiß, was er tut, wie schnell und wie langsam er sein muß. Er pendelt sich ganz von alleine im richtigen Tempo und Rhythmus ein.

4. Achten Sie bewußt auf die Pausen und Lücken zwischen Aus- und Einatmen – eine Pause nach jedem Ausatmen und eine nach jedem Einatmen. Diese Pausen heißen Ruhepunkte.

5. Werden Sie zum objektiven Beobachter dieser Ruhepunkte, während der Atem von alleine kommt und geht. Es ist ein endloses Meer von Leben. Sie sind das Ufer, das von dieser endlosen Flut umspült wird. Beobachten Sie jeden Moment des Atmens mit ruhiger Aufmerksamkeit. Sie müssen nichts tun, niemand sein, nirgendwohin gehen. Bleiben Sie mehrere Minuten so sitzen.

6. Lenken Sie Ihre Aufmerksamkeit jetzt auf den Kontaktpunkt, also die Stelle, an der die Ruhepunkte zusammentreffen. Das kann unmittelbar am inneren Rand Ihrer Nasenlöcher sein oder auch direkt darunter. Vielleicht befindet sich diese Stelle in Ihrer Brust oder im Bauch. Beobachten Sie Ihren Atem, wie er mühelos über Ihren Ruhepunkt hinweggleitet.

7. Machen Sie Ihren Ruhepunkt zum Aussichtsturm, zu dem Ort, von dem aus Sie Ihren Atem betrachten. Beobachten Sie beim Einatmen, wie die Luft einströmt. Achten Sie auf den Moment des Innehaltens, den Moment zwischen dem Ein- und dem Ausatmen. Achten Sie beim Ausatmen darauf, wie die Luft ausströmt.

Ärgern Sie sich nicht über störende Gedanken!

8. Wenn sich Ihnen Gedanken aufdrängen, nehmen Sie sie einfach zur Kenntnis, ohne etwas zu unternehmen. Versuchen Sie, den Gedanken gegenüber emotional unbeteiligt zu bleiben und sich nicht von ihnen mitreißen zu lassen. Nehmen Sie sie einfach als Gedanken an. Fahren Sie fort, Ihre Aufmerksamkeit auf Ihre Atmung zu lenken.

9. Überfluten Sie den Atem nun mit friedlicher Aufmerksamkeit. Vermeiden Sie jede Wertung, fahren Sie einfach fort, Ihren Kontaktpunkt im Auge zu behalten. Ein langer Atemzug ist nicht mehr wert als ein kurzer. Beide sind dasselbe – Atmung.

10. Lenken Sie Ihre Aufmerksamkeit jetzt auf das Zwerchfell. Achten Sie auf dessen wellenförmige Bewegungen während der Atmung.

11. Verlassen Sie langsam Ihren Körper. Können Sie sehen, wo die ausgeatmete Luft endet? Ist es einen halben Meter weiter, einen Meter? Wie tief reicht der Atem in Ihren Körper? Ganz bis in die Mitte?

12. In den folgenden Minuten beobachten Sie den Atem dort, wo er sich im Körper am deutlichsten bemerkbar macht. Das können die Nasenlöcher, das Zwerchfell, die Brust oder der Bauch sein. Das kann sich auch ändern. Denken Sie nicht über die Bewegung nach. Lassen Sie sie einfach geschehen. Gedanken kommen und gehen; Sie müssen sie nicht näher benennen, Begriffen zuordnen oder festhalten.

13. Fahren Sie fort mit der Betrachtung Ihrer Atmung. Wann immer Gedanken, Gefühle oder Wahrnehmungen auftreten, nehmen Sie sie zur Kenntnis, lassen Sie sie los, und wenden Sie sich erneut Ihrem Atem zu. Die Meditationslehrerin Sharon Salzberg sagt: »Dieser Neubeginn ist die Quintessenz des Meditierens. Wir beginnen ... stets von neuem.«

14. Öffnen Sie nun langsam und sachte die Augen. Prüfen Sie, wie Sie sich in genau diesem Moment fühlen. Versuchen Sie, diese Ruhe und Aufmerksamkeit auf die nächste Beschäftigung zu übertragen, der Sie sich zuwenden.
Sie können sich gratulieren: Sie haben soeben meditiert!

Die Macht der Atmung

Für die Meditation unter Zuhilfenahme der Atmung gibt es verschiedene Bezeichnungen: den Atem betrachten, dem Atem folgen, *pranisches* Atmen. Wie auch immer man es nennen will, die Betrachtung der Atmung wird allgemein als eine der wirkungsvollsten Varianten der Meditation anerkannt und ist für Anfänger wahrscheinlich die zugänglichste, direkteste und fundamentalste Technik.

Die Atmungs-Meditation bereitet Sie auf andere Übungen vor

Lassen Sie sich jedoch nicht durch den schlichten Namen und die einfache Anleitung täuschen. Diese Technik ist nicht etwas, das Sie einige Wochen durchziehen, beherrschen und dann verwerfen, um die nächste Stufe zu erklimmen. Die Betrachtung der Atmung ist eine Technik, die nicht nur von Anfängern verwendet wird, sondern auch bei erfahrenen Anhängern der Meditation bis hin zu Zen-Meistern geschätzt ist. Sie können eine lebenslange Meditationspraxis darauf aufbauen.

Unterschätzen Sie nicht die Wirkung der Atemmeditation!

Vielleicht haben Sie geglaubt, Meditation wäre aufregender, als einfach Atemübungen zu machen. Sie haben ein Feuerwerk erwartet – und nichts gesehen als ein paar Funken. Langeweile und Enttäuschung sind in diesem Stadium normal. Dennoch verfügt Ihr Atem über das Potential für die aufregendste Reise, die Sie je unternehmen werden: eine Reise in Ihre eigene Mitte und bis ans Ende des Universums. Ihr Atem ist ein Mikrokosmos der Lebenskraft, des Tao. Wie die Sonne steigt er auf und senkt sich; wie Ebbe und Flut kommt und geht er. Ihr Atem ist die Schwelle zu intensiverer Gegenwart, Lebendigkeit und Zufriedenheit.

Metaphern für die Atmung

Viele Meditierende empfinden es als hilfreich, beim Meditieren Momentaufnahmen zu verwenden. Bilder können Ihnen dabei helfen, die Verbindung zu Ihrem Atem aufrechtzuerhalten. Hier sind einige Beispiele, als was Sie Ihre Atmung beim Meditieren betrachten können:

Atmung als Vertrauen

Das Ziel jeder Meditation: loslassen und entspannen

Ein Slogan der amerikanischen Greyhound-Busse lautete: »Nehmen Sie den Bus, und überlassen Sie das Fahren uns.« Was für ein herrliches Gefühl, zu entspannen, sich in seinem bequemen Sitz zurückzulehnen und es dem vertrauenerweckenden Fahrer in Uniform zu überlassen, einen an das gewünschte Ziel zu bringen. Es ist ein wundervolles Gefühl, jemand anderen chauffieren zu lassen – jemanden, dem man vertrauen kann.

Stellen Sie sich vor, daß Ihre Atmung dieser lächelnde, vertrauenswürdige und zuverlässige Busfahrer ist. So, wie er weiß, was er tut, weiß das auch Ihr Atem. Die Atmung als solche ist immer richtig. Indem Sie ihr vertrauen, gewinnen Sie die Freiheit, Erfahrungen zu akzeptieren, ohne ständig überprüfen zu müssen, ob alles in Ordnung ist. Sie müssen weder selber lenken noch den Fahrer überwachen.

Atmung als Bezugspunkt

Eine andere Möglichkeit besteht darin, den Atem als Orientierungspunkt zu betrachten. Nehmen wir einmal an, Sie sind in Paris und stellen plötzlich fest, daß Sie sich verlaufen haben. Um sich wieder zurechtzufinden, brauchen Sie sich nur nach dem Eiffelturm umzusehen. Dann wissen Sie wieder, wo Sie sind.

Genauso verhält es sich mit Ihrem Atem. Wenn Ihr Geist durch eine fremde Landschaft aus Gedanken, Gefühlen und Empfindungen streicht, verläuft er sich ebenso leicht wie ein Tourist in einer fremden Stadt. Das ist der Moment, in dem Ihr Atem Ihnen zu Hilfe kommt. Ihr Atem thront über der Landschaft aus Illusionen, Gedanken und Ablenkungen, in denen Sie sich verlaufen haben, so wie der Eiffelturm über den Dächern von Paris thront. Ihr Atem ist Ihr Orientierungspunkt, der Sie in die Meditation zurückführt.

Der Atem als Besucher

Der Atem kommt und geht wie ein Gast

Achaan Chah, ein theravadisch-buddhistischer Mönch und Meditationslehrer in Thailand, beschreibt die Verabschiedung eines nahen Verwandten nach dessen Besuch als Sinnbild für die Entwicklung des bewußten Atmens: »Wenn ein Verwandter sich von uns verabschiedet, begleiten wir ihn hinaus. Wir schauen ihm auf seinem Weg nach, bis er nicht mehr zu sehen ist, erst dann gehen wir zurück ins Haus. In derselben Weise betrachten wir unseren Atem. Wenn der Atem rauh ist, wissen wir, daß er rauh ist. Wenn er sanft ist, wissen wir, daß er sanft ist. Wenn der Atem zunehmend dünner wird, folgen wir ihm, während wir gleichzeitig geistig erwachen. Schließlich verschwindet der Atem ganz, und alles, was bleibt, ist ein Gefühl der Wachsamkeit. Das nennt man die Begegnung mit Buddha.«

Die Atmung als Führer

Lassen Sie die Vergangenheit los und seien Sie ganz in der Gegenwart!

Sie können Ihren Atem auch als spirituellen Leuchtturm betrachten, der Ihnen den Weg zurück in die Gegenwart weist. Obwohl wir glauben, daß wir in der Gegenwart leben, ist das eigentlich eher selten der Fall. Statt dessen verbringen wir den größten Teil unseres Lebens damit, uns an die Vergangenheit zu erinnern oder Vermutungen über die Zukunft anzustellen. Wir wünschen, daß eine angenehme Erfahrung länger gedauert hätte, oder hoffen, daß eine bevorstehende negative Erfahrung schnell vorbei sein wird. Der heilige Augustinus drückte das so aus: »Diese Tage sind nichts. Sie gehen fast schneller vorbei, als sie kommen. Und da sie gekommen sind, können sie nicht andauern. Sie umschlingen einander, stoßen zusammen und halten nicht inne. Nichts kann aus der Vergangenheit zurückgeholt werden. Auf das, was die Zukunft bringt, muß man warten. Man kann es nicht haben, solange es nicht gekommen ist. Und da es gekommen ist, kann man es nicht behalten.«

In einer Vergangenheit festzustecken, die nicht länger existiert, und eine Zukunft vorwegzunehmen, die noch nicht eingetroffen ist, ist wahrscheinlich die Hauptursache für das Unglücklichsein der Menschen. Die Meditation soll Ihnen helfen, einen möglichst großen Teil Ihres Lebens in der

Gegenwart zu verbringen und nicht in der Zukunft oder in der Vergangenheit; in der Gegenwart zu bleiben ist der Weg, der zum Glück führt. Nach dem vietnamesischen Mönch und Lehrer Thich Nhat Hanh: »Einatmend beruhige ich meinen Körper. Beim Ausatmen lächle ich. In der Gegenwart verweilend, weiß ich, dies ist ein wundervoller Moment.«

Um diesen wundervollen Moment des Friedens und der Zufriedenheit wiederholt zu erreichen, braucht man ein Leuchtsignal, das hell genug ist, um die Dunkelheit der Vernebelung zu durchdringen, die wir selbst erschaffen haben, einen Strahl, der direkt einen unverkennbaren, allgegenwärtigen Pfad zum gegenwärtigen Augenblick erleuchtet. Der Atem besitzt die Kraft, für diese Erleuchtung zu sorgen.

Die Meditation hilft uns, im Hier und Jetzt zu leben

Spirituelle Aspekte des Atmens

Seit mindestens 2500 Jahren wird die Atmung eingesetzt, um unsere Verbindung zu dem zu stärken, was jenseits unseres eigenen Selbst liegt: Gott, Kosmos, Dharma. Hier sind einige Beispiele dafür, daß der Atem als das größte aller Geschenke betrachtet wird:

- Der Heilige Geist des Christentums inspiriert – haucht ein. Im Buch Ezechiel steht geschrieben: »Siehe, ich will einen Odem in euch bringen, daß ihr sollt lebendig werden.« Der heilige Franziskus von Sales sagte: »Wenn wir manchmal vom Sturm verwirrt sind, brauchen wir nichts zu fürchten. Laßt uns einatmen und erfrischt fortfahren.«
- Im Judaismus lautet das Wort für Atem »Ruah«, was auch Geist Gottes bedeutet.
- Im Sanskrit, der Sprache Buddhas, heißt Atem »Prana«, die intuitive Weisheit, die über den Verstand hinausgeht.

Die Atmung bringt uns ins Hier und Jetzt zurück

Das Ausmaß der Gegenwart ist ausgedehnt, klar und offen wie der wolkenlose Himmel an einem Sommertag. Nichts in diesem Moment ist gegenwärtiger als unser Atem. Er ist ein Symbol des Lebens und der Verbundenheit. Er ist frisch und lebendig und wird weder durch die Vergangenheit noch durch die Zukunft verzerrt. Der Atem ist ein allgemeines Geschenk, das jeder von uns mit allen anderen Lebewesen teilt. Zu den schönsten und tiefsinnigsten Worten gehören die des großen Sufi-Dichters Kabir in »The Breath of God«: »Suchst du mich? Du findest mich weder in indischen Schreinen noch in Synagogen noch in Kathedralen. Wenn du mich wirklich finden willst, siehst du mich sofort – du findest mich in dem winzigen Haus der Zeit. Kabir sagt: Schüler, sage mir, was ist Gott? Er ist der Atem in der Atmung.«

Das Meditationsobjekt

Das, was Sie während einer Meditationsperiode als Sammelpunkt Ihrer Aufmerksamkeit wählen, nennt man das Objekt der Meditation. Die Meditation kann ein oder mehrere Objekte haben. Bei der Atemübung, die Sie soeben gemacht haben, ist die Atmung das Objekt der Meditation. Das Meditationsobjekt kann verschiedene Formen haben:

- ein physischer Gegenstand wie eine brennende Kerze,
- ein körperliches Phänomen wie die Atmung, das Gehör, das Sehen,
- ein geistiges Phänomen wie das Denken,
- eine bestimmte Bewegung, zum Beispiel Gehen,
- ein Prozeß wie Essen,
- ein Satz, ein Laut oder eine Melodie.

Alles mögliche kann zum Objekt der Meditation werden – von der Atmung bis hin zu einem Lied oder einem Gegenstand

Einige Meditationstechniken haben mehrere Objekte. Bei den Übungen zum bloßen Bewußtsein in der Einsichts-Meditation beispielsweise ist das in dem jeweiligen Moment am deutlichsten wahrnehmbare körperliche Phänomen das Meditationsobjekt. So verspürt der Meditierende beim Sitzen etwa einen Druck am Bein, der zunächst zu einem Gedanken über das Radfahren führt und anschließend zu einem Gefühl der Freude. Dies alles ist in dem Moment, in dem es jeweils besonders stark hervortritt, das Meditationsobjekt.

Während man mit der Meditation fortfährt, stellt man fest, daß die Gedanken sich ständig vom Meditationsobjekt fortbewegen. Das ist vollkommen normal und nicht anders zu erwarten. Den Geist so zu trainieren, daß er sich auf einen Punkt konzentriert, gleicht ein wenig der Arbeit von Siegfried und Roy: Man muß ständig auf diesen wunderschönen, verspielten, doch ungezähmten sibirischen Tiger achten und aufpassen, daß er bei der Sache bleibt. Ohne Peitsche.

Indem Sie Ihren Geist in einen Zustand ruhiger Aufmerksamkeit versetzen und sich nicht vom Meditationsobjekt ablenken lassen, fördern Sie Ihre Konzentrationsfähigkeit, Ihr Bewußtsein und Ihren Scharfblick, was einen beträchtlichen Beitrag zur Verbesserung Ihrer Lebensqualität leistet.

Mit Ablenkungen arbeiten

Obwohl die Anleitungen zur Meditation äußerst einfach erscheinen, werden Sie wahrscheinlich feststellen, daß die Praxis ganz anders aussieht. Am Anfang führt das Geistestraining dazu, daß Sie verwirrt, frustriert oder einfach wütend sind. Das ist normal. Hier sind zwei typische Situationen, mit denen jeder Meditierende – der Anfänger wie der erfahrene Profi – irgendwann konfrontiert wird:

Wo war ich? Sie haben gerade begonnen, Ihren Atem zu verfolgen. Da ist nichts. Nicht ein Gedanke. Sie verfolgen einfach Ihren Atem. Und da, plötzlich, ohne jeden Grund, fällt es Ihnen ein – das perfekte Geburtstagsgeschenk für Ihren Freund Richard: die Vase aus grüner Jade, die Sie letzte Woche auf dem Kunsthandwerkermarkt gesehen haben. Nun führen Sie folgendes Gespräch – mit sich selbst: »Moment mal, ist der Kunsthandwerkermarkt nicht schon zu Ende? Mal sehen, heute ist Mittwoch, und auf dem Handzettel stand ... Aber ist ja egal, ich erinnere mich an den Namen des Künstlers, der die Vasen verkauft hat. Moment, hey, ich bin ja echt gut, seine Visitenkarte liegt doch bei mir auf dem Schreibtisch! Aber war da auch die Telefonnummer drauf? Wenn nicht, ist auch egal. Ich rufe einfach bei der Messeverwaltung an, die werden seine Nummer schon haben ... Aber nimmt er auch telefonische Bestellungen entgegen? Kann man bei ihm mit Kreditkarte bezahlen? Da fällt mir ein, ich muß da noch wegen des Fehlers auf meiner Rechnung für letzten Monat anrufen. Ich bezahle jemand anderem doch nicht das Essen. Wie hieß denn noch das Restaurant? ...«

Zu Beginn Ihrer Meditationspraxis sind Sie manchmal wütend auf sich selbst, weil Sie sich nicht konzentrieren können – das ist ganz normal

Und plötzlich wachen Sie auf und stellen fest, daß Sie an ein Restaurant denken. »Wo war ich?« denken Sie.

Die Flut der Gedanken: Sie haben gerade begonnen, Ihren Atem zu verfolgen. Da ist nichts. Nicht ein Gedanke. Sie verfolgen einfach Ihren Atem. Und da, plötzlich, irgendwo in Ihrem Inneren, ohne jeden Grund: »Hey, ich kann's. Ich meditiere! Schau, keine Gedanken! Moment mal, war das nicht ein Gedanke? Verdammt, es war einer ... Ich denke darüber nach, daß ich nicht denke!! Vielleicht werde ich verrückt! Wollen wir mal sehen – wie hieß es in der Anleitung? ... Ach ja, mein Meditationsobjekt: meine Atmung. Richtig ... wo ist ... okay, da bin ich wieder ... Atem gefunden. O nein, ich denke ja schon wieder! Mensch, da kommt man ja ganz durcheinander. Wahrscheinlich habe ich etwas falsch gemacht. Oder doch nicht? Mal gucken ...«

Wenn Sie zehn Minuten lang mit angesehen haben, wie Ihre Gedanken Ihnen wie die Kugel in einem kosmischen Flipperautomat durch den Kopf schießen, werden Sie sagen: Das war die furchtbarste und frustrierendste Erfahrung meines Lebens. Doch keine Sorge, Sie sind nicht der einzige, dem es so geht, und Sie werden auch nicht langsam verrückt. Sie stehen lediglich kurz vor einer umwälzenden Erkenntnis, die Ihr ganzes Leben verändern könnte: In Ihrem Kopf hat es nie anders ausgesehen! Der einzige Unterschied ist, daß Sie es endlich gemerkt haben. Das ist der Beginn der Weisheit. Sie können sich gratulieren.

Sie können die Flut Ihrer Gedanken nicht willentlich aufhalten

Was Sie abgelenkt und auf diese Reise Ihrer Gedanken mitgenommen hat, ist ganz einfach: Es war Ihr Geist, der einfach seine Arbeit tat, nämlich zu denken. Der Geist denkt immer, bis zum letzten Atemzug.

Viele Menschen glauben, daß Meditation die Kunst ist, alle Gedanken zu blockieren, das Denken völlig einzustellen. Dann beginnen sie zu meditieren und stellen fast sofort fest, daß man genausogut versuchen könnte, die Niagara-Fälle mit einem Stöpsel aufzuhalten, wie alle Gedanken auszuschalten. Also tun sie, was die Menschen seit je auf die eine oder andere Weise getan haben: Sie töten den Überbringer der Botschaft, in diesem Falle die Meditation.

Wie der deutsche Zen-Meister Wolfgang Kopp in seinem Buch »Befreit euch von allem« schreibt: »Viele glauben, sobald sie den bösen Verstand unterdrückt haben, zeigt sich automatisch das heißersehnte Nirwana. Man kann nicht deutlich genug hervorheben, daß dieser Glaube nicht das geringste mit der wahren Zen-Praxis zu tun hat. Es kommt nicht darauf an, Gedanken zu unterdrücken, sondern sie zu überwinden.«

Meditieren bedeutet nicht, das Denken völlig einzustellen

Der Philosoph Bernard Spinoza sagte einmal: »Alles Erhabene ist ebenso schwer wie selten.« Die Meditation ist eines dieser erhabenen Dinge. Haben Sie Geduld mit sich selbst und dem Prozeß.

Ablenkung – die verborgene Chance

Der Philosoph Elbert Hubbard sagte: »Das Leben ist bloß ein verflixtes Ding nach dem anderen.« Meditation ist die Kunst, sich jedem dieser verflixten Dinge zu öffnen, ihm die nötige Zeit zuzugestehen und es dann verschwinden zu lassen. Das ist der Schlüssel zur Meditation.

Wenn Sie Gedanken und Ablenkungen bewußt betrachten, wie es die Meditation lehrt, leben Sie Ihr Leben in einer neuen, von Freude erfüllten Atmosphäre. Stellen Sie sich vor, Sie könnten die Dinge so sehen, wie sie wirklich sind, nicht verdeckt unter einem Mantel von Meinungen, Ideen und Emotionen, sondern in strahlendes Sonnenlicht getaucht. Das ist der Schlüssel zum Glück.

Ablenkung ist nicht der Feind. Behandeln Sie sie mit der gleichen Freundlichkeit, mit der Sie ein sechsjähriges Kind behandeln, das Sie in den Zoo mitgenommen haben und das alleine weitergegangen ist, während Sie sich die Quallen ansahen. Suchen Sie einfach nach dem kleinen Ausreißer, nehmen Sie ihn bei der Hand, und führen Sie ihn sachte dorthin zurück, wo er hingehört.

Es gibt viele Strategien, wie Sie Ihre vagabundierenden Gedanken im Zaum halten können. Diese Techniken können sowohl in der formellen Meditation als auch bei den täglichen Aufgaben angewandt werden. Hier sind einige davon:

Widmen Sie sich während der Meditation kurz den Sie ablenkenden Gedanken

Die Schwingtür-Methode: Shunryu Suzuki Roshi rät seinen Schülern in »Zen-Geist, Anfänger-Geist«, ihren Atem wie eine Schwingtür zu betrachten: »Bei der Zazen-Meditation folgt unser Geist stets unserem Atem ... In dieser grenzenlosen Welt ist unser Geist wie eine Schwingtür. Die Luft kommt hinein und geht hinaus wie jemand, der durch eine Schwingtür geht ... die sich bewegt, wenn wir einatmen und wenn wir ausatmen.«

Lassen Sie die Gedanken kommen und gehen

Bei der Schwingtür-Methode betrachten Sie ein Phänomen nicht als etwas, das Ihnen widerfährt, sondern einfach als etwas, das passiert. So, als würden Sie nichts, was auf dieser Welt geschieht, persönlich nehmen.

Stellen Sie sich vor, Ihr Geist sei der Eingang zu einem Hotel, und alle Pförtner streikten. Da ist niemand, der den stetigen Strom von Besuchern, der sich durch die Türen wälzt, beobachtet, niemand, der darüber urteilt, ob diese Besucher Gäste sind oder nicht hierhergehören. Die Menschen strömen ungehindert ein und aus. Stellen Sie sich vor, der stetige Strom seien Ihre Gedanken, Wahrnehmungen und Emotionen. Seien Sie die Tür, nicht der Pförtner.

Die Strategie der Stille: In »A Still Forest Pool« zitieren Jack Kornfield und Paul Breiter den Meditationslehrer Achaan Chah, der für den Umgang mit der Ablenkung den Rat gibt: »Versuchen Sie aufmerksam zu sein, und lassen Sie die Dinge ihren natürlichen Lauf nehmen. Dann kommt Ihr Geist in jeder Umgebung zur Ruhe, wie ein stiller Waldsee. Alle möglichen wundervollen und seltenen Tiere werden zum

Trinken an den See kommen, und Sie werden die Natur aller Dinge klar erkennen. Sie werden viele seltsame und wundervolle Dinge kommen und gehen sehen, doch Sie werden sich ganz still verhalten. Das ist die Zufriedenheit des Buddha.«

Verhalten Sie sich still, und bleiben Sie sitzen. Das ist der beste Rat für den Umgang mit der Ablenkung.

Fixpunkte und Zählen: Fixpunkte und Zählen sind Hilfsmittel, mit denen Sie Ihre Aufmerksamkeit besser im Griff haben. Fixpunkte können Sie einsetzen, um Ihre Gedanken am Umherschweifen zu hindern.

Bevor Sie anfangen zu meditieren, können Sie einen Fixpunkt bestimmen. Sagen Sie sich etwa: »Die nächsten zehn Minuten lang konzentriere ich mich darauf, meine Atemzüge zu zählen. Nach zehn Atemzügen fange ich immer wieder von vorne zu zählen an.« Wenn Sie während der Meditation auf einmal feststellen, daß Sie ganz in Gedanken verloren sind oder auf andere Wahrnehmungen achten als auf Ihren Atem, kehren Sie sofort zu Ihrem Fixpunkt zurück, das hieße hier, Sie fahren fort, Ihre Atemzüge immer bis zehn zu zählen.

Zählen hilft Ihnen, sich zu konzentrieren

Das Zählen wird in der Zen-Meditation und in anderen Meditationstraditionen häufig als Möglichkeit eingesetzt, sich während der Meditationsübung auf den Atem zu konzentrieren, wenn die Gedanken abschweifen. Das Zählen der Atemzüge ist eine hilfreiche Stütze bei der Meditation mit der Atmung.

Normalerweise zählen Sie im stillen, doch wenn Sie allein sind, können Sie auch mit leiser Stimme zählen oder zwischen beiden Möglichkeiten wechseln. Die Anweisungen sind im Prinzip die gleichen wie die für die Beobachtung des Atems.

Der einzige Unterschied ist, daß Sie, sobald Ihr Atem seinen Rhythmus gefunden hat, nicht mehr auf die Ruhepunkte und die Kontaktpunkte achten, sondern nur noch zählen, wie oft sie einatmen, wie oft Sie ausatmen oder beides.

Ärgern Sie sich nicht, wenn Sie sich verzählt haben, sondern fangen Sie einfach von vorne an

Es gibt verschiedene Arten, beim Atmen zu zählen. Im folgenden werden einige Übungen genau beschrieben. Die Grundtechnik ist unten dargestellt.

- Zählen Sie jedes Ausatmen – bis zehn. Wenn Sie dabei durch einen Gedanken unterbrochen werden oder sich verzählen, beginnen Sie wieder von vorne. Wenn Sie gerade erst anfangen zu meditieren, zählen Sie anfangs nur bis vier.
- Wiederholen Sie im stillen die Worte »eins, eins, eins, eins«, während Sie einatmen und Ihre Lungen gefüllt sind. Beim Ausatmen zählen Sie »zwei, zwei, zwei, zwei«, bis die ganze Luft draußen ist. Beim nächsten Einatmen heißt es »drei, drei, drei, drei«, bis Ihre Lungen gefüllt sind. Beim Ausatmen zählen Sie »vier, vier, vier, vier«, bis die ganze Luft ausgeatmet ist. Beim nächsten Einatmen wiederholen Sie »fünf, fünf, fünf, fünf«. Zählen Sie so beim Ein- und Ausatmen der Reihe nach weiter, bis Sie bei zehn angelangt sind. Dann beginnen Sie wieder von vorne.
- Zählen Sie einen vollständigen Atemzug als »eins«. Damit ist der Zyklus gemeint, in dem sich die Lungen einmal ganz füllen und wieder leeren. Zählen Sie jeweils vier beziehungsweise zehn vollständige Atemzüge. Wenn Sie sich verzählt haben, fangen Sie wieder von vorne an.

MITZÄHLEN BEIM AUSATMEN

1. Nehmen Sie eine sitzende Position ein, in der Sie es bequem länger aushalten können. Atmen Sie ein paarmal tief ein. Beachten Sie, daß Sie noch Ihre Atmung steuern.

2. Machen Sie sich den Vorgang des Atmens bewußt. Und jetzt versuchen Sie, unabhängig von dem, was Sie darüber denken und wie Sie darüber urteilen, die Atmung nicht mehr zu steuern. Lassen Sie sie einfach geschehen.

3. Sie passen sich Ihrer Atmung an, lassen sie einfach geschehen, lassen sie ihren Tanz tanzen. Es ist nicht wichtig, daß Sie sie beurteilen, kritisieren oder gutheißen. Der Atem ist weise. Er weiß, was er tut, wie schnell und wie langsam er sein muß. Er wird von alleine sein richtiges Tempo, seinen Rhythmus finden.

4. Während Sie die Atmung beobachten, zählen Sie beim nächsten Ausatmen »eins«. Der Atem und die Zahl sind miteinander verbunden, nicht voneinander losgelöst. Wie der Atem sich auflöst, tut das auch die Zahl. Beide lösen sich gemeinsam auf.

Alle Gedanken, alle hinderlichen Gefühle treten zurück

5. Ohne sich in der Frage zu verlieren, wohin der Atem gegangen ist, achten Sie jetzt beim Einatmen auf seine Rückkehr in den Körper. Lassen Sie alle Gedanken und Urteile los.

6. Während dieser Atemzug jetzt zum Ausatmen wird, geben Sie ihm die Nummer zwei. Beobachten Sie auch hier wieder, wie die Zahl mit dem Atem verschmilzt und wie sich beide hinaus in den Raum bewegen. Beobachten Sie den Atem und die Zahl, bis sie verschwunden sind.

7. Setzen Sie diesen Prozeß fort, bis Sie viermal ausgeatmet und jedem Atemzug eine Zahl zugewiesen haben. Wenn Sie sich verzählen oder wenn Gedanken oder Empfindungen Sie ablenken, lenken Sie Ihre Aufmerksamkeit sachte wieder auf den Atem und beginnen wieder bei eins. Möglicherweise sind Sie von dem Phänomen so fasziniert, daß Sie eine Zahl vergessen. Oder Sie sind auf die Zahl fixiert und vergessen das Phänomen. Egal. Wenn Sie das merken, kehren Sie – ohne zu urteilen – zur Atmung zurück. Setzen Sie diesen Prozeß für die Zeit fort, die Sie für die Meditation anberaumt haben.

EINATMEN UND AUSATMEN

1. Nehmen Sie eine sitzende Position ein, in der Sie es bequem länger aushalten können. In dieser Position sitzend, wach und aufmerksam, machen Sie einige tiefe Atemzüge. Beachten Sie, daß Sie Ihre Atmung steuern. Geben Sie dem Körper die Möglichkeit, die eingenommene Position zu stabilisieren.

2. Machen Sie sich den Vorgang des Atmens bewußt. Unabhängig von dem, was Sie darüber denken, egal, wie Sie darüber urteilen: Versuchen Sie, den Atem nicht mehr zu steuern. Lassen Sie ihn einfach geschehen.

3. Sie passen sich Ihrer Atmung an, lassen sie einfach geschehen, lassen sie ihren Tanz tanzen. Es ist nicht wichtig, daß Sie sie beurteilen, kritisieren oder gutheißen. Der Atem ist weise. Er weiß, was er tut, wie schnell und wie langsam er sein muß. Er wird von alleine sein richtiges Tempo, seinen Rhythmus finden.

Der Atem weiß selbst, was er zu tun hat – lassen Sie es einfach geschehen

4. Während Sie nun auf das Ausatmen achten, wiederholen Sie mehrmals die Zahl eins. Wiederholen Sie die Zahl einmal, mehrere Male, viele Male, je nach dem, wie lange das Ausatmen dauert.

5. Wenn das Ausatmen beginnt, sich ins Einatmen umzukehren, beobachten Sie, wie der Atem ganz von alleine in den Körper zurückkehrt. Wiederholen Sie dabei die ganze Zeit »eins ... eins ... eins«, bis Sie eingeatmet haben. Die meisten Menschen atmen weniger lang ein als aus. Bei einigen kann es umgekehrt sein.

6. Wenn dieses Einatmen seinen natürlichen Abschluß gefunden hat, wird es zum nächsten Ausatmen. Sowie der Atem den Körper verläßt, weisen Sie diesem Atem die Nummer zwei zu. Wiederholen Sie dabei langsam im stillen oder laut »zwei ... zwei ... zwei«, bis Sie ganz ausgeatmet haben.

7. Setzen Sie diesen Prozeß so lange fort, bis Sie viermal ein- und ausgeatmet und jedem Ein- und Ausatmen nacheinander eine Zahl zugewiesen haben. Wenn Sie sich wegen anderer Gedanken, Geräusche oder Gefühle verzählt haben, lenken Sie Ihre Aufmerksamkeit sachte wieder auf den Atem und zählen bei nächsten Einatmen wieder »eins ... eins ... eins«. Möglicherweise sind Sie von dem Phänomen so fasziniert, daß Sie vergessen, bei welcher Zahl Sie gerade waren. Oder Sie sind so auf die sich wiederholenden Zahlen fixiert, daß Sie vergessen, sich auf das Phänomen des Atmens zu konzentrieren. Wenn Sie das merken, kehren Sie – ohne zu urteilen – zum Atem zurück.

8. Setzen Sie diesen Prozeß für die Zeit fort, die Sie anberaumt haben. Wenn Sie mit dieser Meditationsübung fertig sind, öffnen Sie langsam die Augen. Überprüfen Sie ganz entspannt den Zustand Ihres Körpers und Ihres Geistes. Wie fühlen Sie sich? Entspannter und gleichzeitig bewußter? Übertragen Sie dieses Gefühl ruhiger Aufmerksamkeit auf alle Ereignisse, die Ihnen im Laufe des Tages zustoßen.

Zusammenfassung

Die einzige Möglichkeit, Meditation zu verstehen, ist zu meditieren

- Jeder Moment der Meditation ist eine einmalige Gelegenheit, mehr Erfüllung und Zufriedenheit zu erlangen. Machen Sie sich klar, daß Sie einen Anspruch auf Ihre Meditation haben.

- Denken Sie an die Definition der Meditation: die Kunst, sich jedem Augenblick des Lebens mit ruhiger Aufmerksamkeit zu öffnen.
- Die Betrachtung der Atmung ist die einfachste, direkteste und grundlegendste Meditationstechnik.
- Indem Sie Ihrem Atem vertrauen, gewinnen Sie die Freiheit, Erfahrungen zu machen, ohne sie steuern zu müssen.
- Das Meditationsobjekt ist der Sammelpunkt Ihrer Aufmerksamkeit während einer Meditationsphase.
- Die Meditation soll Ihnen dabei helfen, einen möglichst großen Teil Ihres Lebens in der Gegenwart zu verbringen.
- Meditation lehrt uns, geschickt mit den ständigen Ablenkungen des Lebens fertig zu werden. Fixpunkte und Zählen unterstützen die Aufmerksamkeit.

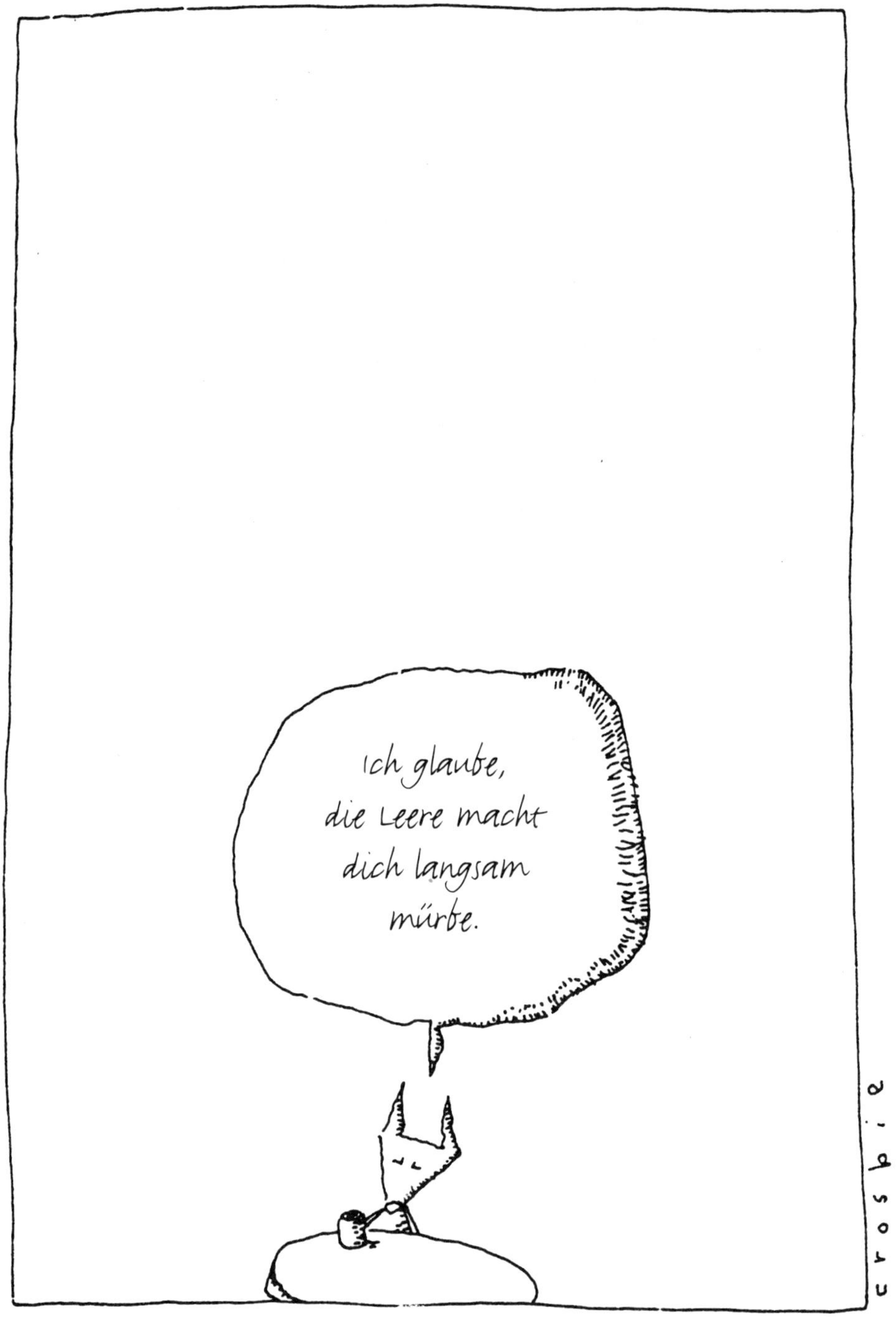
Ich glaube, die Leere macht dich langsam mürbe.
crosbie

Hürden auf dem Weg zur Meditation

Meditieren klingt ganz einfach. Sitzen. Atmen. Sich auf entspannte Weise konzentrieren. Warum macht es dann nicht jeder von uns? Und warum gibt es so viele, die mit dem Meditieren beginnen und dann nicht weitermachen und die Meditation nicht zu einem Teil ihres Lebens machen?

Die Antwort ist, daß sowohl unsere innere als auch unsere äußere Welt Barrieren zwischen uns und der Meditation aufbaut. Die größte davon sind die Zweifel über die Meditation, die von unserem Verstand und der westlichen Gesellschaft erhoben werden. Daneben gibt es auch spirituelle/psychologische Fallgruben, in die Meditierende hineinstolpern, wenn sie die Meditation nicht sorgfältig genug praktizieren.

Ohne Anleitung können diese Hürden unüberwindlich erscheinen. Doch mit ein wenig Hilfestellung lassen sie sich leicht meistern.

Zweifel

Die größte Barriere bilden Zweifel bezüglich der Meditation

Sie haben bereits erste Erfahrungen mit der Meditation gemacht und dabei positive Ergebnisse gewonnen, was Entspannung, Antrieb und spirituelle Vertiefung betrifft. Doch Sie widersetzen sich immer noch der Vorstellung regelmäßiger Meditationsübungen. Diese fast unbewußte Abneigung gegen das Meditieren ist ganz natürlich.

Unser Verstand und unser innerstes Selbst sträuben sich gegen jede Art von Veränderung, egal ob es sich um den Umzug in eine andere Stadt, den Kontakt zu einer neuen gesellschaftlichen Gruppe oder einen neuen Job handelt.

Sie selbst haben wahrscheinlich auch schon Zweifel erlebt. Kreuzen Sie in der folgenden Liste Ihre Zweifel an.

Unser Verstand ist ein behäbiges Wesen, das sich gegen Veränderungen sträubt

- Meditation ist zu einfach oder zu schwierig.
- Meditation ist eine Religion und steht im Konflikt zu Ihrem Glauben.
- Meditation bedeutet, Dinge aufzugeben, die Sie mögen.
- Meditieren ist, wie hypnotisiert zu sein.
- Meditation ist ein Weg, um vor der Wirklichkeit zu fliehen.
- Meditation bedeutet, sich der Welt zu verschließen.
- Meditation bedeutet, in ein Kloster gehen zu müssen.
- Meditation ist verrückt.
- Meditation bedeutet, daß man einen Lehrer braucht.
- Bei der Meditation kann man etwas entweder falsch oder richtig machen.

Warum wir uns vor der Meditation fürchten

Die Zweifel und Ängste, die uns plagen, sind häufig das Echo von Vorurteilen, die wir als Heranwachsende in unserer Gesellschaft mitbekommen haben. Diese negativen Mythen, die in Nord- wie in Südamerika und in Europa weit verbreitet sind, sind die Folgen kultureller Unwissenheit – falsche Vorstellungen, die von der rationellen und durch die linke Gehirnhälfte gesteuerten antithetischen westlichen Gesellschaft all dem entgegengebracht werden, was östlich-intuitiv und durch die rechte Gehirnhälfte beeinflußt ist.

Es sind mit Sicherheit genau diese Befürchtungen und Zweifel, die Sie beunruhigen, wenn Sie an Meditation denken. Glauben Sie, daß das Meditieren zu schwierig ist oder daß es sich dabei um eine Religion handelt (die zu Ihrer eigenen in Widerspruch steht) oder daß es eine Art von Hypnose ist? Ist das der Fall, hilft nur die Wahrheit, um das wahre Wesen der Meditation zu ergründen. Wie bereits in der Bibel geschrieben steht: »Und die Wahrheit wird euch frei machen.«

Lassen Sie sich bitte nicht durch Zweifel vom Meditieren abhalten!

ZWEIFEL BESEITIGEN

Widersetzen Sie sich Ihren Befürchtungen nicht. Unser Ego ist gesund und stark genug, uns vor allen angeblich negativen Wirkungen der Meditation zu schützen. Wenn Sie sich den Zweifeln verschließen, verleihen Sie ihnen Macht über Sie. Die Befürchtungen ergreifen die Kontrolle und bringen die Meditation zum Stillstand. Statt dessen schlägt Ram Dass einen Ansatz vor, der folgende Übung inspiriert hat:

1. Setzen Sie sich an einen ruhigen Ort, wo Sie für die nächsten Minuten ungestört sind.

2. Konzentrieren Sie sich auf die Zweifel oder Befürchtungen, die Sie hinsichtlich der Meditation haben.

3. Seien Sie ihnen gegenüber vollkommen offen, zensieren Sie sie nicht. Untersuchen Sie jeden Zweifel sorgfältig, hinterfragen Sie ihn und beurteilen Sie ihn – schon bald werden Sie erkennen, wie absurd er ist.

4. Lassen Sie den Zweifel bewußt los – stellen Sie sich vor, es handele sich um einen Luftballon, der davonsegelt und schließlich aus Ihrem Blickfeld verschwindet.

Elf Vorurteile

Die beste Möglichkeit, Steine auf dem Weg zur Meditation aus dem Weg zu räumen, besteht darin, Unwissenheit und Vorurteile durch Wissen und Fakten zu ersetzen.

1. Meditation ist zu einfach oder zu schwierig

Meditation ist einfacher, als Sie glauben – und, so paradox es klingt, schwieriger, als man annehmen würde. Die Anleitungen zum Meditieren erscheinen täuschend einfach. Was könnte beispielsweise klarer sein als eine Anleitung, die Ihnen einfach sagt, Sie sollen Ihren Atem beobachten?

Durchhaltevermögen und Einsatzbereitschaft ist eigentlich alles, was Sie brauchen

Versuchen Sie es selbst. Jetzt sofort. Schließen Sie Ihre Augen. Und für die Dauer des nächsten Atemzuges achten Sie nur darauf, wie Sie ein- und wieder ausatmen. Das ist alles.

Wenn Sie auch nur einen Atemzug nehmen konnten, ohne dabei zu denken, zu träumen, zu zappeln, sich zu fragen, was Sie eigentlich hier machen, dann war das schon sehr gut. Wenn es Ihnen jedoch so geht wie den meisten von uns, war in dem Augenblick des Atemzuges eine Menge los bei Ihnen. Es ist erstaunlich, wie viele Gedanken man in einen einzigen Atemzug packen kann, wenn man sich die Mühe macht, den Denkprozeß einmal genau zu untersuchen.

Obwohl also die Anleitung einfach ist, ist es eine ganz andere Geschichte, was Ihre Gedanken tun, während Sie versuchen, dieser Anleitung zu folgen. Sich auf den Atem oder ein Meditationsobjekt zu konzentrieren, erfordert Durchhaltevermögen und Einsatzbereitschaft. Und es erfordert die Art von Geduld, die ein Elternteil für ein ständig davonlaufendes sechsjähriges Kind im Zoo hat.

Wenn Sie vom Meditationsobjekt abgelenkt werden und plötzlich wie beispielsweise beim Autofahren feststellen, daß Sie zehn Kilometer hinter sich gebracht haben, ohne zu wissen, wie, kehren Sie einfach zum Meditationsobjekt zurück. Darum geht es beim Meditieren: Sachte und ohne zu urteilen kehren Sie immer wieder zum Meditationsobjekt zurück.

Der Schlüssel zur erfolgreichen Meditation lautet, um es mit den Worten eines berühmten Violinisten zu sagen, der von einem Fremden gefragt wurde, wie man zur Carnegie Hall kommt: »Üben, üben, üben.«

Meditation erfordert Geduld – tägliches Üben ist notwendig

2. Meditation ist eine Religion

Sie können Anhänger einer bestimmten Religion sein oder keiner Religionsgemeinschaft angehören und trotzdem die Vorteile der Meditation genießen. In der Meditation herrscht Chancengleichheit, alle Religionen werden so behandelt wie alles andere auch: offen und absolut tolerant.

3. Ich muß Dinge aufgeben, die ich mag

Sie müssen überhaupt nichts aufgeben. Es gibt keine Regeln, die Kaffee, Schokolade, die Fußballweltmeisterschaften, MTV oder ähnliches verbieten.

Es kann natürlich sein, daß Sie irgendwann feststellen, daß Sie auf Dinge verzichten, die nicht unbedingt so gut für Sie sind. Wenn Sie sich auf Ihrem Meditationskissen wiederfinden statt vor dem Fernsehapparat, wo eine Wiederholung einer Seifenoper oder ein Formel-1-Rennen läuft, wissen Sie, daß die Meditation Ihr tiefstes Inneres in die Richtung dessen lenkt, was für Sie das Beste ist.

4. Meditieren ist wie Schlaf oder Hypnose

Meditation hat mit Wachsein zu tun, nicht mit Schlaf oder Trance. Und während Entspannung ein natürliches Phänomen der Meditation ist, besteht darin nicht der Sinn und

Zweck des Meditierens. Denken Sie sich die Entspannung als angenehme Begleiterscheinung oder als Sonderzulage, wie etwa ein Büro mit Außenfenster oder ein überdachter Parkplatz.

Beim Meditieren befinden Sie sich vielleicht in einem Zustand, der sogar noch entspannender ist als Schlaf oder Trance. Wenn das der Fall ist, konzentrieren Sie sich voll darauf, untersuchen Sie diesen Zustand, und lassen Sie ihn anschließend los. Beim Meditieren jagen wir Bewußtseinszuständen nicht hinterher, sondern heißen willkommen, was immer unseren Pfad kreuzt, und lassen es anschließend wieder los.

5. Meditierende versuchen vor der Wirklichkeit zu fliehen und sich ihrer Verantwortung zu entziehen

Manche Menschen sind der Auffassung, Meditation sei ein eigensüchtiger, selbstverliebter Versuch, Verantwortung und die Realitäten des Lebens zu vermeiden. Nichts ist weiter von der Wahrheit entfernt. Das Ziel der Meditation besteht darin, Glück zu finden, indem man die Fähigkeit entwickelt, nicht vor dem Leben zu fliehen, sondern sich ihm in die Arme zu werfen. Wenn Ihr Verstand wach und geschärft ist, verbessert sich Ihre Lebensqualität, Sie machen intensivere Erfahrungen und fühlen sich glücklicher.

Meditierende fliehen nicht vor der Realität, sondern wollen in ihr glücklich werden

6. Man muß sich der Welt verschließen

Meditation ist das vollkommene Eintauchen, sowohl innerlich wie auch äußerlich, in den gegenwärtigen Augenblick. Es gibt das landläufige Vorurteil, daß richtige Meditation äußerste Stille erfordert und möglichst auf einer Bergspitze in Nepal ausgeübt wird, wo man vollkommen vor allen Geräuschen und Bildern der materiellen Welt geschützt ist.

Der geübte Meditierende akzeptiert seine Welt so, wie er sie vorfindet, und braucht weder Sonnenbrille, Ohrenstöpsel noch Nasenklammer. In der realen Welt kreischen die Alarmanlagen von Autos, lachen und spielen Kinder, brummen die Motoren der Flugzeuge über uns, klingelt plötzlich das Telefon, und die Nachbarn hören sich in voller Lautstärke Popmusik an. Beim Meditieren trainieren Sie Ihre angeborene Fähigkeit, mit allen um Sie herum auftauchenden Phänomenen umzugehen, ganz gleich, worum es sich dabei handeln mag.

Irgendwann stört Sie der Lärm der Umwelt nicht mehr beim Meditieren

Meditation hat nichts damit zu tun, daß man die Welt ausschließt. Es geht darum, sie hereinzulassen.

7. Man muß in ein Kloster gehen

Sich dem Leben im Kloster zu verschreiben ist nicht notwendig, um von den Vorteilen der Meditation zu profitieren. Josh B., ein früherer Zen-Mönch und jetzt Geschäftsführer einer Plattenfirma, sagt: »Das Zendo ist überall.« (*Zendo* ist im Zen der Begriff für die Meditationshalle.)

Der reife Meditierende läßt sich durch nichts mehr in seiner Konzentration stören

In der Tradition des Zen gibt es ein Sprichwort, das lautet: »Wenn du ein wenig Erleuchtung willst, geh aufs Land. Wenn du viel Erleuchtung willst, geh in die Stadt.« Das bedeutet: Je größere Anforderungen die Umgebung an Sie stellt, um so mehr können Sie lernen. In diesem Sinne betrachtet ist eine Großstadt vielleicht die beste Meditationshalle der Welt.

8. Meditation ist verrückt

Meditation ist nicht nur nicht verrückt, sondern sie paßt auch vollkommen zum westlichen Lebensstil. In der amerikanischen Unabhängigkeitserklärung steht beispielsweise geschrieben, daß wir bestimmte Grundrechte besitzen, darunter das Recht »auf Leben, auf Freiheit und auf das Streben nach Glück«. Diese drei sind auch Ziel der Meditation – mitten im Leben zu stehen, uns von unserem eingeschränkten Verständnis des Selbst zu befreien und glücklich zu sein.

9. Man braucht einen Lehrer

Etwas Neues zu lernen ist immer einfacher, wenn man einen guten Lehrer hat. Es herrscht jedoch Mangel an guten, renommierten Meditationslehrern. Und da die wenigen guten Lehrer viele Schüler haben, ist es schwierig, Einzelunterricht zu erhalten. Doch sollten Sie sich davon nicht abhalten lassen. Ein altes buddhistisches Sprichwort sagt: »Wenn der Schüler bereit ist, erscheint der Lehrer.« So ist es seit Tausenden von Jahren. Fürs erste ist dieses Buch mehr als genug, um Sie auf Ihren ersten Schritten hin zur Meditation zu begleiten.

10. Bei der Meditation kann man etwas falsch oder richtig machen

Wenn ein Meditationslehrer seinen Weg als den einzig wahren darstellt, seien Sie vorsichtig. Gute Lehrer sind offen für andere Techniken

Die eine Möglichkeit und die beste Art zu meditieren gibt es nicht. Die Meditation ist vielfältig und beruht auf der Mannigfaltigkeit der religiösen Traditionen der Welt. Es heißt, daß Buddha allein 84 Möglichkeiten der Aufmerksamkeit gelehrt hat. Manche Schulen und Meditationslehrer bestehen jedoch darauf, daß ihr Weg die einzige richtige Art der Meditation sei. Seien Sie skeptisch denen gegenüber, die Sie vor die Alternative stellen, sich entweder nach ihnen zu richten oder zu gehen. Echte Meditationslehrer folgen dem mittleren Weg (einer Balance zwischen der Suche nach der Wahrheit und dem Sich-Hingeben an die Wahrheit). Sie sind gewöhnlich tolerant und offen gegenüber Techniken aus anderen Disziplinen.

> »Mönche und Schüler sollten meine Worte nicht aus Respekt akzeptieren, sondern aufgrund ihrer eigenen Nachforschung, wie ein Goldschmied Gold durch Schneiden, Schmelzen, Kratzen und Reiben erkennt.«
>
> Buddha

11. Durch das Meditieren ist man vom übrigen Leben isoliert

Meditation ist nicht etwas, was man eine gewisse Zeit macht und anschließend vergißt. Ihr Ziel sollte darin bestehen, Meditation zu einem Teil Ihres Lebens zu machen. Dr. Andrew Weil, der bekannte Autor von Büchern über ganzheitliche Gesundheit, sagt: »Auf gewissen Ebenen meditiert man die ganze Zeit. Machen Sie es sich bewußt, und dehnen Sie dieses Bewußtsein auf mehr und mehr Bereiche Ihres täglichen Lebens aus.« Das ist ein guter Ratschlag. Probieren Sie ihn selbst einmal aus. Bleiben Sie so aufmerksam, wie Sie können, den ganzen Tag.

> »Das Paradies ist das Gefängnis des Weisen, so wie die Welt das Gefängnis des Gläubigen ist.«
>
> Yahiab Mu'adh al-Razi

Neun Fallgruben auf dem Weg

Eine andere Art des inneren Widerstandes gegen die Meditation ist in der Angst begründet, daß man einer der emotionalen oder spirituellen Versuchungen zum Opfer fällt, die die Meditation bringen kann. Diese Versuchungen werden zusammenfassend »die Fallgruben auf dem Weg« oder »die Gefahren des Weges« genannt.

Auf Ihrem Weg zur Meditation lauern diverse Gefahren – stellen Sie sich ihnen, um sie zu überwinden

Glücklicherweise lassen sich diese Fallen relativ leicht vermeiden, wenn man sich vorher klarmacht, daß sie auftreten können. Die großen Vorreiter der Meditation – von Buddha über Jesus und Mohammed bis hin zu Ram Dass und Roshi Philip Kapleau – haben uns eine Wegbeschreibung hinterlassen und Ratschläge erteilt, wie man damit fertig werden kann. In »Chop Wood, Carry Water« beschreiben Peggy Taylor und ihre Koautoren die neun häufigsten Gefahren des spirituellen Weges:

Spiritueller Materialismus ist wahrscheinlich die grundlegendste und häufigste Gefahr auf dem spirituellen Weg. [Wer sich auf der geistigen Suche befindet, läuft schnell Gefahr, inneren Frieden und Heiligkeit als einziges gültiges Paradigma zu betrachten, was zum Zwang werden kann.]

Der Mief des Zen: Dieser Ausdruck bezieht sich auf das Odeur von Leuten, die viel Aufhebens darum machen, daß sie besonders machtvolle, das Selbst zerschlagende spirituelle Erfahrungen gemacht haben – wobei insbesondere betont wird, daß dies gerade ihnen widerfahren ist.

Sofortige Ergebnisse kann die Meditation nicht liefern

Hektik: Der spirituelle Weg ist eine Reise, die mindestens das ganze Leben dauert. Besonders Nordamerikaner erwarten, ja verlangen gar sofortige Ergebnisse. Das funktioniert vielleicht beim Frühstücksmüsli, trifft jedoch nicht auf den spirituellen Weg zu. Geduld ist eine wichtige Eigenschaft in jeder spirituellen Tradition.

Guru-Suche im spirituellen Supermarkt: Am Anfang der Suche muß man sich ein wenig umsehen, damit man weiß, was es so gibt, doch artet das allzu leicht in einen »spirituellen Schaufensterbummel« aus – als Ersatz für die praktische Umsetzung eines spirituellen Lebens ... Ein Schaufensterbummel mag ja ganz schön sein, doch irgendwann muß man sich schließlich irgendwo hinsetzen und essen.

RAUSCHZUSTÄNDE: Es gibt viele verschiedene geistige Zustände, die wir bei spirituellen Übungen erfahren können. Der eine oder andere ist auch wirklich angenehm ... Diese Zustände können ... ablenkend wirken; Sie sind nicht das Ziel ... sondern lediglich Stationen auf dem Weg.

ALLES IST MAYA: Oder Illusion. Vielleicht auf einer Ebene (der absoluten) wahr, nicht ganz so wahr auf einer anderen (der relativen), wo die meisten von uns die meiste Zeit leben ... Unabhängig von dem Ausmaß Ihrer Erkenntnis oder der Tiefe Ihrer Liebe und Ihres Mitgefühls müssen Sie immer noch die Rechnungen bezahlen, bei Rot anhalten, den Müll heruntertragen und Geschirr spülen.

Vernachlässigen Sie keinesfalls Ihre Alltagspflichten – nach und nach werden sie Ihnen sogar leichter fallen

ALLES IST KARMA: Oder Schicksal. Dieser Glaube ist die Quelle des berüchtigten Syndroms der »spirituellen Passivität«. Eigentlich ... bezieht sich die Lehre des Karma auf nichts, was mysteriöser wäre als das Gesetz von Aktion und Reaktion ... Was Sie heute tun, endet in gewissem Maße in den Geschehnissen von morgen. Achten Sie deshalb auf Ihre Taten in der Gegenwart. Sie sollten Vergangenem weder Schuld zuweisen noch sich zu sehr darauf konzentrieren.

ALLZU GROSSES VERTRAUEN AUF WUNDER: Buddha, so heißt es, traf einen Yogi, der ... vorführte, daß er auf dem Wasser laufen konnte ... Er hatte 25 Jahre harten spirituellen Trainings gebraucht, um diese Kraft zu erlangen. Buddha kratzte sich am Kopf und fragte, wozu er sich die Mühe gemacht hätte, zumal der Yogi für nicht mehr als fünf Rupien die Fähre hätte nehmen können.

Ablenkung durch das Okkulte: »Okkult« heißt versteckt. Das ist das Reich der Geheimlehren, der Magie, der Besuche aus dem Jenseits ... Mehr auf Zeichen ... zu achten als auf das Hier und Jetzt ist ein Symptom dafür, daß Sie sich in diesem zugegeben faszinierenden Reich verlaufen haben.

Die Fallgruben vermeiden

Lassen Sie sich von den unterwegs auftauchenden Fallen nicht einschüchtern. Sie können die Fallstricke mit drei machtvollen Werkzeugen durchschneiden, die Meditierende seit Jahrtausenden verwenden:

- Hören Sie auf Ihr Herz.
- Bewahren Sie sich Ihren Humor.
- Folgen Sie dem mittleren Weg.

Greifen Sie immer darauf zurück, wenn Sie meinen, Sie könnten in eine dieser Fallen stolpern – oder setzen Sie sie immer ein, um von vornherein zu vermeiden, daß Sie in die Fallen hineinlaufen. Sie werden dafür sorgen, daß Sie nicht vom Wege abkommen, und Ihnen ein Signal geben, wenn Sie in die falsche Richtung gehen, das Gleichgewicht verlieren oder nicht das rechte Maß finden.

1. Folgen Sie der Stimme Ihres Herzens

Ihre innere Stimme zeigt Ihnen, wo es langgeht

Wenn Sie Zweifel oder Bedenken haben, hören Sie auf Ihre innere Stimme, die Stimme des Herzens. Die Hinweise, die Ihr Innerstes Ihnen gibt, begleiten Sie von Ihren ersten wakkeligen Schritten an durch alle Erfahrungen hindurch, die Sie mit der Meditation machen. Von der Sucht nach dem spirituellen Rausch über die Hektik bis hin zur Verstrickung im Okkultismus – auch wenn Sie mental noch so sehr davon überzeugt sind, auf dem richtigen Wege zu sein, Ihr Herz kennt die Wahrheit über Ihre Beweggründe, Überzeugungen und Handlungen immer genauer – und wird sie Ihnen offenbaren.

Eine Möglichkeit, die Wahrheit des Herzens zu erfahren, ist natürlich die Meditation. Wann immer Sie von Zweifeln erfüllt sind, verwenden Sie diese Vier-Punkte-Strategie:

1. Sitzen Sie ruhig.
2. Lassen Sie zu, daß Gegenstände oder Verhaltensweisen, die Sie beunruhigen, an die Oberfläche kommen.
3. Fragen Sie Ihr Herz: »Was ist die Wahrheit?«
4. Sie spüren ein innerliches »Klicken«, wenn Sie die Wahrheit erreicht haben.

2. Bewahren Sie sich Ihren Humor

Über sich selbst zu lachen ist eine hervorragende Präventivmedizin. Mehrmals täglich gut dosiert reicht dieses Mittel aus, um Ihnen die lauernden Gefahren vom Leibe zu halten. Wie der berühmteste amerikanische Geistliche des 19. Jahrhunderts, Henry Ward Beecher, es ausdrückte: »Ein Mensch ohne Humor ist wie ein Wagen ohne Federung – er wird von jedem Steinchen auf der Straße durchgerüttelt.«

Humor läßt uns unsere eigenen Schwächen besser ertragen

Den Sinn für Humor zu verlieren ist ein Warnzeichen dafür, daß man vom spirituellen Weg abkommt. Wenn Menschen dem Ego zum Opfer fallen und anfangen zu glauben, sie seien spiritueller als andere oder alles, was ihnen und anderen zustößt, neigen sie auch dazu, ihren Sinn für

Humor zu verlieren. Wie wichtig der Humor ist, um bei der Meditation auftretende Versuchungen zu vermeiden, unterstreicht der Dozent und Autor Allen Klein in seinem Buch »The Healing Power of Humor«: »Sobald wir entdecken, daß unser Chaos nicht der Komik entbehrt, sind wir nicht länger darin gefangen, und unsere Probleme fallen uns weniger zur Last. Der Humor bietet eine Fluchtmöglichkeit, bevor wir die Hoffnung verlieren.«

Der Humor hält uns davon ab, uns selbst zu ernst zu nehmen. »Wenn du deinen Humor verlierst«, sagt McMurphy in Ken Keseys »Einer flog über das Kuckucksnest«, »verlierst du den Halt.« »Er weiß«, sagt einer der anderen Charaktere, »daß du über die Dinge, die dir weh tun, lachen mußt, um das Gleichgewicht nicht zu verlieren, damit die Welt dich nicht in den Wahnsinn treibt.« Humor hilft uns, das Gleichgewicht nicht zu verlieren. Wenn wir unsere Ambitionen, Schwächen, Bedürfnisse und unseren Ärger mit Humor betrachten, erscheinen sogar unsere Schattenseiten wie Wut, Neid und Vorurteile nicht mehr so bedeutungsvoll.

Humor rückt die Dinge ins rechte Licht. Er erweitert unseren Horizont und lenkt unseren Blick über den eigenen Tellerrand hinaus. Humor versetzt uns in die Lage, den Schwächen anderer gegenüber mehr Nachsicht zu üben. Das ist der Humor des Mitgefühls, der durch das ruhige Lächeln Buddhas symbolisiert wird. Dieser Humor hat für jeden Verständnis und verzeiht jedem – so wie Buddha. Wir alle sind gefangen in Illusionen und neigen deshalb zu Fehlern und Schwächen. Alle werden eines Tages aus der Illusion erwachen, um erleuchtet zu werden.

Lachen ist die beste Medizin – noch besser wirkt sie zusammen mit Meditation

Humor ist auch das Mittel, das wir anwenden, wenn wir »aufwachen« und feststellen, daß wir in einem oder mehreren der spirituellen Fallstricke gefangen sind. Das ist nicht »falsch«, »schlecht«, »dumm«, »schwach«, »Mangel an Andacht« oder »unaufrichtig«. Es ist der menschliche Teil unserer selbst mit seinen Schwächen, Ängsten, Bedürfnissen und Wunden. »Keiner von uns ist vollkommen«, bemerkt Allen Klein. Die meisten Situationen, in denen wir uns befinden, sind alles andere als ideal. Die größte Barmherzigkeit, die wir uns selbst erweisen können, besteht darin, diese Mängel nicht zu ernst zu nehmen.

3. Der beste Rat: Folgen Sie dem mittleren Weg

Die meisten Traditionen und Lehrer sind sich darin einig, daß man Fallgruben bei der Meditation am besten vermeidet, indem man dem Weg folgt, den Buddha als den mittleren Weg bezeichnete. Andere nennen dieses Prinzip die goldene Mitte oder die Regel des Maßhaltens. Der mittlere Weg ist gemäß dem Shambhala-Wörterbuch des Buddhismus »im allgemeinen ein Begriff für den Weg des historischen Buddha, der die Vermeidung aller Extreme lehrt ... und der zur Erlösung vom Leiden führt«.

Der mittlere Weg vermeidet jedwede Art von Extremen

Der Schlüssel zum mittleren Weg wird in den Anfangszeilen eines kabbalistischen Textes angedeutet: »Dies ist das Buch vom Gleichgewicht der Harmonie.« Ein ausgewogener Mensch ist ein Mensch, der dem mittleren Weg folgt. Er fühlt sich nicht heiliger als ein Mensch und verbringt auch nicht zuviel Zeit auf der Suche nach dem Rausch der Meditation. Der Theosoph Talbot Mundy rät: »Sei moderat in allen Dingen und behalte so das Gleichgewicht, das eine Form der Gerechtigkeit ist, die die Götter lieben.«

Wie beim Radfahren erfordert es ein wenig Übung, die Balance des mittleren Wegs zu finden. »Von zehn Personen, die dem mittleren Weg zur Weisheit folgen, kehren neun aus Habsucht um, auch wenn nicht jede Form von Habsucht

Das Gleichgewicht des mittleren Weges zu erreichen, ist Ziel der Meditation und zugleich ihre Voraussetzung

durch Hunger im Bauch oder aus der Gier nach Gold entsteht«, schreibt Mundy. »Einige suchen Ruhm, und der Ruhm, den sie erreicht haben, wird durch irrsinnigen Stolz zerstört. So sollt ihr den mittleren Weg daran erkennen, daß der, der auf ihm geht, alle Laster meidet, nachdem er sie in sich selbst gefunden hat, so daß er ihre Gewohnheiten kennt und sich mit seinem Urteil zurückhält und nicht mit Steinen wirft, damit er die Fenster seiner eigenen Seele nicht zerbricht.«

4. Die höchste Autorität sind Sie selbst

Ein abschließender Gedanke von Ram Dass: »Die höchste Autorität – da jeder spirituelle Pfad freiwillig gewählt sein muß – ist die eigene Urteilsfähigkeit ... Zwar gibt es viele Gründe, achtsam zu sein, doch es gibt keinen Grund umzukehren, auch wenn das möglich wäre. Die Fallgruben und Gefahren, die Hindernisse und Hürden sind ein wesentlicher Teil der Reise. In dem Maße, in dem wir diese Herausforderung annehmen, machen wir die Reise zu unserer eigenen.«

»Buddha, der Vollkommene, vermied diese zwei Extreme und fand den mittleren Weg, der die Augen öffnet, die Weisheit fördert und zu Frieden, Einsicht, Erleuchtung und ins Nirwana führt, zu Scharfsinn, vollkommenem Wissen, vollkommener Sichtweise, vollkommener Sprache, vollkommenem Handeln, vollkommenem Leben, vollkommenem Bemühen, vollkommener Aufmerksamkeit und vollkommener Konzentration.«

Samyutta-Nikdya

Zusammenfassung

Laden Sie die Meditation in Ihr Leben ein!

- Warum Menschen sich der Meditation widersetzen, auch wenn ihre ersten Erfahrungen positiv waren.
- Sie können die Angst vor der Meditation mit Hilfe einer einfachen Übung überwinden.
- Ein Grund für die Angst einiger Menschen vor der Meditation ist die Annahme, sie müßten auf alle Annehmlichkeiten des Lebens verzichten.
- Meditation ist keine Religion.
- Manche Menschen werden durch den von der Meditation erzeugten »Rausch« auf die schiefe Bahn gelenkt.
- Einige mißverstehen den Sinn der Meditation; sie glauben, ihn erkannt zu haben, prahlen mit ihren Erfahrungen und meinen, als einzige der Weisheit letzten Schluß zu kennen.
- Drei gute Möglichkeiten, die Fallgruben der Meditation zu vermeiden:
  - Hören Sie auf Ihr Herz.
  - Bewahren Sie sich Ihren Sinn für Humor.
  - Folgen Sie dem mittleren Weg.
- Wenn es um Meditation geht, verlassen Sie sich ganz auf Ihr eigenes Urteilsvermögen.

Wir sind nur für kurze Zeit hier, dann blättert jemand die Seite um.

Entwickeln Sie Ihre Meditationstechnik

Nun, da Sie bereits meditiert haben, ist es an der Zeit, eine stabile, regelmäßige und lohnenswerte Meditationspraxis zu entwickeln. Für diese Praxis benötigen Sie die richtige Haltung, einen Zeitplan und das geeignete Werkzeug.

Die Körperhaltung

Über die Jahrhunderte hinweg wurden ganz bestimmte Meditationshaltungen entwickelt, um auf optimale Weise eine stabile, ruhige und bewußte synergetische Balance zwischen dem Körper und dem Geist zu schaffen.

Sie sollten während des Meditierens auf keinen Fall Schmerzen aufgrund der Körperhaltung verspüren

Obwohl es willkürlich, unbequem und sinnlos erscheint, eine bestimmte Haltung vorzuschreiben, werden Sie nach einer gewissen Zeit feststellen, warum die richtige Position für die Meditation so wichtig ist. Deshalb sollten Sie genauso an die Meditationshaltung herangehen wie an die Meditation selbst – mit dem Geist des Anfängers.

Wenn Sie mit verschiedenen Positionen experimentieren, denken Sie daran, daß der Zweck der Meditation nicht das Unbehagen ist und daß eine Position, die Ihnen Schmerzen verursacht, für Sie ungeeignet ist. Es besteht ein Unterschied zwischen einem leichten Unbehagen, das zu erwarten ist, und körperlichen Schmerzen, die nicht sein dürfen.

Achten Sie auf die Stärken und Schwächen Ihres Körpers. Und denken Sie immer daran: Ärztliche Anweisungen und körperliche Schmerzen haben immer den Vorrang vor allem, was in diesem Buch geschrieben steht.

Die Körperhaltung beeinflußt die Übung

Üben, probieren Sie so lange, bis Sie die für Sie richtige Position gefunden haben

Ein Golfspieler verbringt Hunderte von Stunden auf dem Übungsgelände und trainiert so lange den richtigen Schwung, bis er ihn im Schlaf beherrscht. Die fehlerhafte Ausrichtung der Arme, der Hüften oder der Füße kann zu einem Fehlschlag führen. Korrekte Körperhaltung und der richtige Schwung führen zu optimalen Ergebnissen.

Das gilt auch für die Körperhaltung beim Meditieren. Die korrekte Haltung dient dazu, den Knochenapparat, die Atemwege, das Nervensystem und den Kreislauf so anzupassen, daß sie sich gegenseitig optimal ergänzen. Die Anleitungen in diesem Kapitel sollen Ihnen helfen, eine stabile und gleichzeitig entspannte Meditationshaltung einzunehmen, damit Sie gleich den richtigen Einstieg haben.

Die Körperhaltung spiegelt die Einstellung wider

Die richtige Körperhaltung einzunehmen und beizubehalten ist mehr als lediglich ein körperlicher Akt; es ist die Manifestation Ihres gegenwärtigen geistigen Zustands und drückt die Bereitschaft zur Erleuchtung und Zufriedenheit aus.

Nach Meinung des Zen-Meisters Suzuki Roshi hat allein schon das richtige Sitzen eine machtvolle Wirkung. In »Zen-Geist, Anfänger-Geist« beschreibt er die Wirkung der richtigen Position auf den Geisteszustand: »Sie sollten weder seitlich noch nach hinten oder nach vorne geneigt sitzen. Sitzen Sie so gerade, als wollten Sie mit Ihrem Kopf den Himmel stützen ... Diese Formen (Positionen) sind nicht Mittel zum Erreichen des richtigen geistigen Zustands. Diese Körperhaltung einzunehmen ist allein schon der Zweck unserer Übung. Wenn Sie diese Körperhaltung eingenommen haben, haben Sie den richtigen geistigen Zustand erreicht.«

Gerade wie eine Blume: So kann die richtige Sitzhaltung aussehen

Wie eine Blume sitzen

»Betrachten Sie Ihre Wirbelsäule, egal ob im Stehen oder Sitzen, als den Stiel und Ihren Kopf als die Blüte der Rose. Achten Sie bewußt auf das Steißbein und auf das Kinn. Steht eines davon zu stark hervor, ist es so, als würde die Wurzel oder die Blüte vom Stiel abgeschnitten.«

Michiko Rolek

Die Körperhaltung ist deshalb von so großer Bedeutung, weil es wichtig ist, dieser Welt wachsam und offen und aus einer bequemen Position heraus zu begegnen, egal, ob man in seinem Zimmer meditiert oder im Verkehrsstau steckt. Je bewußter Sie auf Ihre Körperhaltung beim Meditieren achten, desto deutlicher werden Sie sich Ihrer Bewegungen und Positionen während Ihrer täglichen Aktivitäten bewußt. Dieses Bewußtsein kann als mentaler Wecker dienen, der dafür sorgt, daß Sie auf Ihre verschiedenen Geisteszustände achten, besonders auf solche, die Sie zu Handlungen veranlassen, die Sie später bereuen.

Wenn Sie zum Beispiel mit Ihrem Vorgesetzten zu tun haben, achten Sie darauf, wie Sie stehen. Strecken Sie Ihr Kinn vor? Haben Sie die Hände in die Hüften gestemmt? Dann sind Sie vielleicht verletzt oder befinden sich auf Konfrontationskurs. Achtung! Sie wollen nichts Unüberlegtes tun. Ist Ihr Unterkiefer entspannt, sind Ihre Hände geöffnet? Das deutet auf Empfänglichkeit und Vertrauen.

Eine bequeme, stabile Position ist wichtig

Wenn Sie sich Ihrer körperlichen Haltung zunehmend bewußt werden, werden Sie feststellen, daß Sie ganz von alleine sowohl geistig als auch emotional unbequeme Haltungen vermeiden.

Haltung im Retreat (Meditationsaufenthalt)

Die Vorschriften zur Meditationshaltung in Retreats oder Seminaren ähneln der Kleiderordnung in Restaurants. Wenn bis zu 200 Personen gemeinsam meditieren, sind schon einige Regeln erforderlich. Deshalb ist in einer Meditationshalle des Zen (dem Zendo) nur ein Kissen oder eine Sitzmatte erlaubt. Keine Stühle, Rückenlehnen, Liegestühle, kein Lehnen gegen Wände (da man mit dem Gesicht zur Wand sitzt).

Im Vergleich dazu sind bei der Einsichts-Meditation (siehe Seite 163 ff.) Stühle, Bänke und spezielle Sitzvorrichtungen mit Rückenlehne zulässig. Das eine ist nicht besser als das andere; es handelt sich einfach um zwei verschiedene Dinge.

Hinweise für Behinderte

Wenn die Anleitungen zum Meditieren körperliche Bewegungen verlangen, die Sie nicht nachvollziehen können, ersetzen Sie sie einfach durch Bewegungen, zu denen Sie fähig sind. Bei der Meditation im Gehen beispielsweise ist das Phänomen des Gehens das Meditationsobjekt. Wenn Sie nicht gehen, wohl aber Ihre Arme bewegen können, machen Sie die langsamen, fließenden, aufwärts und abwärts weisenden Bewegungen Ihrer Arme zum Meditationsobjekt. Wenn Sie im Rollstuhl sitzen, können Sie sich auf das Gefühl Ihrer Hände an den Rädern des Rollstuhls konzentrieren, während Sie sich langsam vorwärts rollen. Improvisieren Sie Ihre eigenen Bewegungen.

Vorübergehende oder dauerhafte Behinderungen sind kein Hindernis bei der Entwicklung einer Meditationsroutine. Alles, was in diesem Buch gesagt wird, gilt für alle Menschen. Es spielt keine Rolle, ob Sie nicht ohne Stütze sitzen können, auf den Rollstuhl angewiesen sind oder im Krankenhaus liegen. Ihre Übungen können genauso intensiv und wirkungsvoll sein wie die aller anderen.

Passen Sie das Meditationsobjekt Ihren individuellen Gegebenheiten und Bedürfnissen an

Denken Sie daran, daß das Meditationsobjekt kein ehernes Gesetz ist; passen Sie es Ihren jeweiligen Gegebenheiten an. Wenn Sie sich Ihrem Meditationsobjekt mit ruhiger Bewußtheit zuwenden, gewinnen Ihre Meditationsübungen mehr und mehr an Sicherheit.

Dharma-Schmerz und echter Schmerz

Von Zeit zu Zeit empfinden alle Meditieren beim Sitzen ein wenig Unbehagen, doch Unbehagen und Schmerzen sind nicht dasselbe. Es ist äußerst wichtig, den Unterschied zu kennen. Beim Meditieren nennt man das Unbehagen auch Dharma-Schmerz, es ist ein Nebenprodukt der Meditation.

Dharma-Schmerz ist das, was Sie fühlen, während Sie unbewußt die ein ganzes Leben umspannende Geschichte von schmerzhaften körperlichen, emotionalen und geistigen Erfahrungen, die sich im Körper angehäuft haben, verarbeiten. Während Sie sitzen und meditieren, beginnen diese Knoten, die Sie ständig mit sich herumgetragen haben, sich zu lösen. Wenn Sie sich diesem Dharma-Schmerz öffnen, so ist das ein Zeichen für die zunehmende Reife Ihrer Meditation.

Echte Schmerzen andererseits sind eine unüberhörbare Botschaft, die Ihr Körper Ihnen sendet: »Hör damit auf!« Die angemessene Reaktion ist, diesen Aufruf zu respektieren.

In der Meditation wie im Leben lautet die wichtigste Regel, stets freundlich und sanftmütig zu sein, besonders zu sich selbst.

Worauf soll man sitzen?

Die Sitzunterlage hat nicht die Aufgabe, Sie zu stützen

Die Unterlage zum Sitzen soll die richtige Körperhaltung beim Meditieren ermöglichen und hat keine Stützfunktion. Die Arbeit beim Sitzen leisten im wesentlichen Sie selbst, nicht Ihr Kissen oder die Bank.

Wie einfach oder schwierig es ist, einen Händler für Sitzunterlagen zu finden, hängt davon ab, wo Sie wohnen. Wenn Sie das Glück haben, einen spirituell orientierten Buchladen in Ihrer Nähe zu haben, finden Sie dort wahrscheinlich eine ganze Reihe von Sitzkissen und Bänken. Wenn nicht, so gibt es auch einige renommierte Firmen, bei denen Sie Sitzunterlagen per Katalog bestellen können; einige davon sind am Ende des Buches aufgeführt.

In spirituell orientierten Buchläden finden Sie Sitzkissen aller Arten

Die beste Möglichkeit, sich Utensilien anzusehen und diese auszuprobieren, besteht während der Teilnahme an Retreats und Seminaren. Wenn Sie dort etwas Interessantes sehen, fragen Sie, wo die anderen Teilnehmer ihre Utensilien besorgt haben. Vielleicht fragen Sie auch jemanden, der seine Unterlage gerade nicht braucht, ob Sie sie ausprobieren dürfen.

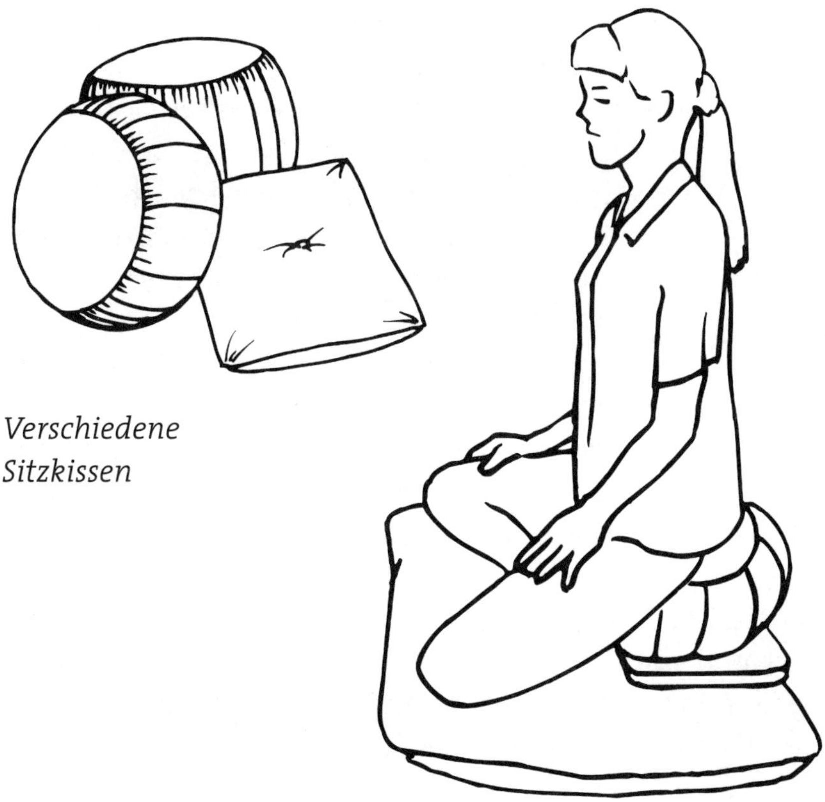

Verschiedene Sitzkissen

Kissen

Die einfachste und am leichtesten erhältliche Sitzhilfe ist das klassische runde Meditationskissen, das gewöhnlich unter der japanischen Bezeichnung Zafu im Handel ist (siehe Abbildung auf Seite 93). Auch wenn Sie es gewohnt sind, mitten auf einem Kissen Platz zu nehmen, sitzen Sie beim Zafu nur auf dem vorderen Drittel.

Zafus sind in verschiedenen Größen, Stärken und Materialien erhältlich. Welches für Sie das richtige ist, finden Sie am besten durch Probesitzen heraus. Hier sind einige Regeln, die dabei zu beachten sind:

- Versuchen Sie, ein Zafu in der für Sie richtigen Größe zu finden. Zafus gibt es normalerweise mit kleinem, mittlerem und großem Umfang.
- Achten Sie ebenfalls darauf, daß das Kissen die richtige Höhe hat. Je größer der Abstand Ihrer Knie zum Boden, um so geringer ist der Druck auf Ihren Kniescheiben. Wenn Sie beim Sitzen den burmesischen Stil (der weiter hinten beschrieben wird, siehe Seite 106) bevorzugen, ist wahrscheinlich ein dickes Kissen besser, das eine hockende Haltung ermöglicht, stabil und nicht wackelig ist. Für große Personen mit langen Beinen ist ein dickes Kissen meistens bequemer. Achten Sie in jedem Fall darauf, daß Sie auch auf einem dicken Kissen eine stabile Haltung haben.

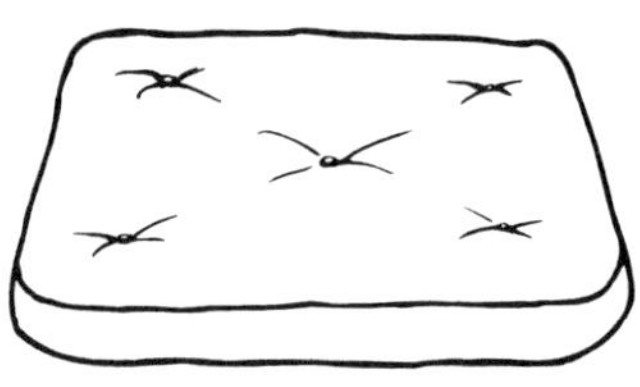

Meditationskissen sind normalerweise 2,5 bis 15 Zentimeter dick und wie ein Futon mit Kapok, einer Baumwollfüllung, gefüllt. Es gibt auch Kissen mit Hirsekörnern, diese passen sich der Körperform an.

Stützräder

Stützkissen sind wie Stützräder für Meditierende, die noch nicht beweglich genug sind, um frei zu sitzen; sie bieten Halt und Stabilität, ohne unbequem zu sein. Stützkissen lassen sich vielseitig einsetzen – als Stütze für die Knie, unter den Armen oder als Auflage für die Hände. Sie sind in verschiedenen Größen und Formen erhältlich.

Zwar passen sich mit Hirsekörnern gefüllte Kissen der Körperform an, doch sind sie extrem hart und ungepolstert. Kapok ist viel weicher, bietet aber weniger Halt. Die Füllung aus Kapok wird außerdem bei längerem Sitzen flachgedrückt. Mit Hirsekörnern gefüllte Kissen sind gewöhnlich nicht in Geschäften, sondern nur im Versandhandel erhältlich.

Schwarz ist die am häufigsten gewählte Farbe für Meditationskissen. Sie lenkt Sie selbst und die anderen Meditierenden nicht ab. Einige Hersteller von Sitzkissen bieten verschiedene Farben an. So ist beispielsweise ein tibetisches Sitzkissen, Gomden genannt, in den traditionellen Farben Hellorange und Gelb erhältlich.

Meditationsbänke

Manche Meditierende finden, daß der auf dem Rücken lastende Druck durch eine kniende Position gemildert wird, so daß sie ihre Haltung länger beibehalten können und sich aufrechter halten. Man sollte jedoch nicht vergessen, daß beim Knien ein größerer Druck auf den Kniescheiben lastet, so daß die für den Rücken gewonnene Erleichterung durch den Druck auf die Knie aufgehoben wird. Viele Meditierende wechseln zwischen einem Kissen und einem Bänkchen,

Probieren Sie mehrere Kissen oder Bänke aus, ehe Sie sich zum Kauf entscheiden

besonders bei längeren Retreats. Denken Sie daran: Verwenden Sie nie eine Meditationsbank ohne die richtige Polsterung für die Knie.

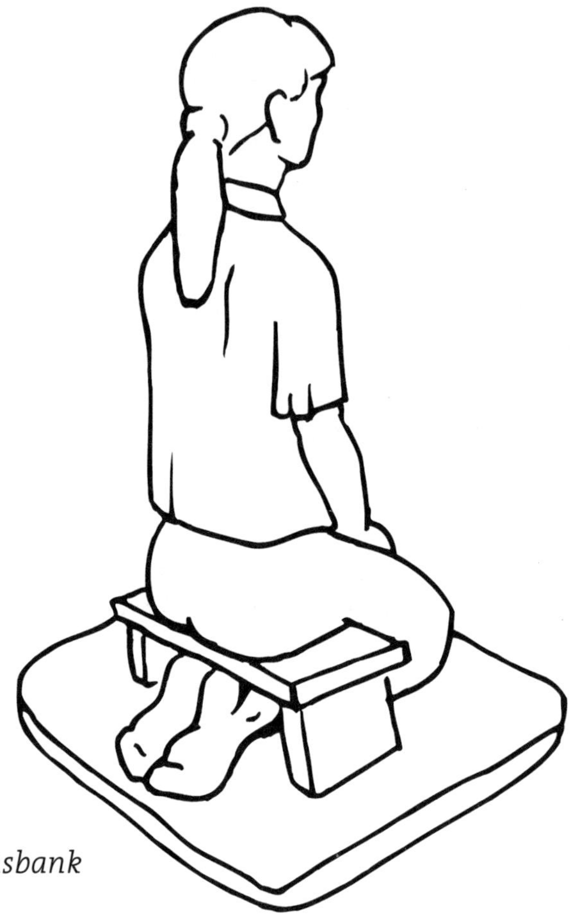

Meditationsbank

Die traditionelle Sitzbank besteht aus einfachem Holz, häufig Walnuß, wobei die Sitzfläche etwa 20 mal 50 Zentimeter groß ist. Diese ist leicht nach vorne geneigt, so daß die Bank hinten etwa fünf Zentimeter höher ist als der vordere Rand. Die Sitzfläche ruht auf breiten, kurzen Beinen, so daß sich der hintere Rand etwa 22 Zentimeter über dem Boden befindet.

Die Sitzfläche kann gepolstert oder ungepolstert sein. Bei manchen Bänken lassen sich die Beine zusammenklappen, oder man verwendet eine Technik wie bei einem Stativ, so daß die Bank leicht zu lagern und zu transportieren ist. Die Bänkchen sind nicht sehr teuer und durchaus eine sinnvolle Anschaffung.

Sitzmatten

Eine gute Matte ist wichtig, besonders, um die Kniegelenke und Fußknöchel zu schonen. Wahrscheinlich wissen Sie, wie ein japanisches Bett, der Futon, aussieht. Die bei der Meditation verwendeten Futons sehen praktisch genauso aus, nur sind sie kleiner. Ein Zabuton, auf deutsch Sitzmatte, ist etwa 85 mal 75 Zentimeter groß und 2,5 bis 5 Zentimeter dick.

Sitzmatten schonen die Knie und Knöchel

Sie können den Futon vorübergehend durch eine Decke ersetzen, die Sie mehrmals falten. Die Matte sollte auf jeden Fall groß genug sein, daß die Gelenke und die Kniescheiben darauf Platz finden.

WIE SOLL MAN SITZEN?

Wenn Sie eine Meditationshaltung einnehmen, drücken Sie damit aus, wer Sie in genau diesem Moment sind: ein Mensch, der versucht, sein Leben auf eine bestimmte Weise zu leben. Dadurch machen Sie Ihre Absicht deutlich, den Ihnen zustehenden Platz unter all denen einzunehmen, die vor Ihnen meditiert haben, und all denen, die nach Ihnen kommen werden.

Die allgemeine Anweisung im Hinblick auf Ihre Körperhaltung lautet genauso wie die allgemeine Anweisung bei der Meditation überhaupt: mit ruhiger Aufmerksamkeit sitzen, Rücken gerade und aufrecht, so daß es noch bequem ist, ohne sich zu versteifen oder anzuspannen.

Rücken und Wirbelsäule

Halten Sie den Rücken und die Wirbelsäule gerade, nicht gebogen. Stellen Sie sich vor, daß oben an Ihrem Kopf eine Schnur angebracht ist. Den Rücken gerade zu halten hält nicht nur wach, sondern ermöglicht auch das ungehinderte Strömen Ihres Chi, der Lebenskraft Ihres Körpers. Das fördert die Energiezufuhr, was zu erhöhter Aufmerksamkeit, mehr Ruhe und einem gesteigerten Bewußtsein führt.

Kopf, Kiefer und Zunge

Bevor Sie die Position Ihres Kopfes anpassen, sollten Sie Ihren Unterkiefer entspannen. Öffnen Sie den Mund, und

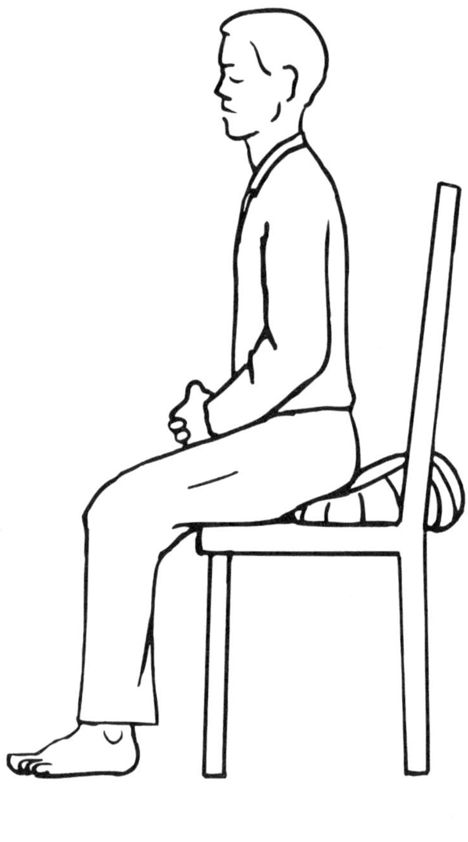

Beim Meditieren ist der Bodenkontakt wichtig.

lassen Sie den Kiefer los. Lassen Sie ihn locker herunterhängen. Behalten Sie diese entspannte Haltung des Unterkiefers bei.

Als nächstes achten Sie mal darauf, wie Ihr Kopf auf dem Hals sitzt. Möglicherweise strecken Sie als Folge eines langen Arbeitstages, nach einer Autofahrt und bedingt durch Streß das Kinn vor, was Verspannungen im Nacken hervorruft. Schließen Sie die Augen, und lassen Sie den Kopf direkt über dem Hals schweben. Wenn Sie immer noch das Gefühl haben, daß Sie Ihr Kinn vorstrecken, so daß der Kopf nicht die richtige Position einnimmt, drücken Sie das Kinn leicht nach innen (ohne zu verkrampfen).

Entspannen Sie Ihre Zunge. Einige Meditationslehrer erklären ihren Schülern, sie sollten mit der Zungenspitze den Gaumen berühren, da sie der Überzeugung sind, auf diese Weise würde der Kreislauf der mikrokosmischen Energie geschlossen, die durch das Rückenmark, über den Scheitel und vorne am Körper entlang fließt. Durch die Positionierung der Zunge am Gaumen wird außerdem der Speichelfluß während der Meditation verhindert.

Achten Sie auch auf die Position Ihrer Zunge!

Augen

In einigen Meditationstraditionen, etwa der Einsichts-Meditation des Theravada-Buddhismus, sollen die Augen geschlossen werden. In bestimmten Sekten des Zen-Buddhismus hält man die Augen ganz oder teilweise geöffnet und blickt in einem Winkel von 45 Grad auf den Boden. Wieder andere Traditionen verlangen, daß man die Augen weit aufreißt.

Wenn Sie gerade erst anfangen zu meditieren, halten Sie Ihre Augen sanft geschlossen. Wenn sie sich während der Meditation öffnen, ist das nicht weiter schlimm.

DAS ÄUSSERE SPIELT KEINE ROLLE

Wenn Sie öfter Ski laufen, haben Sie wahrscheinlich in der Schlange am Lift auch schon mal diese modisch gekleideten Leute gesehen, die mit der allerneuesten Ausrüstung ausgestattet sind. Und Sie bekommen Komplexe. Wie ein Meditierender auszusehen, ist nicht Ihr Ziel. Es ist nicht weiter schlimm, wenn Sie dazu auf einem Stuhl sitzen müssen. Auch Personen mit intensiver Routine und sogar manche Lehrer können wegen Problemen mit den Gelenken oder gesundheitlichen Problemen nur auf Stühlen sitzen. Achtsamkeit ist das Ziel der Meditation, nicht Unbehagen. Das buddhistische Prinzip der Gewaltlosigkeit bedeutet, daß Sie auch sich selbst keine Gewalt antun.

Arme

Stützen Sie sich beim Meditieren nicht auf Ihre Arme!

Lassen Sie Ihre Arme frei und offen hängen; pressen Sie sie nicht eng an den Körper. Stellen Sie sich vor, daß Sie unter jedem Arm ein Ei halten. Halten Sie die Eier fest genug, daß sie nicht herunterfallen, doch nicht so fest, daß sie zerbrechen. Wie Sie Ihre Arme auch halten, wichtig ist, daß Sie nicht als Stütze verwendet werden.

Füße

Beim Meditieren ist der Bodenkontakt wichtig. Wenn Sie auf einem Stuhl sitzen, stellen Sie die Füße fest mit der ganzen Sohle auf den Boden (Abbildung Seite 98). Sie können die Füße auch mit einem Kissen abstützen.

Wohin mit den Händen?

Es gibt verschiedene Möglichkeiten, wo und wie Sie Ihre Hände halten. Wichtig ist, daß die Hände immer locker bleiben.

Auf den Knien: Sie können die Hände auf die Knie legen und ruhig liegen lassen. Sie können entweder nach unten weisen, so daß sie die Knie leicht umfassen, oder mit den Handflächen nach oben zeigen. Manche Lehrer glauben, daß die nach oben gekehrten Handflächen die Energie freier fließen lassen. Vermeiden Sie bewußt jede Anspannung in den Armen, und umklammern Sie die Knie nicht mit den Händen.

Wichtig ist, daß Arme und Hände völlig entspannt sind

Im Schoss: Bei den folgenden Positionen ruhen die Hände in dem Bereich zwischen Bauchnabel und Genitalbereich, in dem Energiezentrum des Körpers, das als *Hara* bekannt ist. Die Hände sollten locker sein und von den Oberschenkeln gestützt werden. Wenn Ihnen die Stütze für die Hände nicht ausreicht oder wenn die Hände Sie nach unten ziehen, legen Sie ein kleines Stützkissen oder ein gefaltetes Handtuch darunter.

Das Zentrum des Universums

In der buddhistischen und hinduistischen Meditation ist das Hara eines von zwei kraftvollen psychischen Zentren im Körper (das andere befindet sich im Solarplexus). Kosmische Kraft fließt angeblich durch das Hara und macht es zu einer Quelle der Energie des Kosmos. Wenn Sie die Hände beim Meditieren auf Ihrem Hara halten, heißt es, Sie halten das Zentrum des Universums in den Palmblättern Ihrer Hände.

Die Haltung der Hände

Die Haltung der Hände wird auch *Mudra* genannt; das Wort stammt aus dem Sanskrit und bedeutet soviel wie Zeichen oder Geste. In einigen Traditionen, etwa dem Hinduismus und dem Buddhismus, glaubt man, bestimmte Mudras könnten den Geisteszustand eines höheren Wesens oder einer Gottheit hervorrufen.

Die Haltung der Hände kann von Sitzung zu Sitzung durchaus variieren

Probieren Sie verschiedene Haltungen der Hände aus. Wahrscheinlich werden Sie feststellen, daß Sie zu unterschiedlichen Zeiten unterschiedliche Haltungen vorziehen. Es ist jedoch nicht weiter schlimm, wenn Sie bei einer neuen Meditationssitzung die Hände anders halten als bei der letzten.

Achten Sie bitte darauf, daß bei allen nachfolgend dargestellten Haltungen die linke Hand immer in der rechten Handfläche ruht.

DAS KOSMISCHE EI: Diese Haltung ist besonders in der Tradition des Rinzai-Zen beliebt. Die geöffnete linke Handfläche ruht auf der geöffneten rechten Hand. Die Daumen berühren sich kaum. Kurz: Sie bilden ein kosmisches Ei oder einen Behälter. Drücken Sie die Daumen nicht gegeneinander, um für Stabilität zu sorgen. Sie sollten sich so leicht wie möglich berühren, so, als hielten Sie ein dünnes Blatt Papier zwischen den Daumen.

DIE FAUST: Die linke Hand ist zu einer Faust geballt und liegt in der geöffneten rechten Hand. Die linke Faust ruht im Bereich des Hara (des Energiezentrums) zwischen Bauchnabel und Genitalbereich. Wird in der Tradition des Soto Zen verwendet (Abbildung rechts oben).

GEKREUZTE DAUMEN: Die linke Hand ist geöffnet und ruht mit der Handfläche auf dem Hara. Die rechte Handfläche liegt auf der linken Hand. Die Daumen sind gekreuzt. Wird in der Einsichts-Meditation eingesetzt.

SITZPOSITIONEN

Sie sollen weder zu bequem noch zu unbequem sitzen

Denken Sie beim Einnehmen Ihrer Sitzposition daran, mit Ihren Gliedmaßen sanft und vorsichtig umzugehen. Wenn eine Position wirklich unbequem ist, versuchen Sie eine andere, die weniger anstrengend ist. Wenn eine Position zu angenehm ist, mogeln Sie vielleicht ein bißchen.

Wenn Sie gerade erst mit dem Meditieren beginnen, meditieren Sie anfangs auf einem Stuhl sitzend, bis Sie sich ein wenig daran gewöhnt haben. Auf einem Stuhl zu meditieren, empfiehlt sich auch Personen mit eingeschränkter Beweglichkeit, Knieproblemen, einer Verletzung oder anderen körperlichen Beschwerden.

Sitzen Sie bequem auf dem vorderen Teil der Sitzfläche des Stuhls. Halten Sie den Rücken gerade, den Kopf genau über der Wirbelsäule. Lehnen Sie sich nicht an. Setzen Sie die Füße fest mit der ganzen Sohle auf den Boden. Um die Füße zu stützen und vor Kälte zu schützen, können Sie eine flache Matte oder ein Kissen unter die Füße legen.

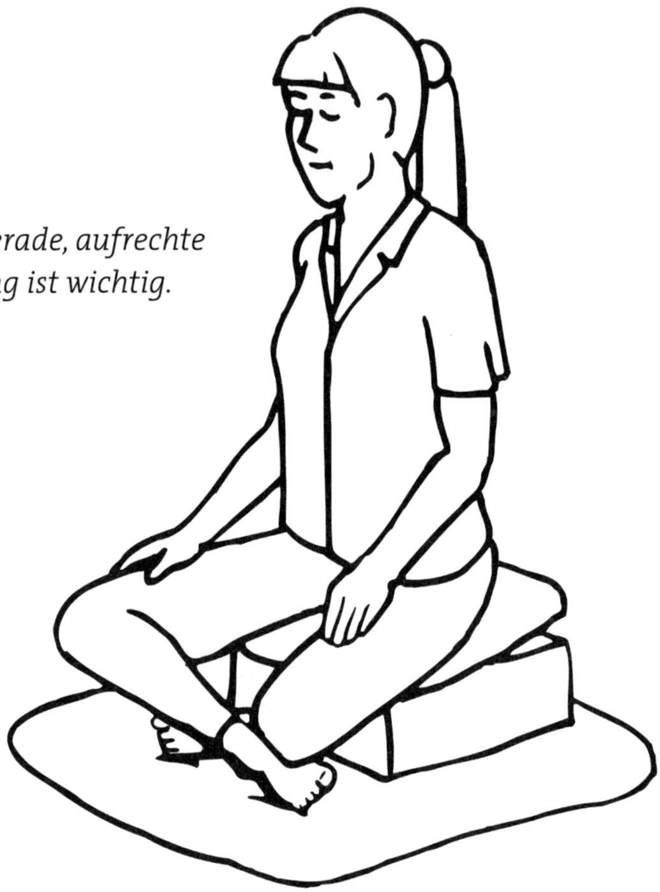

Eine gerade, aufrechte Haltung ist wichtig.

Die Haltung der Beine variieren

Es empfiehlt sich, bei einer neuen Sitzung immer eine andere Beinhaltung einzunehmen. Wenn Sie beispielsweise am Morgen im Schneidersitz meditiert haben, mit dem linken Fuß auf dem rechten, legen Sie bei der

Meditation am Abend den rechten auf den linken Fuß. Mit Hilfe dieser harmonischen Methode, die auch besonders bei Retreats empfohlen wird, gewöhnen Sie sich langsam ans Sitzen.

Schneidersitz

Hierbei handelt es sich um die klassische Körperhaltung für die Meditation im Sitzen. Legen Sie Ihr Kissen auf das hintere Ende Ihrer Matte (sitzen Sie nicht auf dem blanken Fußboden), so daß Sie reichlich Platz für Ihre gekreuzten Beine haben, wenn Sie Ihre Position einnehmen. Zielen Sie beim Einnehmen dieser Sitzposition nicht einfach auf die Mitte Ihres Kissens und lassen sich darauf fallen. Um das Gewicht richtig zu verteilen und die richtige Haltung einzunehmen, setzen Sie sich langsam auf den vorderen Teil des Kissens. Je weiter vorn Sie auf dem Kissen sitzen, um so eher können Ihre Knie die Sitzmatte berühren.

Der Schneidersitz ist die traditionelle Haltung für Meditationen

Sobald Sie auf dem Kissen sitzen, kreuzen Sie die Beine, so daß Sie eine stabile und bequeme Haltung erreichen. Sie sollten mit beiden Knien die Matte berühren. Wenn Sie die Matte mit den Knien nicht erreichen, versuchen Sie es mit einem Stützkissen oder einem gefalteten Handtuch, das Sie unter die Knie legen. Wenn das auch nicht hilft, versuchen Sie eine andere Position.

BEWEGLICHKEIT

Wenn die Meditationshaltung als unbequem empfunden wird, liegt das meistens an körperlicher Unbeweglichkeit. Auch wenn Sie meinen, daß die Knie die Problemzone sind, wird die Fähigkeit, die Knie auseinanderzuhalten, im Bereich der Hüfte und des Beckens gesteuert. Je beweglicher Sie dort sind, um so leichter

fällt es Ihnen, die Beine zu spreizen und mit den Knien den Boden zu berühren.
Es gibt eine Reihe von Übungen zur Steigerung der Beweglichkeit. Es empfiehlt sich, vor der Meditation ein bis zwei Minuten lang Dehnübungen zu machen.

Die burmesische Haltung

Viele Meditierende finden diese elegante Haltung auch am bequemsten. In der burmesischen Haltung sitzt man höher auf dem Kissen als beim weiter hinten beschriebenen Lotussitz. Deshalb sollten Sie Ihr Kissen hierbei durch ein großes Stützkissen, ein zweites Kissen oder gefaltete Decken erhöhen. So nehmen Sie die burmesische Haltung ein:

Die burmesische Haltung

- Setzen Sie sich auf das Kissen. Winkeln Sie das linke oder das rechte Bein vor dem Körper an.
- Schlagen Sie das andere Bein über das erste Bein.
- Berühren Sie mit beiden Knien die Meditationsmatte. Zwischen Ihrem Sitzpunkt auf dem Kissen, Ihrem Nabel und den Knien müßten Sie jetzt eine dreieckige Stützkonfiguration spüren.
- Lassen Sie die Hände bequem auf der Fläche ruhen, die durch die gekreuzten Beine gebildet wird.

Viertellotus

In dieser Haltung haben Sie am Lagerfeuer gesessen und Kartoffeln gegrillt. Es ist im Prinzip ein einfacher Schneidersitz, der durch das Kissen noch bequemer wird. So nehmen Sie die Position Viertellotus ein:

Beachten Sie die Position des Fußes beim Viertellotus.

- Setzen Sie sich auf das Kissen, und verschränken Sie die Beine vor dem Körper.
- Achten Sie darauf, daß Ihre Knöchel eine bequeme Position haben.
- Sitzen Sie aufrecht. Lehnen Sie sich weder nach vorne noch nach hinten.
- Beide Knie sollten den Boden berühren.
- Lassen Sie die Hände bequem auf der Fläche ruhen, die durch die gekreuzten Beine gebildet wird.

Halblotus

Daß diese klassische Position Halblotus heißt, bedeutet nicht, daß sie nur halb so schwer ist. Der Halblotussitz verlangt von dem Meditierenden außerordentliche Gelenkigkeit der Hüften und Beine. Auch hier gilt, daß Sie noch nicht bereit sind, wenn Ihnen in dieser Position irgend etwas weh tut:

Beachten Sie die Position des Fußes beim Halblotus.

- Kreuzen Sie die Beine bequem so nah am Körper wie möglich.
- Winkeln Sie ein Bein eng zum Körper hin an.
- Heben Sie sachte den Knöchel des anderen Beines, und ziehen Sie ihn langsam auf den Schenkel des gefalteten Beines.
- Legen Sie den Knöchel vorsichtig ab, so daß er auf dem Schenkel des anderen Beines ruht. Beide Knie sollten den Boden berühren.
- Lassen Sie die Hände bequem auf der Fläche ruhen, die durch die gekreuzten Beine gebildet wird.

Lotussitz

Wahrscheinlich haben Sie schon einmal Bilder von in einer Reihe Zen-Mönche gesehen, alle mit gekreuzten Beinen im vollkommenen Lotussitz. Das ist die klassische östliche Meditationshaltung, die uns sofort in den Sinn kommt, wenn wir an östliche Meditation denken.

Der volle Lotussitz ist nur etwas für sehr bewegliche Menschen

Meditation ist eine Kunst, bei der der Meditierende sich jedem Augenblick mit ruhiger Bewußtsein zuwenden kann. Deren Ausübung sollte nicht dazu führen, daß man schließlich einen Orthopäden aufsuchen muß. Der volle Lotussitz kann eine Schädigung der Kniescheiben verursachen. Für jemanden mit durchschnittlicher Beweglichkeit ist diese Haltung nicht geeignet. Sie sollte nur von sehr beweglichen und geschmeidigen Personen eingesetzt werden. Deshalb finden Sie hier keine Anleitung zum Lotussitz. Wenn Sie dennoch den Lotussitz einnehmen möchten, finden Sie Näheres in dem Buch »Die drei Pfeiler des Zen« von Roshi Philip Kapleau oder anderen Büchern über die Zen-Meditation.

Für Menschen mit Knieproblemen eignet sich die kniende Haltung nicht

Knien

Für diese Position benötigen Sie eine Kniebank. Im Prinzip falten Sie dabei die Beine nach hinten und unter die Sitzbank. Manche Meditierende finden es in dieser Position einfacher, ihren Rücken ohne Anstrengung gerade zu halten.

Wenn Sie Probleme mit den Knien haben, sollten Sie diese Position vermeiden oder nur sehr vorsichtig einnehmen. Wenn Sie eine Sitzbank haben, gehen Sie folgendermaßen vor:

- Stellen Sie die Bank auf Ihren Futon.
- Knien Sie sich mit dem Rücken zur Bank auf den Boden.
- Schieben Sie Ihre Beide durch die Öffnung unter der Bank.
- Lassen Sie sich langsam nach hinten gleiten, bis Ihr Gesäß bequem auf der Bank ruht.
- Lassen Sie die Hände bequem im Schoß ruhen. Wenn Ihnen das zu niedrig ist, verwenden Sie ein kleines Stützkissen.

Und hier ist eine andere Möglichkeit, die kniende Position einzunehmen:

- Stellen Sie sich vor den Futon, und halten Sie die Bank hinter sich an beiden Enden fest.
- Ziehen Sie die Bank unter sich, als würden Sie darauf sitzen.
- Knien Sie sich langsam auf den Futon. Halten Sie dabei die Beine zusammen, so daß sie zwischen die Füße der Sitzbank passen.
- Setzen Sie sich langsam zurück. Sie haben Ihre Beine nun untergeschlagen, zwischen den Füßen der Bank.

Raum und Zeit für die Meditation

Die folgenden Abschnitte behandeln das Wo und Wann der Meditation, wie Sie sich für Ihre Meditation einen Bereich und einen Abschnitt des Tages abgrenzen.

Vorbereitungen

- Hörer neben das Telefon legen oder Anrufbeantworter einschalten und den Ton abstellen.
- Fernseher, Stereoanlage ausschalten.
- Nichts auf dem Ofen, in der Mikrowelle, im Toaster usw. lassen.
- Keine anderen Termine während der Meditationsphase.
- Ein paar Minuten zum Ausruhen nach der Meditation einplanen.

Die Umgebung für Ihre Meditation

Es ist zwar nicht unbedingt erforderlich, daß Sie einen festen Bereich für Ihre Meditation schaffen, aber wenn Sie sich doch dafür entscheiden, wäre das ein Beweis dafür, daß Sie deren Ausübung ernst nehmen. Es ist eine weitere Möglichkeit für Sie, Ihren Platz in dieser uralten Tradition einzunehmen. Die Tatsache, daß Sie sich täglich die Zeit nehmen, für sich und andere etwas Positives zu tun, kann eine Quelle des Wohlbefindens und der Zufriedenheit sein.

Der Meditationsbereich in Ihrem Heim sollte alles enthalten, was Sie brauchen: Ihr Kissen oder Ihren Stuhl, einen Wecker, einen zeremoniellen Gong oder eine Glocke, Stützkissen, Matte, vielleicht ein Foto oder andere spirituelle Symbole oder Gegenstände, die zur Erinnerung dienen.

Ihr Meditationsort sollte unter anderem spirituelle Symbole aufweisen

Ihr Meditationsbereich reflektiert nicht nur, wie Sie der Ausübung der Meditation gegenüberstehen, sondern er spiegelt auch Ihre Einstellung zum Leben im allgemeinen wider. Ein schlampiger, vollgestellter und staubiger Meditationsbereich verrät, daß Sie verwirrt und orientierungslos sind. Ein ordentlicher, sauberer Bereich ist ein Hinweis auf Achtsamkeit und Wachsamkeit.

Versuchen Sie aufmerksam zu sein, wenn Sie sich setzen und wieder von Ihrer Sitzung aufstehen. Wenn Sie zum Meditieren zum Beispiel eine Decke benutzen, achten Sie darauf, wie Sie sie falten. Machen Sie einfach mechanisch die erforderlichen Handgriffe, oder falten Sie die Decke so sorgfältig, als wäre ein Kind darin eingewickelt?

Lärm: Eine friedliche Umgebung ist für die Meditation zwar angenehm, aber nicht zwingend notwendig. Vergessen Sie nicht: Erfahrene Meditierende nehmen ihre Welt, wie sie ist – mit allem Drum und Dran.

Gegen eventuell auftretende akustische Störungen können – und sollen – Sie nichts tun

Tun Sie vor dem Meditieren alles, um eine optimal friedliche Umgebung zu schaffen. Sobald Sie jedoch Ihre Position eingenommen haben, müssen Sie alle auftretenden Ablenkungen hinnehmen. Dazu gehört auch Lärm.

Wenn Sie ablenkende Geräusche hören, betrachten Sie die damit verbundenen Gedanken, Gefühle und Wahrnehmungen. Normalerweise ist es nicht der Lärm, der Sie stört, sondern wie Sie ihn beurteilen. Hören Sie auf, ihn zu beurteilen, und bezeichnen Sie das Geräusch einfach als Lärm. Der geschickte Umgang mit dem Lärm kann sogar eine hervorragende Gelegenheit sein, die Meditation zu intensivieren; es können vollkommen neue Perspektiven entstehen, nicht nur in bezug auf den Lärm, sondern auf alle äußeren Ablenkungen in Ihrem Leben.

Zeitmessung: Bei Retreats und in Meditationsgruppen erhält ein Meditierender die Aufgabe, die Zeit zu messen. Er behält die Zeit im Auge und betätigt die Glocke oder den Gong, um den Beginn und das Ende jeder Meditationssitzung einzuläuten.

Wenn Sie alleine meditieren, brauchen Sie einen eigenen Zeitmesser. Hier gibt es verschiedene Möglichkeiten, ohne ständig auf die Uhr schauen zu müssen.

Ein Wecker oder Timer kann hilfreich sein

- Stellen Sie einen Küchenwecker oder den Timer am Mikrowellenherd.
- Stellen Sie einen Timer, so daß sich eine Lampe einschaltet, um das Ende der Meditation anzuzeigen.
- Verwenden Sie ein speziell dafür geeignetes Tonband, oder nehmen Sie selber eins auf.

Zeit finden

Der tibetische Buddhist und Lehrer Lama Zopa Rinpoche beschreibt, wie Sie dafür sorgen können, daß Sie Zeit für die tägliche Meditation haben:
Das Leben ist hektisch, besonders für die Menschen im Westen. Viele Leute sagen deshalb, daß sie an einem Tag mit vielen Terminen keine Zeit für die regelmäßige Meditation haben. In diesem Fall ist die beste Lösung, morgens früher aufzustehen.
Am ehesten finden Sie normalerweise dann Frieden und Ruhe zum Meditieren, wenn die Kinder schon im Bett sind oder bevor sie morgens aufwachen und Ihre Zuwendung verlangen.

Erstellen Sie einen Zeitplan

Geistiges Training ist wie körperliches Training: Dahinter steckt der Wunsch nach langsamen Fortschritten, oder wie Goethe es sagte: »Eile mit Weile.«

Lassen Sie es mich anhand eines Beispiels näher erklären: Nehmen wir einmal an, Sie haben 20 Jahre nicht gejoggt und wollen nun am Berlin-Marathon teilnehmen. Ein professioneller Trainer würde Ihnen wahrscheinlich raten, ganz langsam anzufangen, vielleicht in der ersten Woche nur mit ein paar Dehnübungen und einem Gang um ein paar Häuserblocks herum. Dann würden Sie nach und nach immer längere Strecken zurücklegen. Erst dann würden Sie anfangen zu laufen und sich so bis auf das Niveau des Marathonlaufs steigern.

So wie beim körperlichen konstanten Training ist es auch beim Meditieren: Wenn Sie nie meditiert haben und zu einem guten Lehrer gehen, beginnen Sie auch langsam und entwickeln Ihre Meditationspraxis nach und nach, ganz sicher nicht von heute auf morgen.

Üben Sie regelmäßig, aber beginnen Sie langsam, wenn Sie noch nie meditiert haben

Regelmäßigkeit: Der Schlüssel zu optimaler Meditation und genauso wichtig wie die tatsächliche Dauer der Sitzung ist Regelmäßigkeit.

Wenn Sie körperlich trainieren, sind ein bis zwei Tage Pause pro Woche sinnvoll, damit der Körper sich erholen kann. Das ist in der Meditation nicht der Fall; das Training des Geistes sollte man täglich durchführen.

Einmal täglich zehn Minuten Meditation sind völlig akzeptabel. Wenn Sie diese zehn Minuten aus irgendeinem Grund nicht haben, meditieren Sie nur fünf Minuten. Oder zwei. Oder eine. Allein schon die Tatsache, daß man sich jeden Tag in der Woche für eine Minute hinsetzt, verstärkt das Gefühl, daß man die Meditation ernst nimmt. Das ist äußerst wichtig.

- **Meditationsdauer**
  Wie lange soll man meditieren? Das ist individuell verschieden. Manche meditieren täglich drei Stunden, andere drei Minuten. Bei intensiven Meditations-Retreats dauern die Sitzungen vielleicht bis zu sechs Stunden pro Tag. Wenn Sie einmal pro Woche zu einer Meditationsgruppe gehen, kann der Gruppenleiter für alle eine Meditation von einer Stunde anordnen.

Nach Möglichkeit sollten Sie immer zur gleichen Zeit meditieren

Versuchen Sie jeden Tag um dieselbe Zeit zu meditieren. Doch ehe die ganze Sache daran scheitert, daß Sie nicht immer um dieselbe Zeit meditieren können, dann meditieren Sie lieber, wann Sie Zeit haben. Nach einer gewissen Zeit und bei regelmäßiger Ausübung werden Sie feststellen, daß Ihre Meditationspraxis sich nahtlos in Ihren täglichen Zeitplan eingefügt hat: aufstehen, Zähne putzen, meditieren, frühstücken. Bauen Sie die Sitzung in Ihren täglichen Zeitplan ein – das ist es, worauf es ankommt.

Vorschlag für einen Zeitplan: Einen Zeitplan auszuarbeiten, der allen Leuten paßt, ist unmöglich. Jeder ist anders, hat seinen eigenen Lebensstil. Das folgende Beispiel für einen Zeitplan erlaubt Ihnen, Ihren eigenen Rhythmus einzuhalten:

- Beginnen Sie jeden Tag mit einer zehnminütigen Sitzung.
- Fügen Sie nach einer Woche eine zweite Sitzung von fünf Minuten hinzu.
- Nach vier Tagen verlängern Sie die zweite Sitzung um weitere fünf Minuten. Sie haben nun jeden Tag zwei Sitzungen von jeweils zehn Minuten. Meditieren Sie eine Woche lang nach diesem Plan.

- Als nächstes verlängern Sie beide Sitzungen um jeweils drei Minuten. Behalten Sie diesen Zeitplan nach jeder Verlängerung für eine Woche bei.
- Korrigieren Sie Ihren Zeitplan nach oben oder nach unten, doch meditieren Sie nicht weniger als zweimal täglich zehn Minuten.

Bei Retreats dauern die Meditationsperioden gewöhnlich 25 Minuten. Das ist das Ziel, das Sie anvisieren könnten.

TIMING-TONBAND

Schaffen Sie sich eine billige Glocke oder einen Gong an. Gongähnliche Töne können Sie auch mit einem Topf und einem Holzlöffel erzeugen. Schalten Sie den Kassettenrecorder ein, und lassen Sie ihn die gewünschte Dauer laufen. Traditionell wird eine Meditation mit drei Gongs eingeläutet und mit einem Gong beendet. Folgen Sie diesem Schema bei Ihrer Aufnahme.

Mit dem Tonband können Sie die Meditationsdauer kontrollieren. Fangen Sie mit zehn Minuten an, und nehmen Sie neue Tonbänder auf, wenn Sie die Dauer der Sitzungen ausweiten.

Laut und leise meditieren

Ihre eigene Stimme kann Ihnen helfen, sich zu konzentrieren

Zwar meditiert man normalerweise im stillen, doch hilft es anfangs vielleicht, wenn man die Stimme zur Unterstützung gebraucht. Klang ist ein sehr wirksames Mittel. Einige Formen der Meditation, wie das Mantra, erfolgen traditionell laut.

Zählen Sie beim Ausatmen bis vier. Wenn Sie darauf achten, wie sich der Atem weitet und zusammenzieht, wiederholen Sie einfach »dehnen, zusammenziehen«.

Mache ich alles richtig?

Trauen Sie sich, Fragen zu stellen!

Am Anfang treten viele Fragen auf. Das ist nicht anders zu erwarten. Manche Fragen scheinen durchaus tiefgründig, andere sind Ihnen vielleicht peinlich. Scheuen Sie sich nie, einem Lehrer eine Frage zu stellen. Shinzen Young, einer der führenden amerikanischen Meditationslehrer, sagt: »Scharfsinn zählt.« Das gilt nicht nur für die Meditation. Die einzige dumme Frage ist die, die Sie nicht stellen.

Hier ist eine Checkliste mit Reaktionen, die häufig auftreten, wenn jemand beginnt zu meditieren. Kreuzen Sie die an, die Ihnen bekannt vorkommen.

- Warum mache ich das?
- Ich kann mich nicht entspannen.
- Ich meditiere nicht richtig.
- Mein Rücken (Bein, Knie, Arm) tut weh.
- Mir ist kalt/Mir ist heiß.
- Ich kann einfach nicht aufhören zu denken.
- Ich kann mich nicht konzentrieren.
- Mir ist langweilig.
- Ich bin eingeschlafen.
- Ich kann nicht stillsitzen.
- Meine Atmung ist seltsam.
- Mich juckt es. Darf ich mich kratzen?
- Ich muß auf die Toilette. Was soll ich machen?
- Ich habe eine wichtige Entdeckung gemacht oder einen Durchbruch geschafft. Kann ich eine Pause machen, um etwas aufzuschreiben?
- Ich fühlte mich ängstlich, als ob ich davonschweben würde.
- Ich fühlte mich ekstatisch, als ob ich davonschweben würde.

Vielleicht haben Sie einen Punkt oder alle angekreuzt. Allein schon die Tatsache, daß die eine oder andere Frage aufgekommen ist, ist ein gutes Zeichen dafür, daß Sie langsam die Kunst der Aufmerksamkeit entwickeln. Hier sind nun die Antworten:

1. Warum mache ich das?

Die Frage, die Sie eigentlich stellen, ist: »Lohnt es sich zu meditieren?« Die unmißverständliche Antwort lautet: »Ja.«

Am Anfang wehren sich fast alle Meditierende dagegen, die Meditation ernst zu nehmen. Wenn Sie soweit sind, daß Sie aufgeben wollen, warten Sie noch ein wenig. Versuchen Sie die verschiedenen Gefühle wie etwa Unsicherheit, Wut und Frustration, die Ihnen beim Meditieren kommen, zum Meditationsobjekt zu machen.

Meditieren Sie über Ihre eigene Wut!

2. Ich kann mich nicht entspannen.

Am Anfang ist es ganz normal, wenn Sie beim Meditieren nicht entspannt sind. Meditation ist eine neuartige und ungewohnte Erfahrung. Denken Sie an das erste Mal, als Sie mit jemanden geschlafen haben. Waren Sie da entspannt? Wahrscheinlich nicht. Und das war doch etwas, von dem Sie gehört hatten, es sei phantastisch.

Entspannung und Ruhe sind natürliche Begleiterscheinungen der Meditation. Denken Sie daran, daß es sich dabei um die Kunst handelt, sich jedem Augenblick des Lebens mit ruhiger Aufmerksamkeit zu öffnen. Wenn Sie Ihre Aufmerksamkeit so gut wie möglich auf das Meditationsobjekt richten, dann setzt die Entspannung ganz von selbst ein.

Wenn Sie sich nicht entspannen können, beobachten Sie die körperlichen Wahrnehmungen, Gefühle und Emotionen, die das ausmachen, was Sie als Spannung definieren. Je stärker Sie diese Ansammlung mit ruhiger Bewußtheit durchfluten, um so geringer wird der Widerstand, den Sie spüren. Wenn Sie das, was in diesem Moment vor sich geht, einmal vollkommen akzeptiert haben, befinden Sie sich sowieso schon in einem richtigen meditativen Zustand.

HINDERNISSE

Buddha sprach in seinen Lehren von fünf wesentlichen Hindernissen, die unserem Erwachen entgegenstehen:

- Lust
- Ekel
- Müdigkeit
- Unruhe
- Zweifel

3. Ich meditiere nicht richtig.

Sie sind nicht der einzige, der das glaubt. Fast alle Schüler, Lehrer und Meister stellen sich früher oder später die Frage, ob sie richtig meditieren.

Meditieren ist einfacher, als Sie zunächst glauben!

In unserer Gesellschaft lernen wir: »Ohne Fleiß kein Preis«, »Von nichts kommt nichts«, und alles muß immer kompliziert sein. Bei der Meditation ist das anders. Sie ist natürlich, einfach und lohnt sich trotzdem. Worum es beim Meditieren also eigentlich geht ist: einfach nur sitzen. Sie müssen nichts machen.

4. Mein Rücken (Bein, Knie, Arm) tut weh.

Hin und wieder erfahren alle Meditierenden auf jeder Ebene Unbehagen und Dharma-Schmerz. Wenn das zutrifft, gönnen Sie sich eine Pause. Probieren Sie eine andere Position aus. Wenn Sie auf einem Kissen sitzen, setzen Sie sich nun auf einen Stuhl. Vielleicht brauchen Sie ein gefaltetes

Handtuch unter dem rechten Knie. Vielleicht sollten Sie auf einer Bank knien. Probieren Sie verschiedene Möglichkeiten und Haltungen aus. Und denken Sie immer daran: Ärztliche Anweisungen und körperliche Schmerzen sind immer zu beachten.

5. Mir ist kalt / Mir ist heiß.

Es ist ganz normal, daß Sie während der Meditation körperliche Veränderungen wahrnehmen. Wenn Ihnen kalt ist, könnten Sie sich mit einer Decke zudecken. Wenn Ihnen zu warm ist, ziehen Sie leichtere Kleidung an, oder öffnen Sie vor dem Meditieren ein Fenster.

Passen Sie Ihre Umgebung jedoch in jedem Fall vor Beginn der Meditation an Ihre Bedürfnisse an. Wenn Sie einmal angefangen haben, sollten Sie die Temperatur wie alle anderen Dinge behandeln, die um Sie herum auftauchen: Nehmen Sie sie einfach wahr, und akzeptieren Sie sie ganz bewußt. Betrachten Sie das Frieren oder Schwitzen als vorübergehende Phänomene, die sich, wie alle Dinge, ändern werden. Kehren Sie zur Konzentration auf Ihr Meditationsobjekt zurück.

Akzeptieren Sie eventuell auftauchende Mißempfindungen

6. Ich kann einfach nicht aufhören zu denken.

Natürlich können Sie das nicht. Ihr Verstand denkt immer. Dafür ist er ja da. Wie der Zen-Meister Kopp sagt: »Es kommt nicht darauf an, Gedanken zu unterdrücken, sondern sie zu überwinden.«

Sehen Sie sich noch einmal im Kapitel »Los geht's« die verschiedenen Strategien zum Umgang mit dem Verstand an: Schwingtür, Leuchtturm, Fixpunkte, Zählen und so weiter. Sie können Ihnen helfen, Ihren ungezügelten Verstand zu bändigen.

7. Ich kann mich nicht konzentrieren. Mir ist langweilig. Ich bin eingeschlafen. Ich kann nicht stillsitzen.

Alle diese Reaktionen auf die Meditation fallen unter die Kategorie »Hindernisse«. Hindernisse können allein auftreten, zu zweit oder in Gruppen.

Wenn Sie das Empfinden und die Wahrnehmung von Hindernissen auf das Wesentliche reduzieren, stellen Sie fest, daß diese Hindernisse sich von den anderen Dingen nicht unterscheiden, sondern vergängliche, flüchtige und unbedeutende Erfahrungen des Körpers und des Geistes sind.

Hindernisse kommen und gehen – stellen Sie sich vorher darauf ein!

Hindernisse tauchen garantiert immer auf. Eine wirksame Möglichkeit, mit ihnen umzugehen, besteht darin, sie wissen zu lassen, wer das Sagen hat. Beobachten Sie sich aufmerksam, nehmen Sie sie hin, und kehren Sie dann behutsam zum Meditationsobjekt zurück. Lassen Sie sich von den Hindernissen nicht herumkommandieren. Hier noch einige Ratschläge zum Umgang mit Hindernissen:

- Machen Sie das Hindernis vorübergehend zum Meditationsobjekt. Fixieren Sie es mit der gleichen vollkommenen Aufmerksamkeit wie den Atem. Achten Sie darauf, wie Gefühle wie Unruhe, Langeweile und Schläfrigkeit sich in ihre Bestandteile auflösen und wie alle anderen Phänomene schließlich von alleine verschwinden.
- Wenn Sie müde sind, öffnen Sie die Augen. Stehen Sie auf. Es ist besser, zu stehen und wach zu sein, als zu sitzen und zu schlafen. Schauen Sie in eine Lichtquelle: die Sonne, den Mond, eine Lampe. Spritzen Sie sich kaltes Wasser ins Gesicht.
- Wenn Sie unruhig sind, meditieren Sie im Gehen (siehe ab Seite 206). Bleiben Sie an einer Stelle stehen, und heben und senken Sie langsam die Arme.

Jedes Hindernis können Sie vorübergehend zum Objekt Ihrer Meditation machen, um es zu überwinden

Meditation ist die beste Methode, um sich zu regenerieren; sie verwandelt Ihre Zweifel, Probleme und Ihre Skepsis in eine Gelegenheit, Ihre Achtsamkeit zu vertiefen. Nichts wird ausgeschlossen. Und Sie vergeuden nie Ihre Zeit.

8. Mich juckt es. Darf ich mich kratzen? / Ich muß auf die Toilette. Soll ich aufhören zu meditieren?

Kleinere Unannehmlichkeiten und Reize sind ein Teil des Lebens. Die Meditation verschafft Ihnen die außerordentliche Gelegenheit zu lernen, wie man diese Dinge ins rechte Licht rückt; benutzen Sie sie, um Ihre Meditation zu verbessern.

Juckreiz beispielsweise würde in einer von eins bis zehn reichenden Skala menschlicher Schmerzen und Leiden vielleicht die erste Stufe erreichen. Doch wenn Sie still dasitzen und versuchen zu meditieren, fühlt es sich vielleicht mehr wie Stufe neun an. Das hat nichts mit der körperlichen Empfindung selbst zu tun, sondern ist ausschließlich davon abhängig, wie Sie darauf reagieren.

Wenn Sie den Juckreiz und alles um diesen herum bemerken und sich dennoch geistig zusammenreißen und nicht kratzen, entwickeln Sie eine völlig neue Art, auf jeder Ebene Ihres Lebens mit Unannehmlichkeiten und Reizen umzugehen. Selbstdisziplin und Zurückhaltung sind außerordentlich machtvolle Instrumente, die sich in vielerlei Hinsicht in Ihrem täglichen Leben als nützlich erweisen können.

Doch vielleicht ist es nicht eine Unannehmlichkeit, die Sie ablenkt. Beim Meditieren können Ihnen die erstaunlichsten Einsichten über das Leben kommen. Diese Einsichten schlagen ohne Warnung zu, wie ein Erdbeben.

9. Ich habe eine wichtige Entdeckung gemacht oder einen Durchbruch geschafft. Kann ich eine Pause machen, um etwas aufzuschreiben?

Eine Einsicht kann alles sein, angefangen von der Beantwortung einer Beziehungsfrage bis hin zum Plot für Ihren großen Roman. Zweierlei ist sicher: Die Einsicht ist gewaltig, und Sie wollen sofort alles stehen- und liegenlassen, zu Papier und Bleistift greifen und alles aufschreiben, bevor Sie es vergessen.

Unterbrechen Sie Ihre Meditation nicht! Ihre Einsichten und Ideen sind auch später noch da

Worauf Sie hier Zugriff haben, ist nicht lediglich oberflächliches Überlegen. Hier handelt es sich um tiefgreifende, intuitive Weisheit, die aus einer tieferen Schicht des Unterbewußtseins kommt. Ihre Einsicht entstammt nicht der analytischen linken Gehirnhälfte, sondern der äußerst intuitiven rechten Hälfte des Gehirns. Deshalb erscheinen diese Entdeckungen, Einsichten und Wahrheiten so unglaublich – und so flüchtig. Sie wollen Sie schriftlich festhalten, bevor sie für immer verschwinden. Doch sie verschwinden nicht.

In Wahrheit ist eine solche Einsicht einer intuitiven Quelle der Weisheit entsprungen, die immer schon tief in Ihrem Inneren war und sein wird. Da dieser Gedanke immer schon da war, löst er sich auch nicht einfach in Luft auf. Beenden Sie zuerst Ihre Meditation, und schreiben Sie anschließend Ihren Gedanken auf.

10. Ich hatte Angst / Ich fühlte mich ekstatisch, als ob ich davonschweben würde.

Das Ziel der Meditation besteht im Erlernen der Kunst, sich jedem Augenblick des Lebens mit ruhiger Bewußtheit zu öffnen. Sie suchen weder nach der Erfahrung der Verzückung, noch versuchen Sie, negative Erfahrungen zu vermeiden. Dennoch sind Angst, Orientierungslosigkeit und am anderen Ende des Spektrums Momente des Entzückens und der Ekstase, ja der Visionen, nicht selten.

WAS BEWEGT SICH WIRKLICH?

Zwei Zen-Mönche beobachteten eine Flagge, die im Wind flatterte. »Es ist der Wind, der sich bewegt«, sagte der eine. »Nein. Es ist die Flagge, die sich bewegt«, widersprach der andere.

Ihr Meister kam vorbei und hörte das Gespräch mit an. Er blieb stehen und wandte sich an seine Schüler. »Ihr habt beide unrecht«, sagte er. »Es ist euer Geist, der sich bewegt.«

Der Meditationsprozeß eröffnet auf ganz neue Weise den Zugang zu Teilen des menschlichen Bewußtseins und Unterbewußtseins, und Angst und Entzücken sind Teil des Ganzen. Wenn Sie solche Erfahrungen machen, nehmen Sie sie einfach so bewußt, achtsam und gleichmütig hin wie alle anderen Gedanken, Gefühle oder Wahrnehmungen. Der erste Vers des »Dhammapada«, einer Sammlung der Lehren Buddhas, lautet: »Wir sind, was wir denken. Alles, was wir sind, entsteht aus unseren Gedanken. Mit unseren Gedanken erschaffen wir die Welt. Sprich oder handele mit unreinem Gemüt, und das Unglück wird dir folgen, wie das Rad dem Ochsen folgt, der den Karren zieht ... Sprich oder handele mit reinem Gemüt, und das Glück wird dir folgen wie ein Schatten, der sich nicht abwerfen läßt.«

Wenn Angst auftaucht: Nehmen Sie sie möglichst gelassen hin, so wie alle anderen Gedanken und Gefühle auch

Mit Hilfe der Meditation können Sie beobachten, wie Ihre Gedanken entstehen und Ihre Vorstellung von der Welt erschaffen. Es ist eine ungeheuer befreiende Entdeckung zu erkennen, daß Sie selbst Ihre Lebenserfahrung formen.

Zusammenfassung

- Im Laufe der Jahrhunderte wurden verschiedene Meditationspositionen entwickelt, um Körper und Geist optimal einander anzupassen und dadurch eine stabile, ruhige und bewußte synergetische Balance zu schaffen.
- Die verschiedenen Haltungen sorgen dafür, daß der Körper sich entspannt und mit sich und dem Universum in Einklang ist. Nimmt man bei der Meditation die richtige Körperhaltung ein, erreicht man den richtigen Geisteszustand.
- Daß Sie Ihren Platz einnehmen, nicht nur in dem für die Meditation reservierten Raum, sondern auch auf dieser Welt, ist ein Zeichen für Harmonie, Entspannung und Widerstandsfähigkeit.
- Die allgemeine Haltung eröffnet den Zugang zu der Kunst, sich jedem Augenblick des Lebens mit ruhiger Bewußtheit zu öffnen. Wenn das Meditieren körperliche Schmerzen verursacht, haben Sie nicht die richtige Körperhaltung eingenommen. In dieser Disziplin wie auch im Leben ist die wichtigste Regel, freundlich zu sein und niemandem, besonders nicht sich selbst, Schaden zuzufügen.

Seien Sie freundlich zu sich und zu anderen!

- Meditierende verwenden verschiedene Arten von Kissen und Bänken. Wenn Sie gerade erst anfangen zu meditieren, setzen Sie sich für die ersten Sitzungen auf einen gewöhnlichen Stuhl.
- Wichtig ist nicht, worauf Sie sitzen, sondern wie Sie sitzen.
- Dauerhafte oder vorübergehende Behinderungen sind kein Hindernis für Meditation.
- Es ist besser, zu stehen und wach zu sein, als zu sitzen und zu schlafen.

- Sie benötigen zum Meditieren nicht absolute Stille. Es ist nicht der Lärm, der Sie stört, sondern die Art und Weise, wie Sie zu dem Lärm stehen.
- Regelmäßigkeit bei der täglichen Meditation ist genauso wichtig wie die Dauer. Allein die Tatsache, daß Sie sich jeden Tag eine bestimmte Zeit nehmen, um etwas Gutes für sich selbst und andere zu tun, führt dazu, daß Sie sich wohl fühlen. Genießen Sie es.

Meditieren Sie täglich wenigsten ein paar Minuten – Sie werden sich dabei wohl fühlen

- Meditation ist die ultimative Recyclingmethode. Durch sie wird aus Zweifeln Aufmerksamkeit.
- Meditation stellt eine neue Beziehung zwischen unseren Gedanken und Gefühlen her.

Teil 2
Verschiedene Meditations-traditionen

Inzwischen meditieren Sie, Sie haben eine bequeme Meditationshaltung gefunden und die Antwort auf wenigstens einige Ihrer Fragen erhalten. Es ist an der Zeit, einen Blick auf die Ursprünge der Meditation zu werfen und auf die vielen Fäden, aus denen das Geflecht der meditativen Traditionen besteht. Wir gehen nun auf eine verkürzte Tour durch die Vielzahl der verschiedenen Schulen, Traditionen und Techniken der Meditation. In den folgenden Kapiteln werden eine ganze Reihe meditativer Traditionen vorgestellt. Alle diese Traditionen sind einzigartig in ihrer Art und verfolgen doch denselben Zweck: uns zu erwecken, damit wir die Wahrheit über uns erkennen.

Höchstes Ziel aller Meditationstechniken ist es, sich selbst zu erkennen

Reich an Traditionen

»In meines Vaters Haus sind viele Wohnungen«, sagte Jesus von Nazareth zu seinen Jüngern. »Es gibt so viele Wege der Meditation wie Haare im Bart Gottes«, könnte ein Kabbalist sagen. Die Anzahl und Vielfalt der meditativen Traditionen geht in die Tausende oder gar Zehntausende. Weltreligionen wie der Hinduismus, der Buddhismus, das Christentum und der Islam haben unzählige Sekten und Splittergruppen, von denen viele Meditation ausüben.

In Wirklichkeit hat jeder wichtige kulturelle Bereich auch seine eigene Meditationspraxis. Afrika ist voll davon, und der größte Teil ist dem Westen unbekannt. Im Osten überschneiden sich viele philosophische und ästhetische Traditionen mit Buddhismus und Hinduismus und haben die Formen der Meditation erzeugt, die weltweit bekannt sind. Der Westen ist die Wiege des Judaismus, des Christentums und des Islam; daneben existiert eine Vielzahl von Sekten und philosophischen Richtungen mit zum Teil eigener Meditationspraxis. In Nord- wie in Südamerika gab und gibt es noch einen reichen Schatz an meditativen und spirituellen Traditionen. Und auch die Moderne hat uns aufregende neue Meditationsansätze beschert.

Jede der großen Weltreligionen hat ihre eigene Meditationspraxis

Jede der Weltreligionen beinhaltet ein Glaubenssystem, das für die ganze Menschheit gedacht ist. Buddhismus, Hinduismus, Christentum und Islam wenden sich an alle Menschen, und der jeweilige Gott dieser Religionen gehört allen und regiert über alle Menschen. Jeder kann zu diesen Religionen konvertieren. (Tatsächlich vertreten viele Christen und Muslime die Auffassung, jeder müßte ihren Glauben teilen.) Die Meditationspraktiken, die sich in den Weltreligionen entwickelt haben, sind universell und können von jedermann praktiziert werden.

Die Transformation des Bewußtseins

Oberflächlich betrachtet scheint die Vielzahl von Meditationstechniken widersprüchlich und unvereinbar. Die gute Nachricht ist, daß Sie bei näherem Hinsehen unter den an der Oberfläche vorhandenen Unterschieden einen gemeinsamen Nenner finden werden, nicht nur zwischen den einzelnen Sekten ein und derselben Tradition, sondern auch zwischen den Weltreligionen und globalen Meditationstraditionen.

Jede der großen meditativen Traditionen und deren Ableger haben ein Ziel gemeinsam: die Erhöhung des Bewußtseins zu einer neuen, höheren, reicheren Ebene. Die Unterschiede in diesen Traditionen spiegeln die jeweilige Überzeugung der einzelnen Schulen in bezug auf die wirksamste Methode zum Erreichen dieser Ebene wider. Schauen wir uns einmal zwei Bereiche an, in denen die Traditionen gewöhnlich voneinander abweichen.

Nur oberflächlich unterscheiden sich die Meditationstechniken – ihr gemeinsames Ziel ist immer die Bewußtseinserhöhung

Ort

Zen-Buddhisten und christliche Kartäuser (Angehörige eines katholischen Einsiedlerordens) ziehen sich zur Ausübung der Meditation und der religiösen Ordensregeln häufig von weltlichen Angelegenheiten, die als Hindernis und störende Ablenkung betrachtet werden, völlig zurück. In Thailand leben die Mönche der buddhistisch-theravadischen Tradition tief im Wald versteckt, Hunderte von Kilometern und anscheinend auch Hunderte von Jahren von der lockeren Moral Bangkoks entfernt.

Auf der anderen Seite befürworten Systeme wie die Transzendentale Meditation (TM) und die Einsichts-Meditation das vollständige Eintauchen in den Schmelztiegel des realen täglichen Lebens. Tatsächlich betrachten diese Schulen jede gezwungene Veränderung des Lebens und der Zeiteinteilung des Meditierenden als plumpen und völlig nutzlosen Versuch, die Lebenssituation zu manipulieren. Deshalb fordern sie keine wesentlichen Veränderungen des Lebensstils.

Einstellung

Jede Meditationstradition verfügt über eigene Philosophien, Rituale und Etikette. Einige, wie die Bhakti-Tradition im Hinduismus, verlangen vom Meditierenden, daß er sich vor Beginn einer Sitzung reinigt. In anderen Traditionen, wie dem Zen-Buddhismus oder der TM, ist dies nicht erforderlich, da nach deren Überzeugung die Läuterung des Bewußtseins durch die Meditation selbst erfolgt.

Viele Meditationstraditionen beinhalten komplexe Rituale. Die Unterschiede der Rituale im tibetischen Buddhismus und im Zen-Buddhismus zum Beispiel treten in den jeweiligen Klöstern deutlich zutage. In der tibetischen Tradition verbringen in orangefarbene Gewänder gekleidete Mönche lange Zeit im Gebet, wobei sie singen und einen Gong schlagen, umgeben von Mandalas und Darstellungen buddhistischer Götter und Göttinnen. In der Tradition des Zen-Buddhismus praktizieren in schwarze Gewänder gehüllte Mönche ihren Glauben in der offiziellen Meditationshalle (dem Zendo), schweigend und mit dem Gesicht zur Wand. Die Einrichtung der Halle ist spartanisch: Es gibt keine Statuen von Gottheiten, kein anderes Mobiliar als ein Dais, in dem ein einziges Räucherstäbchen im Halbdunkel glüht.

Jedes buddhistische Kloster hat seine eigenen Techniken

Doch die Meditationstraditionen verbindet mehr als ein gemeinsames Ziel. Sie verwenden zum Erreichen dieses Ziels auch ähnliche Techniken. Fast alle Schulen beispielsweise gebrauchen gesprochene Wörter und Silben, um die Konzentration zu erleichtern. Und fast alle stützen sich auf geistige Vorstellungen, um den Geist des Meditierenden während einer Sitzung von den kleinlichen Sorgen des Alltagslebens abzulenken.

MANTRA

Das Mantra ist als Meditationshilfe im tibetischen Buddhismus, im Sufismus, im Hinduismus und in den christlich-orthodoxen Traditionen sehr beliebt. Auch in der modernen Praxis hat es durch die TM und die christliche Versenkung im Gebet an Bedeutung gewonnen.

DAS MANTRA DES SPORTSTADIONS

Ein Mantra als Gebet kommt auch bei Sportveranstaltungen vor, obwohl die Fans, die darin vertieft sind, keine Ahnung davon haben, was sie eigentlich tun. Die ständige Wiederholung von Spielernamen oder Liedern ist eine Art von Mantra: die Wiederholung eines Lautes, einer Phrase, eines Ausdrucks. Beispielsweise singen Fußballfans »Olé, olé, olé«, um ihr Team zu unterstützen und anzufeuern.

Der tibetische Buddhismus geht davon aus, daß der Klang eines Mantras schützende Kräfte entwickelt

Mantra-Meditation ist die ständige Wiederholung von Lauten, Gebeten oder Phrasen, die sich auf die Meditation des Singenden positiv auswirken soll. Ein Mantra kann als Meditation, als Gebet oder als beides rezitiert werden. Einige Mantras haben eine bestimmte Bedeutung. So steht beispielsweise in dem aus dem Sanskrit stammenden Mantra *Om ah hum* der Laut »Om« für Körper, »ah« für Sprache und »hum« für den Geist. Das Singen dieser Worte soll die vom Körper, von der Sprache und vom Geist erzeugte Negativität beseitigen; gleichzeitig wird dadurch um Segen für den Singenden gebeten.

Menschen im Westen, die Probleme damit haben, fremde Wörter zu singen, können statt dessen im Westen übliche Anrufungen wie beispielsweise das Wort Halleluja verwenden.

In einigen Traditionen glaubt man, daß den Klangwellen, die bei der Wiederholung einer Silbe oder einer Folge von Silben eines Mantras erzeugt werden, die Macht ganz bestimmter kosmischer Kräfte innewohnt. So besitzt in den hinduistischen Saiva-Upanishaden angeblich jeder der 50 Buchstaben des Sanskrit-Alphabets seine einzigartige Stärke. Der Buchstabe *Kumkara* zum Beispiel gilt als Gift-Gegenmittel. Im tibetischen Buddhismus vertritt man die Auffassung, daß gewisse Laute bestimmte Gottheiten herbeirufen.

In anderen Schulen wird gelehrt, daß den Silben keine eigene Macht innewohnt und daß die Wirkung des Mantras aus der ständigen Wiederholung resultiert. Das bedeutet, daß man jeden beliebigen Laut wiederholen kann, um die Vorteile des Mantras zu nutzen.

Vielen Leuten ist der Begriff »Mantra« deshalb geläufig, da es mit der Hare-Krishna-Bewegung in Zusammenhang gebracht wird, wo die Worte »Hare Krishna« in einem Gesang – einem Mantra – aus dem Hindi eingesetzt werden: *Hare Krishna, o Krishna*! Hare Krishnas sind Mitglieder einer religiösen Gruppe, einer hinduistischen Sekte, die keine bedeutende Tradition hat.

Mantras sind wirksame Meditationsobjekte

In der Mantra-Meditation ist das Mantra als solches Gegenstand der Meditation. Wenn Sie feststellen, daß Ihnen wieder allerlei verschiedene Gedanken durch den Kopf gehen, lautet die Anweisung wie immer: Nehmen Sie Ihren Geist behutsam bei der Hand, und führen Sie ihn zurück zum Gegenstand der Meditation – Ihrem Mantra.

Beim lauten Rezitieren können Sie sogar ganz schön ins Schwitzen geraten. Denn Sie trainieren dabei Teile des Zwerchfells und des Kehlkopfes mit einer neuen Dimension der Intensität.

Mantras

Amen. Shalom. Frieden.

So ham.
(Stellt den Klang des Atems dar, wobei So *für das Einatmen steht,* ham *für das Ausatmen.)*

Om ah hum vajra guru padma siddi hum und Om ah hung bedzar guru pema siddhi hung.
(Zwei Versionen des als Padmasambhava bezeichneten Mantras, dem Mantra aller Buddhas, Meister und erkannten Wesen. Das erste ist tibetisiertes Sanskrit, das zweite Sanskrit. Frei übersetzt heißt es: »Ich rufe Dich an, Vajra Guru, Padmasambhava, um Deinen Segen, mögest Du uns den höchsten Segen erteilen.«)

Om mani padme hung sarva shanting kuruye soha.
(»O Buddha der Barmherzigkeit und der Weisheit, mögen alle diese Krankheiten beschwichtigt werden.«)

Om namah shivaya.
(Wird zur Korrektur des Ungleichgewichts des Bewußtseins verwendet, Hindi.)

Shri ram jay ram.
(Bezieht sich auf den großen König Rama, der dem Glauben nach mit dem göttlichen Willen in Einklang war, Hindi.)

Gatay, gatay, paragatay. Parasamgatay, bodhi svaha.
(Das Herz-Sutra, buddhistisch.)

Alleluia! Adoramus te Domine.
(In Frankreich von den Taizé-Mönchen verwendet. Das einzelne Wort oder der Ausdruck wird in vier Teile aufgeteilt, christliches Latein.)

Maranantha.
(Aramäisch für »Komme zum Herrn, komme zu Jesus«, christlich. Von Dom John Main, einem 1982 verstorbenen Benediktinermönch. Singen Sie das Wort in vier Teilen.)

Laß los. Laß Gott.
(Anonyme Alkoholiker)

Om swasti jampal yang sog kun gye pai lam.
(»Du strahlst als Offenbarung von tiefem und unermeßlichen Dharma«, tibetischer Buddhismus.)

Om mani padme hum.
(Mantra der Barmherzigkeit, Hindi).

EIN ERSTES MANTRA

Führen Sie zehn Minuten lang die folgenden Schritte durch:

1. Nehmen Sie eine bequeme Körperhaltung ein, und schließen Sie die Augen.

Beim Wiederholen des Mantras werden Sie von allein immer schneller

2. Rufen Sie sich ein Mantra wie etwa »Om ah hum« ins Bewußtsein. Beginnen Sie nun, es zu wiederholen. Fangen Sie langsam an, und artikulieren Sie die Worte so deutlich wie möglich. Wiederholen Sie die Worte immer schneller. Wenn Sie laut rezitieren, kann es passieren, daß Sie aus der Puste kommen. Das ist ganz normal.

3. Setzen Sie aus, wenn nötig. Mit der Zeit werden Sie Ihren Atem nahtlos an die Wiederholung der Worte anpassen können. Bemühen Sie sich nicht krampfhaft, lassen Sie es natürlich geschehen. Während Sie Ihr Mantra rezitieren, werden Sie unter Umständen feststellen, daß Sie mit dessen Klang entspannen und daß Ihr Atem und Ihre Aufmerksamkeit sich auf natürliche und machtvolle Weise vereinigen. Wie bei allen Techniken ist diese Mischung aus Wachheit und Entspannung ein Zeichen von Bewußtheit.

4. Wiederholen Sie Ihr Mantra fünf Minuten lang.

5. Wenn die Zeit um ist, sollten Sie versuchen, die Wiederholungen langsam »abzubremsen«. Auf diese Weise kommen Sie zu einem natürlicheren, sanfteren Abschluß. Danach bleiben Sie ruhig und aufmerksam sitzen. Nehmen Sie die Empfindungen Ihres Körpers und Ihres Geistes zur Kenntnis.

Manche Menschen berichten von einem Gefühl der Sauberkeit und Heilung nach dieser Mantra-Übung

VISUALISIERUNG

Alle Richtungen der Meditation betonen die Bedeutung der Visualisierung, des Gebrauchs eines Wortes oder Bildes, um sich innerlich besser sammeln zu können. Dafür gibt es einen Grund: Wenn Meditierende sich etwas bildlich vorstellen, setzen sie eine der bedeutendsten menschlichen Fähigkeiten ein. Das Sehvermögen ist das wichtigste Mittel der Wahrnehmung. Die Untersuchung von fossilen Funden hat ergeben, daß lange bevor sich der anatomische Apparat für die gesprochene Sprache ausgebildet hat, die Sehorgane bereits hoch entwickelt waren, und visuelle Kommunikation spielte bei der Entwicklung der menschlichen Art eine wesentliche Rolle. Mit Hilfe von Gesten und Posen wurden Informationen übermittelt, beispielsweise friedliche Absichten, Transaktionen und Handel, Hunger, persönliche Wünsche. Das Überleben war davon abhängig, daß man diese Gesten wahrnahm und erkannte. Als Folge davon ist ein großer Teil des Gehirns für diesen Sinn zuständig. Alles, was diesen Teil stimuliert, hat einen entsprechend starken Einfluß auf uns und unser Verhalten.

Der Visualisierung liegt einer der wichtigsten Sinne – das Sehvermögen – zugrunde

Wir alle haben bereits die Erfahrung gemacht, daß wir Freunde aus der Entfernung an Ihren Umrissen erkennen. Wir haben uns alle auch schon einmal instinktiv und ohne es zu merken geduckt, wenn irgendein Gegenstand an unserem Kopf vorbeisauste. Diese Art der schnellen Reaktion ist ein Zeichen dafür, daß der große Teil des Gehirns, der für das Sehen zuständig ist, Informationen aus dem Gesehenen ableiten kann und sofort die Kontrolle über den Körper ergreift, lange bevor das Bewußtsein diese Informationen aufnimmt oder sich ihr widersetzt.

Das Auge zieht allein aus Form oder Größe Rückschlüsse über einen Gegenstand und dessen Identität. Auf die gleiche Weise neigt das Gehirn dazu, ohne die Unterscheidungsmerkmale jemals genau zu untersuchen, Ideen, Begriffe und Gefühle als ähnlich zu betrachten, wenn deren allgemeine Form und Umrisse übereinstimmen.

Halten Sie einen Moment inne. Räumen Sie die Gedanken mit ein paar tiefen Atemzügen beiseite. Meditieren Sie nun über folgendes Bild: eine knallgelbe in zwei Hälften geschnittene Zitrone mit glänzendem Fruchtfleisch. Nun stellen Sie sich vor, wie es sich anfühlen würde, wenn der beißende, saure Saft der Zitrone auf Ihre Zunge geträufelt würde.

Schmecken Sie die Zitrone – allein in Ihrer Vorstellung!

Wenn Sie einen Moment lang meinten, den Geschmack der Zitrone tatsächlich wahrzunehmen, und Ihnen das Wasser im Munde zusammengelaufen ist oder Sie sich geschüttelt haben, erschrecken Sie nicht. So reagieren die meisten Leute auf diese Übung. Und wenn es bei Ihnen mit der Zitrone nicht funktioniert, dann gibt es bestimmt eine andere Geschmacksrichtung, mit der diese Übung klappt – vielleicht Lakritze oder Anis. Auf jeden Fall verstehen Sie jetzt die Macht einer speziellen Form der Meditation, die als Visualisierung bezeichnet wird.

Die bloße innere Vorstellung eines Bildes (wie der Geschmack der Zitrone oder die Erinnerung an einen erniedrigenden Moment) veranlaßt das Gehirn, so zu reagieren, als ob es mit dem realen Objekt konfrontiert würde. Dieses Phänomen kann die Wirksamkeit von aktiver Vorstellungskraft und positiver Einstellung zumindest teilweise erklären, denn wenn man in der Lage ist, sich etwas als wahr vorzustellen, scheint ein Teil des Gehirns dieses vorgestellte Ergebnis als Realität zu akzeptieren.

Die Visualisierung ist vielleicht die älteste Form der Meditation und existierte schon lange vor der stillen Meditation oder dem Einsatz von Mandala und Mantra. Visualisierung ist ein wichtiges Werkzeug der Meditation, und die meisten Formen der Meditation und die meditativen Traditionen greifen darauf zurück. Beispiele hierfür sind die tibetisch-buddhistische Meditation, die afrikanische Altarübung und die Göttinnen-Meditation.

Die Visualisierung Gottes

Jede Religion meditiert über ihren Gott oder über Götter – jede auf ihre Art

Das Meditieren über die Gottheit ist die Grundlage der ältesten und am weitesten verbreiteten Form der Meditation. Es ist der Kern der buddhistischen, christlichen, muslimischen und jüdischen Meditationspraktiken. Mitglieder der frühesten bekannten Gesellschaften wie die Babylonier und die Ägypter meditierten über das Bild der Göttin Ishtar/Isis in all ihrer Herrlichkeit. Protestanten meditieren über Christus. Bei den Katholiken kommt noch Maria hinzu. Buddhisten stellen sich den Erleuchteten vor, Muslime Allah. Anhänger des Zoroaster meditieren über diesen. Die Indianer Nordamerikas verehren den Großen Geist. Moderne Alchimisten meditieren über die Gestalt ägyptischer Götter und Göttinnen. Viele moderne Frauen versuchen, zu ihren tieferen Wurzeln zurückzufinden, indem sie über die Große Mutter oder die Göttin meditieren. Die Afrikaner sind dabei, Shango und andere *Orisha* wiederzuentdecken.

»Das vielleicht krasseste Beispiel unter den religiösen Traditionen«, sagt Dr. Roger Walsh, Professor für Psychiatrie und Philosophie an der University of California in Irvine, »ist die sogenannte Gottheit *Yoga* im tibetischen Buddhismus. Hier stellt sich der *Yogi* vor, wie er eine gottähnliche Figur, die alle Tugenden in sich vereint – bedingungslose Liebe, grenzenlose Barmherzigkeit, tiefe Weisheit und mehr –, zuerst erschafft und anschließend mit ihr verschmilzt. Nach der Verschmelzung versucht der Yogi ebenso wie der Schamane in seinem kraftvoll animalischen Tanz sich als die Gottheit zu bewegen, als Gottheit zu sprechen und zu handeln.« In anderen Worten: Nach der Verschmelzung mit ihren Verbündeten verkörpern, erfahren und reflektieren sowohl der Schamane als auch der Yogi die Eigenschaften ihrer Verbündeten. Die potentielle Macht dieser Visualisierung äußert sich darin, daß die Tibeter Yoga als die wirkungsvollste und am weitesten entwickelte unter der Vielzahl ihrer Praktiken betrachten. Sie behaupten, daß derjenige, der Yoga praktiziert, in einem einzigen Leben ein Buddha werden kann und nicht die »drei zahllosen Äonen« abwarten muß, die es normalerweise dauern würde. Wie auch immer der Mechanismus funktioniert, die Vorstellung der eigenen Verschmelzung mit einer machtvollen, gütigen Figur kann einem erstaunliche Kräfte verleihen.

Die Tibeter betrachten Yoga als wirksamste Meditationstechnik

Im rationalen 18., 19. und 20. Jahrhundert wurde die Vorstellung der Verschmelzung mit Gott oder einer Gottheit in die Schranken der religiösen Praktiken verwiesen und selten diskutiert, auch nicht unter Freunden. Die Aufgabe, die Macht der Visualisierung neu zu entdecken und zu beweisen und so dem göttlichen Yoga wieder den Platz einzuräumen, der ihm im Pantheon der Meditation gebührt, fiel der Wissenschaft anheim.

Meditation ist eine Form des Gebets

Wenn Sie die folgenden Kapitel lesen, werden Sie feststellen, daß Meditierende sich immer wieder auf ihre Götter oder deren Abbilder konzentrieren. Neben dem persönlichen Nutzen der Meditation wird in vielen Traditionen die Meditation als eine Art Gebet betrachtet, als Möglichkeit, den Alltag mit dem Ewigen in Einklang zu bringen.

In der modernen Welt machen viele Menschen andere Bilder zum Gegenstand ihrer Meditation, um die Verbindung zu dem herzustellen, was diese Bilder repräsentieren. Deepak Chopra rät, Bilder von Gesundheit und Wohlergehen zum Gegenstand der Meditation zu machen. »Creative Visualization« von Shakti Gawain lehrte viele, Gesundheit, Wahrheit und Schönheit durch Visualisation zu erreichen. Während Sie über die Ursprünge der Meditation lesen, beachten Sie, daß die Praxis nicht so sehr nach innen gerichtet ist, wie es zunächst scheint. Meditation ist auch eine Kommunikationsart, die uns in Kontakt mit dem Universum und, wie Gawain sagt, mit unserem »höheren Selbst« bringt.

crosbie
Buddha
Dharma
Sangria

Östliche Meditations-traditionen

Wohl kaum ein Teil der Welt wird so häufig mit Meditation und meditativen Traditionen in Verbindung gebracht wie der östlich von Europa, der viele verschiedenartige Kulturen in Indien, Großrußland, der Mongolei, Tibet, China, Südostasien und Japan umfaßt. Asien hat in den Sekten des Buddhismus und Hinduismus und in Verbindung mit den philosophischen Traditionen des Taoismus und des Konfuzianismus eine ganze Reihe bedeutender meditativer Traditionen hervorgebracht.

Hinduismus und Meditation

Der Hinduismus ist unter allen Weltreligionen am schwierigsten zu umreißen. Ihm fehlt die zentrale historische Figur (wie Jesus, Mohammed oder Buddha), deren Leben ein Vorbild für das richtige Handeln ist. Die Interpretation der hinduistischen Schriften, die aus umfangreichen, phantasievollen Gedichten bestehen, ist nicht einfach.

Als sich der Hinduismus entwickelte, behielten dessen Anhänger frühere Glaubenssysteme bei. Dadurch wurde in seinem Pantheon für alle Platz geschaffen. (Schätzungen zufolge gibt es mehr als 300 000 Gottheiten im Hinduismus.) Der Hinduismus wurde einmal als eine Enzyklopädie

Der Hinduismus hat keine im Mittelpunkt stehende gottgleiche Figur wie die anderen großen Religionen

der Religionen bezeichnet, wo auch einfachen Naturgöttern (Götter für den Regen, für die Sonne, für Erdbeben) ein Platz eingeräumt wird, und der alten religiösen Bräuche. Über dem Ganzen liegt eine komplexe, profunde und poetische Theologie und Kosmologie. Das Herzstück des Hinduismus ist die Vorstellung, daß die gesamte physische und spirituelle Welt eine Einheit bildet. Jeder von uns ist Teil des Universums und Teil Gottes.

Meditation dient nicht nur dazu, uns einen Einblick in unser Selbst zu gewähren. Sie verspricht uns ein tieferes Verständnis des Charakters des Universums. Es ist nicht weiter erstaunlich, daß Meditationstechniken ihre erste Blüte vermutlich in der Welt des Hinduismus erlebten.

Yogische Meditation

Mit Yoga versucht man, die Energien im Körper zu steuern

Die Beherrschung der *Kundalini* ist die Grundlage vieler, vielleicht sogar aller indischen körperlichen und mentalen Meditationsdisziplinen, die als Yoga bezeichnet werden. Viele Gelehrte glauben, daß Yoga einer der ältesten Wege der Meditation ist. Mit Sicherheit ist es mit am weitesten verbreitet und wird auf die eine oder andere Weise mehr oder weniger in allen Ländern der Welt praktiziert. Yoga wird häufig mit Indien und den spirituellen Praktiken des Hinduismus in Verbindung gebracht, besonders jenen in der Bhagavad-Gita. Die Ursprünge liegen jedoch noch vor der Besiedlung Indiens durch die indo-arischen Völker und verlieren sich schließlich in grauer Vorzeit.

Die Kunst des Yoga ist weit verzweigt. Einige Meditationsschüler fühlen sich dem einen Zweig des Yoga hingezogen, andere einem weiteren, wieder andere probieren alle Richtungen aus. Wichtige Zweige sind:

Bhakti-Yoga: der Weg zur Erkenntnis allein durch das ständige Meditieren über die dienende, liebende Hingabe.

Karma-Yoga: das Meditieren über ein so reines Leben, daß man keine verletzenden oder sündigen Handlungen begeht.

Hatha-Yoga: die innere Sammlung und Meditation durch ein rigoroses System körperlicher Übungen, die daneben auch Gesundheit und Heilung fördern und kräftigend wirken.

Tantra-Yoga: die Beherrschung der Kundalini, einer mächtigen spirituellen Energie, die in jedem wohnt.

Kundalini – die Schlangenmacht

Die Kundalini ist am unteren Ende der Wirbelsäule angesiedelt

Tantra-Yoga konzentriert sich auf das Wachrufen und Stärken der Kundalini, der gewaltigen körperlichen, chemischen und elektrischen Energien des Körpers, besonders derer, die sich in Nervenknoten an bestimmten Stellen des Körpers, Chakren (Lichträder) genannt, und in den Nervenbündeln befinden, die Signale die Wirbelsäule entlang senden. Am unteren Ende der Wirbelsäule befindet sich die größte Konzentration der Kundalini, wo sie der Lehre nach schlangenähnlich eng zusammengerollt ruht, bis sie durch die Meditation erweckt wird (daher auch die Bezeichnung »Schlangenmacht«). Sobald Kundalini befreit wird, schießt sie vom unteren Ende der Wirbelsäule hinauf ins Gehirn und erzeugt eine Art von Selbsterhellung oder Erleuchtung.

Die Kundalini-Energie geht durch jedes Chakra hindurch, und die dabei freigegebene Energie wirkt vitalisierend und reinigend. Erreicht die Kundalini-Energie das *Sashasrara* (das höchste Zentrum des Körpers) unmittelbar über dem Scheitel, verbindet sich diese Energie mit dem eigenen gött-

Yogi Kundali Upanishad sagte von diesem Wachrufen der Kundalini: »Kundalini erwacht aus ihrem Schlaf wie eine Schlange, die mit einem Stock geschlagen wird, zischt und sich aufrichtet«

lichen Willen und erzeugt die Polarisierung jeder Zelle im Körper (ähnlich wie das Entzünden des Baumes in den kabbalistischen Meditationen, die später beschrieben werden). Der daraus resultierende geistige und spirituelle Zustand wurde als »hell wie ein Blitz, leuchtend in der Tiefe des Lotus wie eine Kette glänzender Lichter« beschrieben.

Hinduistische Medizin und die Chakren

Laut Tantra gibt es sieben Chakren, die sich längs der Wirbelsäule befinden. Jedes Chakra verleiht bestimmte Fähigkeiten und hat einen eigenen Wert, wenn dessen Energie aktiviert wird, und die Macht des Chakra wird dadurch aktiviert, daß es zum Objekt der Meditation gemacht wird.

Muladhara: Das erste und niedrigste Chakra befindet sich am unteren Ende der Wirbelsäule. Es gilt als Sitz der Kundalini. Omar Garrison nennt Muladhara-Energie »die elektrische Kraft der Schöpfung, die Macht, die die Materie zusammenhält«. Das Meditieren über dieses Zentrum führt zur Beherrschung der Lust, des Neids, der Wut und der Leidenschaft.

Svadisthana: Das zweite Chakra befindet sich an der Wurzel der Geschlechtsorgane. Das Meditieren über dieses Chakra verleiht dem Meditierenden die Fähigkeit, Wesen zu sehen, die die Astralwelt bewohnen, und mit ihnen zu kommunizieren.

Manipura: Das dritte Chakra befindet sich in der Nabelgegend. Die Meditation über dieses Zentrum soll Krankheiten heilen, geheime Wünsche erfüllen und Einsicht in das tiefste Bewußtsein anderer ermöglichen.

ANAHATA: Das vierte Chakra befindet sich in der Brust, in der Nähe des Herzens. Es ist der Kern unserer Individualität, der Funke des Göttlichen, der glüht »wie die sich verjüngende Flamme einer Lampe«. Durch das Meditieren über dieses Zentrum werden die »spiritistischen« Fähigkeiten gestärkt, das Hören und Sehen über große Entfernungen hinweg ermöglicht und materieller Reichtum gefördert.

Sind alle sieben Chakren aktiviert, erlebt der Meditierende als Folge Grenzerfahrungen in bezug auf seinen körperlichen und geistigen Zustand

VISHUDDHA: Das fünfte Chakra befindet sich am Halsansatz und gilt als Tor zur Ebene der ewigen Weisheit. »Wer sich auf dieses Zentrum konzentriert«, so lautet ein altes Sprichwort, »erhält Zugang zum heiligen Wissen, wird ein Prinz unter den Yogis.«

AJNA: Das sechste Chakra liegt zwischen den Augenbrauen, also dort, wo sich das »dritte Auge« befindet. Es ist der Sitz unserer geistigen Fähigkeiten, die Heimat des individuellen Bewußtseins – und der Punkt der Begegnung mit dem Göttlichen. Durch das Meditieren über dieses Zentrum stellen wir die Verbindung mit unserem persönlichen spirituellen Guru her und werden in das geheime Wissen des Tantra eingeweiht.

SHASHASRARA: Das letzte Chakra liegt unmittelbar über dem Kopf, wo die Hauptadern des spirituellen Körpers zusammenlaufen. Hier wird das endgültige Ziel der tantrischen Meditation erreicht: die Vereinigung der entgegengesetzten Pole, die Heirat von Shiva und Shakti, Sonne und Mond. Das Shashasrara kontrolliert die sechs darunter liegenden Zentren.

Sonnenatmung und Mondatmung

Wie bei allen Yoga- und Meditationsübungen haben Atemtechniken eine unentbehrliche Funktion beim Anfachen der Kundalini. Jedoch haben es die tantrischen Yogis in der Kunst des Atmens zu einer Vollendung gebracht, die in anderen Meditationstraditionen unbekannt ist. Sie glauben, daß das Atmen durch das linke Nasenloch (die Mondatmung) das sympathische Nervensystem anregt, die Körperfunktionen stärkt und reguliert, Intuition und Kreativität fördert. Das Atmen durch das rechte Nasenloch (die Sonnenatmung) aktiviert das vasomotorische System, wobei starke körperliche Energien für Aktivitäten freigesetzt werden, die solche Energien benötigen. Die Anhänger des Tantrismus glauben auch, daß das gleichzeitige Atmen durch beide Nasenlöcher (Sushuma-Atmung genannt) die Lenkung des Schicksals, des Todes und der Zeit ermöglicht und das Leben verlängert.

Mit Atemtechniken kann man positiv auf die Kundalini einwirken

Die tantrische Literatur führt die Arten menschlicher Handlungen, die durch die Sonnenatmung angeblich gesteigert und begünstigt werden, einzeln auf. Es heißt, daß man, solange der Atem durch das rechte Nasenloch fließt, Handlungen vornehmen sollte, die körperliche Anstrengung oder Leidenschaft erfordern, wie etwa:

- ein Haus oder ein Boot bauen,
- etwas verkaufen,
- Feiern abhalten,
- an Wettbewerben teilnehmen,
- sich lieben,
- Waffen anwenden,
- essen und trinken,
- an mystischen oder okkulten Handlungen teilnehmen.

In dem Moment, in dem wir durch das linke Nasenloch atmen (Mondatmung), ist es günstig, Handlungen ruhiger, sanfter, gleichmäßiger Natur durchzuführen, wie etwa:

- künstlerische Tätigkeiten,
- Geschäfte,
- studieren und lernen,
- Umgang mit Behörden und Vorgesetzen,
- Reisen, Pilgerfahrten,
- Gottesdienst und Verehrung,
- pflanzen und säen,
- Geld verdienen,
- kochen,
- einkaufen,
- Hochzeiten feiern,
- Freunde und Verwandte besuchen.

ATEMÜBUNGEN

Um die Kontrolle über die Atmung zu entwickeln und sich auf den Einsatz der Sonnen- und Mondatmung vorzubereiten, empfiehlt Omar Garrison einen siebenwöchigen Kurs. Üben Sie jede der unten beschriebenen Techniken eine ganze Woche lang oder länger, wenn Sie das Gefühl haben, daß Sie sie noch nicht richtig beherrschen.

Jede der Techniken muß intensiv geübt werden

Bevor Sie mit der täglichen Meditation beginnen, entspannen Sie sich, und leeren Sie Ihren Geist, indem Sie die gesamte Luft, die sich in Ihren Lungen befindet, hinauslassen, wobei Sie die Bauchmuskulatur zusammenziehen, damit die restliche Luft entweichen kann. Zählen Sie anschließend bis sieben, während Sie langsam tief einatmen. Wenn Sie bei sieben angekommen sind, halten Sie so lange inne, bis Sie »eins« gesagt haben, und atmen dann langsam wieder aus, wobei Sie wieder bis sieben zählen. Wiederholen Sie diese Technik mindestens ein dutzendmal, um die Nase zu befreien. Atmen Sie dabei unbedingt durch beide Nasenlöcher aus. Anschließend üben Sie die Technik, die gerade an der Reihe ist.

Halten Sie nie die Luft so lange an, daß Ihnen schwindlig wird!

1. Woche, Om-Atmung. Atmen Sie ein, und sagen Sie dabei im stillen die Silbe »Om«. Stellen Sie sich bildlich vor, wie der Sauerstoff, der in Ihren Körper fließt, mit Lebensenergie gefüllt ist, und behalten Sie den Atem im Mund. Drücken Sie die Luft gegen Ihre Wangen, füllen Sie den ganzen Mund mit Luft, und blasen Sie die Backen auf. Drücken Sie die Luft so lange gegen die Wangen, wie Sie können, ohne daß es unangenehm ist. Lassen Sie die Luft dann schnell und kraftvoll durch den Mund austreten. Stellen Sie sich dabei vor, daß Ihr Atem jede Zelle Ihres Körpers mit vitaler Energie füllt und Ihre seelischen Kanäle weckt.

2. Woche, Kraftatmung. Nachdem Sie die erste Atemtechnik erarbeitet haben, üben Sie die zweite. Diese Technik beginnt damit, daß Sie spazierengehen, am besten allein und außerhalb der Innenstadt mit ihrer verschmutzten Luft. Ein Park, der Strand oder der Wald sind die idealen Orte hierfür. Diese Atemübung funktioniert genauso wie die erste, nur daß Sie den Atem diesmal so lange anhalten, bis Sie bis zwei gezählt haben anstatt bis eins. Dann atmen Sie wieder so lange aus, bis Sie bis sieben gezählt haben. Wiederholen Sie diesen Vorgang zwölfmal. Üben Sie diese Technik drei Tage lang zweimal pro Tag, und verlängern Sie das Ausatmen, wobei Sie schließlich bis zehn zählen. Halten Sie den Atem an, zählen Sie bis fünf, atmen Sie aus, bis Sie bis zehn gezählt haben, und zählen Sie wieder bis fünf, bevor Sie erneut einatmen.

3. Woche, U-Atmung. Formen Sie die Lippen zu einem »U«, und atmen Sie in sieben kurzen Stößen durch den Mund ein. Schlucken Sie die sieben Atemzüge hinunter. Atmen Sie durch beide Nasenlöcher aus, und zählen Sie dabei bis sieben. Wiederholen Sie diese Übung eine Woche lang morgens und abends 24mal.

4. Woche, Löwenatmung. Atmen Sie durch beide Nasenlöcher ein, und zählen Sie bis vier. Halten Sie den Atem an, rollen Sie Ihre Zunge nach hinten, bis sie den Gaumen berührt, und lassen Sie ein tiefes Knurren heraus.

5. Woche, Pfeifatmung. Machen Sie diese Übung neben einem Fenster oder draußen. Spitzen Sie Ihre Lippen wie zum Pfeifen, und atmen Sie langsam durch den Mund ein, bis Sie bis sieben gezählt haben. Halten Sie inne, zählen Sie bis eins, und atmen Sie sachte durch beide Nasenlöcher aus, bis Sie bis sieben gezählt haben. Wiederholen Sie diese Übung jeweils sechsmal morgens und abends.

In der sechsten Woche machen Sie das Zischen einer Schlange nach

6. Woche, Schlangenatmung. Legen Sie die Zunge zwischen die Lippen, und strecken Sie sie leicht heraus. Atmen Sie anschließend durch den Mund ein, wobei Sie ein zischendes Geräusch erzeugen. Wenn Ihre Lungen sich mit Luft gefüllt haben, halten Sie die Luft an, solange Sie können, dann atmen Sie langsam durch beide Nasenlöcher aus. Üben Sie diese Atemtechnik zwei Wochen lang – je fünfmal morgens, mittags und abends.

7. Woche, Dehnatmung. Atmen Sie tief aus, und ziehen Sie dabei die Bauchmuskulatur zusammen. Anschließend halten Sie mit dem rechten Daumen das rechte Nasenloch zu und atmen langsam durch das linke Nasenloch ein. Achten Sie dabei darauf, daß Sie Ihre Lungen nicht zu stark auffüllen. Dann halten Sie das linke Nasenloch mit einem Finger zu. Halten Sie die Luft so lange wie möglich an. Bei regelmäßigem Üben können Sie die Luft immer länger anhalten. Wenn Sie die Luft nicht länger anhalten können, öffnen Sie das rechte Nasenloch, während Sie das linke zuhalten, und atmen Sie langsam aus. Wiederholen Sie diesen Zyklus während der ersten Tage Ihres Trainings bei jeder Sitzung fünfmal. Erhöhen Sie die Anzahl der Zyklen langsam auf zwölf. Diese Übung können Sie im Laufe des Tages öfter wiederholen. Einmal am Tag reicht jedoch aus.

Wenn Sie diese Übungen richtig ausgeführt haben, müßten Sie langsam die elektromagnetischen Impulse spüren, die durch Ihren Körper fließen, Sie beruhigen und mit der Erde verbinden. Nun fangen Sie an, von der Sonnen- und der Mondatmung zu profitieren.

Buddhistische Meditationstraditionen

Der Buddhismus allein hat Hunderte von Sekten hervorgebracht. Hier werden kurz drei Richtungen vorgestellt: der Zen-Buddhismus, der tibetische Buddhismus und die Einsichts-Tradition des theravadischen Buddhismus. Wo möglich, wird eine entsprechende Meditationstechnik vorgestellt, die Sie ausprobieren können.

Während diese drei Traditionen keineswegs die einzigen Triebe sind, die der Hinduismus und der Buddhismus hervorgebracht haben, wurden sie ausgewählt, weil sie mit einigen der führenden Praktizierenden ihren Weg in die westliche Gesellschaft, vor allem in die Vereinigten Staaten gefunden haben. Alle diese Traditionen verfügen über angesehene Lehrer, Unterrichtseinrichtungen, Programme und Organisationen innerhalb der Vereinigten Staaten. Eine der Schulen, die Transzendentale Meditation (TM), setzt für das Erlernen der entsprechenden Meditationstechniken die Teilnahme an einem Kurs und einem Einführungsritual in einem autorisierten Lehrzentrum voraus.

Im Falle des Zen-Buddhismus, des tibetischen Buddhismus und der Einsichts-Meditation empfiehlt es sich, daß Sie einen anerkannten Lehrer finden und an den Aktivitäten eines Lehrzentrums teilnehmen. Nehmen Sie sich Zeit, um einen guten Lehrer zu suchen, und besuchen Sie Meditations-Retreats, um diese Meditationstechniken zu studieren.

Zu den Richtungen des Buddhismus finden Sie auch im Glossar Näheres

Der Kern des Buddhismus

Philosophisch betrachtet wird eine Schule des Buddhismus durch die Anerkennung der Vier Siegel charakterisiert, der fundamentalen Überzeugung, daß

- alle Phänomene vergänglicher Natur sind,
- alle Erfahrungen ihrem Wesen nach nicht zufriedenstellend sind,
- alle Phänomene ihrem Wesen nach leer sind,
- wahrer Friede im Nirwana zu finden ist.

Buddha

Der Buddhismus ist vor 2500 Jahren aus dem Hinduismus entstanden, daher teilen die Buddhisten einige der zentralen Überzeugungen der Hindus.

Siddhartha, so der Beiname Buddhas, wurde 563 v. Chr. als Sohn eines Fürsten aus der Familie der Gautama geboren (daher war er auch unter dem Namen Gautama Buddha bekannt). Die Gautamas waren Radschas (Könige oder Fürsten) der Shakyas; ihr kleines Fürstentum befand sich am Fuße des Himalaja.

Buddha war ein Sohn aus reichem Hause, der nach vier Zeichen die Askese wählte

Das Problem des Leidens wurde Prinz Siddhartha im Alter von 29 Jahren plötzlich und eindringlich bewußt, als er auf vier Ausflügen von vier Zeichen heimgesucht wurde: einem alten Mann, einem kranken Mann, einem Toten und einem Mönch. Erfüllt mit dem Gedanken an die Unbeständigkeit des Glücks und die Allgegenwart des Leidens fühlte er ein wachsendes Unbehagen und war mit seinem luxuriösen Leben unzufrieden.

Eine Zeitlang unterzog sich Siddhartha den strengsten asketischen Übungen und der Entsagung, da er glaubte, durch Selbstverleugnung zur Erleuchtung zu finden. Entmutigt stellte er jedoch fest, daß er seinem Ziel auf diese Weise nicht näher kam. In diese Zeit der Einsamkeit und des Versagens fiel die Große Versuchung (ähnlich wie bei Jesus in der Wüste fünf Jahrhunderte später). Mara, der Böse, suchte ihn heim und beschwor ihn, die Suche als fruchtlos aufzugeben und zu seinem alten Leben zurückzukehren.

Der Edle Achtfache Pfad

Der mittlere Weg besteht laut Buddha aus acht Teilen

Buddha lehrte, die Erleuchtung beruhe auf der Harmonie von Suche und Hingabe – dem mittleren Weg. Der mittlere Weg führt zur Befreiung von Leiden. Die acht Glieder dieses Pfades sind:

- Rechtes Sehen: nicht auf den Splitter im Auge des anderen zu achten und den Balken im eigenen Auge zu übersehen.
- Rechte Absicht: sich zu Wohlwollen gegenüber den anderen Menschen, zu Selbstverleugnung und zur Gewaltlosigkeit gegenüber fühlenden Wesen verpflichten.
- Rechte Rede: Abstand nehmen von Verleumdung, Lüge und Klatsch.
- Rechtes Handeln: nichts tun, was anderen oder einem selbst schaden könnte.
- Rechter Lebensunterhalt: Abstand nehmen von Berufstätigkeit, die zur Schädigung anderer fühlender Lebewesen führt, wie Handel mit Drogen, Umweltverschmutzung, Ausbeutung, Geschäfte mit Waffen oder Schlachthöfen.
- Rechtes Streben: das Bemühen um das, was laut Karma lauter ist, und Abstand von den Dingen, die laut Karma unlauter sind.
- Rechte Achtsamkeit, kurz ...
- Rechte Meditation.

Doch Siddhartha ließ sich nicht bezwingen; er wanderte am Ufer des Flusses Nairanjara entlang, bis er sich unter einen Bo-Baum setzte, wo er schwor, so lange in Meditation zu verharren, bis er das Rätsel des Leidens aufgelöst hätte. Nach 49 Tagen ununterbrochener Meditation schien die Klarheit seines Geistes größer und größer zu werden, seine Zweifel verschwanden, und ein tiefer Friede kam über ihn, als er die Bedeutung aller Dinge erkannte und die vollkommene Erleuchtung erlangte. Aus Siddhartha war Buddha geworden, der Erleuchtete.

Nach 49 Tagen Askese und Meditation war aus Siddharta der Erleuchtete geworden

Fern ist nah

Ein Mönch bat seinen Lehrer um Erlaubnis, eine Reise um die Welt zu machen, um die Meditationstechniken anderer berühmter Lehrer kennenzulernen. Die Erlaubnis wurde erteilt. Einige Jahre später kehrte der Mönch zurück. In »Living Buddhist Masters« beschreibt Jack Kornfield die Unterhaltung zwischen dem Mönch und seinem Lehrer:

»Was hast du gelernt?« fragte der Lehrer.

»Nichts«, erwiderte der Mönch.

»Nichts. Wirklich?«

»Nichts, was es nicht schon gibt, was nicht in Ordnung war, bevor ich ging.«

»Und was hast du kennengelernt?«

»Viele Lehrer und viele Meditationssysteme«, antwortete der Mönch. »Doch je tiefer ich in das Dharma [die Wahrheit] eindrang, um so deutlicher erkannte ich, daß man nicht woanders hingehen muß, um zu üben.«

»Ach so«, erwiderte sein Lehrer. »Das hätte ich dir sagen können, bevor du gingst. Doch du hättest es vielleicht nicht verstanden.«

Buddha predigte allen, die es hören wollten, von den Vier Edlen Wahrheiten und dem Edlen Achtfachen Weg

Die nächsten 45 Jahre, bis zu seinem Tode mit 80 Jahren, reiste Buddha unermüdlich durch Indien und predigte allen, die bereit waren zuzuhören. Er sprach von seiner Erkenntnis der Vier Edlen Wahrheiten, mit deren Hilfe die Menschheit die Erleuchtung und die Freiheit erlangen konnte, und vom Edlen Achtfachen Pfad, der dorthin führte. Seine Abgeklärtheit und sein Mitgefühl sowie die Weisheit seiner Worte bewegten die Menschen dazu, seinem Weg zur spirituellen Befreiung zu folgen. Schließlich wurden seine Predigten und Dialoge aufgezeichnet, und die *Sutren* (Schriften) beinhalten nun die grundlegende Lehre des Buddhismus.

Buddha war ein weiser Lehrer, der durch Meditation zur Erleuchtung gelangte. Diejenigen, die Erleuchtung erlangen, gelten als befreit von irdischen Schmerzen, von der Versklavung durch die Sinne und dem Zyklus des Daseins. Wie Jesus war Buddha ein Neuerer, der die herrschende Religion (den Brahmanismus) durch irdische Beweggründe zu sehr entweiht sah, um seelischen Trost oder Befreiung vom Materialismus gewährleisten zu können.

Zen

Zen ist eine eigene Schule des Buddhismus. Sie hat ihren Ursprung in Indien, fand im 6. Jahrhundert den Weg nach China und kam dann im 12. Jahrhundert nach Japan. Das Wort *Zen* ist japanisch für das Sanskrit-Wort für Meditation, *Dhyana*. Auf chinesisch heißt es *Ch'an*.

Die Zen-Tradition übt auf den Westen eine gewisse Faszination aus; diese östliche Philosophie hat etwas eigentümlich Westliches an sich, das sie für uns anziehend macht. Vielleicht ist es die Sensibilität des Zen, der wirklichkeitsfremde Sinn für Humor, die geheimnisvollen Rätsel – eine Fusion aus Yogi Berra und dem Göttlichen.

Der Zen-Gelehrte D. T. Suzuki sagte, das Besondere am Zen sei »die Spiritualität, die unverblümte Ausdrucksweise, die Außerachtlassung von Konventionen und Gepflogenheiten und häufig eine fast übermütige Lust am Abweichen von den Regeln der Gesellschaft«. Von Jack Kerouac und der Beat-Generation über die Aphorismen von Sam Goldwyn und Woody Allen bis hin zu Computerprogrammen wurde das Wort Zen zum Synonym für Schlichtheit, Eleganz und den flüchtigen, paradoxen Charakter des Lebens.

Auf den Westen übt der Zen-Buddhismus eine eigentümliche Anziehung aus

»Kurz gesagt ist Zen eine Form der Religionsausübung mit einer einzigartigen Methode des körperlich-geistigen Trainings, dessen Ziel das Erwachen ist, die Selbsterkenntnis.« Diese eher formale Definition gibt Roshi Philip Kapleau im Vorwort zu seinem Klassiker »Die drei Pfeiler des Zen«. Tatsache bleibt jedoch, daß eine wirkliche Definition von Zen nicht in Worte zu fassen ist. Wie eine alte Weisheit sagt: »Zen ist wie die Suche nach der Brille, die man auf der Nase hat.«

Zen und der Sinn des Lebens

»Für den Westen, der durch die Konzentration auf die Umgestaltung von Himmel und Erde Gefahr läuft, die Gegenwärtigkeit des Lebens – des einzigen Lebens, das wir eigentlich haben – sinnlos verrinnen zu lassen, dient Zen als Erinnerung, daß wir lernen müssen, das Geheimnis und die Schönheit unseres gegenwärtigen Lebens und des Augenblicks wahrzunehmen, da wir sonst den Wert gleich welchen Lebens und gleich welchen Augenblicks nicht erkennen werden.«

Huston Smith,
Vorwort zu »The Three Pillars of Zen«
von Roshi Philip Kapleau

Auch das ist im Zen möglich: Ein Sportler wird zum großen spirituellen Meister

Yogi Berra – Zen-Meister. Einer der größten Zen-Meister aller Zeiten war der berühmte Catcher der New York Yankees, Yogi Berra. Von ihm stammen die Sätze »Dort sind so viele Leute, daß niemand mehr hingeht« oder »Es ist erst vorbei, wenn's vorbei ist« und viele andere Aphorismen, die auf einer Stufe mit den Aphorismen großer Zen-Meister stehen wie Hakuin, Ikkyu, Dogen und dem Sechsten Patriarchen. Hier ist ein Beispiel des Zen-Meisters Nagarjuna: »Wie durch das Schlagen der Milch deren Essenz – Butter – makellos zum Vorschein kommt, kommt durch die Läuterung der Heimsuchungen des Geistes makellos die ›ultimative Sphäre‹ zum Vorschein.« Yogi drückte es so aus: »Man kann viel erkennen, indem man einfach nur zusieht.«

Lassen Sie sich nicht dazu verleiten, zu glauben, daß Zen die Ausübung einer trockenen, intellektuellen Denkrichtung voller unlösbarer Rätsel sei. Es ist lebendige meditative, spirituelle und religiöse Praxis: Das Ziel bei Zen ist nichts geringeres als *Satori*, das vollkommene Erwachen des Selbst zur eigenen wahren Natur.

Zwei Wege des Zen – Soto und Rinzai. Die zwei bedeutendsten Schulen des Zen sind Rinzai und Soto. Beide folgen dem sogenannten mittleren Weg – der Balance zwischen der eindringlichen Suche nach der Wahrheit und der vollkommenen Hingabe an die Wahrheit. Wie der Zen-Meister Unmon seinen Mönchen vor Jahrhunderten sagte: »Wenn ihr geht, dann geht einfach; wenn ihr sitzt, dann sitzt einfach, aber wankt nicht.«

Zwar verlangen beide Schulen eine unermüdliche, intensive und umfassende Hingabe an die Meditation, jedoch wenden sie unterschiedliche Methoden an. Das Herz der Soto-Meditation wird als *Shikantaza* bezeichnet, was kaum zu definieren ist, doch frei übersetzt soviel heißt wie »einfach sitzen«. Im Gegensatz dazu sind die Wurzeln des Rinzai die *Koans*, verwirrende, unlösbare Rätsel, die buchstäblich zum »Ver-rücktwerden« sind und den Meditierenden in die Erleuchtung führen sollen.

KOAN. Koan ist eine Unterrichtsmethode, die darauf beruht, daß den Schülern eine nicht zu beantwortende Frage gestellt wird; um auf diese Frage zu antworten, müssen die Schüler über die gewöhnliche Argumentation hinausgehen oder, wie manch einer sagen würde, vollkommen »abheben«. Die Antwort auf ein Koan kommt nicht aus der linken Gehirnhälfte, dem Sitz unseres Verstandes und Denkens, sondern aus der rechten Hälfte, dem Sitz unserer Intuition und der wahren Weisheit. Das *Mumonkan* oder torlose Tor ist die legendäre Sammlung aus 48 Koans oder Rätseln, die der Zen-Mönch Mumon Ekai im 12. Jahrhundert zusammengetragen hat.

Für das Lösen eines Koans braucht man vor allem Intuition

Obwohl es Hunderte von Koans gibt, setzt das Erreichen von Satori nicht voraus, daß man sie alle beherrscht. D. T. Suzuki schrieb in seinen »Essays in Zen Buddhism«: »Praktisch sind weniger als zehn oder sogar weniger als fünf oder vielleicht nur eins genug, um seinen Geist für die endgültige Wahrheit des Zen zu öffnen ...«

In »Vom Geist des Zen« schreibt Alan Watts, daß diese »... scheinbar unlogische Umkehrung des gesunden Menschenverstands vielleicht durch das beliebteste Bild des Zen, dem ›Mond im Wasser‹, erklärt werden kann. Das Wasser ist das Subjekt, und der Mond ist das Objekt. Wenn es kein Wasser gibt, gibt es keinen Mond im Wasser; genauso verhält es sich, wenn kein Mond da ist. Doch wenn der

Mond aufgeht, wartet das Wasser nicht darauf, sein Bild zu empfangen, und wird auch nur der winzigste Wassertropfen ausgeschüttet, wartet der Mond nicht bereits darauf, sich darin widerzuspiegeln. Denn der Mond beabsichtigt nicht, sich im Wasser widerzuspiegeln, und das Wasser spiegelt dessen Bild nicht mit Absicht wider. Das Ereignis wird ebenso sehr vom Wasser wie vom Mond verursacht, und während das Wasser die Helligkeit des Mondes offenbart, offenbart der Mond die Klarheit des Wassers.«

Das Geben und Nehmen zwischen dem Zen-Meister und seinen Schülern ist mühsam, langwierig und erfordert völlige körperliche und geistige Hingabe. Von den Schülern wird erwartet, sich in jedem wachen Moment des Lebens (und wohl auch im Schlaf) dem jeweiligen Koan zu widmen, das sie zu lösen versuchen.

Der Schüler muß mehrmals täglich seinem Lehrer zeigen, daß er das Koan verstanden hat

Ein Schüler trifft seinen Lehrer mehrmals am Tag unter vier Augen. Diese Treffen, *Dokusan* genannt, dauern vielleicht nur ein paar Sekunden. Der Schüler erhält die Gelegenheit, dem Lehrer auf nicht rationale Weise zu zeigen, daß er das Koan verstanden hat. Abhängig von seinen Leistungen wird der Schüler zum weiteren Studium des Koans zurückgeschickt oder erhält ein neues Koan. Auf diese Weise gelingt es ihm, unter ständiger Aufsicht des Lehrers mehrere Koans zu lösen.

Wegen des intensiven Zeitaufwands und weil man fast ständig Zugang zu einem Lehrer braucht, sind Koan-Übungen alleine praktisch nicht zu bewältigen. Wenn Ihr Ziel aber in nichts anderem als dem *Satori* des Rinzai-Zen besteht, werden Sie sich wohl für ein paar Jahre von Ihrem täglichen Leben zurückziehen müssen, um in einem Zen-Kloster zu leben. Und vergessen Sie nicht, es gibt keine Geld-zurück-Garantie darauf, daß Sie tatsächlich Erleuchtung erlangen.

»Der große Pfad hat keine Schranken.
Tausende von Straßen führen zu ihm ihn.
Wer durch dieses torlose Tor schreitet,
bewegt sich frei zwischen Himmel und Erde.«

MUMONKAN

KOAN-ÜBUNG – »WER BIN ICH?«

1. Machen Sie Ihren Geist so leer wie den Weltraum und völlig unbeteiligt gegenüber den Phänomenen, die aus dem Nichts auftauchen und nirgendwohin führen. Versuchen Sie einfach, an nichts bewußt zu denken.

2. Versuchen Sie, die Frage »Wer bin ich?« vollkommen zu verinnerlichen.

3. Wenn Sie ein Geräusch hören, verinnerlichen Sie die Frage »Wer hört dieses Geräusch?«

4. Wenn Gedanken auftauchen, verinnerlichen Sie die Frage »Wer denkt diese Gedanken?«

5. Wenn körperliche Wahrnehmungen auftreten, verinnerlichen Sie die Frage »Wer nimmt diese Empfindungen wahr?«

6. Der große Dichter William Blake sagte: »Wenn die Türen der Wahrnehmung gereinigt würden, würde dem Menschen alles so vorkommen, wie es ist: unendlich.«

Reinigen Sie die Türen der Wahrnehmung. Gehen Sie über die Fragen hinaus. Verinnerlichen Sie diese Fragen, und werden Sie selbst zu den Fragen.

7. Ob in der Arbeit, zu Hause, in der Freizeit – stellen Sie sich ständig die Frage »Wer bin ich?«
Verzichten Sie auf die Antwort.

Koans haben viele Gesichter

John Winokur schreibt in »Zen to Go«: »Koans sind spirituell lehrreiche Rätsel, die den Schüler zwingen sollen, über die Logik hinaus zur plötzlichen Erleuchtung zu gelangen.« Es gibt etwa 1700 Koans, von denen viele in den Sammlungen Hekigoanroku und Mumonkan zusammengetragen sind.

Das berühmteste: Ein Mönch fragte Joshu mit vollem Ernst: »Hat ein Hund die Natur des Buddha oder nicht?« Joshu sagte: »Mu.« [Wörtlich: »Nichts.«]

Das gefährlichste: Meister Sekiso sagte: »Wie steigst du von der Spitze einer 30 Meter hohen Fahnenstange nach oben?«

Das schrulligste: »Eine Kuh gebiert ein Kalb auf der Spitze einer Fahnenstange.«

Das unergründlichste: »Wie sah dein Gesicht aus, bevor du geboren wurdest?«

Das im Westen bekannteste: »Wie klingt es, wenn man nur mit einer Hand klatscht?«

Soto-Zen. In der Soto-Sekte des Zen wird das Koan gewöhnlich nicht als Mittel zur Erleuchtung eingesetzt. Soto-Zen stützt sich auf verschiedene Meditationstechniken, wie beispielsweise die Beobachtung der Atmung.

Im Soto-Zen wird vor allem auf die Körperhaltung beim Meditieren geachtet

Ein wichtiger Teil der Meditation im Soto-Zen heißt *Shikantaza*, was frei übersetzt soviel heißt wie einfach sitzen, eine gewaltige Untertreibung. *Shikantaza* ist nicht von Atemtechniken, Koans oder einem Meditationsobjekten abhängig. Es beruht auf der Überzeugung, daß der Praktizierende allein schon dadurch, daß er die Haltung des erleuchteten Buddha einnimmt, den Zustand der Erleuchtung offenbart.

Zum Soto-Zen gehört der *Tokusan*, ein Bambusstöckchen mit zwei Laschen, mit dem früher ein Schüler auf den Rükken geschlagen wurde, wenn er während der Meditation einschlief. Der nach dem Tong-Koan-Meister Tokusan benannte Stock machte ein Weckgeräusch, das die Aufmerksamkeit wiederherstellen sollte. Er wird heute nicht mehr verwendet, außer wenn ein Schüler es ausdrücklich wünscht, was gelegentlich der Fall ist.

Shikantaza ist vollkommene Leere. Nicht nur läßt es sich unmöglich beschreiben, es ist auch auf Dauer kaum zu praktizieren. Philip Kapleau beschreibt in »Die drei Pfeiler des Zen« eine Rede über Shikantaza, gehalten vom Zen-Meister Yasatuni Roshi (1885–1973): »So ist Shikantaza eine Übung, bei welcher der Verstand sich intensiv damit beschäftigt, einfach zu sitzen. Bei dieser Art des Zazen (der Meditation im Sitzen) wird der Meditierende, dem keine Hilfsmittel wie das Zählen der Atemzüge oder ein Koan zur Verfügung stehen, geistig leicht abgelenkt. Die richtige Geisteshaltung ist deshalb doppelt wichtig. Beim Shikantaza muß der Geist ruhig und gleichzeitig fest verankert oder standhaft sein, sagen wir etwa wie der Berg Fuji. Doch muß er auch wachsam, gedehnt wie ein gespannter Bogen sein. Somit ist Shikantaza ein höherer Zustand konzentrierter Aufmerksamkeit, in dem man weder angespannt noch in Eile und mit Sicherheit niemals schlaff ist.«

Shikantaza ist weder zu beschreiben noch wirklich zu praktizieren

SOTO-ZEN-MEDITATION. Seit mehr als 1000 Jahren werden Zen-Techniken von den Meistern mündlich an die Schüler weitergegeben. Ein zeitgenössischer Zen-Meister ist Joshu Sasaki, Abt eines Zen-Klosters außerhalb von Los Angeles. Sasaki Roshi lehrt die Meditationstechnik des Dehnens und Zusammenziehens. Nach seiner Theorie oszilliert die Welt mit allem, was sich in ihr befindet, also auch unserem eigenen Körper und Geist, zu jeder Zeit zwischen dem Punkt der vollkommenen Unendlichkeit und dem Punkt des vollkommenen Nichts. Wie im »I Ching«, dem alten chinesischen »Buch der Wandlungen«, zu lesen ist: »Was leer ist, wird voll. Was voll ist, wird leer. Das heißt, alles ist ständig im Wandel begriffen.«

DEHNEN UND ZUSAMMENZIEHEN DES ATEMS

Wieder ist die Atmung das Objekt der Meditation

Die folgende Übung wurde von Shinzen Young inspiriert, einem buddhistischen Mönch und allgemein bekannten Lehrer der Einsichts-Meditation.

1. Lassen Sie den Körper zur Ruhe kommen. Konzentrieren Sie sich ganz auf Ihren Körper. Nehmen Sie das allgemeine Gefühl wahr, sich in Ihrem Körper zu befinden. Nehmen Sie zur Kenntnis, wie viele verschiedene Arten von Wahrnehmungen und Empfindungen das Innere Ihres Körpers hervorbringt. »Lauschen« Sie gewissermaßen nach innen.

2. Konzentrieren Sie sich ganz auf Ihren Atem. Werden Sie sich Ihrer Atmung bewußt. Egal, was Sie darüber denken, unabhängig davon, wie Sie darüber urteilen, versuchen Sie, den Atem nicht zu steuern. Lassen Sie ihn einfach geschehen.

3. Wenden Sie sich nun jeder einzelnen Phase Ihrer Atmung zu. Beschränken Sie Ihre Aufmerksamkeit beim Einatmen auf alle Bewegungen des Körpers, bei denen sich etwas zusammenzieht, beispielsweise das Zwerchfell. Ignorieren Sie alle mit einer Dehnung verbundenen Wahrnehmungen, auch wenn diese deutlich hervortreten. Lassen Sie diese Gedanken, Gefühle und die Wahrnehmung von Raum beim Einatmen eintreten und in sich zusammenfallen. Erlauben Sie, daß sie sich mühelos zu einem Nichts zusammenziehen. Das Zusammenziehen erfolgt ohne Druck, so daß es auf keinen Fall ein unangenehmes Gefühl erzeugt. Sie verspüren lediglich das Gefühl, daß die Ausdehnung, die dadurch erreichte Distanz in sich zusammenfällt.

4. Lenken Sie Ihre Aufmerksamkeit auf das Ausatmen. Beschränken Sie Ihre Aufmerksamkeit während dieses Abschnitts des Atemzyklus auf die Eigenschaften der Gefühle, Gedanken und Wahrnehmungen, die mit dem Aspekt der Dehnung verbunden sind. Ihre Erfahrung weitet sich mit dem Ausatmen und zieht sich beim Einatmen zusammen.

5. Öffnen Sie sachte, ganz vorsichtig, die Augen. Prüfen Sie, wie Sie sich genau in diesem Moment fühlen. Wenn Sie mit anderen Dingen, etwa Ihrer Arbeit oder einer Sportart, weitermachen, versuchen Sie, dieses Gefühl ruhiger Aufmerksamkeit auf diese neue Beschäftigung zu übertragen.

Einsichts-Meditation

Die Vipassana, auch als Einsichts-Meditation (der auch in diesem Buch verwendete Begriff) bezeichnet, hat ihre Wurzeln im südostasiatischen Theravada-Buddhismus. Vipassana, was auf Pali Einsicht bedeutet, ist ein Prozeß, bei dem der Praktizierende sich den gegenwärtigen Augenblick vollkommen bewußtmacht und ihn mit Klarheit und Weisheit betrachtet. Die Einsichts-Meditation ist die früheste und einfachste der buddhistischen Meditationstraditionen und stammt unmittelbar ohne irgendwelche Änderungen von Buddha ab.

Bei der Einsichts-Meditation konzentriert man sich ganz auf das Jetzt

Einsichts-Meditation ist der rein meditative Aspekt des Theravada-Buddhismus und als solcher nicht als Religion zu betrachten; zu den Praktizierenden der Einsichts-Meditation gehören Priester und Rabbis ebenso wie Agnostiker.

Der Hinayana-Buddhismus (auch »Kleines Fahrzeug« genannt), ist eines der zwei bedeutenderen Glaubenssysteme oder sogenannten Fahrzeuge des Buddhismus (nicht zu verwechseln mit Rinzai und Soto, die zwei wesentliche Schulen des Zen-Buddhismus sind). Das andere ist unter der Bezeichnung Mahayana (»Großes Fahrzeug«) bekannt und umfaßt den tibetischen Buddhismus, der weiter unten erläutert wird.

Die bei der Einsichts-Meditation gewonnenen Erkenntsnisse betreffen die Persönlichkeit und die gesamte Natur des Menschen

Das wesentliche Ziel der Einsichts-Übung besteht darin, Bewußtheit oder Achtsamkeit (auf Pali *Samatha*) und Einsicht zu entwickeln. Die Begriffe Achtsamkeit und Einsicht haben in diesem Zusammenhang eine ganz spezielle Bedeutung. Achtsamkeit bedeutet im Kontext der Meditation, daß man sich dessen bewußt ist, was vor sich geht, sich jedoch nicht weiter darauf einläßt. Um das zu erreichen, bringt der Meditierende allen Aspekten der gewöhnlichen Erfahrungen ein hohes Maß an Achtsamkeit entgegen, verhält sich ihnen gegenüber jedoch neutral.

Einsicht, die das Ergebnis kontinuierlicher Achtsamkeit ist, hat im Osten eine andere Bedeutung als im Westen. Im Westen wird das Wort Einsicht in der Psychotherapie verwendet und meint die Erkenntnisse des Patienten über seine Persönlichkeit und die wichtigen Fragen seines Lebens. Im Gegensatz dazu sind bei der Einsichts-Meditation gewonnene Erkenntnisse viel tiefgreifender als lediglich auf bestimmte Situationen und Umstände bezogen – sie dringen in die Natur der Persönlichkeit ein.

Obwohl sich im Laufe der Jahrhunderte viele Formen der Einsichts-Meditation herausgebildet haben, haben sie doch eines gemeinsam: Einsicht und Läuterung sind das Ergebnis kontinuierlicher Bewußtheit. Heute ist die Einsichts-Meditation in den Vereinigten Staaten eine beliebte und leicht zugängliche Form der Meditation.

Die Besonderheiten der Einsichts-Meditation

Im Gegensatz zu anderen Formen buddhistischer Meditation ist die Einsichts-Meditation kaum durch Rituale geprägt. Es gibt nicht einmal bei Meditations-Retreats Diätvorschriften oder eine Kleiderordnung.

Man braucht weiter keine Bindung zum Buddhismus oder einer anderen Religion, um diese Form der Meditation auszuüben.

Die meisten amerikanischen Lehrer der Einsichts-Meditation stammen aus dem Westen und verfügen über einen ähnlichen Hintergrund wie ihre Schüler. Viele von ihnen besitzen die Gabe, östliches Gedankengut in verständliche westliche Vorstellungen zu übertragen.

Im Gegensatz zu Lehrern anderer Traditionen werden Einsichts-Lehrer nicht auf ein Podest gehoben und wie Gurus behandelt, sondern heißen statt dessen »Kalyana Mitta«, spirituelle Freunde, und werden auch als solche behandelt.

Die Einsichts-Meditation läßt sich auch im Selbststudium erlernen; der Interessierte findet eine reiche Auswahl an Büchern, Hör- und Videokassetten und anderen Materialien (siehe Quellenverzeichnis).

Unmittelbare Erfahrung: Bei der Einsichts-Meditation gibt es kein festgelegtes Meditationsobjekt wie beispielsweise die Atmung. Mit bloßer Aufmerksamkeit widmet der Meditierende sich der Wahrnehmung, die in dem jeweiligen Moment am stärksten hervortritt, als seinem Meditationsobjekt. Dabei kann es sich um den Atem handeln, einen Gedanken, ein Gefühl im Bein oder um alle drei Dinge gleichzeitig. Es geht nicht darum, sich länger bei einem Phänomen aufzuhalten oder sich damit auseinanderzusetzen, sondern

Meditationsobjekt ist das, was man in dem Moment empfindet

darum, diese Phänomene aufmerksam zu betrachten, wenn sie auftreten, und sie mühelos wieder vorbeiziehen zu lassen, wie die Wolken am Himmel.

Einsichts-Meditation verlangt volle Konzentration auf die unmittelbaren Erfahrungen. Ein Lehrer vergleicht die erforderliche Wachsamkeit, Ruhe und Zurückhaltung mit einer Katze, die ein Mauseloch beobachtet. Wenn Sie bereits unter Einsatz von Atemtechniken meditiert haben, werden Ihnen die folgenden Übungen zum Beachten bekannt vorkommen.

Schenken Sie den auftretenden Wahrnehmungen Beachtung, und lassen Sie sie wieder ziehen

Beachten: Wenn Sie Atemmeditation praktizieren, erleben Sie vielleicht unwillkürliche Gedanken, Gefühle und körperliche Wahrnehmungen, die aus dem Nichts aufzutauchen scheinen.

Die als »Beachten« bezeichnete Technik dient zur Unterstützung Ihrer Meditation. Mit Hilfe dieser Methode beachten Sie ein vorübergehendes Meditationsobjekt, das Sie scheinbar von dem primären Objekt der Meditation ablenkt. Indem Sie Ihren Gefühlen, Emotionen, Wahrnehmungen und Gedanken Beachtung schenken, betrachten Sie sie im Kontext Ihrer Meditation und relativieren dadurch ihre Bedeutung.

Wenn es Ihnen gelingt, eine Sache mit ruhiger Bewußtheit und als unbeteiligter Beobachter einfach als Gedanken zu bezeichnen, entziehen Sie der Ablenkung die Grundlage. Sie gießen kein Öl ins Feuer. Dadurch verschwindet die Ablenkung ganz von alleine, ohne daß Sie zusätzlich etwas tun müßten.

Nehmen wir einmal an, Sie folgen Ihrem Atem, dem primären Objekt Ihrer Meditation. Plötzlich fühlen Sie einen Energieschub im rechten Bein, und bevor Sie sich dessen bewußt werden, lenkt dieses Ereignis Sie vom Beobachten Ihres Atems ab. Das ist Ihnen vielleicht unangenehm, und sofort stürmt ein ganzer Schwall von Gedanken auf Sie ein. »Ist etwas nicht in Ordnung?«, »Tue ich mir weh?« ...

Beim »Beachten« schauen Sie sich die Sie von der Meditation ablenkenden Gefühle und Gedanken an

Wenn Sie die Technik des Beachtens anwenden, nehmen Sie diesen Energieschub einfach als *Gefühl* zur Kenntnis, ohne irgendeine Charakterisierung, Beurteilung oder Kritik hinzuzufügen. Sie entschärfen die Situation – und kehren anschließend zum primären Objekt der Meditation, der Atmung, zurück.

Wenn Sie die nonverbale Kenntnisnahme probieren, bleiben Sie aufmerksam. Versuchen Sie, nicht die Kontrolle zu verlieren. Wenn Sie das Gefühl haben, unterzugehen oder von Ihren Gedanken entführt zu werden, kehren Sie einfach zu Ihrer verbalen Benennung zurück. Der Klang Ihrer eigenen Stimme wird Sie daran erinnern, daß Sie ständig aufpassen müssen.

Bei der Meditation zählen nur die Tatsachen. Wenn Sie nur die Nachrichten empfangen, ohne den Kommentar dazu zu geben, geschieht etwas Erstaunliches: Der melodramatische Aspekt Ihres Lebens verschwindet und läßt viel mehr Raum für Frieden und Freude. Auch in dieser Hinsicht kann Meditation Ihre Ansichten über das Leben verändern. Das Beachten ist mehr als eine Form der Meditation – es ist eine Lebenseinstellung.

Die zwei folgenden Übungen, »Wahrnehmung von Sinneseindrücken« genannt, sind einander recht ähnlich. Die zweite Übung zeigt Ihnen noch mehr als die erste, wie Sie auch dem Inhalt der Gedanken mehr Beachtung schenken.

WAHRNEHMUNG VON SINNESEINDRÜCKEN – 1

Diese Übung basiert auf einer Idee von Shinzen Young.

1. Lassen Sie Ihren Körper einen Moment lang zur Ruhe kommen. Konzentrieren Sie sich ganz auf Ihren Körper. Nehmen Sie das allgemeine Gefühl war, sich im Körper zu befinden. Nehmen Sie zur Kenntnis, wie viele verschiedene Arten von Wahrnehmungen das Innere Ihres Körpers hervorbringt.

2. Behandeln Sie alle diese Wahrnehmungen gleich. Einige haben vielleicht körperliche Ursachen. Ein Engegefühl an einer Stelle, ein lockeres Gefühl an einer anderen, die Anspannung eines Muskels, die Kühle der Nasenspitze. Andere Empfindungen ergeben sich aus körperlichen Funktionen – dem Herzschlag, der Atmung. Wieder andere sind emotionaler Art. Wenn Sie gelangweilt, frustriert oder verärgert sind, so erzeugt dies gewisse Empfindungen. Ziehen Sie keine Empfindung der anderen vor. Nehmen Sie sie einfach zur Kenntnis.

3. Lassen Sie den Empfindungen freien Lauf. Lassen Sie sie einfach kommen und gehen. Greifen Sie nicht in ihren Tanz ein. Beachten Sie, daß Sie, wenn Sie Ihre Empfindungen nicht zu kontrollieren versuchen, auf natürliche Weise von einer zur anderen hingezogen werden.

4. Fixieren Sie sich nicht auf einen Punkt. Lassen Sie Ihr Bewußtsein frei schweben, wohin es will, wie ein Ballon in einem Luftstrom. Wenn ein Teil Ihres Körpers besonders stark hervortritt, sagen Sie mit leiser Stimme den Namen des Körperteils.

Das Bild der Kamera kann Ihnen bei dieser Meditation nützlich sein

5. Übernehmen Sie die Rolle der unbeteiligten Kamera. Ihr Bewußtsein kann zu sehr weit gefaßten Bereichen hingezogen werden, beispielsweise zu Ihrem gesamten Körper. Oder es konzentriert sich fast wie ein Mikroskop auf eine bestimmte Empfindung. Es ist wie ein Zoomobjektiv. Nehmen Sie einfach zur Kenntnis, welche Region besonders hervortritt. Und wenn Sie die Region ermittelt haben, zum Beispiel einen Fuß, den Hals oder den Rücken, wenden Sie Ihr Bewußtsein diesem konkreten Bereich zu.

6. Machen Sie Ihre Beobachtungen mit leiser und sanfter Stimme, aber objektiv und sachlich. Das ist die Durchführung der Balance auf dem mittleren Weg. Lassen Sie nicht zu, daß die Empfindungen durch die Bemerkungen in den Hintergrund gerückt werden. Sie beginnen, Ihrem ganzen Körper Aufmerksamkeit und Zuwendung zukommen zu lassen. Mit der Zeit entwickelt sich das zu einer positiven Gewohnheit.

Hinzufügendes Denken: Diese Technik ist eine Fortsetzung der vorangegangenen Übung. Es ist wie beim Jonglieren. In der ersten Übung haben Sie die Grundbewegungen kennengelernt. Hierbei handelt es sich um dieselben Bewegungen, jedoch mit mehr Bällen. Anfangs mag das die Sache ein wenig schwierig gestalten, doch mit der Zeit kommen Sie dahinter.

Nehmen Sie Gedanken an, ohne sich in ihnen zu verlieren

Vergessen Sie nicht, daß es sich um einen sanften, neutralen Vorgang handelt. Wenn während dieser Meditation Gedanken auftreten, ordnen Sie sie als Denken ein. So wird beispielsweise der Gedanke »Ich muß Zahnseide kaufen« als Denken zur Kenntnis genommen. Hier ist ein Beispiel dafür, was Sie während Ihrer Meditation laut bemerken können: »Gesicht, Brust, Gedanke, Hände und Gesicht, Gedanke, ganzer Körper, Gedanke, Gedanke ...«

Emotionen wie etwa Langeweile oder Wut werden als hybride Mischung aus Gedanken und körperlichen Empfindungen betrachtet. Ordnen Sie eine Empfindung wie auch deren einzelne Komponenten einer Kategorie zu, entweder als Gefühl, als Gedanke oder als eine Mischung daraus, je nachdem, was im Moment besonders dominant ist.

WAHRNEHMUNG VON SINNESEINDRÜCKEN – 2

1. Konzentrieren Sie sich ganz auf Ihren Körper. Nehmen Sie das allgemeine Gefühl war, sich im Körper zu befinden, und nehmen Sie zur Kenntnis, wie verschiedenartige Wahrnehmungen aus dem Inneren Ihres Körpers hervortreten.

2. Manche Empfindungen können auch körperlich sein. Andere basieren auf inneren Funktionen. Wieder andere Empfindungen sind emotionaler Art. Wenn Sie sexuelle Phantasien haben, erzeugen diese im Körper sinnliche Gefühle. Ziehen Sie keines davon einem anderen vor. Nehmen Sie sie zur Kenntnis, und lenken Sie Ihr Bewußtsein auf die Empfindung, die im Augenblick am deutlichsten hervortritt.

3. Lassen Sie den Empfindungen freien Lauf. Wenn sie gehen wollen, lassen Sie sie gehen. Wenn sie bleiben wollen, lassen Sie sie bleiben. Mischen Sie sich nicht ein. Vergessen Sie nicht, Sie praktizieren die Kunst, sich jedem Augenblick des Lebens mit ruhiger Bewußtheit zu öffnen.

4. Fixieren Sie Ihr Bewußtsein nicht auf einen Punkt. Immer wenn ein Teil Ihres Körpers in den Vordergrund rückt, sagen Sie leise, aber bestimmt den Namen des jeweiligen Körperteils. Wenn ein Gedanke auftaucht, nehmen Sie ihn einfach als Gedanken zu Kenntnis.

Sie sind bloßer Beobachter dessen, was in Ihnen vorgeht

5. Ihr Bewußtsein kann zu sehr weit gefaßten Bereichen hingezogen werden, beispielsweise zu Ihrem gesamten Körper. Oder aber zu einer bestimmten Empfindung, einem Gedanken oder Gefühl. Bleiben Sie neutral. Fahren Sie fort, die Gedanken als Gedanken, Empfindungen nach ihrem Ursprung und Emotionen als Gedanken, Empfindung oder beides zu bezeichnen.

6. Versuchen Sie, Ihren Gedanken gegenüber emotional unbeteiligt zu bleiben und sich nicht von ihnen fortreißen zu lassen. Konzentrieren Sie sich auf den Atem. Bezeichnen Sie den Gedanken einfach als Gedanken. Er wird vorbeigehen, wie alles vorbeigeht. Er zieht sich zurück, wie er entstanden ist, aus dem Nichts auf dem Weg ins Nirgendwo.

7. Machen Sie Ihre Bemerkungen leise und sanft, doch unparteiisch, leise und nachgiebig. Das ist das Gleichgewicht des mittleren Weges.

8. Durchfluten Sie den ganzen Körper mit Aufmerksamkeit und Nachgiebigkeit. Mit der Zeit wird dies zu einer positiven Gewohnheit.

BODY-SCAN: Das Scannen oder Abtasten des Körpers ist eine besonders wirkungsvolle Technik zur Linderung von Schmerzen. Eine Reihe von Lehrern haben umfassende Erfahrungen mit Menschen gesammelt, denen sie geholfen haben, chronische Schmerzen mit Hilfe dieser speziellen Technik zu lindern.

Scanning ist das englische Wort für Abtasten, Absuchen

Der burmesische Einsichts-Lehrer aus der Tradition des Theravada, S. N. Goenka, gilt allgemein als Wegbereiter der Technik der körperlichen Selbstbeobachtung. Wenn Sie mehr über diese Art der Selbstbeobachtung wissen möchten, ist sein Buch über die Vipassana-Meditation eine exzellente Quelle. Mehr über Meditation und körperliche Schmerzen finden Sie im Kapitel »Vom Schmerz zur Ekstase«.

Jon Kabat-Zinn beschreibt die Theorie, die dem Body-Scanning zugrunde liegt, in seinem Buch »Full Catastrophe Living«: »Alle tieferen Gefühle ..., die Sie Ihrem Körper gegenüber empfinden mögen, können sich erst dann ändern, wenn Sie auch die Veränderungen Ihres Körpers tatsächlich wahrgenommen haben. Wenn wir unsere Energie dazu verwenden, unseren Körper tatsächlich zu erleben, und uns dagegen wehren, uns im Dickicht des urteilenden Denkens zu verirren, kann das unsere Sichtweise in bezug darauf und auf uns selbst dramatisch verändern ...«

Die Body-Scan-Methode kann Schmerzen lindern helfen

Das Scannen des Körpers oder die Selbstbeobachtung verfolgt den Zweck, daß Sie jeden Bereich, auf den Sie sich konzentrieren, fühlen und geistig dort verweilen. Sie atmen ein paarmal in die Richtung jedes Bereichs und ein paarmal in die entgegengesetzte Richtung. Anschließend stellen Sie sich vor, daß Sie von diesem Teil ablassen und Ihre Aufmerksamkeit auf den nächsten Bereich lenken. Wenn Sie in Ihrer Vorstellung die damit verbundenen Empfindungen, Gedanken oder inneren Bilder loslassen, lockern sich auch die Muskeln in diesem Bereich, so daß ein großer Teil der Anspannung, die sich angesammelt hat, abfällt.

Eine einfache Body-Scan-Technik: Das Body-Scanning soll Ihre Konzentration so auf den Körper richten, daß Sie ihn wie durch ein Mikroskop sehen. Sie können Ihren Körper entweder in der normalen Meditationshaltung oder auf dem Rücken liegend scannen. Obwohl die Beschreibung kurz ist, sollten Sie sich für die Übung so viel Zeit wie möglich nehmen, damit sie ihre Wirkung entfaltet. Die Patienten in der Klinik in Massachusetts führen täglich einen Body-Scan von 45 Minuten durch. Versuchen Sie, es bei der folgenden Übung auf das Doppelte zu bringen.

DIE BODY-SCAN-TECHNIK

1. Lassen Sie Ihren Körper zur Ruhe kommen, und konzentrieren Sie sich auf Ihren ganzen Körper. Entspannen Sie sich vollkommen.

2. Richten Sie Ihre Aufmerksamkeit auf die Zehen des linken Fußes. Konzentrieren Sie sich auf das Gefühl in jedem Zeh. Dirigieren Sie Ihren Atem in jeden Zeh hinein, in die Spitze, die Mitte, die Wurzel. Lassen Sie Ihren Atem in jeden einzelnen Zeh eindringen und anschließend hinausströmen; beginnen Sie dabei mit Ihrem großen Zeh, und fahren Sie der Reihe nach fort bis zum kleinen Zeh.

3. Gehen Sie nun auf den linken Fuß über. Achten Sie auf das Gefühl dort. Dirigieren Sie Ihren Atem in den Fuß. Beobachten Sie das Ein- und Ausatmen im Fuß. Stellen Sie fest, ob irgendein Teil angespannt ist; wenn ja, stellen Sie sich vor, daß die Anspannung mit dem Ausatmen aus dem Körper hinausströmt. Beim Einatmen stellen Sie sich vor, daß mit jedem Atemzug revitalisierende und verjüngende Energie in den jeweiligen Bereich einströmt.

Schenken Sie jedem einzelnen Körperteil Beachtung

4. Wenn Sie den ganzen linken Fuß innerlich gescannt oder abgetastet haben, fahren Sie mit Ihrem linken Bein fort. Nehmen Sie die Empfindungen in den einzelnen Abschnitten des Beines wahr: in der Wade, in der Kniescheibe, im Oberschenkel. Lenken Sie Ihren Atem in jeden Teil des Beines, in das Gewebe, in die Zellen.

5. Setzen Sie diesen Prozeß fort, und fahren Sie am linken Bein hoch bis zum linken Beckenrand. Tasten Sie auch diesen Bereich bewußt ab, und konzentrieren Sie sich darauf, während Sie den Bereich mit Ihrem Atem durchfluten.

6. Lenken Sie Ihre Aufmerksamkeit nun auf die Zehen im rechten Fuß. Wiederholen Sie den Vorgang des Abtastens wie beim linken Fuß, bis Sie die rechte Seite des Beckens erreichen. Tasten Sie diesen Bereich bewußt ab. Durchfluten Sie den Bereich.

Machen Sie aus Ihrem Atem einen heilenden Laserstrahl

7. Wenn Sie mit dem Scannen des rechten Teils des Beckens fertig sind, lenken Sie Ihre Aufmerksamkeit hinauf zu Ihrem Oberkörper. Stellen Sie sich vor, wie Ihr Körper im Querschnitt aussieht, unterteilt in Segmente von etwa sieben Zentimetern. Während Sie sich nach oben hocharbeiten, untersuchen Sie den Kern jedes Querschnitts, betrachten Sie den Bauch, den Rücken, das Rückenmark. Richten Sie Ihre gesamte Aufmerksamkeit auf den Querschnitt. Atmen Sie in den Querschnitt hinein, und lassen Sie die Luft entweichen. Stellen Sie fest, ob Ihr Atem auf Hindernisse stößt. Beobachten Sie, ob bestimmte Teile angespannt sind. Ist das der Fall, stellen Sie sich vor, wie diese Spannung Ihren Körper mit jedem Ausatmen verläßt. Wenn Sie wieder Luft holen, stellen Sie sich vor, daß jeder Atemzug diesem Körperteil Vitalität, Energie und Erneuerung bringt.

8. Arbeiten Sie sich weiter am Körper hoch, durch die Brust und den oberen Teil des Rückens und die Schultern. Wenn Sie diese Bereiche im Geiste abgetastet und beatmet haben, fahren Sie fort.

Wichtig ist, daß Sie die Übung langsam und völlig konzentriert durchführen

9. Richten Sie Ihre Aufmerksamkeit und Ihren Atem langsam und gleichmäßig verteilt auf die Finger beider Hände, auf beide Arme und die Schultern. Arbeiten Sie sich ganz langsam am Hals und Nacken hoch. Konzentrieren Sie sich auf dem Weg nach oben auf die Handgelenke, die Ellbogen, die Oberarme, wobei Sie auch in diese Bereiche hineinatmen.

10. Wenn Sie oben an den Schultern angekommen sind, beginnen Sie, den Hals abzutasten. Atmen Sie langsam am Halsansatz ein und aus. Fahren Sie anschließend langsam den Hals und die Kehle entlang bis zum Schädelansatz.

11. Richten Sie Ihre Aufmerksamkeit auf Ihren Schädel. Atmen Sie in Ihr Gesicht, den Hinterkopf, den oberen Teil des Kopfes, die Nase, die Ohren und die Augen.

12. Richten Sie Ihre Aufmerksamkeit auf den Scheitel. Stellen Sie sich vor, oben auf dem Kopf hätten Sie eine Öffnung, wie das Nasenloch eines Wals. Lassen Sie Ihren Atem die gesamte Länge Ihres Körpers durchströmen, von oben nach unten, bis er durch die Zehen nach außen dringt.

13. Atmen Sie jetzt durch die Zehen ein, und lassen Sie die Luft den ganzen Körper hinaufströmen und durch die Öffnung im Schädel austreten.

14. Entspannen Sie einige Minuten. Nehmen Sie eine ruhige, bewußte Überprüfung des gesamten Körpers vor. Öffnen Sie langsam die Augen, und bereiten Sie den Übergang zu Ihrer normalen Beschäftigung vor.

Tibetischer Buddhismus

Tibetischer Buddhismus ist die Tradition, die verschiedene Lehrer von Indien nach Tibet gebracht haben, darunter auch der legendäre indische Meister Padmasambhava, der einer Einladung von König Trisong Detsen (755–787) folgte. Diese Schule wird im Sanskrit auch Mahayana (»Großes Fahrzeug«) genannt und verfolgt die Befreiung aller Lebewesen. Für viele Menschen im Westen wird diese tiefgründige und mitfühlende Lebensweise heute durch Seine Heiligkeit den Dalai Lama von Tibet personifiziert.

Der Dalai Lama ist die wichtigste zeitgenössische Person im tibetischen Buddhismus

Die Mahayana-Lehre umfaßt außerdem auch das Vajrayana, auch tantrisches oder diamantenes Fahrzeug genannt. Dieses gilt als der Gipfel der Meditationspraxis. Auf diesem äußerst hohen Niveau wird der Praktizierende der Lehre zufolge in die Lage versetzt, eine Art spirituelle Alchimie zu betreiben und die aus weltlichen Gedanken und Sorgen bestehenden Hindernisse in einen ekstatischen Zustand der Erleuchtung und der Erkenntnis zu verwandeln. Diese Ein-

Die Chakren – Energiezentren des menschlichen Körpers – verknüpfen das Körperliche mit dem Spirituellen

sichten werden durch eine komplexe Mischung aus geistigen und körperlichen Techniken erreicht, die den Zweck haben, die verschiedenen Energiezentren des Körpers (die Chakren) zu öffnen.

In »The World of Tibetan Buddhism« spricht der Dalai Lama über die hohen Ansprüche, die das Studium des Tantra, der höheren esoterischen Lehre, an den Lernenden stellt: »Tantra-Übungen sind dann möglich, wenn jemand ein sicheres Fundament der wesentlichen Teile des Pfades der Erleuchtung, wie es in den Lehren der buddhistischen Sutra [der ursprünglichen Lehre des Buddha] erklärt ist, erworben hat. Das bedeutet für Ihre Einstellung, daß Sie den Wunsch haben sollten, die Ursachen des Leidens lückenlos zu beseitigen, daß Sie eine richtige Vorstellung von der Leere haben ... und gewisse Erkenntnisse über *Bodhicitta* gewonnen haben, das auf Liebe und Mitgefühl beruhende altruistische Streben nach Erleuchtung zum Wohle aller Lebewesen. Das Verständnis dessen sowie die Ausübung der sechs Tugenden ermöglicht den Bau eines Fundaments für den Pfad ... Nur dann ist die erfolgreiche Ausübung des Tantra möglich.« Die sechs vollkommenen Tugenden werden vom Bodhisattva oder demjenigen ausgeübt, der auf dem Pfad der Erleuchtung und der Selbstlosigkeit wandelt.

Tibetische Visualisierung: Im tibetischen Buddhismus gibt es eine Vielzahl unterschiedlicher Meditationstechniken. Bei der tibetischen Visualisierung richtet der Meditierende sein ganzes Wollen und seine ganze Aufmerksamkeit darauf, sich positive Bilder vorzustellen, von denen er sich wünscht, daß sie für ihn selbst, für einen anderen Menschen oder gar für die ganze Welt Realität werden. Intention und Aufmerksamkeit sind der Schlüssel hierzu.

Tibetische Visualisierung umfaßt konkrete wie abstrakte Vorstellungen und Wesen

Einige Formen der tibetischen Visualisierung sind so detailliert, daß sogar Farben, göttliche Wesen und die Elemente Feuer, Luft und Wasser mit ins Spiel kommen. Licht und »eine Quelle der Macht« sind ebenfalls wichtige Elemente beim Üben dieser Vorstellungen.

Licht hat in diesem Zusammenhang eine doppelte Bedeutung – das Phänomen Licht sowohl auf der Ebene der Sinneseindrücke als auch auf spiritueller Ebene. Das spirituelle Licht, »das Buddha-Licht der Einheit und der Offenheit«, wie es Tolku Thondup in »The Healing Power of Mind« beschreibt, wird für uns in den Farben Blau, Weiß, Gelb, Rot und Grün sichtbar.

Die diesem dualen Lichtbegriff innewohnende Macht kann der Lehre nach körperliche und geistige Wunden heilen, negative Energie in positive Energie verwandeln und Angst überwinden.

Bei der »Quelle der Macht« in der Visualisierung nach tibetischem Muster handelt es sich in der Regel um eine spirituelle Gottheit, zum Beispiel Buddha. Sie können jedoch im Geiste eine eigene Quelle der Macht erschaffen, die Ihren religiösen und spirituellen Überzeugungen entspricht. Das heißt, daß alles von Mutter Teresa, über einen persönlichen Freund bis hin zum Surfen in der Bucht von Monterey eine Quelle der Macht sein kann.

Die nachfolgende Visualisierungsübung wurde durch die »Erhellung der traurigen Dunkelheit« inspiriert, aus dem Buch »Healing Power of Mind« von Tolku Thondup. Nehmen Sie sich dafür so viel Zeit, wie Sie können – unter Zeitdruck funktioniert sie nicht.

Visualisierung

1. Stellen Sie sich vor, daß Ihr ganzer Körper und Ihr Geist mit absoluter Dunkelheit gefüllt sind. Werden Sie der Traurigkeit gewahr, ohne sich davon überwältigen zu lassen. Jetzt bereiten Sie sich darauf vor, heilendes Licht anzurufen.

2. Stellen Sie sich vor, daß das Licht aus Ihrer Quelle der Macht stammt. Das Licht kann aus Ihrem Inneren heraus kommen, sich vor Ihnen oder über Ihnen befinden. Sehen Sie die Lichtstrahlen – hell, warm und voller Freude wie hundert Sonnen. Das warme Licht füllt Ihren gesamten Körper, durchdringt jede Zelle bis zu den Atomen.

3. Stellen Sie sich vor, daß das Licht hinter Ihrem Körper erstrahlt und die ganze Welt erleuchtet. Spüren Sie die Eigenschaft des heilenden Lichts; es ist nicht fest. Es gibt nichts, was Sie festhalten oder mit Händen greifen könnten. Es herrscht also kein Streß, nichts, nur das Licht ist da.

Sie selbst, das Universum und das Licht, das hinter Ihrem Körper erstrahlt, sind jetzt in einem globalen, alles durchdringenden, ätherischen Licht vereint, welches das Universum durchtränkt. Die Dunkelheit und die Trauer können sich mit diesem nicht messen. Sie sind fort. Verschwunden.

Zusammenfassung

Die perfekte Meditationstechnik gibt es nicht

- In ihrem Kern haben die großen Meditationstraditionen ein gemeinsames Ziel – dem Meditierenden zu einer neuen, höheren Ebene des Bewußtseins zu verhelfen.
- Der Osten kann als die Wiege der Meditation betrachtet werden.
- Yoga wurde in Indien entwickelt und ist vielfach verzweigt; unter anderem gehören Karma-Yoga, Hatha-Yoga und tantrisches Yoga dazu.

Alle buddhistischen Meditationstechniken stammen – direkt oder indirekt – von Buddha

- Tantrisches Yoga zielt auf das Erwecken und Fördern von Kundalini, einer bio-spirituellen Energie, die wir alle in uns tragen.
- Die Aktivierung der als Chakren bezeichneten Energiezentren verleiht unserem Körper und unserem Geist neue Kraft.
- Buddha fand durch Meditation zur Erleuchtung, nicht durch extreme Entsagung.
- Koans, die im Rinzai-Zen verwendet werden, sind eine Unterrichtsmethode, bei der dem Schüler unlösbare Rätsel aufgegeben werden; um diese Rätsel zu lösen, müssen die Schüler das intellektuelle Nachdenken überwinden.
- Ein wichtiger Teil der Meditation in der Schule des Soto-Zen heißt Shikantaza, »einfach sitzen«.
- Vipassana, auch Einsichts-Meditation genannt, ist eine Form der Meditation, die ihre Wurzeln im Theravada-Buddhismus Südostasiens hat.
- Mit Hilfe der Body-Scan-Technik können Sie jeden Bereich Ihres Körpers wie durch ein Mikroskop betrachten.

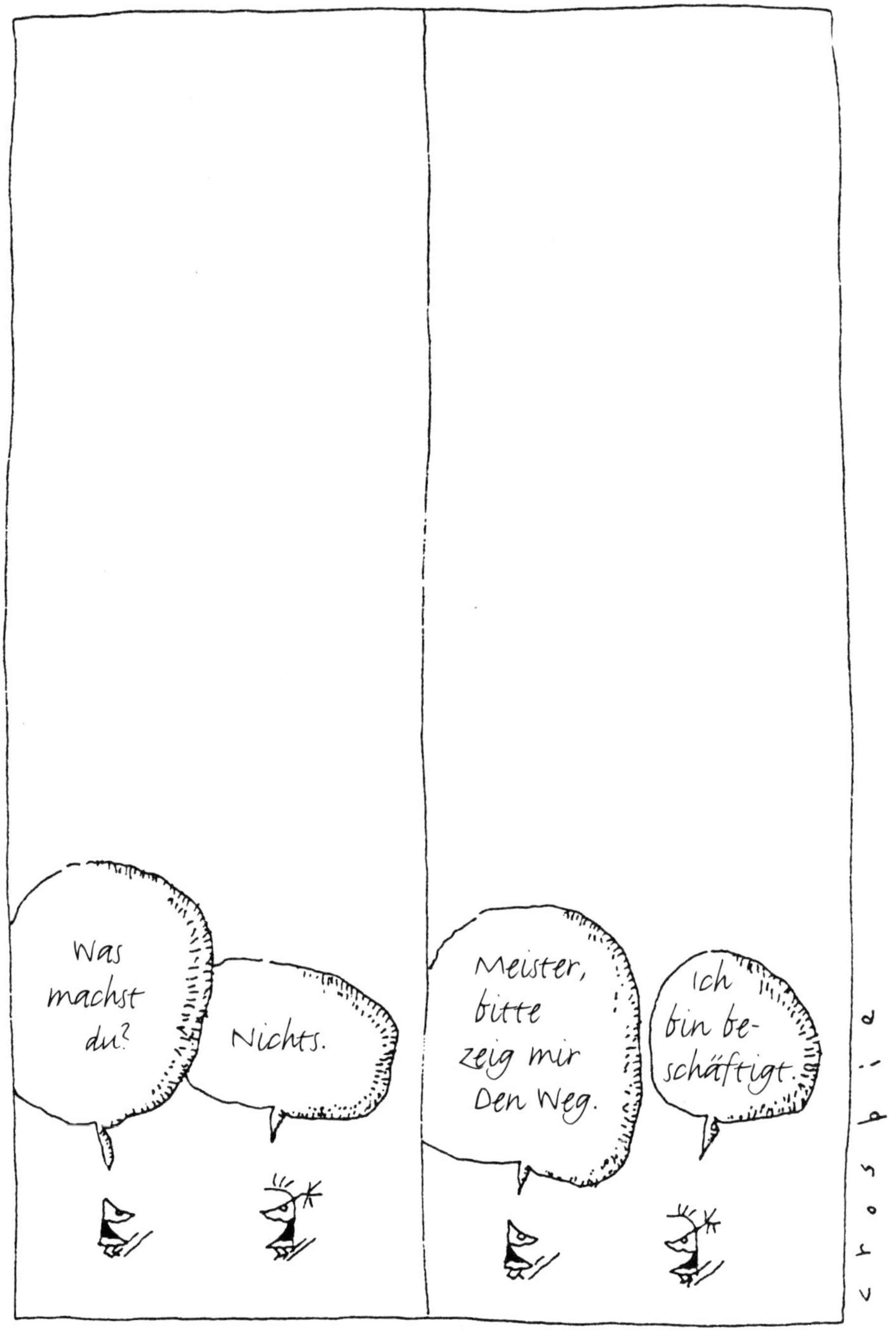

Was machst du?
Nichts.
Meister, bitte zeig mir Den Weg.
Ich bin beschäftigt.
crospie

Westliche Meditations-traditionen

Wenn von westlicher Meditationstradition gesprochen wird, denken viele zuerst an Traditionen innerhalb des Judaismus, des Christentums und des Islam. Eigentlich aber meditierten schon die Druiden, die Gnostiker, die alten Griechen und die ersten Anhänger von Ishtar in Babylon. Weiterhin wird die Meditation in Europa und Amerika von Mitgliedern der Rosenkreuzer, Roma, Unitarier und Theosophen praktiziert.

Schon in vorchristlicher Zeit waren Meditationstechniken bekannt und verbreitet

Dieses Kapitel bietet einen kurzen Überblick über diese sehr vielseitige Richtung der meditativen Philosophien und Praktiken. Sie lernen hier Einsichten und praktische Übungen der Gnostiker kennen, die frühen christlichen Übungen, die als Hesychasmus bekannt sind, Gregorianische Gesänge, jüdischen Mystizismus und Übungen aus dem Islam.

Meditatives Gebet

Das achtsame, meditative Gebet entsteht aus dem Verlangen des Menschen, mit der Gottheit zu kommunizieren oder deren Licht zu empfangen. Es ist bekannt, daß diese Praxis bei den Sumerern existierte und auch in anderen Teilen der heidnischen Welt ausgeübt wurde. Ein deutlicher Hinweis darauf befindet sich in dem spätheidnischen Text

»Allogenes«, der auf jahrhundertealten Praktiken beruht: »Die Ruhe der Stille war in mir, und ich hörte die Glückseligkeit, durch die ich mich erkannte, wie ich bin.« Ein direkter Hinweis findet sich viele Male in den Büchern Ruth, Leviticus und Exodus. Der Psalm 119 lautet: »Wie liebe ich dein Gesetz! Es ist mein Nachdenken den ganzen Tag.« Auch Jesus beschrieb eindeutig die meditative Konzentration, als er sagte: »Wenn nun dein Auge lauter ist, so ist dein ganzer Leib licht« (Lukas 11,34). Und natürlich war auch der Prophet Mohammed Anhänger der Meditation; er sagte über die Gläubigen: »Sind sie nicht im Nachdenken über den Koran versunken?«

Beten hat immer etwas mit Meditation zu tun – in allen Religionen

Das Ziel des meditativen Gebets, wie es in den westlichen Traditionen des Christentums und des Judaismus praktiziert wird, ist, den Betenden auf die unmittelbare Nähe Gottes vorzubereiten. Der anonyme Autor der christlich-mythischen Abhandlung »Die Wolke der Unwissenheit« definierte das meditative Gebet als Mittel, einen Zustand nie nachlassender Bewußtheit über die Gegenwart Gottes zu erreichen: »Und es sind solche, die durch die Gnade geistig so geläutert sind und Gott in dieser Gnade der Kontemplation so nahe stehen, daß sie es haben können, wann immer sie es im gewöhnlichen Zustand der Seele eines Menschen haben wollen: im Sitzen, im Gehen, im Stehen oder im Knien.«

In unserer Zeit bestätigte der Trappistenmönch und Gelehrte Thomas Merton die Meditation als Möglichkeit des Menschen, eine lebendige Verbindung zwischen seiner Seele und dem lebenden Gott herzustellen. In »New Seeds of Contemplation« sagte Merton, daß das eigentliche Ziel des meditativen Gebets darin bestehe, »den Menschen zu lehren, wie er sich von den geschaffenen Dingen und vergänglichen Sorgen, in denen er nur Verwirrung und Kummer findet, befreien und eine bewußte und liebende Verbindung mit Gott aufnehmen kann ..., um Gott die Lobpreisung, die Ehre, den Dank und die Liebe zu geben, die er jetzt frohen Herzens gibt.«

> »... sich von den geschaffenen Dingen und vergänglichen Sorgen ... befreien ... und eine bewußte und liebende Verbindung mit Gott aufnehmen.«
>
> Thomas Merton, »New Seeds of Contemplation«

Die Fähigkeit zum meditativen Gebet ist allen von uns angeboren. Wir benutzen vielleicht Worte aus der Bibel oder eine Phrase aus der Messe wie beispielsweise *Kyrie eleison*. Wir sagen diese Wort laut oder leise, oder wir benutzen gar keine Worte, sondern geben uns der ultimativen Stille der Stelle unseres Herzens hin, wo Gott wohnt.

Mit dem meditativen Gebet sind keine Erwartungen verbunden. Wie der Autor und Gelehrte Thomas Moore in »Meditations« sagt: »Bete – Punkt! Erwarte nicht etwas. Oder besser: Erwarte nichts. Das Gebet reinigt uns von Erwartungen und eröffnet dem heiligen Willen, der Vorsehung und dem Leben selbst den Zugang. Was sonst würde die Mühe lohnen – oder die Mühelosigkeit.«

Meditatives Beten heißt nichts im Besonderen erwarten

> »Das Licht Gottes erlangt man durch das Gebet. Der einzige Unterschied besteht darin, daß manche Menschen unbewußt, andere bewußt und wieder andere das Bewußtsein überschreitend beten.«
>
> Rabbi Schlomo Carlbach

In diese Richtung gehen auch die Worte des christlichen Mystikers Meister Eckhardt (1260–1327), der sagte: » ... wann immer der freie Geist vollkommen losgelöst ist, zwingt er Gott zum Sein.« Er beschreibt diesen Zustand genauer mit folgenden Worten: »Ein Mensch sollte Gott in allen Dingen empfangen und seinen Geist üben, so daß Gott in seinem Geist, in seinen Zielen und in seiner Liebe immer gegenwärtig ist. Beachte, wie du dich Gott näherst: Nimm die gleiche Haltung ein wie in der Kirche oder in deiner Zelle, und behalte sie auch in der Menge bei ... Wenn du in dieser Hinsicht standhaft bist, kann kein Mensch verhindern, daß Gott immer in deiner Gegenwart ist.«

Schauen wir uns nun einige der wichtigsten meditativen Traditionen an, und vergessen wir dabei nicht, daß sie zwar einzigartig sind und doch einem gemeinsamen Zweck dienen: uns auf die Wahrheit dessen aufmerksam zu machen, wer wir sind.

Gnostische Meditation

Die gnostische Meditation existierte bereits in vorchristlicher Zeit. Der Gnostizismus (von *gnosis*, griechisch Wissen, Weisheit) war eine spirituelle/meditative religiöse Bewegung, die kurz vor der Zeit Jesu entstand und bis in die frühen Jahrhunderte der christlichen Ära reichte. Sie verband Vergangenheit und Gegenwart, Altes und Neues, östliche und westliche Überzeugungen. Die Gnostiker stützten sich auf die rationale Tradition von Plato und Homer sowie den Mystizismus mit orientalisch-mystischen Strömungen, die in der gesamten griechisch-römischen Welt populär waren.

Die Gnostiker verbanden westliche und östliche Traditionen

Zu den Quellen des gnostischen Glaubens und der Meditation gehörten ägyptische Mythologie, griechische Philosophie, die zoroastrische Lehre, jüdische Vorstellungen von der Apokalypse, die Astrologie der Chaldäer, die Täufersekten aus Palästina und, zum Ende hin, das Christentum.

> »Das Evangelium der Wahrheit ist eine Freude für diejenigen, denen der Vater der Wahrheit die Gnade erwiesen hat, ihn zu kennen. Denn er entdeckte sie in sich selbst, und sie entdeckten ihn in sich selbst, den unfaßbaren, unvorstellbaren einen, den Vater, den Vollkommenen, den, der alles schuf.«
>
> The Gospel of Truth (eine der Schriftrollen von Nag Hammadi)

In den Übungen der Gnostiker ist die Gnosis eine intuitive, unmittelbare Erfahrung (das heißt Kenntnis) Gottes, die nicht mit Hilfe des Verstandes erzielt wird, sondern indem durch Meditation eine Verbindung zum Göttlichen hergestellt wird. Die Gnostiker glaubten, daß diese transzendente Kenntnis Gottes die notwendige Voraussetzung für die Rettung des Menschen sei. Diese Kenntnis spielte eine weitaus größere Rolle bei der Überwindung des Abgrunds, der Gott und Materie voneinander trennt, als der Glaube. Die Gnostiker glaubten an die Anwesenheit des Göttlichen im Inneren des Menschen und waren, wie es auch die Quäker und die Baptisten sind, davon überzeugt, daß jeder Mensch, der den Geist Gottes empfängt, mit dem Göttlichen kommuniziert.

Der Gnostizismus entstand schon vor der Geburt Jesu

Die Verfolgung durch die Christen trieb die Gnostiker schließlich in den Untergrund; dennoch beeinflußten sie westliches Gedankengut noch Jahrhunderte später. Das Erbe der Gnostiker formte mystische Schulen, philosophische Schulen und religiöse Bewegungen wie die der Manichäer. Der Schweizer Psychoanalytiker Dr. Carl G. Jung schrieb: »Mein ganzes Leben habe ich gearbeitet und studiert, um das herauszufinden, und diese Leute wußten es bereits.«

DIE MACHT DER STILLE

Die göttliche Dyade: Urvater und Urmutter des Universums

Die Gnostiker glaubten an die Macht der Stille. Diese Vorstellung läßt sich auf ihren Glauben an einen Gott zurückführen, der sowohl Vater als auch Mutter ist. Der gnostische Dichter und Lehrer Valentinus ist der Meinung, daß das Göttliche als Dyade (»Zweiheit«) betrachtet werden kann. Ein Teil dieser Dyade ist das Unaussprechliche, die Tiefe, der Urvater; der andere Teil ist die Gnade, die Stille, der Schoß und die »Mutter des Ganzen«. Valentinus zufolge ist die Stille die passende Ergänzung zum Vater. Es folgt nun eine stille Meditation, die durch den gnostischen Text »The Great Announcement« inspiriert wurde.

1. Löschen Sie das Licht, oder decken Sie alle Lichtquellen ab (Licht, Kerzen, Sonnenlicht usw.), und setzen Sie sich. Sie können sich auf einen Stuhl oder eine Meditationsmatte setzen, wie es für Sie bequemer ist.

2. Schließen Sie die Augen, atmen Sie tief durch, und lassen Sie sich ein paar Minuten Zeit, um Ihr inneres Sehvermögen zu schärfen.

3. Stellen Sie sich drei bis fünf Minuten lang den männlichen Geist des Universums, den Urvater vor. Das ist der Geist, der alle Dinge lenkt.

4. In den nächsten drei bis fünf Minuten stellen Sie sich die weibliche Intelligenz des Universums, die Urmutter vor. Sie bringt alle Dinge hervor.

5. Stellen Sie sich vor, daß diese beiden Elemente sich in Ihrem Inneren vereinigen. Entdecken Sie, daß Geist und Intelligenz sich zwar unterscheiden, aber dennoch im Zustand der Vereinigung eins sind. Mutter-Vater befindet sich in jedem von uns. Lassen Sie die Bilder ineinanderfließen wie das Wasser zweier Flüsse, die zusammenfließen um einen neuen, gewaltigeren Strom zu bilden.

6. Nehmen Sie diese göttliche Macht, die nun latent vorhanden ist, und füllen Sie Ihren Körper damit an. Öffnen Sie die Augen, und bereiten Sie sich auf die Rückkehr in die Welt vor.

7. Brechen Sie das Schweigen, und sagen Sie laut: »Die Macht ist oben und unten geteilt. Die Einheit erzeugt sich selbst, läßt sich wachsen, sucht sich selbst, findet sich selbst. Die Einheit ist sich selbst Mutter, Vater, Schwester, Bruder, Gatte, Tochter, Bruder, Quelle des gesamten Lebenszyklus.«

8. Wenn Sie mit dem sitzend und im stillen durchgeführten Teil der Meditation fertig sind, können Sie fortfahren zu meditieren. Werden Sie der Details im Universum gewahr.

Suchen Sie diese Macht auch in Ihrem täglichen Leben

Die Gnostiker sahen Gott und somit auch die Menschheit als innerlich gespalten. Gott war einerseits der Schöpfer, doch gleichzeitig wurde Gott auch als die böse Macht betrachtet (der Demiurg oder der Gott des Alten Testaments), der den göttlichen Funken des Geistes im Fleisch gefangenhält. Die Gnostiker glaubten ähnlich wie die Kabbalisten, daß die Rückkehr des vereinigten Gottes (beziehungsweise des Selbst) durch immer weniger dichte Emanationen der Realität erfolgt, die vom Himmel bis zur Hölle reichen, mit vielen Ebenen dazwischen. Einige Gnostiker füllten diese Ebenen mit vermittelnden Wesen, die aufwärts (Engel, Halbgötter) und abwärts (Dämonen, Teufel) fahren.

Gegensätze vereinen

Die folgende gnostische Meditation soll helfen, daß sich all diese Aspekte in Ihrem eigenen Inneren harmonisch vereinen.

1. Beginnen Sie mit den Schritten 1 und 2 der vorangegangenen Übung.

Werden Sie gewahr, wie die Schwerkraft der Erde Sie nach unten zieht

2. Nun, da Sie erkannt haben, daß Sie an das physische Universum gefesselt sind, stellen Sie sich bildlich vor, wie Sie sich von diesen Fesseln befreien.

3. Der Demiurg als Schöpfer der sichtbaren Welt hat sowohl materielle Dinge als auch das spirituelle Reich geformt. Sinnen Sie darüber nach, wie materielle Besitztümer und spirituelle Hindernisse Ihrem Weg zur Erkenntnis Gottes im Wege stehen.

4. Wenden Sie sich an die Mutter des Demiurgen: »Mutter der Niederen Mächte, Göttlicher Gedanke, erscheine über dem Demiurgen.« Fühlen Sie, wie die negative Zugkraft des Demiurgen beginnt nachzulassen. Stellen Sie sich Ihre eigene Göttliche Mutter bildlich vor.

5. Stellen Sie sich jetzt den Vater vor, der die Bildfläche betritt und neben der Mutter steht. Der Göttliche Geist befruchtet Mutter Gedanke. Betrachten Sie den Demiurgen als Sohn des Göttlichen Vaters; fühlen Sie die positive Kraft des Demiurgen.

6. Stellen Sie sich die Einheit von Mutter und Vater zu Beginn der Zeit vor, die Schöpfung des Universums. Beobachten Sie, wie die Jahrhunderte zurückrollen.

7. Betrachten Sie anschließend, wie Sie selbst von den Demiurgen geschaffen werden. Verfolgen Sie den Zyklus zurück zum Anfang.

Jüdische Meditation

Daß das jüdische Gebet Meditation ist, wird von Rabbi Ted Falcon bestätigt. Er hatte gerade das Gebet »Höre, o Israel: Der Ewige ist unser Gott, der Ewige ist der Eine« (das »Shema Yisrael«) abgeschlossen. »Ich dachte über die nachfolgenden Verse nach«, schreibt er, »die uns anweisen, den Ewigen von ganzem Herzen, aus ganzer Seele und mit all unseren Kräften zu lieben und diese Worte vor uns zu haben, wenn wir aufstehen und wenn wir uns hinlegen, wenn wir zu Hause sind und wenn wir unserer Wege gehen. Plötzlich erkannte ich, daß diese Verse die Anleitung zum Rezitieren eines Mantras sind!«

Das »Shema Yisrael« ist das wichtigste Glaubensbekenntnis im Judaismus

Das *Shema*, erläutert Rabbi Falcon, ist eine Meditation, die unsere Aufmerksamkeit auf die immanente und transzendente Natur Gottes richtet. Das erfolgt durch die Nebeneinanderstellung eines traditionellen Namens für Gott, Adonai (»der Ewige«), der sich auf den transzendenten Aspekt Gottes bezieht, und des Namens Eloheynu (»unser Gott«), der für die Manifestation Gottes in der Natur und in uns selbst steht. Rabbi Falcon vergleicht »Shema Yisrael« mit dem vedischen Mantra Indiens, das lautet: »Innen und Außen sind eins – wie oben, so unten.«

»Was nützt das – die Auslegung der Thora! Ein Mensch sollte sich bemühen, all seine Taten zur Thora zu machen und selbst so vollkommen zur Thora zu werden, daß man aus seinen Gewohnheiten und Bewegungen und seinem bedingungslosen Festhalten an Gott lernt.«

Rabbi Leib

DIE SHEMA-MEDITATION

Die Betrachtung des Shema öffnet uns für den »urtümlichen Raum, aus dem diese heiligen Worte hervorspringen«.

1. Suchen Sie sich einen ruhigen Ort, an dem Sie 15 bis 20 Minuten nicht gestört werden.

2. Setzen Sie sich bequem hin. Fühlen Sie, wie Ihr Körper sich nach und nach lockert. Atmen Sie ein paarmal tief und ohne Anstrengung durch, und schließen Sie Ihre Augen. Steigen Sie mit einem »Shalom« in Ihre Meditation ein, mit einem Gefühl der Ruhe und des Friedens.

3. Beginnen Sie mit der inneren Rezitation der sechs Wörter des Shema: »Shema Yisrael: Adonai Eloheynu Adonai Ecbad.« (Höre, o Israel: Der Ewige ist unser Gott, der Ewige ist der Eine.« Richten Sie Ihre Aufmerksamkeit immer wieder auf diese Wörter, wenn Ihre Gedanken abschweifen.

4. Nach einigen Minuten beginnen Sie, über das Herz des Shema nachzusinnen, die zwei zentralen Wörter: »Adonai Eloheynu«. Denken Sie so lange über diese zwei Wörter, bis Sie bereit sind, die Meditation zu beenden.

5. Meditieren Sie erneut über das gesamte Shema. Nach einigen Minuten atmen Sie tief durch und kehren zum normalen Leben zurück.

In der jüdischen Tradition gibt es Meditationstechniken, die durchaus mit denen der östlichen Traditionen zu vergleichen sind

Das Gebet ist seit je die traditionelle Form der jüdischen Meditation. Dennoch scheinen zwei Schulen des jüdischen Mystizismus – die Kabbala und der Chassidismus – trotz langer Ablehnung durch die Vertreter der Hauptströmung des Judaismus gewisse Übungen und Techniken entwickelt zu haben, die ebenso umfangreich wie die der östlichen Disziplinen sind. Glücklicherweise hat das weltweit erneuerte

Interesse an Meditation und Spiritualität beide Richtungen wieder ein wenig in den Vordergrund gerückt, und derzeit gewinnen sie ständig neue Anhänger und finden immer mehr Anerkennung, sowohl bei Juden wie auch bei Nichtjuden.

Der Baum des Lebens

Es heißt, daß die ursprüngliche Lehre der jüdisch-mystischen Tradition, die Kabbala, Moses von Engeln verliehen wurde, die Gott gesandt hatte. Die kabbalistische Lehre vereint verschiedene Systeme. Eines, Baum des Lebens genannt, basiert auf der Geschichte vom Garten Eden. Der Legende nach standen zwei Bäume im Paradies, der Baum der Erkenntnis von Gut und Böse und der Baum des Lebens. Die Kabbalisten glauben, daß Adam und Eva, bevor sie aus dem Garten Eden vertrieben wurden, weil sie eine Frucht vom Baum der Erkenntnis gegessen hatten, einen Blick auf den Baum des Lebens werfen durften, und diese Einsicht wurde zur Basis der Kabbala.

Der Baum des Lebens ist eine Landkarte mit den Stationen, die Meditierende auf ihrem Weg von unserer diesseitigen Welt zu höheren Bewußtseinszuständen durchlaufen. Der Baum besteht aus zehn *Sephiroth* (Sphären), von denen jede einen wesentlichen Schritt auf dem Weg zu Entfaltung der göttlichen Energie symbolisiert, die sich überall von der höchsten Ebene bis hin zur irdischen Ebene unserer körperhaften Realität – und in der Seele jedes einzelnen Menschen – offenbart.

Bei der Bewußtseinsfindung durchlaufen wir die zehn Sphären des Lebensbaums

Die Autoren von »As Above, So Below« beschreiben diesen Prozeß folgendermaßen: »Mit Hilfe dieser spirituellen Landkarte erhebt der Meditierende sein Bewußtsein über die alltägliche Welt des Geistes, steigt schrittweise hinauf zur Schönheit (die von einigen Kabbalisten als höhere Form des Selbst betrachtet wird), setzt seinen Weg fort durch transpersonale Reiche zur transzendentalen Krone (Kether), einem Punkt reinen, formlosen Seins, das unberührt ist von Gegensätzen. Jenseits dieser luftigen Höhe liegt das Ein Sof, der grenzenlose Glanz der Unendlichkeit. Nach kurzer Verweildauer in diesem endlosen Licht sieht der Meditierende vor seinem geistigen Auge, wie das Licht jede der Sphären durchdringt und ihn selbst von der höchsten bis zur niedrigsten erdgebundenen Ebene heilt und verwandelt.«

Typische Lebensbaum-Meditationen beinhalten die Verwendung des gesamten Baumes als Mandala oder eines bestimmten Sephiroth als Gegenstand der Versenkung.

Auch hier ist das Ziel der Meditation die Erhöhung des Bewußtseins

Wie in der mystischen Tradition des Christentums liegt das Schwergewicht der Kabbala darauf, den Praktizierenden von dem irdischen Zustand seiner alltäglichen Existenz auf eine höhere, klarere Ebene des Bewußtseins zu befördern. Die Kabbala zeigt sich nicht in traditionellen Ritualen, Gottesdiensten und Gebeten, die ein Wesensmerkmal der Hauptströmung des Judaismus sind. Statt dessen verwenden Kabbalisten einen *Maggid,* einen qualifizierten spirituellen Lehrer, der den Schüler in verschiedenen Techniken unterweist, darunter auch der als *Hitbodidut* bezeichneten Meditation, einer unstrukturierten, wortlosen Art sich selbst auszudrücken, ganz ähnlich der von christlichen Mystikern beschriebenen Weise.

Ein solcher Meister, Rabbi Nachman von Breslau, ein chassidischer Gelehrter des 18. Jahrhunderts, beschrieb den Sinn des Hitbodidut wie folgt: »Den Gipfel der Hitbodidut-Meditation erreichen wir, wenn wir bedingt durch unsere große Sehnsucht nach der Einheit mit Gott unsere Seele nur noch durch eine einzige Faser mit unserem Körper verbunden fühlen. Kann man in diesem Leben nach etwas Besserem trachten?«

Auf diese Weise bemüht sich der Kabbalist mit Hilfe der Hitbodidut-Meditation und anderer mystischen Lehren, den Moment zu erreichen, in dem er die irdischen Verzierungen des menschlichen Egos überwinden und einen Blick der wahren Natur des Göttlichen erhaschen kann.

Bis vor kurzem wurden die mystischen Lehren der Kabbala geheimgehalten. Im Laufe der letzten Jahre wurden jedoch einige dieser Glaubenssätze der Öffentlichkeit zugänglich. In Los Angeles etwa wird in verschiedenen Medien für formelle Unterrichtsveranstaltungen geworben. Die darin gelehrten Techniken weisen überraschende Parallelen zu den Philosophien und Methoden auf, die sich nicht nur in der christlichen Mystik, sondern auch im Zen-Buddhismus finden.

Zehn Ebenen

Die innere Entwicklung, sagen die Kabbalisten, besteht aus der Harmonie zwischen weiblichen und männlichen Kräften, die für ein ausgeglichenes Kräfteverhältnis sorgt.

Manche Kommentatoren vergleichen den Fluß der Energie im Baum mit dem Fluß der Energie im menschlichen Körper

In den Worten des Alchimisten Eliphas Levi, der im 19. Jahrhundert lebte, lauten die zehn Ebenen oder Sephiroth des Lebensbaums wie folgt:

- **1. KETHER:** die Krone, die harmonisierende Macht, die das manifeste Universum ermöglicht.
- **2. CHOKMAH:** Weisheit, deren unveränderliche Ordnung durch die Antriebskraft der Intelligenz im Gleichgewicht gehalten wird.
- **3. BINAH:** aktive Intelligenz, die durch die Weisheit im Gleichgewicht gehalten wird.

- 4. **Chesed:** Gnade, die die sekundäre Bedeutung der Weisheit ist, immer gütig, weil stark.
- 5. **Geburah:** Strenge, die durch die Weisheit selbst und durch den guten Willen notwendig gemacht wird. Böses zulassen heißt Gutes verhindern.
- 6. **Tepereth:** Schönheit, die leuchtende Idee des Gleichgewichts der Formen, Vermittler zwischen der Krone und dem Geist, vermittelndes Prinzip zwischen dem Schöpfer und der Schöpfung, erhabene Idee der Dichtung und ihrer machtvollen Priesterschaft!
- 7. **Netsah:** Sieg, das heißt ewiger Triumph von Intelligenz und Gerechtigkeit.
- 8. **Hod:** Unvergänglichkeit der Siege des Geistes über die Materie, des Aktiven über das Passive, des Lebens über den Tod.
- 9. **Jesod:** das Fundament, die Bedeutung des Universums, die gesamte Schöpfung, das Werk und der Spiegel Gottes.
- 10. **Malkuth:** das Königreich, das heißt das Universum, das Werk und der Spiegel Gottes.

Die Namen Gottes

Viele kabbalistische Meditationen konzentrieren sich auf die verschiedenen Namen, die in der Thora mit Gott verbunden sind. Im »Buch der Namen«, einem anonymen kabbalistischen Text, heißt es: »Der Baum des Lebens muß durch einen der Namen Gottes Leben entfacht werden. Ohne den Namen bleibt der Baum tot, erloschen.«

Jeder Name Gottes kann den Baum des Lebens »entfachen«, zum Leben erwecken

Es gibt so viele göttliche Namen, wie es in der Thora, der Bibel und im Koran Bezeichnungen für Gott gibt. Jeder von ihnen vermag den Baum zu entfachen, doch die Kabbalisten raten dem Meditierenden, nur die 25 Namen zu verwenden, die als »gut und heilig« gelten. Ohne diese Namen, die den spirituellen Weg zur Spitze des Baumes weisen, so das Buch der Namen, »führt unser Weg nur in den Abgrund von Gehenna, aus dem man, möge Gott uns helfen, nur unter großen Schwierigkeiten wieder herausfindet«.

Die Kabbalisten schreiben, daß für den Meditierenden, wenn der richtige Name für die Meditation gewählt ist, der den Baum entfacht, weder Himmel noch Erde mehr existieren. Dieser Zustand kann allmählich über einen langen Zeitraum hinweg oder plötzlich innerhalb weniger Minuten entstehen. Wir gehen in einen vierten Bewußtseinszustand über, in dem, so das »Buch der Namen«, »der Sephiroth des Baumes in unserem Bewußtsein in einer Weise aufleuchtet, die sehr tiefgründig und ganz anders, als wir es uns vorgestellt haben, sein kann«. Wenn der Baum zum Leben erwacht – lebendig wird, pulsiert –, erreicht die Meditation, die im Herzen begonnen hat, den Kopf und vertieft sich, bis der Baum vollkommen verschwunden ist.

Jede Religion hat ihre eigenen Bezeichnungen für Gott

Die 25 Namen Gottes der Kabbalisten

Abicha. Unser Vater
Abir. Mächtiger
Adonai. Herr
Ahavah. Liebe
Ehyeh. Ich bin
Elohi. Großer Lebendiger
Anochi. Ich
Eshda. Feuriges Gesetz
Gabor. Mächtiger
Gadol. Großer
Ha Tzur. Felsen
Chaim. Leben
Kabud. Ehre
Masika. Messias
Nora. Voller Ehrfurcht
Olam. Ewige Welten
Tsaddik. Frommer
Zion. Ort Gottes
Kodosh. Heiliger
Ra 'a Ya. Hirte
Shalom. Frieden
Thora. Gesetz
Tehom. Große Tiefe
Tamim. Vollkommener
Yod He Vav He. Glänzender Name des Feuers

Die Wahl des richtigen Namens

Viele Kabbalisten vertreten die Auffassung, es sei für jeden Menschen von Bedeutung, den richtigen Namen für seine Meditation zu wählen. Sie warnen auch davor, daß sich dies als schwieriger erweisen könnte, als es zunächst klingt, da der grundlegende Charakter unseres Geistes möglicherweise nicht so ist, wie wir ihn uns jeweils vorstellen. Wenn wir den falschen Namen, das heißt einen Namen, der nicht zu unserem Wesen paßt, wählen, so warnt das »Buch der Namen«, »dann hat der Pfeil keine Kraft, da unser Geist sich nicht mühelos ganz zu diesem Namen hinwenden kann, und das Ergebnis bleibt unbefriedigend und ist möglicherweise mit einigen anfänglichen Störungen verbunden, bis durch Glück oder Ausprobieren ein Name gewählt wird, der unserer geistigen Natur besser entspricht«. Eine empfehlenswerte Methode zur Auswahl des Namens, so das Buch, »besteht darin, die Aufzählung der göttlichen Namen langsam, einen nach dem anderen durchzugehen und über die Bedeutung jedes Namens nachzudenken«.

Wenn Sie einen geeigneten Namen für Ihre Übung gefunden haben, »füllt sich Ihr Herz mit Liebe, sobald die Übereinstimmung erreicht ist«

Der am häufigsten verwendete Name ist Yod He Vav he (Jehovah), also Glänzender Name des Feuers. Viele Kabbalisten empfehlen jedoch Ahavah (Liebe). Im »Buch der Namen« steht geschrieben, daß Ahavah sich am besten zum Meditieren eignet, da »der Messias den Baum allein mit Ahavah gemacht hat; wird also dieser Name zum Meditieren verwendet, ist Ahavah (Liebe) innen und außen zugegen«.

Wenn nichts zu funktionieren scheint und Sie den richtigen Namen nicht finden können, empfehlen die Kabbalisten, den Namen von einer »heiligen Person, die das vollkommene Wesen oder den Baum des Lebens erkannt hat, wählen zu lassen«. Wie finden Sie eine solche Person? »Fangen Sie an, und die heilige Person wird erscheinen.«

DEN BAUM ENTFACHEN

Eine Meditation über den Namen Gottes:

1. Suchen Sie sich einen ruhigen Ort.

2. Entspannen Sie sich, und leeren Sie Ihren Geist durch meditatives Atmen.

3. Sitzen Sie einen Moment lang ruhig und andächtig da.

4. Bitten Sie Gott, Ihnen Gnade, Liebe und Weisheit zu schenken.

5. Wiederholen Sie den gewählten Namen viele Male immer wieder, während Sie sich die Harmonie, die Schönheit und die Herrlichkeit des gewählten Namens vorstellen, die Ihr Herz erleuchtet.

6. Sie sollten bereits nach einer Meditation eine deutliche Wärme in Ihrer Herzgegend verspüren.

7. Danken Sie Gott nach einer Weile für das, was Sie diesmal erhalten haben.

Setzen Sie an Anfang und Ende jedes Tages eine kurze Meditation mit dem Namen. Sprechen Sie den Namen immer dann still vor sich hin, wenn etwas Sie beunruhigt oder quält. Auf viele Menschen übt das eine beruhigende Wirkung aus, erzeugt größere Liebe zu den Mitmenschen und führt schließlich zur Erleuchtung des Herzens.

Christliche Meditation

Wenn Sie katholisch erzogen wurden, haben Sie vielleicht bemerkt, wie ähnlich das Rezitieren eines Mantras der Art zu beten ist, die Sie als Kind gelernt haben. Wie ein Mantra wurden diese Gebete unter Zuhilfenahme eines Rosenkranzes häufig immer wieder im stillen oder auch laut aufgesagt, manchmal als Buße für eine Missetat.

Christliche Gebete unterscheiden sich kaum von Mantras

Der Zusammenhang zwischen Meditation und christlichem Gebet läßt sich mindestens bis auf das 4. Jahrhundert unserer Zeitrechnung und die ersten christlichen Mönche zurückführen. Diese Mönche wurden später wegen des von ihnen gewählten Aufenthaltsortes – den abgelegensten Regionen der ägyptischen Wüste – als »Wüstenväter« bekannt. Dort, weit entfernt von jeder Ablenkung oder Versuchung, hofften sie, ihr Leben der ungestörten Versenkung in Jesus widmen zu können. Ihre Lehren haben insbesondere die orthodoxe Strömung des Christentums beeinflußt (die sich im 4. Jahrhundert n. Chr. von der römischen Kirche abspaltete und die herrschende Glaubensrichtung in Griechenland, Rußland und den slawischen Ländern wurde).

Die Wüstenväter waren die Vorläufer des orthodoxen Christentums

»Wenn die geistige Aufmerksamkeit sich vollkommen von der sinnlichen Wahrnehmung abgewandt und gelöst hat, nennt man das Ekstase. Welche Körper dann auch gegenwärtig sein mögen, sie sind nicht mit offenen Augen erkennbar, auch sind keine Stimmen zu hören. Es ist ein Zustand zwischen Schlaf und Tod: Die Seele ist in einer Weise versunken, daß die Sinne mehr als im Schlaf, aber weniger als im Tod betäubt sind.«

Hl. Augustinus, »Konfessionen«

Christlicher Hesychasmus

Die Wüstenväter richteten ihre Aufmerksamkeit hauptsächlich auf die »Anrufung Jesu«. Die Übung, bei der dieses Gebet ständig wiederholt wird, wurde als Hesychasmus bezeichnet, nach dem griechischen Wort für Ruhe im Gebet.

Die Wiederholung des Gebets klingt ganz nach Mantra-Meditation. Mönche wurden angewiesen, »ununterbrochen« das Gebet »Herr Jesus Christ, Sohn Gottes, erbarme Dich meiner« zu wiederholen. Sie sollten sich dem Gebet »mit vollkommener Aufmerksamkeit widmen und sich allen anderen Gedanken verschließen«.

Diese frühen Asketen glaubten, durch die ständige Wiederholung des Gebets würde die Ablenkung durch die sinnliche Wahrnehmung der Welt verhindert und ein innerer Friede erzeugt, der den Abgrund überwindet, der den Menschen gewöhnlich von Jesus trennt.

Die Mönche setzten das Gebet ein, um sich von der Welt abzuschotten und Jesus näher zu kommen

> »[Wer einen Zustand konstanten, mühelosen Gebets erreicht hat,] hat den Gipfel aller Tugenden erklommen und ist zur Heimstatt des Heiligen Geistes geworden ... Wenn der Heilige Geist in einem Menschen wohnt, hört dieser nie auf zu beten, denn dann betet der Heilige Geist immer in ihm ... Beim Essen oder Trinken, beim Schlafen oder bei einer Beschäftigung, sogar in tiefem Schlaf sendet sein Herz mühelos den Weihrauch und die Seufzer des Gebets hinauf.«
>
> Hl. Isaak

Die Wüstenväter

Die Wüstenväter widmeten sich der Suche nach selbstloser Liebe durch ständige Erinnerung und Pflege eines Gefühls für die Gegenwart Gottes. Dieses versuchten sie durch den sogenannten Zustand der Kontemplation zu erreichen. Für die Wüstenväter war die Fähigkeit, den Zustand der Kontemplation aufrechtzuerhalten, von größter Wichtigkeit. Der heilige Abba Dorotheus, ein früher Wüstenvater, drückte das in seiner Anleitung zur spirituellen Übung folgendermaßen aus:

»Was immer du zu tun hast, auch wenn es noch so dringend ist und große Sorgfalt erfordert, sollst du nicht streiten oder dich erregen. Denn du kannst gewiß sein, alles was du tust, sei es bedeutend oder gering, ist nur ein Achtel des Problems, und den Zustand der Ruhe zu bewahren, auch wenn man dadurch die Aufgabe nicht bewältigt, macht die anderen sieben Achtel aus. Wenn du also mit einer Aufgabe beschäftigt bist und sie vollkommen erfüllen willst, versuche es – was, wie ich sagte, ein Achtel des Problems ausmacht –, und bewahre gleichzeitig deinen ungestörten Zustand, was sieben Achtel ausmacht. Wenn du jedoch, um deine Aufgabe zu bewältigen, die Beherrschung verlierst und dir oder einem anderen Schaden zufügst, indem du mit ihm streitest, solltest du nicht die sieben Achtel verlieren, um ein Achtel zu retten.«

Kontemplation war das Ziel der Gebete und Meditationen

Die Wüstenväter widmeten sich mit ganzem Herzen dem Versuch, sich von den weltlichen Ablenkungen zu befreien und den Zustand der Kontemplation zu erreichen. Sie lebten in ruhigen, schwach beleuchteten Zellen, aßen so wenig wie möglich, schwiegen ganze Monate oder gar Jahre, fasteten über lange Zeiträume hinweg und, was das wichtigste war, widmeten sich der endlosen Wiederholung und der Konzentration auf ihren Erlöser. Sie glaubten, ihren Geist nur durch ein solch strenges Leben von den Besorgnissen und Versuchungen freihalten zu können (»Die Seele kann nur in der Kontemplation zu Gott beten, sofern sie von fremden Gedanken befreit ist«) und wahrhaftig »eins zu sein mit Gott«.

Die Anrufung Jesu

Die Anrufung Jesu wurde zum Mittelpunkt des Lebens vieler Wüstenväter. Sie wurde als die »Kunst der Künste und Wissenschaft der Wissenschaften« gepriesen. Es hieß, daß die Meditation mit Hilfe dieses Gebets dem Meditierenden schließlich zur höchsten Form menschlicher Vollendung verhelfen würde. Die Voraussetzung für den Erfolg des Gebets waren »echte Demut, Aufrichtigkeit, Ausdauer [und] Reinheit«.

Der heilige Nilus, ein Lehrer des Gebets, hat uns einige genaue Anweisungen hinterlassen, wie wir die notwendige Ruhe erreichen, damit das Gebet seine Wirkung tun kann. Sobald der Mönch aufgewacht ist, soll er in der Einsamkeit seiner Zelle eine Stunde oder länger auf einem niedrigen Schemel sitzen und »seinen Geist ohne die gewöhnlichen äußeren Ablenkungen und Abschweifungen sammeln und ihn mit Hilfe des Atems ruhig ins Herz führen, wobei er mit der Atmung verbunden betet: ›Herr Jesus Christ, Sohn Gottes, erbarme Dich meiner!‹« Bei richtiger Durchführung soll die Anrufung Jesu »so spontan und instinktiv wie das Atmen« werden und den ganzen Tag lang jede Handlung eines Menschen begleiten – und zu seiner Läuterung beitragen.

Indem sie lernten, »ständig zu beten«, wie der heilige Paulus es lehrte, auch mitten in einer Beschäftigung, erlangten die Wüstenväter angeblich »die Größe Christi und genossen vollkommene Reinheit des Herzens«. Bei den Vätern hieß das *Quies* (Ruhe), das heißt die christliche Form des Nirwana, die der christliche Gelehrte Thomas Morton als »Nirgendwo und Nichtgeistigkeit«, als Verlust aller Besorgnisse beschrieben hat. Quies räumte das »oberflächliche Selbst« beiseite und ermöglichte »das allmähliche Hervor-

Quies ist nichts anderes als Nirwana

treten des wahren, geheimen Selbst, in dem der Gläubige und Christus ein Geist sind.« Oder, wie der heilige Nilus es ausdrückt, der Praktizierende würde in die Lage versetzt, »die Vielfalt und Verschiedenheit ... aufzugeben [und] sich mit dem Einen, dem Einzigen und Vereinigenden unmittelbar zu einer Einheit zu vereinen, die über den Verstand hinausgeht«.

Das Mantra im Westen

Die Meditation ist ein selbstverständlicher Aspekt des Christentums

Das Mantra als Meditationsobjekt blieb Teil des Christentums, im Osten wie im Westen. In dem anonymen christlichen Werk aus dem 14. Jahrhundert »The Cloud of Unknowing« ist beispielsweise folgender Ratschlag enthalten: »Wenn du dein ganzes Sehnen in einem einfachen Wort zusammenfassen willst, das für Gott steht und das leicht zu behalten ist, wähle lieber ein kurzes Wort als ein langes ... Doch wähle eines, daß eine Bedeutung für dich hat. Dann merke es dir, so daß du es nie vergißt, komme, was da mag ... Dieses Wort soll dir Gott in all seiner Fülle und nichts weniger als die Fülle Gottes darstellen. Lasse nichts außer Gott in deinem Geist und deinem Herzen walten.«

Hugo Enomiya-Lassalle, ein deutscher Jesuit und Priester, der auch Zen-Meister ist, vertritt in seinem Buch »Leben im neuen Bewußtsein« die Auffassung, daß Meditation für einen Christen in mehrfacher Hinsicht von Vorteil sein kann:

- Die Entwicklung der Einsicht – ein natürliches Nebenprodukt der Meditation – erweckt unseren Glauben, während wir immer tiefer über das konventionelle Nachdenken hinaus in das Geheimnis Gottes eindringen.
- Wir erleben durch intuitives Verständnis eine neue

Wertschätzung der Heiligen Schrift. Zweifel, die aus Ungereimtheiten im Text entstehen, lösen sich auf, während die Seele ihre eigenen Tiefen durchdringt, um dem allumfassenden Sein zu begegnen. Unsere verbesserte Konzentrationsfähigkeit macht es leichter, während des Gebets und liturgischer Zeremonien aufmerksam zu bleiben.

- Mehr Selbstkontrolle und innere Freiheit erleichtern den Dienst am Nächsten. Sobald wir Neid, Haß und Unzufriedenheit durch Meditation beseitigt haben, fällt es uns leichter, ethische Fortschritte zu machen.
- Sowie unsere Hingabe wächst und unsere Übungen an Intensität zunehmen, erleben wir eine liebende Vereinigung mit Gott, die typisch für die christliche Mystik ist. Das bringt Freiheit von Angst und Zweifeln und tiefen Friede und Freude.

DIE ANRUFUNG JESU

1. Suchen Sie sich einen ruhigen Ort, an dem Sie allein und ungestört sind. Um es den Wüstenvätern gleichzutun, könnten Sie diese Meditation auch morgens gleich als erstes durchführen.

2. Entspannen Sie sich durch tiefes Atmen, und beseitigen Sie alle Ablenkungen.

3. Wenn Sie ganz entspannt und still sind, wiederholen Sie für sich, laut oder im stillen, beim Ausatmen die Worte »Herr Jesus Christ, Sohn Gottes, erbarme Dich meiner!« (Wenn Sie kein Christ sind, können Sie diesen Satz durch einen anderen gleicher Länge ersetzen und eine Gestalt der Gnade, Freundlichkeit und unendlichen Liebe Ihrer Wahl anrufen. Es könnte der Geist Ihres Lieblingstieres sein, Ihr Großvater oder das unendlich gebende und liebende Universum. Manche Menschen fühlen sich wohler, wenn Sie etwas Fei-

An dieses Gebet sollten Sie aufrichtig, ehrfurchtsvoll und leidenschaftlich herangehen, »mit vollkommener Aufmerksamkeit, unaufhörlich, sich allen anderen Gedanken widersetzend«

erliches sagen, beispielsweise: »Danke für dein Erbarmen!« Wichtig ist, daß Sie dem Geist dieses Wesens im Hinblick auf dessen unendliches Maß an Mitgefühl und Gnade vollkommen vertrauen und daß Sie ihm oder ihr dieselbe tiefe Liebe entgegenbringen, die die Wüstenväter für Jesus fühlten.)

4. Während Sie Ihren Satz jeweils beim Ausatmen wiederholen, stellen Sie sich diese Gestalt, Jesus oder die Gnadengestalt Ihrer Wahl, bildlich vor. Wie sieht diese Gestalt für Sie aus? Stellen Sie sich vor, daß ihr Gesicht Gnade und Liebe ausstrahlt und daß die Hände, von denen sichtbare Strahlen des Mitgefühls ausgehen, aufwärts gerichtet sind. Fahren Sie fort, Ihr Gebet um Gnade auszuatmen, und atmen Sie langsam und tief die sanften Strahlen der Liebe ein, die Ihnen angeboten werden.

Seien Sie sich beim Einatmen dessen bewußt, daß die Strahlen der Liebe aus einer unerschöpflichen Quelle stammen

5. Nach einer Weile sollten Sie unbedingt Jesus oder der Gnadengestalt Ihrer Wahl gegenüber Ihren Dank dafür ausdrücken, daß er oder sie bei Ihnen ist, nicht nur während Sie beten, sondern die ganze Zeit. Stellen Sie sich vor, während Sie sich langsam des Raums und Ihrer Umgebung bewußt werden, daß diese Gestalt immer bei Ihnen ist, Sie sowohl von außen umgibt als auch in Ihrem Herz wohnt.

6. Atmen Sie langsam und tief weiter, während Sie in die Realität zurückkehren; dehnen Sie dabei die Liebe, die Sie fühlen, von der unendlichen Quelle in Ihrem Inneren nach außen hin aus. Denken Sie daran, daß Sie jederzeit im Laufe des Tages aus dieser Quelle schöpfen und Frieden und Gnade, den göttlichen Geist Jesu (oder Ihrer Gnadengestalt) in sich hineinatmen und anschließend in Ihre Umwelt ausatmen können, egal, wo Sie sich gerade befinden und was um Sie herum vor sich geht. Mit ein bißchen Übung finden Sie den konstanten Strom der Gnade, der Sie erfüllt, ebenso natürlich wie Ihren eigenen Atem.

Eine echt christliche Meditation

Der Trappistenmönch Basil Pennington lehrt eine Meditation, die er als »Sammlung im Gebet« bezeichnet und die Ähnlichkeiten mit anderen in diesem Kapitel beschriebenen Techniken aufweist, etwa mit der von den Kabbalisten ausgeübten Meditation mit dem Namens Gottes und mit der Anrufung Jesu der christlichen Wüstenväter. Wie Pater Pennington lehrt, gehört zur Sammlung durch das Gebet lediglich die Konzentration auf ein einfaches Gebetswort, wie beispielsweise »Jesus« oder »Liebe«, und anschließend die mühelose Versenkung, ohne Nachdenken, in das Betrachten des Zentrums, wo »der Geist in uns betet«. Aus Penningtons moderner Version dieser uralten Form der Meditation ist die folgende Übung entstanden.

Bei dieser Meditation konzentriert man sich auf ein einziges Wort

SAMMLUNG IM GEBET

1. Suchen Sie sich einen ruhigen Ort, entspannen und beruhigen Sie sich durch einige tiefe Atemzüge und kurzes Innehalten.

2. Versetzen Sie sich mit dem Vaterunser oder einem anderen Gebet in eine ehrfurchtsvolle Stimmung.

3. Betrachten Sie die Vorstellung von Gott in treuer Liebe, wobei Sie mit treuer Liebe zu sich selbst in sich selbst ruhen.

4. Wenn Sie durch Ihre Liebe zu Gott und Gottes Liebe zu Ihnen die nötige Sammlung erreicht haben, sinnen Sie über ein einziges, einfaches Wort (zum Beispiel »Jesus« oder »Liebe«) nach, das diese Reaktion widerspiegelt, und lassen Sie es sich selbst in Ihrem Inneren wiederholen.

5. Nehmen Sie sich einige Minuten Zeit, um zu sich zu kommen, wobei Sie im stillen das gleiche Gebet beten, mit dem Sie begonnen haben.

Meditation im Gehen

Meditation kann auch Bewegung beinhalten. Die Techniken der Meditation im Gehen, die einem bestimmten Muster oder einer »heiligen Geometrie« folgen, finden sich in vielen der großen westlichen und östlichen Religionen und Meditationstraditionen.

Ein häufig kopiertes Labyrinth ist ein Muster auf dem Boden der Kathedrale von Chartres

In den letzten Jahren ist das Interesse an der alten Tradition, ein Labyrinth zu durchlaufen, wieder erwacht; diese Tradition hat ihren Ursprung in der katholischen Kirche.

Bei dieser Form des kontemplativen Gebets übt sich der Gläubige in der betenden Meditation und Kontemplation, während er an einem durch Kacheln gebildetes oder aufgemaltes Labyrinth auf dem Boden eines Kirchenschiffes entlanggeht. Das Begehen des Labyrinths ist in Amerika, wo verschiedene Gruppen diese Übung mit dauerhaft angelegten und tragbaren Labyrinthen zu neuem Leben erweckt haben, inzwischen recht beliebt geworden.

In ihrem Buch »Walking a Sacred Path« beschreibt Dr. Lauren Artress (auf deren Visitenkarte »Labyrinth und Reisebereitschaft vorhanden« steht) die uralte Übung der Labyrinth-Meditation als »spirituelles Werkzeug, das dazu dient, uns auf den tiefen Rhythmus aufmerksam zu machen, der uns mit uns selbst und mit dem Licht verbindet, das aus unserem Inneren ruft«.

Bei einem solchen Labyrinth handelt es sich gewöhnlich um ein kreisförmiges Muster von unterschiedlich großem Durchmesser mit einem Weg, der breit genug ist, daß eine durchschnittlich große Person bequem darauf gehen kann. Es gibt nur einen Weg, der in das Labyrinth hinein und wieder hinausführt, somit dient dieser Pfad als Metapher für das Leben: Wir haben unseren Weg gewählt, folgen ihm und akzeptieren, was kommt.

Im Osten, wo die Meditation im Gehen in der Zen-Praxis als *Kinhin* bezeichnet wird, spielt sie eine ebenso große Rolle wie die Meditation im Sitzen.

Bei Meditations-Retreats nach östlicher Tradition wechseln sich Phasen der Meditation im Gehen mit den Übungen im Sitzen ab. Das Gehen ist eine besonders geeignete Meditationstechnik, wenn man in hohem Maße von Ruhelosigkeit geplagt ist.

Ziel der Meditation im Gehen ist nicht, zu einem anderen Ort zu gelangen, sondern sich des Ortes bewußt zu werden, an dem man sich befindet

Ziel der Meditation im Gehen ist nicht, zu einem bestimmten Ort zu gelangen, sondern sich vollkommen des Ortes bewußt zu werden, an dem man sich befindet. Christopher Titmuss, ein Lehrer der Einsichts-Meditation, beschreibt die Meditation im Gehen als Metapher dafür, wie wir unser tägliches Leben leben wollen – jeder Schritt soll zählen. Ohne Zweck oder Zwang gehen zu lernen, eigenständig und entspannt, kann grundlegend zu unserem Glück beitragen.

Bei der Meditation im Gehen bewegt man sich gewöhnlich sehr langsam; aus diesem Grunde genieren sich einige Meditierende am Anfang, wenn sie in der Öffentlichkeit, in einem Park oder eben in einer Kirche, üben sollen. Wenn es Ihnen unangenehm ist oder das Wetter nicht mitspielt, können Sie selbstverständlich auch in der Wohnung die Übung durchführen.

Die Meditation im Gehen kann allein oder in einer Gruppe geübt werden. Bei Gruppenübungen gehen die Schüler jeweils zu zweit nebeneinander eine gerade Linie entlang oder immer im Kreis. Draußen an der frischen Luft wählt man am besten einen sicheren Weg oder geht um einen Blumengarten herum.

Das Labyrinth der Seele

Das erneuerte Interesse am Begehen eines Labyrinths in Amerika ist in erster Linie katholischen Gruppen zu verdanken. Einige Labyrinthe sind dauerhaft angelegt, wie das in der Grace Cathedral Church in San Francisco, das dem Muster des uralten Labyrinths in der Kathedrale von Chartres in Frankreich nachempfunden ist.

Einem Artikel in der Los Angeles Times (»Sole to Soul« von Berkley Hudson) zufolge schätzt Dr. Lauren Artress, daß inzwischen mehr als 70 000 Menschen durch das Labyrinth in der Grace Church gegangen sind; sie sagt, die Kirche habe inzwischen im ganzen Land 51 Bausätze des Labyrinths verkauft.

Die Meditation im Gehen gewinnt im Westen immer mehr Anhänger

Der Artikel beschreibt die Erfahrung eines Gehers: »Wenn man dem gewundenen Pfad etwa 20 Minuten gefolgt ist, weint man Tränen des Kummers oder der Freude, findet die Lösung der Sorgen bezüglich einer kaputten Familie oder Karriere, wird mit einer Krankheit besser fertig oder gewinnt spirituelle Einsichten.«

Übungen für die Meditation im Gehen

Die Meditation im Gehen basiert auf denselben Grundlagen – Konzentration, Aufmerksamkeit und Achtsamkeit – wie die Meditation im Sitzen. Doch besteht das Objekt der Meditation in diesem Fall aus »den wechselnden Phänomenen, die mit dem Gehen verbunden sind«.

Für die Meditationsübung machen Sie sich einen drei bis vier Meter langen Fußweg in Ihrer Wohnung oder draußen frei. Barfuß oder in Strümpfen ist die Wahrnehmungsfähigkeit größer. Wenn Sie Schuhe tragen, sollten diese leicht und bequem sein. Wie bei der Meditation im Sitzen beginnen Sie mit zehn Minuten und verlängern die Übung nach Wunsch.

ÜBUNG IM GEHEN – 1

1. Stehen Sie einen Moment ganz still. Werden Sie Ihres ganzen Körpers gewahr. Bringen Sie Ihre Hände in eine bequeme Haltung; lassen Sie die Arme am Körper herunterhängen. Wenn es Ihnen lieber ist, können Sie die Hände auch locker gefaltet vor dem Bauch ruhen lassen. Oder verschränken Sie sie locker hinter dem Rücken, wenn das für mehr Gleichgewicht und Aufmerksamkeit sorgt.

2. Durchfluten Sie Ihren rechten Fuß mit Bewußtheit. Werden Sie der Fußsohle gewahr, der Zehen, des Knöchels, des Knies. Verlagern Sie das Gewicht auf den rechten Fuß. Fühlen Sie die tiefgreifende Veränderung im ganzen Körper. Verteilen Sie das Gewicht anschließend auf beide Beine. Nun verlagern Sie das Gewicht auf den linken Fuß; fühlen Sie die Veränderung.

Kommentieren Sie die Bewegungen in Gedanken

3. Achten Sie auf die Stelle, wo Ihr Fuß den Boden berührt. Heben Sie den Fuß jetzt langsam an, wobei Sie das stückweise Anheben des Fußes innerlich verfolgen. Sie können beispielsweise die Bewegung des rechten Fußes beim Anheben folgendermaßen kommentieren: Anheben ... heben ... heben ... schwingen ... schwingen ... herunterlassen ... berühren ... Gewicht verlagern ... oder ... Langsam hoch ... hoch ... hoch ... hoch ... vorwärts ... vorwärts ... vorwärts ...herunter ... herunter ... herunter ... oder ... Ferse ... Ferse ... hoch ... abrollen ... abrollen ... Ballen ... Zehen ... heben ... ausholen ... herunter ... herunter ... Zehen ... Ballen ... Spann ... Ferse ...

4. Wenn Gedanken auftreten wie »Ich hoffe, mich sieht keiner«, nehmen Sie diesen Gedanken zur Kenntnis, und lassen Sie ihn los, wie Sie es bei der Meditation im Sitzen tun würden.

5. Halten Sie Ihre Aufmerksamkeit auf das Gehen gerichtet. Versteifen Sie sich gedanklich nicht auf einen bestimmten Teil des Beines oder des Fußes. Achten Sie darauf, daß der Bewußtseinsstrom nicht unterbrochen wird.

Führen Sie alle Ihre Bewegungen vollkommen bewußt und konzentriert aus

6. Halten Sie Ihre Augen beim Gehen gesenkt, und schauen Sie auf einen Punkt etwa einen Meter vor Ihnen. Wenn Sie das Ende Ihres Weges erreicht haben, halten Sie an, und kehren Sie um. Erhalten Sie auch beim Umdrehen den Zustand der Achtsamkeit aufrecht. Beachten Sie die komplexe Abfolge von Empfindungen und Gefühlen, während Ihr Körper diese Bewegungen durchführt. Vielleicht entdecken Sie zum erstenmal, wie bemerkenswert »bloßes Umdrehen« ist. Nehmen Sie das zur Kenntnis, und fahren Sie fort mit dem Benennen der Bewegungen.

7. Verfolgen Sie Ihren Weg zurück. Versuchen Sie, in beiden Füßen einen stetigen Zustand der Bewußtheit aufrechtzuerhalten. Achten Sie wie bei der Beobachtung der Atmung auf den Ruhepol zwischen den einzelnen Schritten. Erleben Sie bewußt jeden Teil der Gehbewegung. Es ist eine sich stets verändernde Erfahrung. Wie bei anderen Meditationstechniken können Sie die Bewegungen laut oder im stillen benennen.

8. Wenn Sie Ihre Meditation abgeschlossen haben, bleiben Sie einen Moment lang schweigend und bewegungslos stehen. Achten Sie auf die Ruhe und den Frieden im Körper. Nehmen Sie das Gefühl mit, wenn Sie sich den Aktivitäten des Tages zuwenden.

Versuchen Sie, die im Sitzen und im Gehen verbrachten Zeiten zu koordinieren. Meditieren Sie abwechselnd im Sitzen und im Gehen, oder kombinieren Sie beide Formen, wenn Sie sich besonders rastlos fühlen. Schieben Sie auf jeden Fall alle zwei Tage eine Meditation im Gehen ein.

Das Ziel der folgenden Übung ist Wachsamkeit, Empfindsamkeit, und das umfassende Erleben der mit dem Gehen verbundenen Phänomene.

ÜBUNG IM GEHEN – 2

1. Werden Sie der Stelle gewahr, wo Ihr Fuß den Boden berührt. Achten Sie darauf, wie Ihr Körpergewicht in dem Bein, auf dem das Gewicht ruht, ein Druckgefühl erzeugt.

2. Während Sie das Bein, auf dem das Körpergewicht ruht, anheben, achten Sie darauf, wie das Gefühl des Drucks in dem Bein sich in ein Gefühl der Dehnung verwandelt. Während Sie das Gewicht auf das andere Bein verlagern, beobachten Sie, wie sich nun dieses Bein zusammenzieht.

3. Gehen und meditieren Sie auf diese Weise weiter. Sie können diesen konstanten Wechsel zwischen Dehnung und Zusammenziehen benennen, zum Beispiel so: ...Druck ... weniger ... weniger ... keiner ... Dehnung ... Dehnung ... Druck ... Zusammenziehen ... mehr ... mehr ...
Sie können das Dehnen und das Zusammenziehen auch gleichzeitig wahrnehmen. Das ist durchaus in Ordnung. Während Sie ein Zusammenziehen des rechten Beins verspüren, merken Sie gleichzeitig, wie sich das linke Bein dehnt. Ausgezeichnet. Sie bringen dem Objekt der Meditation Achtsamkeit entgegen: der Dehnung und dem Zusammenziehen, die durch das Verlagern des Gewichts verursacht werden.

4. Wenn Gedanken auftreten, nehmen Sie sie einfach zur Kenntnis, und lassen Sie sie anschließend wieder los. Behalten Sie den konstanten Strom des Bewußtseins im Gehen bei. Versteifen Sie sich gedanklich nicht auf einen bestimmten Teil des Beines oder des Fußes. Achten Sie darauf, daß der Bewußtseinsstrom nicht unterbrochen wird.

Der Bewußtseinsstrom darf nicht unterbrochen werden

5. Halten Sie Ihre Augen beim Gehen gesenkt, und schauen Sie auf einen Punkt etwa einen Meter vor Ihnen. Wenn Sie das Ende Ihres Weges erreicht haben, halten Sie an, und kehren Sie um. Erhalten

Sie auch beim Umdrehen den Zustand der Achtsamkeit aufrecht. Beachten Sie die komplexe Abfolge von Empfindungen und Gefühlen, während Ihr Körper diese Bewegungen durchführt. Vielleicht entdecken Sie zum erstenmal, wie bemerkenswert bloßes Umdrehen ist. Nehmen Sie das zur Kenntnis, und fahren Sie mit dem Benennen der Bewegungen fort.

6. Verfolgen Sie Ihren Weg zurück. Versuchen Sie, in beiden Füßen einen Zustand der Bewußtheit aufrechtzuerhalten. Achten Sie wie bei der Beobachtung der Atmung auf den Ruhepol zwischen den einzelnen Schritten.

7. Wenn Sie Ihre Meditation abgeschlossen haben, bleiben Sie einen Moment lang schweigend und bewegungslos stehen. Achten Sie auf die Ruhe und den Frieden im Körper. Nehmen Sie dieses beruhigende Gefühl mit, wenn Sie sich den Aktivitäten des Tages zuwenden.

Gregorianische Gesänge

Gregorianische Gesänge sind eine Form der christlichen Musik, die sich mehr als 15 Jahrhunderte zurückverfolgen läßt. Bei den Gesängen handelt es sich um Psalmen, Hymnen oder Gebete, vorgetragen als reiner einstimmiger Gesang ohne Begleitung durch Musikinstrumente. Die Melodie der Gesänge folgt dem Strom der Worte in freiem Rhythmus.

Wegen seiner Schlichtheit wird der Gregorianische Gesang auch als Cantus planus bezeichnet

Die religiös-meditativen Choräle werden häufig von einem Chor, gelegentlich auch von Solisten oder als Rede und Widerrede zwischen dem Kantor, dem Vorsänger und dem Chor gesungen.

Gregorianische Gesänge waren die wichtigste Form der Musik, die im ersten christlichen Jahrtausend bei religiösen Bräuchen eingesetzt wurde. Sie werden hauptsächlich während der Messe und beim Stundengebet (der stündlich stattfindenden meditativen Andacht) gesungen. Die Gesänge dienen als Gebet, zum Ruhme Gottes, zur Kennzeichnung der Stunden des klösterlichen Lebens und einer Vielzahl anderer religiöser Zwecke.

Um 600 n. Chr. ging Papst Gregor I. (nach dem die Gesänge benannt wurden) daran, diese heiligen Melodien zu sammeln und für die Nachwelt zu erhalten. In den 60er Jahren dieses Jahrhunderts kam der Choral aus der Mode, doch hat er inzwischen wieder an Popularität gewonnen, wenn auch außerhalb der Kirche. Gregorianische Gesänge sind sogar so beliebt, daß deren CD-Aufnahmen in Bestsellerlisten aufgestiegen sind.

Der Choral bietet eine wunderbare Möglichkeit, der Hektik und den Sorgen der modernen Welt zu entfliehen, meint der Benediktinermönch David Steindl-Rast, Autor des Buches »A Listening Heart«, da die Gesänge einen Platz in der Ewigkeit haben und den Druck der linearen Zeit lindern. Deshalb wurden sie komponiert, und deshalb bestehen sie fort, denn sie wurden zur Ehre des ewigen Gottes geschaffen. Sie bestehen als reiner Lobgesang und verleihen dem Leben dadurch mehr Bedeutung und Schönheit, was ein Gegengewicht schafft zu der in unserer Gesellschaft herrschenden Hervorhebung von Leistung und praktischem Nutzen.

Gesang hat schlichten Lobpreis zum Zweck und kann dem Leben eine Dimension reicher Bedeutung und Schönheit verleihen

Als Meditationsmethode ist der wichtigste Aspekt des Gregorianischen Gesangs der, daß der Schwerpunkt auf dem Miteinander der Sänger liegt. Für die Bewohner des Klosters haben das gemeinsame Singen wie die gemeinsame Meditation sowohl auf den einzelnen als auch auf die Gruppe eine heilende und ausgleichende Wirkung. Indem Dutzende von Stimmen sich zum Lobgesang vereinen, erheben sich die Sänger über ihr Leben als einzelne hinaus und nehmen ihren Platz in der Schöpfung Gottes ein. Wie bei der Meditation basiert der Erfolg nicht so sehr auf dem Gelingen, wie Steindl-Rast bemerkt, sondern im unermüdlichen Bemühen. »Darin, daß sich gewöhnliche Menschen dem Gesang hingeben«, schreibt er, »liegt dessen bemerkenswerte Schönheit.«

In der Gemeinschaft mit anderen Sängern, im Miteinander liegt der wahre Wert der Gesangs

Die Teilnahme an dieser außergewöhnlichen Form der musikalischen Meditation ist nicht auf die Bewohner eines Klosters beschränkt. Viele Klöster und Konvente, Kirchen und andere Organisationen vieler Konfessionen haben Laiengruppen für Menschen ins Leben gerufen, die an dieser besonderen Form des Gottesdienstes teilnehmen möchten. Wenden Sie sich an eine örtliche Gruppe, um Gregorianische Gesänge zu erlernen und gemeinsam mit anderen zu singen. Angaben dazu finden Sie in der Gemeinde und in den sonntäglichen Pfarrbriefen, im Internet oder indem Sie bei Ihrer Pfarrei anrufen.

> »Als die Nacht in ihrem schnellen Lauf ihren Höhepunkt erreicht hatte und alles von tiefer Stille umgeben war, als die Nacht am dunkelsten und am tiefsten war, da sprang die ewige Welt vom himmlischen Thron. Die Stille brach in Gesang aus.«
>
> T. S. Eliot, »Book of Wisdom«

Sollten Sie den Wunsch haben, den Gesang intensiver zu betreiben, ist es am sinnvollsten, so Kantor Donald Casadonte, sich in einer Schule oder in einem Urlaubsseminar einzuschreiben. »... Mit Hilfe eines Handbuch zu lernen, sei es noch so gut, ist nicht genug ... Singen Sie mehrere Jahre in einem Chor mit. Das ist die beste Möglichkeit.«

Die kanonischen Stunden

In Klöstern und Konventen wird die Messe jeden Tag während der kanonischen Stunden zu bestimmten Zeiten und an festgelegten Orten gesungen. (In der Liturgie ist die »Stunde« kein mathematischer Zeitabschnitt, sondern ein seelischer.)

Zu Beginn der Stunde ertönt eine Glocke, die jeden aufruft, alles stehen- und liegenzulassen und sich zum Gesang und zum Gebet zusammenzufinden. »Es ist, als würde der Tag in Abschnitte unterteilt, von denen jeder einen bestimmten Charakter hat und eigene Ansprüche stellt«, schreibt Steindl-Rast. Das Stundengebet erfolgt in dieser Reihenfolge:

- **VIGILIEN** (oder Frühgottesdienst): Der Tag beginnt noch vor Tagesanbruch mit dem Ruf zum Frühgottesdienst. Die Dunkelheit der Nacht wird als gewaltiges Mysterium gefeiert, das von Gott kommt und dem deshalb volles Vertrauen entgegengebracht werden kann.
- **LAUDES:** Während die Sonne langsam aufgeht, werden die Laudes ausgerufen, um das Geschenk des Lebens zu feiern.
- **PRIM:** Das ist die Stunde des sorgfältigen Beginns, wenn die klösterliche Gemeinschaft zusammengerufen wird, damit jedem seine Aufgaben zugewiesen werden. Der Schwerpunkt liegt auf der Arbeit als einer Form des Gebets und soll um ihrer selbst willen geschätzt werden.
- **TERZ:** Zur Terz wird am Vormittag gerufen; sie dient als Pause zur Erfrischung des Geistes und erinnert uns an die Urenergie des Lebens.

- **Sext:** Zur Mittagsstunde wird zur Sext gerufen, um die Entschlossenheit und die Verbundenheit zu erneuern.
- **None:** Um drei Uhr nachmittags wird die None ausgerufen, zu der die Gemeinschaft wieder zusammenkommt, um den zu Ende gehenden Tag und die Vergänglichkeit der Schöpfung zu betrachten. Dieses Stundengebet soll alle Versammelten daran erinnern, in der Gegenwart zu leben, als wäre jeder Moment der letzte, und sich und den anderen zu vergeben.
- **Vesper:** Zu der Stunde, in der die Lampen angezündet werden, wird zur Vesper gerufen. Das ist die Stunde, in der die Gemeinschaft aufgefordert wird, den Tag loszulassen, Widersprüche zu versöhnen und inneren Frieden zu finden.
- **Komplet:** Bevor man sich zurückzieht, wird in vielen Gemeinschaften zur Komplet gerufen, um die während des Tages begangenen Verfehlungen zu beichten, um Vergebung zu bitten und für den nächsten Tag Besserung zu geloben.

Innerer Friede

Ein junger Mönch machte einmal eine lange Reise, um einen alten Meister in der ägyptischen Wüste zu besuchen. Als der junge Mönch den Meister endlich gefunden hatte, stellte er dem Weisen seine Frage. Ihm fehlte der innere Friede, gestand der junge Mönch, und er benötigte verzweifelt einen Rat, der ihm helfen möge, seinen inneren Frieden zu finden. Der alte Meister habe sein ganzes Leben meditiert, sicher wüßte er eine Antwort. Der alte Meister erwiderte: »Ich trage dieses Gewand seit 70 Jahren und habe nicht einen einzigen Tag lang Frieden gefunden.«

Um inneren Frieden muß man sich täglich aufs neue bemühen

> Der junge Mönch verlor allen Mut. Wenn nicht einmal der Meister inneren Frieden kannte, wie mußte es dann all den anderen Menschen ergehen? Später verstand der junge Mönch die wahre Bedeutung der Worte des Meisters. Wir können den inneren Frieden nicht wie einen Gegenstand besitzen und sollten uns deswegen keine Sorgen machen. Was zählt, ist, daß wir nie aufhören, uns darum zu bemühen.
>
> David Steindl-Rast
>
> »The Music of Silence« (Hörkassette)

DAS STUNDENGEBET IM ALLTAG

Sie müssen nicht Mönch oder Nonne sein, um das Stundengebet einzuhalten. Sie können es in Ihren eigenen Alltag integrieren:

Vigilien: Auch wenn Sie ganz bestimmt nicht mitten in der Nacht aufstehen werden, können Sie dennoch das dunkle, unendliche, frühmorgendliche Potential Ihres eigenen Geistes ehren. Bevor Sie aufstehen, schreiben Sie Ihre Träume auf und erschaffen etwas aus ihnen – ein Gedicht, eine Zeichnung oder vielleicht auch nur ein paar formlose Gedanken. Wichtig ist, daß Sie sich, bevor der Tag beginnt, Zeit nehmen, loszulassen und kreativ zu sein.

Laudes: Bevor Sie sich auf den Weg zur Arbeit machen, nehmen Sie sich die Zeit, über den vor Ihnen liegenden Tag und das Geschenk des Lebens nachzusinnen. Steindl-Rast empfiehlt Gedanken wie: »Ich erhalte die Gabe eines neuen Tages. Der Tag ist ein Geschenk. Wie kann ich ihn als solches am besten nutzen und erleben?«

Betrachten Sie den anbrechenden Tag als Geschenk

Prim: Kurz nachdem Sie angefangen haben zu arbeiten, nehmen Sie sich eine Minute Zeit, um über die Arbeit als Teil der spirituellen Dimension von Gottes Universum nachzudenken. Sinnen Sie nach über diese Fragen: »Warum bin ich hier? Wie paßt diese Arbeit im

Moment zu dem, was Gott für mein Leben vorgesehen hat? Was kann ich in diese Arbeit hier einbringen und wie davon profitieren, so daß es zu meinem Leben im allgemeinen paßt? Wie kann ich diese Arbeit preisen? Wie kann ich die Arbeit zum Gebet machen?«

TERZ: Nehmen Sie sich irgendwann am Vormittag einen Moment Zeit, um über die Gnade nachzusinnen, die Ihnen an diesem Tag bereits zuteil wurde. Denken Sie über Möglichkeiten nach, wie Sie die Gnade in sich aufnehmen und an andere weitergeben können.

Fragen Sie sich immer wieder, ob Sie die rechten Ziele verfolgen

SEXT: Halten Sie in der Mitte Ihres Tages inne, um zu entspannen und Rückschau zu halten. Denken Sie an den Morgen zurück, als Sie sich daran erinnerten, warum Ihre Arbeit in Ihrem Leben als Ganzem eine wichtige Rolle spielt. Jetzt, zur Sext, sinnen Sie über diese Frage nach: Haben Sie bis zu dieser Stelle des Tages den Erwartungen entsprochen? Definieren Sie die entsprechenden Ziele für den Rest des Tages.

NONE: Sinnen Sie über folgendes nach: Welche irdischen Sorgen des Tages können Sie ablegen, um Raum für mehr spirituelle, zeitlose und bedeutende Werte zu schaffen? Nehmen Sie sich Zeit, um von ganzem Herzen Vergebung zu üben. Schreiben Sie Ihre Kümmernisse auf ein Blatt Papier, und zerreißen Sie es anschließend in kleine Stücke, die Sie verstreuen.

VESPER: Tun Sie am Abend etwas Friedliches, Magisches und Heiteres. Machen Sie vor dem Abendessen einen Spaziergang, zünden Sie Kerzen und Räucherstäbchen an, nehmen Sie ein langes Bad, machen Sie die Zubereitung des Essens zum Ritual. Oder setzen Sie sich einfach hin, und meditieren Sie. Nehmen Sie sich die Zeit, die Sorgen, Spannungen und Ärgernisse des Tages loszulassen. Konzentrieren Sie sich auf Gottes Frieden und Segen. Hören Sie eine CD mit Gregorianischen Gesängen.

Komplet: Nehmen Sie sich vor dem Schlafengehen Zeit, über Ihren Platz im Universum nachzusinnen, darüber nachzudenken, daß Sie in Sicherheit sind, daß Sie geliebt werden. Legen Sie die Kinder mit demselben Gedanken ins Bett. Erinnern Sie sich an die Träume, die Sie früher am Morgen aufgezeichnet haben, und versuchen Sie, sie sich wachzurufen, bevor Sie einschlafen. Überlegen Sie sich auf der Grundlage Ihres Tages, was die Nacht Sie diesmal lehren soll.

Muslimische Meditaion

Der Islam ist eine aus der Meditation geborene Religion. Wie Jesus und Buddha war auch Mohammed ein Neuerer. Als er ein junger Mann war, sahen die Araber Adam und Abraham als ihre Vorfahren an. Sie unternahmen Pilgerreisen, um die legendären heiligen Stätten zu sehen, wie den Hajar al Aswud, den heiligen schwarzen Stein, den Gott Adam gegeben hatte. (Der Stein befand sich in der Kaaba, einem Tempel in der heiligen Stadt Mekka, die dem Glauben nach von Abraham erbaut wurde.) Doch zur Zeit von Mohammeds Geburt verehrten die Araber auch wieder Götzen, Geister und eine Vielzahl von Göttern und Göttinnen. Rund um die Kaaba hatten sie 360 Götzenbilder aufgestellt, eines für jeden Tag ihres Jahres.

Zur Zeit Mohammeds beteten die Araber Götzenbilder an

Durch die Pilgerströme war Mekka zu einem reichen Handelszentrum geworden, und die Kaufleute taten, was sie nur konnten, um den Glauben an die zauberhaften Kräfte all dieser Götzen zu fördern. Sie hatten sogar die Kontrolle über den heiligen Brunnen Zemzem ergriffen, der auf wunderbare Weise von Abrahams Sohn Ishmael erbaut worden war. Die örtlichen Kaufleute verkauften dessen Wasser an Gläubige. Doch den Leuten wurden schließlich die Illusionen genommen, und sie begannen daran zu zweifeln, daß für Geld gekauftes Wasser heilig sein könnte. Mit der Zeit verlor sich ihr Glaube an die Götzen und Bildnisse, auch der Glaube an die Kaaba und den legendären schwarzen Stein, und die arabischen Völker wandten sich erneut dem Glücksspiel, der Unzucht, der Magie und einer ungezügelten Liebe zum Geld zu.

Das Leben Mohammeds

Mohammed wurde in Mekka geboren. Als Erwachsener wurde er Kameltreiber und führte Karawanen nach Ägypten, Persien und Syrien. Später wurde er einer der wohlhabendsten Kaufleute der Stadt. Die ganze Zeit betrübte ihn der Gedanke an den Götzendienst, die Trunksucht, das Glücksspiel und die Hurerei sehr, und er ging häufig nachts in die Wüste, um darüber nachzusinnen, wie er seine Landsleute bekehren könnte.

Mohammed (»der Gepriesene«) wurde um 570 n. Chr. geboren und starb am 8. Juni 632

Eines Nachts in seinem vierzigsten Lebensjahr, als Mohammed meditierend in der Wüste saß, erschien ihm ein Engel und sagte ihm, daß Gott (Allah) ihn zu einem göttlichen Boten und Propheten auserwählt und ernannt hatte, der sein Volk aus der Lasterhaftigkeit herausführen sollte.

Zuerst widersetzte sich Mohammed, doch der Engel erschien erneut, und Mohammed begann, seine Botschaft vom allmächtigen Gott Abrahams zu predigen, der angesichts der Sündhaftigkeit seines Volkes über alle Maßen bekümmert war und absolute Einhaltung seiner Verehrung und seiner Gebote verlangte. Mohammed wandte sich insbesondere an die reichen Kaufleute, die mit der heiligen Quelle Ismaels und mit der Kaaba Geschäfte gemacht hatten. Dadurch zog er sich ihren Zorn zu, und sie drohten ihm mit dem Tode und erließen ein Gesetz, dem zufolge alle, die Mohammed folgten, aus Mekka verbannt würden.

Um ein guter Muslim zu sein, ein Rechtgläubiger, muß man fünf wichtige Regeln befolgen, nämlich:

- an Allah und an Mohammed, seinen Propheten, glauben;
- fünfmal am Tag beten;
- gut zu den Armen sein und Almosen verteilen;
- im Fastenmonat das Fasten einhalten;
- eine Pilgerreise in die heilige Stadt Mekka machen.

Das erste Jahr des muslimischen Kalenders war das Jahr von Mohammeds Flucht aus Mekka

Doch Reisenden aus anderen Städten gefiel, was sie hörten, und bald baten die Menschen aus Medina Mohammed, er möge zu ihnen kommen und predigen. Weil die Kaufleute fürchteten, seine Ideen könnten auch in anderen Städten Anklang finden und es würden keine Pilger mehr nach Mekka kommen, sandten sie Häscher aus, die ihn töten sollten. Doch in dieser Nacht floh Mohammed, der von einem Engel gewarnt worden war, nach Medina, wo er sicher war. Das Datum dieser Flucht (622 n. Chr.) wurde als das Jahr der Hegira (Flucht des Propheten) bekannt und ist das erste Jahr des muslimischen Kalenders.

Medina hieß Mohammed als mit göttlicher Autorität ausgestatteten Führer in spirituellen und weltlichen Angelegenheiten willkommen. Mohammed nannte seine Religion Islam (Hingabe), womit die Hingabe an die Gebote Allahs gemeint war. Seine Anhänger nannte er Muslime (Rechtgläubige). Da sich der *Hajar al Aswud*, den Adam unmittelbar von Allah erhalten hatte, in Mekka befand, sagte Mohammed, es bliebe das heiligste aller Heiligtümer; und alle Muslime sollten sich beim Gebet in die Richtung der heiligen Stadt Mekka, die das Heiligtum birgt, wenden und mindestens einmal in ihrem Leben eine Pilgerreise nach Mekka unternehmen.

Acht Jahre nach seiner Flucht aus Mekka kehrte Mohammed mit einem Gefolge von 10 000 bewaffneten Rechtgläubigen zurück, um den Zugang zum Schrein notfalls zu erzwingen und vor der Kaaba Allah zu huldigen. Die Einwohner Mekkas flohen angsterfüllt in die Berge. Doch als sie erkannten, daß Mohammed in friedlicher Absicht gekommen war und niemandem Schaden zufügen wollte, akzeptierten sie ihn endlich als Gottes wahren Boten und wurden Muslime. Mohammeds erste Amtshandlung bestand darin, alle Götzenbilder zerschlagen und stürzen zu lassen; bei Habal mit der goldenen Hand fing er an. Er verkündete: »La ilaha ilia Allah, Muhammad rasul Allah!« (Es gibt keinen Gott außer Allah, und Mohammed ist Allahs Prophet!)

Schließlich wurden auch die Bewohner Mekkas Muslime

IHRE HEILIGE PILGERREISE

Sie müssen kein Muslim sein und nicht einmal an ein höheres Wesen glauben, um spirituell von Mohammeds Vorstellung einer Pilgerreise an einen heiligen Ort zu profitieren. Auch als Meditationsübung kann die Pilgerreise einen erstaunlichen Einfluß auf Ihr Leben ausüben.

Sie sollten einen Ort wählen, der für Sie eine besondere Bedeutung hat, am besten in einer anderen Stadt oder einem anderen Land. Die Reise sollte Sie so viel Zeit und Mühe kosten, daß Ihre Hingabe an die Sache dadurch ernsthaft herausgefordert wird. Bei dem Ort kann es sich um eine bedeutende Kirche, Synagoge, Kathedrale oder Moschee handeln. Es kann aber auch ein besonderer Ort wie etwa Stonehenge, die indianischen Grabhügel in Ohio oder die großen Pyramiden sein. Natürlich kann es sich auch um einen landschaftlich/spirituell reizvollen Teil irgendeiner Gegend oder sogar der Stadt, in der Sie wohnen, handeln.

1. Wählen Sie einen Ort, und treffen Sie die Vorbereitungen für Ihre persönliche heilige Pilgerreise. Bitten Sie Gott, das Göttliche oder die Natur um Segen.

2. Sinnen Sie auf dem Weg an diesen Ort darüber nach, welche Bedeutung die Reise für Sie hat. Was soll sie Ihnen bringen? Welche Gefühle oder Einsichten möchten Sie gerne anschließend mit zurücknehmen?

3. Versuchen Sie, sich in einen Zustand echter Ehrfurcht und Aufrichtigkeit zu versetzen.

4. Wenn Sie den angestrebten Ort erreicht haben, bitten Sie um den Segen.

5. Meditieren Sie so lange wie möglich an dem Ort. Suchen Sie innere Klarheit, Sammlung und Entspannung. Öffnen Sie sich allen Gefühlen und Wahrnehmungen, die in Ihnen wachgerufen werden. Fragen Sie sich: Welche besondere Bedeutung hat das für mich? Warum betrachte ich diesen Ort als heilig? Versuchen Sie, dieses Gefühl tiefer zu ergründen.

Der heilige Ort wird zum Meditationsobjekt

6. Verlagern Sie Ihre Meditation von sich selbst auf den heiligen Ort. Betrachten Sie ihn im Geiste ebenso, wie Sie den körperlich greifbaren Ort sehen. Versuchen Sie, eins mit dem Ort zu werden, ihn mit seinen Augen zu sehen, seine Wärme zu spüren, seine Form in sich aufzunehmen. Wie empfindet der heilige Ort sich selbst?

7. Bevor Sie den Ort verlassen, bitten Sie erneut um Segen.

8. Zu Hause angekommen, nehmen Sie sich Zeit für eine Meditation über Ihre Pilgerreise. Was haben Sie gelernt oder gefühlt? Was hat es Ihnen gebracht? Danken Sie Gott dafür, daß er Sie auf Ihrer Reise beschützt hat und für alles, was Sie im Zusammenhang mit der Reise erleben durften.

Die Muslime strukturieren ihren Tagesablauf mit Gebeten

Fünfmal täglich meditieren: Wie die christlichen Mönche, die das Stundengebet einhalten, glauben auch die Muslime, daß man sein Tagwerk häufiger unterbrechen sollte, um zu beten und über Gott nachzusinnen. Mohammed wies alle Muslime an, täglich fünfmal zu beten. Man muß kein Muslim sein, um die Früchte der Meditation zu ernten. Anstatt einmal pro Tag 20 Minuten zu meditieren, können Sie auch fünf Meditationsperioden von je fünf Minuten einplanen, zum Beispiel frühmorgens, mittags, nachmittags, bei Sonnenuntergang und vor dem Schlafengehen.

Sufi-Meditation

Sufismus ist eine persische Strömung des Islam und wird als »muslimischer Mystizismus« beschrieben. Der Sufismus orientiert sich stärker an der Meditation als der traditionelle Islam. P. D. Ouspensky (siehe auch ab Seite 248) sagt: »Der persische Sufismus ist der charakteristischste Ausdruck des muslimischen Mystizismus. Sufismus ist sowohl eine religiöse Strömung als auch eine äußerst idealistische philosophische Schule. Er kämpft gegen den Materialismus, den engstirnigen Fanatismus und die wörtliche Auslegung des Korans. Die Sufis interpretieren den Koran mystisch. Sufismus ist die philosophische Schule der Freidenker innerhalb des Islam.«

> »Wer aus Liebe zur materiellen Welt stirbt, stirbt als Heuchler. Wer aus Liebe zum Jenseits stirbt, stirbt als Asket. Doch wer aus Liebe zur Wahrheit stirbt, stirbt als Sufi.«
>
> Shebli (Sufi-Lehrer)

Der Sufismus ist der Weg der Wahrheit und der Liebe. Methodisch blickt er ausschließlich in eine Richtung, und sein Ziel ist Gott. Ein Sufi ist jemand, der durch Liebe und Hingabe zur Wahrheit findet. Da nur der die Wahrheit erkennen kann, der vollkommen ist, ist der Sufi nach Kräften um Vollkommenheit bemüht. Sufis glauben, daß man nur unter der Anweisung eines Sufi-Meisters Vollkommenheit erlangen kann.

Sufi-Geschichten

Humor ist eine der größten Gaben Gottes/Allahs

All das läßt die Sufis fade erscheinen. Doch das sind sie nicht. Sufismus ist ein Mystizismus des Lachens. Wie die Zen-Meister lieben es auch die Sufis, den menschlichen Geist mit Geschichten, die paradoxe Gegensatzpaare zum Gegenstand haben, zum Nachdenken anzuregen. Anders als Zen-Lehrer fordern Sufis den Verstand eher mit Humor als durch Strenge heraus. Sufi-Geschichten könnte man mit Parabeln Jesu in der von Woody Allen erzählten Version vergleichen.

Die meisten Sufi-Geschichten drehen sich um das Mißgeschick des Helden Nasrudin, eines mythischen Hodscha (Lehrer). Diese Geschichten sind so unterhaltsam, daß sie jedem Spaß machen. Eine Sammlung von Sufi-Geschichten und Erzählungen mit dem Helden Nasrudin sind in der englischen Übersetzung von Idries Shah als Buch (auch als deutsche Ausgabe) erhältlich. Hier zwei Beispiele für die typischen Geschichten um Nasrudin.

Ein Mann kam zu Nasrudin und fragte, was der Lehrer verlangen würde, wenn er seinen Sohn im Lesen unterwiese. »Dreihundert Piaster«, sagte Nasrudin. »Das ist zuviel«, sagte der Mann. »Für den Betrag könnte ich sechs Esel kaufen.« »Kaufe sie«, erwiderte der Lehrer, »und dein Sohn wird der siebte.«

Lachen und Meditieren gehören bei den Sufi-Geschichten zusammen

Eines Nachts, als er schlief, träumte Nasrudin, daß ein Mann in einem Lokal ihm neun Piaster für seinen Turban anbot. »Das ist nicht genug«, sagte der Lehrer, »gib mir zehn.« In dem Moment wachte er auf. Als er feststellte, daß er kein Geld in der Hand hatte, schloß er schnell die Augen und sagt: »Gibt mir die Piaster, schnell. Ich nehme auch neun.«

Diese Geschichten spiegeln den Geisteszustand der Sufis wider: »innerlich betrunken und äußerlich nüchtern«. Diese Trunkenheit ist eine spirituelle, nicht durch Alkohol herbeigeführte Gefühlsregung und das Ergebnis der inneren Ekstase durch die enge Verbindung zu Gott.

> »Eine Stunde der Meditation ist besser als ein ganzes Jahr der rituellen Verehrung.«
>
> Sufi-Meister des 17. Jahrhunderts

SUFI-GESCHICHTEN UND DER SPIRITUELLE WEG

Ein großer Teil der Literatur der Sufis, so Dr. Javad Nurbakhsh, beschäftigt sich mit dem spirituellen Weg und behandelt Fragen wie diese: Wie sollte man diesem Pfad folgen? Welche Bedingungen stellt der Weg an uns? Welche Bedeutung hat der spirituelle Meister? Welche Rolle spielt die Disziplin?

1. Nehmen Sie dieses Buch, und suchen Sie sich einen ruhigen Ort zum Meditieren. Lassen Sie Ihren Geist ruhig und leer werden.

2. Lesen Sie die obigen Sufi-Geschichten über Nasrudin noch einmal.

3. Fragen Sie sich: Was sagt uns jede der Geschichten über den spirituellen Weg? Was lehren sie uns? Welche Botschaft richten sie an mich persönlich?

Zikr – der Tanz der Erinnerung

Tanzen bis zur Ekstase ist eine Form der Meditation unter Derwischen und Sufis

Sufis und ihre Verwandten im Geiste, die Derwische, sind berühmt für ihren rituellen Tanz, bei dem sie ein Mantra singen und sich in einen Zustand spiritueller (und körperlicher) Trunkenheit tanzen. Wie bei Tai-Chi, Aikido oder anderen Kampfsportarten wird die Bewegung zu einer Form der Meditation.

Marathon-Tänze dauern oft mehrere Stunden, und die spirituelle Ekstase, die den Körper erfüllt, verleiht ihm außerordentliche Ausdauer. Derwische singen ihre eigene Art von Mantra. Das Mantra der Sufis heißt *Zikr* (Erinnerung). Das typische Zikr ist »La ilaha ilia Allah!« (Es gibt keinen Gott außer Allah!). Die Sufis streben nach vollkommener und dauerhafter Reinheit, die sie durch ständige Erinnerung an Gott erreichen.

Zikr sind ein wesentlicher Bestandteil des Sufi-Tanzes. »Der Tanz öffnet dem göttlichen Einfluß eine Tür zur Seele«, schrieb Sultan Walad, der Sohn des iranischen spirituellen Dichters Rumi. »Der Tanz ist gut, wenn er aus der Erinnerung an den Geliebten entsteht.« Die Meditation mit dem Zikr als Meditationsobjekt verstärkt die spirituelle Wirkung des Tanzes, indem die Erinnerung an Gott pausenlos wachgehalten wird.

> »Es gibt für alles eine Politur, um den Rost zu entfernen; und die Politur des Herzens ist die Anrufung Allahs ...
> Die Erinnerung an Gott durch die Wiederholung seines Namens reinigt den Geist des Suchenden und öffnet sein Herz für Ihn.«
>
> Mohammed

Muslime sollen in dauernder Kommunikation mit Allah stehen

Zusammenfassung

- Die Meditation wird in allen bekannten spirituellen und religiösen Traditionen eingesetzt.
- Die Gnostiker meditierten, um Gott unmittelbar zu erleben.
- Den Mittelpunkt der Meditationen der Kabbalisten bildet einer der 25 Namen Gottes.
- Frühe christliche Asketen stützten sich auf den Hesychasmus, eine als Anrufung Jesu bekannte Form der Meditation.
- Gregorianische Gesänge sind eine wirkungsvolle Form der Meditation.
- Der Islam unterstreicht den unaufhörlichen Kontakt zu Gott und verlangt von seinen Anhängern, fünfmal pro Tag zu meditieren.

Meditation bei traditionellen Völkern

Die Meditation ist bei allen traditionellen Völkern verbreitet. Sie wird von Schamanen und Weissagern eingesetzt, um in die Zukunft zu sehen. (In der antiken Welt am Mittelmeer, am Beginn unserer eigenen kulturellen Tradition, wurden häufig Orakel befragt. Die Priesterin des Apollo in Delphi kommt oft in griechischen Dramen vor und wurde vor Feldzügen und sogar zu persönlichen Angelegenheiten befragt. Freunde von Sokrates konsultierten die Priesterin ebenso wie er selbst. Von der Priesterin heißt es, sie spräche aus einem Zustand der Trance heraus, den sie zum Teil durch Meditation herbeiführt. Und alle Schamanen in Asien, Nord- und Südamerika und Afrika meditieren.)

Alle traditionellen Völker überall auf der Welt – ob in Australien oder in Afrika – haben Meditationstechniken

Initiationsriten, mit denen das Erwachsenwerden junger Männer und Frauen markiert wird, setzen längere Perioden der Meditation voraus. Trommeln und Tanz versetzen die Teilnehmer in einen Bewußtseinszustand ähnlich dem, der durch die Meditation erreicht wird.

Eingeborene Völker in Australien haben beschrieben, wie sie Zugang zu einer »Traumzeit« haben, in der die Unterscheidung zwischen der mythischen Vergangenheit und der Gegenwart verschwindet und die Götter mit den Menschen in Verbindung treten. Nach westlichen Maßstäben befanden sich diese Personen vielleicht in einem Zustand ununterbrochener Meditation, bei der das Meditationsobjekt aus Aspekten der Landschaft besteht, die mit dem Werk von Göttern, Geistern und den Urahnen in Verbindung gebracht werden.

Die Cro-Magnon-Menschen lebten vor 25 000 bis 30 000 Jahren in einer Höhle in Frankreich

Die berühmten Höhlenmalereien des Cro-Magnon-Menschen verraten den Wunsch des Jägers, das gejagte Tier zu verstehen und sich mit diesem zu identifizieren. Die Tradition der Indianer in Amerika legt eine ähnliche Vereinigung von Jäger und Opfer nahe.

Von den Industrienationen lange als Aberglaube primitiver Stämme abgetan, finden die facettenreichen Religionen und meditativen Traditionen Afrikas, Australiens, Nord- und Südamerikas und anderer Teile der Welt seit kurzem auch im Westen Anerkennung. Erst vor kurzem haben einige amerikanische und europäische Schriftsteller begonnen, ihre eigenen spirituellen Recherchen auf die Lehren von Urvölkern auszudehnen. Die vielen Bücher, die Carlos Castaneda über die spirituelle Welt geschrieben hat, basieren auf Gesprächen mit einem mexikanischen Indio, dem *Brujo* (Hexenmeister) Don Juan. Doch im Vergleich zu den Tausenden von Büchern über christliche, muslimische oder buddhistische Meditation haben sich bis jetzt nur eine Handvoll mit traditionellen religiösen Überzeugungen und Praktiken beschäftigt.

Afrikanische Meditationstraditionen

Duchan Gersi, ein Forscher und Autor, der bei Stämmen in entlegenen Gegenden Afrikas, auf Java und in Südamerika gelebt hat, warnt uns vor dem Fehler, die Urvölker als primitiv, rückständig, unwissend, naiv, aus dem Instinkt heraus handelnd, von geringer Intelligenz und als an falsche

Realitäten glaubend zu betrachten. Gersi zieht es vor, sie als »traditionelle Völker« zu bezeichnen. Mit diesem Begriff meint er alle bestehenden Gesellschaften und Stämme, die ihr Leben »nach uralten Traditionen führen, anstatt sich von dem Strom des 20. Jahrhunderts mitreißen zu lassen, und die außerhalb der modernen Welt leben«. Obwohl man von jedem Stamm behaupten kann, daß er seine eigenen Meditationstraditionen und religiösen Überzeugungen hat, haben Gersi und andere einige allen gemeinsame Kernüberzeugungen ausgemacht:

Die Urvölker waren weder primitiv noch unwissend, sondern hatten teils komplizierte Traditionen

- Es gibt einen Hauptgott/eine Hauptgöttin, der/die alles geschaffen hat.
- Religion umfaßt das ganze Leben, es besteht keine Dichotomie zwischen Leben und Religion.
- Die Gottesverehrung erfordert strikte Disziplin und Ehrfurcht.
- Heilige Orte, Personen und Gegenstände werden hoch in Ehren gehalten; heilige Zeiten werden gefeiert.
- Eine unsichtbare Welt der Geister und Urahnen existiert überall um uns herum und ist sowohl für das Gute wie für das Böse in der natürlichen, sichtbaren Welt verantwortlich; der Wille der Götter, denen unter Umständen Opfer gebracht werden müssen oder die um Schutz angerufen werden, wird mit großer Sorgfalt ermittelt.
- Magie ist real.
- Die geistigen oder religiösen Führer verfügen über besondere Kräfte.
- Sie glauben an drei Formen der Heilung:
  - natürliche Heilung mit Hilfe von Pflanzen,
  - Harmonisierung der Energien,
  - übersinnliche Heilung.

Knochenmeditaion in Namibia

In Namibia, Südwestafrika, traf Gersi Mitglieder eines Stammes, deren Meditationsobjekte denen der Frühmenschen gleichen – Hühnerknochen, Baumrinde und Kieselsteine. Alle frühen Formen der Weissagung, angefangen vom chinesischen »I Ching« bis hin zu den teutonischen Runen, begannen mit dem Werfen von Knochen, Steinchen oder Zweigen (nicht von Würfeln). Vor der Entwicklung der Schrift wurden diese nicht geschmückt. Später wurden in die Oberfläche Buchstaben und Zeichen eingeritzt.

Vielleicht machen Sie sich auch einen kleinen Beutel, in dem Sie die Gegenstände Ihres Orakels aufbewahren

Sie müssen natürlich keine Knochen verwenden, Sie können alle möglichen Gegenstände verschiedener Länge oder bunte Steine benutzen. Es handelt sich bei den Gegenständen um Meditationsgegenstände, denen Sie denselben Respekt entgegenbringen sollten wie Ihrer Meditation. Das ursprüngliche Knochenorakel in Namibia bestand aus folgenden Elementen:

- sechs Hühnerknochen (die zwei, die das Knie mit dem Fuß verbinden, sowie vier Teile vom Fuß),
- vier bemalte Steine (zwei rote und zwei goldbraune),
- zwei kleine, flache Stücke Baumrinde.

Diese zwölf Gegenstände werden symbolisch paarweise als männliches und weibliches Element verbunden. Das größere Teil jedes Paares stellt das männliche Element dar. Die Elemente des Orakels repräsentieren menschliche Wesen, gute und böse Kräfte:

- Die zwei längeren Hühnerknochen (die das Knie mit dem Fuß verbinden) bilden die zentralen Figuren – Mann und Frau.

- Die vier kleineren Hühnerknochen (die Teile vom Fuß) stellen die Kinder dar – Mitglieder des Familienverbandes.
- Die zwei Stücke Baumrinde stellen die Geister der Urahnen dar – die positiven Kräfte, die Wachsamkeit und Schutz symbolisieren.
- Die zwei roten Steine symbolisieren Krokodile – die negativen Kräfte der Unterwelt.
- Die zwei goldbraunen Steine repräsentieren die sehenden Augen von Mann und Frau – Weisheit und Wahrnehmung.

Das Knochenorakel gibt Aufschluß über die Gesundheit von Familienangehörigen

Bei diesem Orakel wird der Gesundheitszustand jedes Familienmitglieds durch die Position der entsprechenden Knochen bestimmt. Wenn sie nach oben zeigen, ist das ein Hinweis auf Gesundheit. Diejenigen, die mit der Oberseite nach unten fallen, verweisen auf Krankheit und Not.

Liebe und Fruchtbarkeit werden durch die positiven und negativen Kräfte zwischen dem Knochen, der den Mann symbolisiert, und dem für die Frau dargestellt. Wohlstand wird vorhergesagt, indem eine Linie zwischen den goldbraunen Steinen (den positiven Kräften) und eine Linie zwischen den Rindenstückchen (den negativen Kräften) gezogen wird. Wenn diese Linien über eine der Figuren hinweggehen, geraten diese unter den Einfluß von Glück oder aber Pech. Wer von den negativen Kräften beeinflußt wird, kann dem nur entgegenwirken, wenn die goldenen Steine (die sehenden Augen), ihnen näher liegen als den negativen Kräften.

Im allgemeinen wird das Knochenorakel nur bei Vollmond angerufen, denn die Namibier »glauben, daß das Glück vom Mondzyklus gelenkt wird«, so Sir Henry Rider Haggard in seinem Buch »Finished«.

DIE MACHT DER STILLE

Hier nun ein einfaches Knochenorakel, das in erster Linie die Zukunft weissagen sollte. Doch wie I Ching, Tarot und andere auf Symbolen basierende Systeme der Zukunftsdeutung (Orakel) eignet sich das Knochenorakel hervorragend als äußerst erleuchtendes Meditationsobjekt.

1. Pusten Sie auf die Knochen.

2. Rezitieren Sie folgenden Segen, damit der Geist zwischen Ihnen und den Knochen hin und her fließt: »Ich hauche dich mit meiner Seele und der Seele des Geistes, der mich führt, an.«

3. Werfen Sie Knochen zu Boden.

4. Meditieren Sie über die Art und Weise, wie die Knochen gefallen sind. Fragen Sie sich, was ihr Verhältnis zueinander Ihnen suggeriert. Anschließend öffnen Sie sich einfach für alle Gedanken und Bilder, die in Ihnen auftauchen.

Altäre – die Gesichter der Götter

In Afrika bilden Altäre einen wichtigen Teil der meditativen und religiösen Traditionen des Kongo, ebenso wie das bei Christen, Juden, Konfuzianern, Hindus und anderen der Fall ist. Man findet sie häufig am Fuße eines Berges, am Waldrand, am Flußufer, auf einem Friedhof und an anderen Orten, die die Grenze zwischen unserer Welt und der Welt der Geister bilden. Diese Altäre enthalten häufig magische Töpferwaren, Ideogramme und heilige, medizinische Fetische, die *Minkisi* genannt werden und angeblich körperliche und gesellschaftliche Harmonie fördern und heilend wirken.

Afrikanische Altäre markieren die Grenze zwischen der irdischen und der spirituellen Welt

Wie bei anderen Traditionen sind die Altäre des Kongo symbolische Verknüpfungen mit der Gottheit oder den übernatürlichen Dingen. Jeder namibische Altar ist einem bestimmten *Orisha* (Gott) gewidmet. Wie die Götter der Nordländer, Hindus und Griechen stellte jeder Orisha eine bestimmte moralische Charaktereigenschaft dar – Gerechtigkeit, Heilung und Stärke – und war für diese verantwortlich. Und wie die oben zitierten Traditionen und viele andere wurde dieses Pantheon von einem Gott aller Gottheiten regiert.

Wie in den Weltreligionen enthalten auch die Altäre der traditionellen afrikanischen Völker heilige Gegenstände

Die älteste Form der Meditation

Nachstehend finden Sie eine Anleitung, wie Sie einen einfachen Altar nach Art des Kongo errichten und eine Orisha-Meditation üben können, bei der Sie über Shango, den im Kongo verehrten Gott des Donners, meditieren. Das ist eine Variante der Meditation über die Gottheit, wie sie heute in einigen christlichen Kirchen und in Form des tibetischen Yoga ausgeübt wird.

ALTARMEDITAION

Diese Meditation sollte bei Vollmond, am besten draußen unter einem Baum durchgeführt werden (Bäume gelten als Kanäle zwischen dieser Welt und der unserer Ahnen sowie anderer Geister). Wenn die Vorstellung der Meditation über einen afrikanischen Gott (oder irgendeinen anderen Gott als den Ihren) Sie stört, ersetzen Sie ihn durch einen Ihrer Vorfahren, etwa Ihre Mutter oder Ihren Großvater.

1. Zeichnen Sie einen Kreis auf Ihre Altardecke und in den Kreis ein Kreuz. Das ist das Grundsymbol der Religion des Kongo, ein *Dikenga*. Es repräsentiert die Sonne und gleichzeitig das, was Professor Robert Farris Thompson »ein grafisches Symbol für die Reise der Seele« nennt. »Die Seele als Miniatur der Sonne hat dem Glauben nach vier Momente – Geburt, Aufblühen, Hinscheiden und die Rückkehr in der Morgendämmerung eines neuen Tages.«

Ein gemaltes Karo auf der Stirn symbolisiert den Sitz der Seele

2. Zeichnen (oder malen) Sie ein Karo auf Ihre Stirn. Wie in vielen Traditionen rund um Yoga glauben die Menschen im Kongo, daß die Seele ihren Sitz hinter der Stirn hat, was sie mit einem Karo darstellen.

3. Wählen Sie draußen einen Ort, an dem Sie nicht gestört werden. Die Altarmeditationen des Kongo sollten am besten in der Natur ausgeübt werden, wo die Geister und Götter sich frei bewegen können.

4. Legen Sie die Decke auf einen Tisch oder auf einen großen Stein.

5. Setzen, stellen oder knien Sie sich so hin, wie es für Sie am bequemsten ist, und entspannen Sie sich mit einigen Atemzügen.

6. Bitten Sie die Geister Ihrer Ahnen um Vergebung und Gnade.

7. Stellen Sie sich eine feuerrot gekleidete männliche Gestalt vor, deren Kopf mit einer Perlenkrone geschmückt ist. Sie hält eine doppelköpfige Axt in einer Hand, in der anderen Rasseln; Flaschenkürbisse hängen an einem Lederband von ihrem Hals herab. (Das ist Shango, der Gott des Donners, einer der Orisha. Die doppelköpfige Axt in seiner Hand heißt *Oshe Shango* und stellt Urteilskraft und Harmonie dar. Das ist das Symbol für Shangos Stellung als Bote moralischer Urteile.)

8. Meditieren Sie über Shangos Bedeutung als Vertreter der Harmonie, der Gerechtigkeit und des Urteils, das wie ein Blitz einschlägt, wenn Shango herausfindet, daß wir uns durch Disharmonie und Ungerechtigkeit schuldig gemacht haben.

9. Lassen Sie alle Gedanken, Gefühle und Bilder, die durch diese Meditation in Ihnen wachgerufen werden, an die Oberfläche kommen.

10. Wenn diese Bilder und Gedanken wieder untergetaucht sind und Ihr Geist bis auf das Bild Shangos vollkommen leer ist, danken Sie dem Donnergott und den Geistern Ihrer Ahnen im stillen für alle Einsichten, zu denen sie Ihnen verholfen haben.

Die Ureinwohner Amerikas und der alles durchdringende Geist

Die Ureinwohner Nord- und Südamerikas verfügen über eine ganze Reihe verschiedenartiger spiritueller und meditativer Traditionen. Diese existieren seit Jahrhunderten und machen spirituell Suchende auf der ganzen Welt erst jetzt langsam auf sich aufmerksam. Sie sind zu zahlreich, als daß jede einzelne hier im Detail behandelt werden könnte, deshalb folgt eine kurze Zusammenfassung der Elemente, die den meisten Meditationsübungen der Ureinwohner Amerikas gemeinsam sind.

Nach und nach werden indianische Meditationstechniken überall bekannt

> »Wir leben in einer Welt der Symbole, wo das Spirituelle und das Alltägliche eins sind. Für euch sind Symbole nur gesprochene oder in einem Buch geschriebene Worte. Für uns sind sie ein Teil der Natur, ein Teil von uns selbst – die Erde, die Sonne, der Wind und der Regen, Steine, Bäume, Tiere, sogar winzige Insekten wie Ameisen und Grashüpfer. Wir versuchen sie nicht mit dem Kopf, sondern mit dem Herzen zu verstehen, und wir brauchen nur einen kleinen Hinweis, um die Bedeutung zu erkennen.«
>
> John Lame Deer, »Miniconjou-Sioux«

Durch das Leben in engster Verbindung mit der Natur fühlten viele Indianer, daß alles, was man ansehen oder anfassen konnte, sei es belebt oder unbelebt, eine Seele hat. Der Getreidehalm, die Rassel aus Schildpatt, die Felsen und die

Für die Indianer gibt es keine Trennung zwischen Geist und Form

mächtigen Berge sind von Bedeutung und lebendig. Sie symbolisieren die Geister, die ihnen Form und Leben verleihen. Es gibt keine Trennung zwischen dem heiligen und dem irdischen Aspekt des Lebens wie im Christentum. Dem indianischen Glauben zufolge sind alle Dinge wie in einem Korbgeflecht oder einem Teppich miteinander verwoben. Alle Dinge eignen sich als Gegenstand der Meditation und Verehrung. Ein Objekt der indianischen Meditation bestand sogar darin, den »Geist« oder die »Seele« in Bäumen, Felsen und Teppichen zu sehen.

Die Schamanen

Lange wurden indianische Schamanen als »Medizinmänner« beziehungsweise »Hexen-Heilerinnen« verunglimpft. Für ihre Völker waren sie Heiler, Richter, Priester, Wetterpropheten – und vor allem Mystik- und Meditationslehrer, die auf das Wohlergehen ihrer Stämme achteten.

Der Große Geist

In vielen Religionen wird Gott als rein männliches Wesen gesehen. Amerikanische Ureinwohner betrachteten das Universum als von einem männlichen Geist und einem weiblichen Geist regiert – unterschiedliche und doch einander ergänzende Aspekte eines göttlichen Wesens. Keines existiert ohne das andere. Dieses Wesen heißt der Große Geist.

Nehmen Sie diesen Text immer dann hervor, wenn Sie spirituell eine Erfrischung benötigen

Es folgt der Text einer Meditation der Sioux über den Großen Geist. Halten Sie inne, und warten Sie, bis Sie zur Ruhe gekommen sind, bevor Sie diesen Text lesen. Holen Sie tief Luft, und atmen Sie langsam aus, wobei Sie alle Anspannung herausströmen lassen. Jetzt lesen Sie den Text so ehrfurchtsvoll, wie ein indianischer Schamane ihn vor 200 Jahren in der Prärie gelesen hätte.

Meditation der Sioux

Männlicher und weiblicher Geist regieren die Welt als einander ergänzende Aspekte eines Wesens

Großvater, Großer Geist, Du warst immer da, und vor Dir war niemand. Es gibt außer Dir niemanden anzubeten. Du selbst, alles was Du siehst, alles ist von Dir geschaffen worden. Die Völker der Sterne überall im Universum hast Du vollendet. Den Tag und alles in ihm hast Du vollendet. Großvater, Großer Geist, wende Dich zur Erde, so daß Du die Stimme hören mögest, die ich hinaufsende. Du, zu dem die Sonne sich neigt, sieh mich an; Donnerwesen, sieh mich an! Du, wo der Weiße Riese in seiner Macht lebt, sieh mich an! Du, wo die Sonne ewig scheint, wo der Morgenstern aufgeht und der Tag anbricht, sieh mich an! Du, wo der Sommer lebt, sieh mich an. Du in den Tiefen des Himmels, ein Adler der Macht, sieh her! Und Du, Mutter Erde, die einzige Mutter, die ihren Kindern Gnade erweist!

Hört mich, Ihr vier Viertel der Welt – ich bin Euer Verwandter! Gebt mir die Kraft, auf der weichen Erde zu gehen, ein Verwandter all dessen, was ist! Gebt mir die Augen zu sehen und die Stärke zu verstehen, daß ich werde wie Ihr. Nur mit Hilfe Eurer Macht kann ich den Winden standhalten.

Großer Geist, Großer Geist, mein Großvater, überall auf der Erde gleichen sich die Gesichter der lebenden Dinge. Lasse sie zärtlich aus dem Boden sprießen. Schau diese Gesichter der Kinder ohne Zahl und mit Kindern in ihren Armen, daß sie dem Wind standhalten und den guten Weg zum Tag der Ruhe wandeln.

Das ist mein Gebet; höre mich! Die Stimme, die ich Dir sende, ist schwach, doch spreche ich voller Ernst. Höre mich!

DAS MEDIZINRAD

Nach der philosophischen Vorstellung der Indianer vom Rad der Medizin sind alle Dinge und Lebewesen auf der Erde miteinander verwandt und müssen deshalb in einem harmonischen Verhältnis zueinander stehen, damit die Erde im Gleichgewicht bleibt. Das gleiche gilt ihrer Meinung nach für die Menschen. Um dieses Gleichgewicht zu erzielen, meditieren sie über die schlichte Anmut des Kreises, symbolisiert durch das Medizinrad. (Sein Symbolismus wird sich Ihnen auf natürliche Weise erschließen, wenn Sie seine als Licht oder Feuer visualisierte Macht in alle Bereiche Ihres Lebens eindringen lassen.) Bei der folgenden, auf indianischen Quellen beruhenden Meditation wird der Große Geist mit Hilfe des Rades um das angerufen, was Sie am dringendsten benötigen. Die Meditation eignet sich zur tiefen Sammlung, bei der Sie spirituell revitalisiert werden.

Das Medizinrad können Sie bei jedwedem Wunsch um Rat fragen

1. Machen Sie Ihr eigenes persönliches Medizinrad. Suchen Sie sich fünf Steine. Markieren Sie damit bestimmte Punkte des Rades – Norden, Süden, Osten, Westen und Mitte –, und sprechen Sie in jede Richtung ein Gebet, während Sie den Stein auf seinen Platz legen.

2. Legen Sie genau fest, was Sie eigentlich wollen. Es kann sich um einen materiellen, emotionalen oder spirituellen Wunsch handeln.

3. Klären Sie diesen Gedanken innerlich, indem Sie genau durchdenken, was Sie wollen.

4. Verwenden Sie die bei den Indianern als Ascheopfer bekannte Technik, um Ihre Aura zu öffnen und zu reinigen und Ihre Umgebung von allen negativen oder ablenkenden Einflüssen zu befreien. Bei dieser Technik wird die Asche von einer Zeder, von Tabak, Salbei oder anderen heiligen Kräutern verwendet. Verbrennen Sie ein wenig von dem Material in einer Muschel oder einem ähnlichen Gefäß, und streuen Sie die Asche in alle vier Himmelsrichtungen. Bieten Sie die Asche mit einer aufwärts weisenden Geste dem Großen Geist an. Verteilen Sie etwas rund um die Füße der Erdmutter. Anschließend bieten Sie dem Norden, dem Osten, dem Süden und dem Westen etwas Asche an. Vielleicht spüren Sie schon, wie Ihre Aura an Macht gewinnt.

5. Ist um Sie herum irgendwo eine Lichtquelle wie etwa die Sonne, der Mond, eine Straßenlaterne oder eine Kerze? Schauen Sie in die Lichtquelle, und drücken Sie die Augenlider zusammen, bis es für Sie aussieht, als würden von diesem Licht Strahlen ausgehen. Stellen Sie sich vor, daß dies das innere Licht ist. Sie fühlen, wie dieses Licht Ihren Körper wie ein Laserstrahl durchdringt. Zuerst fühlen Sie es im Energiezentrum (Chakra) oben auf Ihrem Kopf, dann fließt es durch Ihren ganzen Körper hindurch.

6. Stellen Sie sich vor, daß sechs Energiezentren Lichtstrahlen abgeben.

7. Stellen Sie sich einen Lichtpunkt am Ende des Strahls direkt vor Ihnen vor. Malen Sie sich aus, wie dieser Punkt sich im Uhrzeigersinn rund um Ihre Aura bewegt. Sie werden feststellen, daß Sie sich in der Mitte eines dreidimensionalen Medizinrads befinden.

Durch das dreidimensionale Medizinrad haben Sie Kontakt zu den kreativen Mächten im Universum

8. Dies ist ein Hauptsymbol, das Ihnen den Zugang zu den kreativen Mächten des Universums verleiht. Sie können in Ihrem täglichen Leben innerhalb eines Augenblicks darauf zugreifen und Fragen stellen, die Sie bewegen, oder um alles bitten, was Sie wollen.

9. Zählen Sie zehn Atemzüge, bevor Sie Ihr astrales Medizinrad auflösen, und schließen Sie die Meditation mit einem Gebet zum Großen Geist. Wenn Sie die verwendeten Steine dort gefunden haben, wo Sie gerade sind, und Sie sie nicht behalten wollen, lassen Sie sie bei ihrer Mutter Erde bleiben, und danken Sie ihr und dem Großen Geist.

Neben Tieren können beispielsweise auch Steine oder Pflanzen als Totem dienen

Die Suche der amerikanischen Ureinwohner nach einer Vision – die besonders für die Indianer der Prärie von großer Bedeutung war – führt häufig dazu, daß ein junger Mann von einem Totemgeist adoptiert wird, dessen Aufgabe es ist, ihn durchs Leben zu führen. Das Totem wird die Person unter den richtigen Umständen auch an seiner Macht teilhaben lassen. Gewöhnlich sprechen Totems nur im Traum oder bei intensiven Meditationsübungen (wie bei der visionären Suche oder längerem Fasten und Beten) zum Menschen.

Bei Totemtieren handelt es sich normalerweise nicht um Haustiere. Es können zum Beispiel Büffel, Kojoten, Raben, Stinktiere und Adler sein.

AUF DER SUCHE NACH DEM TOTEM

Ihr Totem kann Ihnen sowohl als Meditationsobjekt dienen als auch in Ihrer Meditation auftreten. Bleiben Sie offen für alle anderen Totems, die möglicherweise erscheinen. Eines will Ihnen vielleicht eine wichtige Nachricht übermitteln.

1. Suchen Sie Ihren Meditationsort auf; besonders gut eignet sich eine Stelle in der Natur, wo Ihr Totem sich zu Hause fühlen würde. Nehmen Sie eine bequeme Position ein.

2. Lassen Sie Ihr geistiges, emotionales und körperliches Selbst einen Moment lang zur Ruhe kommen.

3. Öffnen Sie Ihren Totem-/Medizinbeutel. Bieten Sie Tabak in alle vier Himmelsrichtungen und nach oben und unten an.

4. Schließen Sie den Totembeutel, und legen Sie ihn auf die Stelle, an der sich Ihr drittes Auge befindet (an der Spitze einer Pyramide, deren Grundlinie die Linie zwischen den Augen ist). Schließen Sie die Augen, und atmen sie tief und langsam. Lassen Sie Ihr Bewußtsein das dritte Auge und den Medizinbeutel durchdringen.

5. Rufen Sie Ihr Totem an. Sehen Sie es, werden Sie eins damit. Fühlen Sie, wie Sie am Leben des Totems teilnehmen. Wenn es ein Tier ist, sehen Sie die Welt mit seinen Augen. Wenn es ein Planet ist, fühlen Sie, wie Ihre Wurzeln in die Erde eindringen und Ihre Blätter sich nach der Sonne richten. Wenn es sich um ein Mineral handelt, betreten Sie die mikroskopische Ebene, um die Muster der Moleküle und Atome zu betrachten.

»Imitieren« Sie während der Meditation Ihr Totem

6. Tun Sie all das, was das Totem tut. Wenn es sich um einen Adler handelt, breiten Sie Ihre Arme aus, und fliegen Sie! Legen Sie das Federgewand an, und schweben Sie über den Wolken. Wenn das Totem ein Bär ist, brummen Sie wie ein Bär. Legen Sie sich ein Bärenfell um, und tanzen Sie. Ist es ein Stein, fühlen Sie, wie Ihr ganzes Wesen mit jeder Bewegung der Mutter Erde eine neue Gestalt annimmt.

7. Setzen Sie die Phantasiebilder fort, bis Sie das Gefühl haben, die Einheit mit dem Totem erreicht zu haben. Es kann mehrere Sitzungen dauern, bis Sie es schaffen.

8. Betrachten Sie Ihre Probleme oder Dinge, die Sie interessieren, mit den Augen des Totems. Lassen Sie sich von ihm neue Perspektiven zeigen. Verlassen Sie das Innere Ihres Totems, und unterhalten Sie sich mit ihm. Bitten Sie es um eine Antwort auf Ihre drängendsten Fragen.

9. Schließen Sie Ihre Meditation durch langsames Erwachen ab. Hören Sie ganz allmählich auf, das Totem zu sein, und kehren Sie in Ihren Körper zurück. Dieser Prozeß sollte eine Umkehrung des am Anfang durchgeführten Vorgangs sein. Verlagern Sie das Zentrum Ihres Bewußtseins von Ihrem dritten Auge zum oberen Teil des Kopfes. Fühlen Sie, wie Ihr Körper wieder menschliche Gestalt annimmt. Legen Sie Ihre Hände und den Totembeutel zu Ihren Füßen, um die Verbundenheit mit der Mutter zu spüren.

Die geistige Suche der Indianer kann als Grundlage für unsere eigene spirituelle Entwicklung verwendet werden

ZUSAMMENFASSUNG

- Zwischen der traditionellen Meditation und der Form, die mit östlicher und westlicher Meditation in Verbindung gebracht wird, gibt es viele Berührungspunkte.
- Einblick in unsere Überzeugungen und Erkenntnisse gewinnen wir, indem wir mehr über die Meditationspraxis bei anderen Völkern lernen.
- Die afrikanische Knochenmeditation ist ein ausgezeichnetes Beispiel für Weissagung mit Hilfe einfacher meditativer Gegenstände.
- Die afrikanische Altarmeditation zeigt uns, wie wir ein heiliges Tor errichten.
- Viele meditative Traditionen der Ureinwohner Amerikas sind bis heute lebendig geblieben; zu den Gegenständen der Kontemplation gehören Totems und das Medizinrad.

Zeitgenössische Meditationstraditionen

In den vergangenen 30 Jahren ist die jahrhundertealte Vorherrschaft des von der linken Gehirnhälfte ausgehenden Rationalismus ins Wanken geraten. Immer häufiger entdecken die Menschen die geistigen und körperlichen Vorteile der von der rechten Gehirnhälfte beeinflußten Eigenschaften wie ganzheitliche Intuition, Selbsterkenntnis, innere Ruhe und Anteilnahme. Die wichtigste Möglichkeit, auf die rechte Hemisphäre unseres Gehirns zuzugreifen, ist natürlich die Meditation.

Meditation und New Age

Anfang der 70er Jahre war die Meditation im Westen noch etwas Neues. »Natürlich«, bemerkt Daniel Goleman in »The Meditative Mind«, »waren östliche Lehrer wie Yogananda und D. T. Suzuki schon viel früher nach Amerika gekommen und hatten hier und da Anhänger gefunden.« Doch handelte es sich dabei um Ausnahmen. Dann, in den späten siebziger und in den achtziger Jahren, »blühte das Interesse an der Meditation auf, wie man es im Westen vorher noch nie erlebt hatte«.

Prominente Anhänger machten die Meditation im Westen populär

Inzwischen hat sich die Lage geändert. Meditation ist im Westen ganz groß. Millionen von Europäern und Amerikanern – Geschäftsleute, Rechtsanwälte, Sportler, Akademiker, Filmschauspieler und ganz gewöhnliche Leute – haben für Auftrieb in der Meditation gesorgt, deren Vorteile erkannt und sie fest in ihren Tagesablauf eingefügt.

Der Grund für das plötzlich erwachte Interesse an der Meditation war der Beginn des sogenannten »New Age«. Die New-Age-Bewegung, die Mitte der 70er Jahre im Westen ihren Anfang nahm, war eine Periode der Wiederentdekkung des Potentials zur spirituellen und körperlichen Heilung, das seinen Ursprung besonders in den alten, insbesondere aus dem Osten stammenden spirituellen Traditionen hat.

Angeführt von einzelnen Suchenden und visionären Psychotherapeuten, war die New-Age-Bewegung gekennzeichnet durch das Interesse an Yoga, ganzheitlichen Therapieansätzen, Engeln, Kristallen, Tarot, Tantra-Sex, Schamanismus, Meditation und einer ganzen Reihe anderer Techniken. Andere fühlten sich zu den Praktiken des New Age hingezogen, weil die Wissenschaft, die diese Praktiken zum erstenmal ernsthaft unter die Lupe nahm, deren Fähigkeit bestätigte, Streß zu reduzieren und die Gesundheit und das spirituelle Wohlbefinden zu fördern.

New Age paßte die Meditation den Gegebenheiten der westlichen Zivilisation an

Da die Meditation – neben vielen, vielen anderen – auch all diese Vorteile aufweist, gewann sie außerordentlichen Zulauf. Millionen haben erkannt, daß die Vorteile der Meditation es durchaus rechtfertigen, diese in welcher Form auch immer zu einem regelmäßigen Bestandteil ihres täglichen Lebens zu machen. In jeder größeren Stadt gibt es nicht nur Dutzende, sondern buchstäblich Hunderte von Meditationskursen, die von verschiedenen religiösen, schulischen, öffentlichen und sogar wirtschaftlich orientierten Organisationen angeboten werden.

All das hat dafür gesorgt, daß die Meditation auch in den Medien präsent wurde. In den vergangenen zwei Jahrzehnten wurde diesem Thema eine Flut von Zeitungsartikeln und Fernsehsendungen gewidmet. Auch die Anzahl von Büchern zu diesem Thema, die sich sowohl an erfahrene Meditierende wie auch an von den Versprechungen angelockte Neulinge wenden, hat explosionsartig zugenommen.

Das New Age hat sich zum gewinnbringenden Geschäft entwickelt

So viele Millionen Menschen sind in irgendeiner Form mit der New-Age-Bewegung verbunden, daß es eigene Publikationen gibt, spezielle Buchläden, eigene Abteilungen bei großen Verlagen, eigene Konferenzen und Ausstellungen, eine eigene Musikrichtung, eigene Organisationen und Bewegungen, von den viele sich an der Meditation orientieren.

Viele zeitgenössische Meditierende haben den Zugang zur Meditation durch meditative Disziplinen wie Yoga, Zen, Buddhismus oder meditatives Gebet gefunden. Doch andere fanden diese für ihr Leben nicht geeignet oder fühlten sich von der esoterischen Terminologie abgestoßen. Das brachte die Menschen im Westen dazu, nach Möglichkeiten zu suchen, wie sie die meditativen Praktiken des Ostens an westliche Bedürfnisse anpassen könnten. Persönlichkeiten von so unterschiedlicher Herkunft wie Gurdjieff, Edgar Cayce, Herbert Benson, R. E. L. Masters, Ken Wilber, Jiddu Krishnamurti, Mary Baker Eddy, Carl Jung, Jean Shinoda Bolen und Arthur Janov entwickelten meditative Praktiken ohne esoterische Terminologie, die sich problemlos dem modernen Lebensstil anpaßten. Zu den Tausenden der zeitgenössischen Traditionen gehören unter anderem Infinite Thought, der Vierte Weg, Headless Way, Transpersonale Psychologie, Urtherapie, Visualisierung, Transzendentale Meditation, Gaiaismus, Jungs Psychoanalyse, die Psychosynthese und die spiritistische Bewegung der Frauen.

Anders als bei älteren, ursprünglicheren meditativen Praktiken ist der Ansatz des New Age nicht mit dem Rückzug in ein Kloster oder dem Verzicht auf die Aktivitäten, Freuden und Leiden der Welt verbunden. Auch müssen Sie für diese Meditationstechniken keine komplexe esoterische mystische Terminologie lernen.

Die Kerngedanken dieser meditativen Disziplinen werden in Begriffen westlicher Erfahrung und Auffassung ausgedrückt, wie beispielsweise Psychologie, Bio-Feedback, Gehirnforschung, Streßreduzierung.

In diesem Kapitel lernen Sie fünf dieser Traditionen kennen: Gurdjieff, Visualisierung, Transzendentale Meditation, Edgar Cayce und seine Anhängerschaft und die weibliche Spiritualität/den Geist der Göttin.

Gurdjieff und Ouspensky

Georg Ivanowich Gurdjieffs Interesse galt der Funktionsweise der menschlichen Psyche. Er soll auch eine Zeitlang als Hypnotiseur gearbeitet haben

G. I. Gurdjieff (1872–1949) und sein Schüler P. D. Ouspensky (1878–1947) sind führende Beispiele für Persönlichkeiten der Moderne, deren Inspiration dem 20. Jahrhundert ein bedeutendes meditatives Erbe hinterließ. Im folgenden finden Sie repräsentative Beispiele für die Beiträge beider Denker zur zeitgenössischen Meditation.

Ein bemerkenswerter Mensch

Während der russische Philosoph G. I. Gurdjieff durch Asien reiste und eine Reihe von »Begegnungen mit bemerkenswerten Menschen« hatte, so der Titel eines seiner Bücher, entwickelte er ein einzigartiges spirituelles System. Einer seiner Schüler beschrieb Gurdjieffs Ansatz als »die religiösen Lehren des Ostens, verpackt in eine Terminologie, die sich dem rationalen Denken der Menschen im Westen anpaßt«.

Gurdjieff glaubte an die »personale Rettung«, eine Art profunder spiritueller und mentaler Wiedergeburt, die durch eine rigorose spirituelle, körperliche und meditative Lebensweise erzielt werden kann. Das Leben zahlreicher Menschen wurde durch Gurdjieffs System verändert, unter anderem auch das des Dichters William Carlos Williams, der ihn als einen »flammenden Geist, der angriff und manchen Sieg für die Kunst und das gute Leben errang« beschrieb.

Zu Gurdjieffs Schülern zählten Schriftsteller und Verleger

Margaret Anderson war Mitglied einer kleinen Gruppe von Schülern Gurdjieffs; zu der Gruppe gehörten auch die Frau von Enrico Caruso, A. R. Orage, frühere Herausgeberin der Zeitschrift »English New Age«, die Sängerin, Autorin und Schauspielerin Georgette Leblanc, die Autorin Solita Solano und Jane Heap, Mitherausgeberin der »Little Review«. In »The Unknowable Gurdjieff« schreibt Anderson, daß »Gurdjieff ein Unbekannter bleibt, außer für die Anhänger, die mit ihm zusammengearbeitet haben ... Seine Lehre gehört zum Wissen der Antike, und dieses Wissen wird mündlich weitergereicht und, wenn überhaupt, nur ganz allgemein niedergeschrieben.«

> »Wir sind in unserem eigenen Verstand gefangen, und egal wie sehr wir ihn dehnen und womit wir ihn schmücken, bleiben wir doch in dessen Mauern. Wenn wir aus unserem Gefängnis entkommen wollen, müssen wir zuerst unsere wahre Lage erkennen und uns gleichzeitig so sehen, wie wir wirklich sind, und nicht, wie wir in unser Vorstellung sind. Das erreichen wir nur, wenn wir ständig einen Zustand passiver Bewußtheit aufrechterhalten.«
>
> KENNETH WALKER (Schüler Gurdjieffs)

Der Vierte Weg

Gurdjieff nannte seine Sichtweise der Meditation und des persönlichen Wachstums den Vierten Weg. Er glaubte, daß die alten Kulturen drei wesentliche Wege der meditativen Disziplin und der Verwandlung der eigenen Persönlichkeit, die den Völkern von damals angepaßt waren, entwickelt hatten. Nach Gurdjieffs Auffassung waren das:

- Der Erste Weg: der Weg des Fakir, der am physischen Körper arbeitet, um körperliche Schmerzen zu überwinden. Dies ist der schwierigste Weg. Man muß alles aufgeben und tun, was einem gesagt wird.
- Der Zweite Weg: der Weg des Mönchs. Dieser Weg erfordert vor allem Glauben. Auf diesem Weg wird das emotionale Zentrum entwickelt.
- Der Dritte Weg: der Weg des Yogi. Dies ist der Pfad des Wissens und des Bewußtseins. Auf diesem Weg wird das intellektuelle Zentrum entwickelt.

Peter Demainowitsch Ouspensky, Mathematiker und Philosoph, wollte Mathematik, Religion und Mystik in einem Denksystem zusammenfassen

Wären diese drei die einzigen zu Verfügung stehenden meditativen Pfade, so Ouspensky, gäbe es nichts für den modernen westlichen Menschen. Anders als die Völker im alten China, in Mesopotamien, in Judäa und auf der arabischen Halbinsel haben wir zuviel Erziehung genossen. Die Menschen im Westen brauchen einen »Vierten Weg«, Gurdjieffs Vierten Weg, der speziell für ihren Lebensstil und ihre Bedürfnisse entwickelt wurde.

Gurdjieffs Vierter Weg ist eine Synthese der Werke klassischer griechischer Denker wie Pythagoras, Plato und der Neoplatoniker, der slawisch-orthodoxen christlichen Lehre, des Tantra-Buddhismus und des Hinduismus, orientiert an westlichen Bedürfnissen. Um ihm zu folgen,

- müssen Sie nicht alles aufgeben, was Sie besitzen. Der Prozeß spielt sich ganz in Ihrem Inneren ab;
- leben Sie Ihr Leben so wie vorher, in derselben Umgebung. Diese Lebensumstände sind für Sie sowieso am besten;
- Wenn Sie unter diesen Bedingungen anfangen zu arbeiten und zu lernen, können Sie etwas Wertvolles erreichen. Schließlich werden Sie in der Lage sein, sich und Ihre Umgebung zu verwandeln; jedoch ist das erst dann möglich, wenn Sie das Bedürfnis einer Veränderung verspüren. Nichts ist schwieriger, als das innere Selbst zu verändern, ohne das äußere Selbst zu verändern.

Das ist der Vierte Weg, der »Weg des schlauen Menschen«, für den die Meditation nicht einsame Kontemplation bedeutet, sondern der in Beziehung steht zu den Menschen, Gegenständen, sozialen Systemen und Ideen, die ihn umgeben (mehr über Meditation im Alltag finden Sie im dritten Teil dieses Buches).

Der Vierte Weg ist durchaus »alltagstauglich«

Wer sich selbst mit Hilfe des Vierten Weges weiterentwickelt, so schreibt Ouspensky, will sein erlangtes Wissen mit anderen teilen und anderen Menschen helfen weiterzukommen. Dieser Gedanke hat zahlreiche Gurdjieff-Gruppen ins Leben gerufen, jede mit ihren eigenen Vorstellungen davon, was richtig ist. Heute findet man überall auf der Welt Gurdjieff-Ouspensky-Zentren.

Selbstbeobachtung

Gurdjieff war der Auffassung, daß die meisten Menschen durch kulturelle Gehirnwäsche hypnotisiert und zu automatischen, reflexartig handelnden Wesen werden, die lediglich auf Reize reagieren. Wie Buddha sah er im Leiden unseren gewöhnlichen Zustand und glaubte, unsere einzige Hoffnung bestehe darin, daß wir uns durch die bewußte Verwandlung unserer Selbst von der Illusion einer zusammenhängenden Wirklichkeit lösen. Der Schlüssel zu Gurdjieffs Ansatz der persönlichen Befreiung lag in der Wiederentdeckung des authentischen Selbst durch eine meditative Technik, die er als »Selbstbeobachtung« bezeichnete.

Durch die Selbstbeobachtung löst sich der Meditierende von der Unterscheidung zwischen sich und dem Universum. Wie die Techniken der Einsichts-Meditation oder der christlichen Sammlung im Gebet, die Achtsamkeit herbeiführen sollen, wenn die Gedanken verschwimmen, dient auch diese Technik dazu, die Gedanken wieder auf die Beobachtung des Selbst zu richten.

Die Beobachtung des Selbst soll erkennen helfen, daß unser »Ich« nicht unwandelbar ist

Während der Selbstbeobachtung erkennt der Meditierende, daß sein innerer Zustand in ständigem Fluß begriffen ist und daß es kein unwandelbares, einzelnes »Ich« oder Selbst gibt. Wir erkennen, daß wir keine einheitliche, ganzheitliche Person sind, sondern in unserem Inneren eine Vielzahl von Charakteren oder Persönlichkeitsfragmenten mit uns herumtragen. Abhängig von den jeweiligen Umständen dominieren immer verschiedene dieser Charaktere und formen durch ihre jeweiligen Eigenschaften die Gestalt unserer Persönlichkeit.

Durch die Selbstbeobachtung verlieren diese Persönlichkeitsanteile ihre Macht, in dem Maße, wie der Meditierende aufhört, sich mit ihnen zu identifizieren. Wenn unser beobachtendes »Ich« sich entwickelt und sich von all den kleinen »Ichs« löst, »erwacht« der Meditierende. Beim Aufwachen verschwinden die kleinen »Ichs«, und der Meditierende, wie Kenneth Walker es beschreibt, »spürt seine Anwesenheit, spürt, daß er da ist, denkt, wahrnimmt, fühlt und bewußt handelt und nicht nur automatisch reagiert.« In diesem Zustand sind wir in der Lage, uns selbst vollkommen objektiv zu sehen.

> »Wir glauben, wir können Meditation lernen oder selbst meditieren. Wenn man sich an sich selbst erinnern kann, kann man meditieren; wenn nicht, geht es nicht. Selbsterinnerung ist Kontrolle über die Gedanken, ein anderer Zustand. Meditation ist das Handeln eines entwickelten Intellekts, und wir schreiben sie uns selbst zu. Es wäre gut, wenn wir meditieren könnten, doch wir können es nicht; die Lösung liegt in der Selbsterinnerung. Man kann nicht am Ende beginnen; man muß am Anfang anfangen, wie bei allen anderen Dingen auch.«
>
> P. D. Ouspensky, »Tertium Organum«

SELBSTBEOBACHTUNG

Diese Meditationsübung können Sie überall machen, während Sie umhergehen, im Zug, zu Hause. Alles, was Sie dazu benötigen, ist die Fähigkeit, die Selbstbeobachtung so auszuüben, als würden Sie die Arm- oder Beinmuskulatur trainieren.

Trainieren Sie Ihre Gabe, sich selbst zu beobachten!

1. Suchen Sie sich zuerst einen ruhigen Ort, und atmen Sie eine Weile ganz langsam, um den stillen, ruhigen Zustand der Meditation zu erreichen.

2. Beobachten Sie Ihren Körper, als wären Sie ein Arzt oder ein Wissenschaftler. Nehmen Sie einen typischen Aspekt Ihrer selbst unter die Lupe, beispielsweise eine bestimmte Geste, die Sie immer machen. (Versuchen Sie, für den Rest des Tages bewußt auf diesen Aspekt zu achten, wenn er wieder auftaucht.) Es gibt einen guten Grund, mit dem Körper zu beginnen. Sie können Ihr Leben nicht nur mit Ihrem Geist verändern, sondern Sie müssen den Körper als Werkzeug einsetzen, um den Einklang zwischen Körper und Geist zu erreichen.

3. Während Sie versuchen, die Selbstbeobachtung zu entwickeln, werden Sie feststellen, daß Ihre Persönlichkeitsanteile wie ein Sandsturm oder ein Blizzard umherwirbeln. Beobachten Sie, wie diese Persönlichkeitsanteile auftauchen und wieder verschwinden. Wenn Sie sie beobachten, verlieren sie ihre Macht über Sie. Sie identifizieren sich nicht mehr damit. Statt dessen fühlen Sie, wie Sie vollständige Objektivität erreichen.

4. Möglicherweise verwirrt es Sie, wenn Sie die rapide Veränderung Ihres geistigen Zustands erkennen. Selbstbeobachtung erfordert das nie nachlassende Bemühen um Vollkommenheit. Richten Sie Ihre Aufmerksamkeit auf das Körperliche. Achten Sie dabei jedoch mehr auf den Vorgang des Beobachtens als auf das, was Sie beobachten.

5. Versuchen Sie, sich und das gesamte Universum mit objektiver Bewußtheit zu betrachten. Erweitern Sie Ihre Wahrnehmung, um die wahrgenommenen Gegenstände zu vereinen.

6. Fahren Sie fort, bis Sie das Gefühl haben, alles aus dieser Sitzung herausgeholt zu haben.

Haben Sie Geduld! Veränderungen treten nicht von heute auf morgen ein

Lassen Sie der Selbstbeobachtung Zeit, ihre Wunder zu vollbringen. Sie können nach einem Tag oder nach ein paar Sitzungen noch keine Ergebnisse erwarten. Geben Sie nicht auf. Die Mühe wird sich lohnen.

Ouspensky und Tarot

Gurdjieffs wichtigster Schüler P. D. Ouspensky widmete sich lange der Erforschung der Ideen seines Meisters. Ouspensky mußte während der Revolution aus Rußland fliehen und fand in England und später in den Vereinigten Staaten Unterschlupf. 1920 veröffentlichte er eines seiner wichtigsten Werke, »Tertium Organum«, einen Versuch, die Menschheit und ihren Platz in der Schöpfung zu verstehen.

Die Meditation über Tarot-Karten ist Teil von Ouspenskys Werk

In Anlehnung an Gurdjieff, der das Beste aus allen Traditionen in seinem Vierten Weg zusammenfassen wollte, erforschte Ouspensky den meditativen Aspekt vieler esoterischer und mystischer Systeme. Wie Carl G. Jung war Ouspensky fasziniert von den Möglichkeiten der vordergründig der Weissagung und der Prophezeiung dienenden Systeme als Wege der Meditation (siehe vorangegangenes Kapitel). Viele Jahre stütze er seine Meditation auf das Tarot und empfahl seinen Schülern, es ihm gleichzutun.

»Tarot ist mehr als Wahrsagerei«, schreibt der Therapeut Jan Woudhuysen. »Wir alle verfügen über die Gabe der Intuition, doch die meisten von uns unterdrücken sie. Tarot wurde immer zum ›Wahrsagen‹ verwendet, obwohl es ... für Zwecke eingesetzt wurde, die man heute als Psychotherapie bezeichnen würde. Auf dem Wege der Meditation antworten die Karten auf viele Arten von Fragen und regen zu neuen Fragen an. Die Fähigkeit, die angeborenen Kräfte der Intuition zu nutzen, ist die Belohnung für diejenigen, die das System verwenden ... Tarot kann Ihnen helfen, mit sich ins reine zu kommen oder andere Menschen zu verstehen. Das Unbewußte weiß und bemerkt alles, und das Bewußtsein wird durch die Ereignisse verwirrt. Tarot ist eine Möglichkeit, unser Bewußtsein und unser Unbewußtes miteinander zu verknüpfen.«

TAROT-MEDITATION

Die folgende Meditationsübung beruht auf Ideen in den Büchern Ouspenskys. Wesentliche Anstöße für Ouspenskys Konzept vom Tarot kamen von Arthur Edward Waite und den Waite-Rider-Karten, den beliebtesten modernen Tarot-Karten in Amerika.

Lassen Sie sich beim Kauf von Tarot-Karten von Ihrer Intuition leiten

1. Nehmen Sie einen Satz Tarot-Karten zur Hand. Wenn Sie noch keine haben, kaufen Sie welche in einem Geschäft. Wählen Sie ein Geschäft mit einer großen Auswahl. Es gibt Dutzende verschiedener Sätze. Die Menge der Karten und deren Bedeutung ist immer gleich, doch die esoterische Bedeutung der Karten wird von verschiedenen Künstlern auf verschiedenartige Weise dargestellt. Schauen Sie sie durch, bis Sie welche gefunden haben, die Ihnen optisch oder spirituell oder unter beiden Aspekten betrachtet gut gefallen. Wenn Sie an diesem Tag keine Vibrationen verspüren, empfehlen viele Bücher die Waite-Rider-Karten, die als repräsentativ gelten.

2. Wählen Sie eine geeignete Zeit und einen passenden Ort für die Meditation. Setzen Sie gezielt Ihre Atmung ein, um Ihren Geist von Gedanken zu leeren und körperliche Anspannung abzubauen.

3. Diese Meditation beginnt mit dem Magier, dem ersten Trumpf der Tarot-Karten. Sie können sie natürlich durch jede andere Karte ersetzen.

4. Legen Sie den Magier (oder die von Ihnen gewählte Karte) auf den Tisch oder eine ebene Fläche. Verwenden Sie ein Tuch, am besten aus schwarzer Seide, auf das Sie die Karte zum Meditieren legen. Meditierende empfehlen die Farbe Schwarz, weil sie alle Farben absorbiert und sich zur Isolierung und als Leiter für psychische Energie eignet.

5. Setzen Sie sich vor die Karte, sammeln Sie sich, entspannen Sie sich, und leeren Sie Ihren Geist von Gedanken.

6. Beginnen Sie zu meditieren. Betrachten Sie den Magier vor seinem Tisch. Welche Geste macht er mit seinen Armen? Bleiben Sie still und ruhig sitzen, und stellen Sie sich vor, daß Sie Ihre Arme in einer ähnlichen Bewegung heben.

7. Fahren Sie fort, mit dem Bild auf der Karte vor Augen zu meditieren, bis es zu einem Fenster wird, das auf eine sich weitende Landschaft hinausgeht. Machen Sie den Sprung von »Ich sehe den Mann« hin zu »Ich bin der Mann«. Werden Sie der Magier.

8. Sehen Sie hinunter auf die Ranken, die um Sie herum wachsen. Untersuchen Sie die magischen Waffen, die Ihnen zur Verfügung stehen – der Stab, der Kelch, das Schwert und das Pentagramm. Allein durch Ihren Willen können Sie diese Werkzeuge zu jedem gewünschten Zweck einsetzen. Doch was wäre der sinnvollste?

Jede dieser Waffen kanalisiert eine andere Form ätherischer/elementarer Energie: Feuer, Wasser, Luft und Erde

9. Schauen Sie nun geradeaus. Oroboros, die Schlange des Universums, hat sich um Ihre Taille gewunden. Die Schlange hält ihren Schwanz im Mund, so daß Sie sie als Gürtel benutzen können. Ihre Augen sind weit aufgerissen. Was sehen Sie? Zeigt sich etwas in materieller Form, das Sie herbeigerufen haben?

10. Leeren Sie Ihren Geist nun mit mehreren Atemzügen. Werden Sie zum passiven Empfänger des Symbolismus, den Sie angerufen haben. Der Magier verkörpert Gott, den Menschen und das Universum. Welche besondere Botschaft bringen sie Ihnen?

11. Lassen Sie die Arme wieder sinken. Kehren Sie langsam zum alltäglichen Bewußtsein zurück.

12. Sprechen Sie die Gedanken und Worte, die Ihnen in den Sinn kommen, laut aus.

13. Sagen Sie der Karte Ihren Dank, und legen Sie sie an die vorgesehene Stelle unter den übrigen Karten.

POSITIV ORIENTIERTES VISUALISIEREN

Die Visualisierung wurde in der westlichen, wissenschaftlichen Welt 1911 durch den Psychoanalytiker Roberto Assagioli erneut populär gemacht. Seine Arbeit führte ihn zu der Schlußfolgerung, daß ein Mensch die Sprache des Unbewußten hört, wenn er sein geistiges Auge sehen läßt, und die Stärke des Unbewußten wird am direktesten durch die bewußte Visualisierung entfacht.

Heute würde man diese Methode »self fulfilling prophecy« nennen

Assagioli vertrat die Auffassung, daß jeder Mensch auf natürliche Weise die Macht und die Fähigkeit hat, sich ein gewünschtes Resultat vorzustellen, so daß dieses sich tatsächlich einstellt. Assagioli nannte diese Methode der Selbstführung Psychosynthese: die mentale Verbindung von Elementen, Teilen oder Substanzen zu einer Einheit. Assagiolis Entdeckung ist ein weiteres Beispiel dafür, wie Psychologen des 20. Jahrhunderts Techniken neu entdecken, die von Schamanen möglicherweise bereits seit mehr als 2000 Jahren eingesetzt werden.

Visualisierung von Höchstleistungen

Gegenwärtig wird die Visualisierung in der Psychotherapie häufig eingesetzt, um Menschen zu helfen, Phobien und Ängste zu überwinden, aufgestaute Traumata zu verarbeiten und unterdrückte Teile der eigenen Persönlichkeit zu integrieren. Auch Sportler und Manager stützen sich auf diese Technik, um sich auf allgemeine Herausforderungen und Spitzenleistungen vorzubereiten.

»Visualisierung funktioniert deshalb«, schreibt Ronald Gross in »Peak Learning«, »weil Sie Verhaltensmuster in der gleichen Weise wie beim tatsächlichen Training stärken, sobald Sie sich die Zeit nehmen, um sich vorzustellen, wie Sie eine Sache gut machen und sich innerlich jedes Detail des

Prozesses vergegenwärtigen. Beim Visualisieren ist es, wie wenn Sie ein Musikstück spielen können und in der Lage sind, es im Kopf zu spielen, ohne das Instrument zu berühren.« Dieser Ansatz wird im Sport und in vielen anderen Bereichen immer häufiger eingesetzt.

»Der Mensch ist mit einer machtvollen Vorstellungskraft ausgestattet. Warum soll man diese Macht nicht positiv und konstruktiv einsetzen, anstatt seine Phantasie ständig mit der (überflüssigen) Vorstellung potentieller Katastrophen zu blockieren?«

Visualisieren hilft, Ängste zu überwinden

Geleitete Meditation

Bei einer Form der Visualisierung, der geleiteten Meditation, stellt sich der Meditierende unter Anleitung eine Reihe von Szenen vor, die bewußt dazu ersonnen wurden, ein bestimmtes Ziel beim Meditieren zu erreichen. Die geleitete Meditation spielt in der Psychotherapie eine zunehmend wichtige Rolle. Zwar war diese Methode schon vor Urzeiten bekannt, doch wurde sie erst von modernen Therapeuten wiederentdeckt und angewandt.

Unter Anspannung leidende Patienten beispielsweise werden angeleitet, sich eine entspannende Szene wie etwa eine warme Tropeninsel vorzustellen. Personen mit Höhenangst werden durch eine Serie von szenischen Bildern mit immer größeren Höhen geführt, bis sie sich daran gewöhnt haben. In diesem Kapitel beruhen »Antworten des Unbewußten« und »Freiübungen für die Phantasie« (unten) auf der Grundlage geleiteter Meditation.

Das Institute for the Noetic Sciences beschäftigt sich mit der Lehre vom Denken

FREIÜBUNGEN FÜR DIE PHANTASIE

Wenn Visualisierungstechniken für Sie etwas Neues sind oder wenn Sie es einfach generell schwierig finden, sich etwas lebhaft vorzustellen, sind die »Freiübungen für die Phantasie« eine von zwei Möglichkeiten, Ihre Einbildungskraft zu trainieren. Sie basieren auf den Ideen, die Dr. Willis Harman, der frühere Vorsitzende des Institute for the Noetic Sciences, und Howard Rheingold, der Experte in Sachen virtuelle Realität, in »Higher Creativity« beschreiben. Freiübungen für die Phantasie sind eine Art von geleiteter Meditation. Sie werden durch eine intensive visuelle Meditation geleitet, bei der so lebendige Bilder entstehen, daß diese wie gemalt vor Ihrem inneren Auge sichtbar werden. Es ist sinnvoll, daß jemand die Anleitung laut vorliest (entweder eine andere Person, oder Sie lassen ein Band laufen, das Sie selbst vorher aufgenommen haben). Je häufiger diese Übung wiederholt wird, um so deutlicher werden die Bilder und deren Bedeutung.

1. Ziehen Sie sich an einen Ort zurück, an dem Sie ungestört sind, und setzen Sie gezielt Ihren Atem ein, um zu entspannen und den Geist zu leeren.

2. Hören Sie sich den folgenden Text an, und lassen Sie den heraufbeschwörten Bildern freien Lauf.

3. Stellen Sie sich bildlich vor, daß Sie auf einer sanften Anhöhe unter einer alten Ulme auf einem Flecken dichten, duftenden, grünen Grases liegen. Der Himmel ist voller bauschiger, weißer Wölkchen, die langsam vorbeischweben. Die Luft ist so warm wie Ihre Haut. Sie atmen immer wieder tief durch; dabei achten Sie nicht darauf, wie viele Atemzüge Sie machen, sondern eher, wie entspannend diese Atemzüge sind. Sehen und fühlen Sie, wie Sie über dieser Gegend schweben und sich genau umsehen. Reisen Sie an verschiedene Orte, etwa einen Wald oder einen Strand. Schweben Sie zu einem See, schauen Sie in das dunkle Wasser. Konzentrieren Sie sich darauf, was sich in dem Wasser befindet. Schauen Sie in die Baumkronen. Riechen Sie an einer Blume. Wenn Sie bereit sind, die Reise zu beenden, stellen Sie sich vor, daß Sie wieder unter dem Baum auf dem Hügel liegen. Die Sonne geht gerade unter. Atmen Sie noch einmal tief durch. Öffnen Sie die Augen. Erinnern Sie sich an das, was Sie gesehen und gefühlt haben.

4. Um die Wirkung der Bilder zu stärken, beschreiben oder zeichnen Sie die Eindrücke Ihrer Reise.

Visualisierung der Weisheit

In der Phantasie tritt man in Kontakt mit einer weisen Person, die einem Ratschläge erteilt

Viele zeitgenössische Schulen klinischer Psychologie, die sich beispielsweise an Jung, Gestalttherapie, kognitiver Therapie oder humanistischen Vorstellungen orientieren, setzen die Vorstellungskraft oder die Phantasie ein, um innere Weisheit zu erlangen. Eine typische Technik ist ein Dialog mit einem Weisen oder inneren Lehrer, bei dem der Therapeut den Patienten bittet, sich vorzustellen, er befände sich in einer sicheren, angenehmen Umgebung und träfe dort einen sehr weisen Menschen. Laut Dr. Roger Walsh, Professor für Psychiatrie und Philosophie, wird der Patient dazu »ermuntert, einen spontanen Dialog mit diesem inneren Weisen zuzulassen und alle Fragen zu stellen, die sinnvoll erscheinen«. Mit Hilfe dieser inneren Dialoge, so Walsh, lassen sich »erstaunlich einsichtsvolle Informationen« zutage fördern, deren der Patient sich vorher nicht bewußt war.

Martha Crampton, die Leiterin des kanadischen Institute of Psychosynthesis, stimmt mit Walsh überein. »Mentale Techniken der Imagination«, schreibt sie, »können eine große Rolle bei der Herstellung einer Verbindung zwischen dem Bewußtsein und dem Unbewußten sowie zwischen den rationalen und den effektiven Dimensionen unserer Persönlichkeit spielen.«

Die Antworten des Unbewußten können erstaunliche Erkenntnisse bringen

Eine Technik mit vielen verschiedenen Anwendungsmöglichkeiten ist die als »Antworten des Unbewußten« bekannte Methode. Sie wird allgemein dazu verwendet, Informationen zu beschaffen, Ratschläge einzuholen und zu einem besseren Verständnis unserer inneren Prozesse zu gelangen. Der Grundgedanke ist, eine Frage zu formulieren, sie an sein Unterbewußtsein zu richten und zuzulassen, daß die Antwort in Form eines inneren Bildes an die Oberfläche tritt. Eine solche Antwort tritt spontan hervor, in den meisten Fällen mit erstaunlicher Leichtigkeit. Wichtig ist dabei, daß Bilder, die unbedeutend erscheinen mögen, nicht zurückgewiesen werden. Wenn man ihnen genügend Aufmerksamkeit widmet, kommt ihre Bedeutung zum Vorschein. Erscheint eine Serie von Bildern, die nichts miteinander zu tun haben, erweist sich das erste häufig als das wichtigste. Der Prozeß ist einfach und anschaulich.

Antworten des Unbewussten

1. Suchen Sie sich einen ruhigen, entspannenden Ort.

2. Schließen Sie die Augen, und stellen Sie sich vor, Sie befänden sich in der Gegenwart des weisesten Menschen der Welt. Malen Sie sich diesen Menschen so lebhaft wie möglich aus.

3. Stellen Sie diesem weisen Menschen eine Frage zu einem Problem, das Sie beschäftigt.

Viele staunen über die Genauigkeit der Antworten, die sich bei dieser Technik ergeben, wie aus einem Artikel in der Zeitschrift »Prevention« zu erfahren ist. Die Fragen werden nicht immer direkt beantwortet. Auf manche Fragen folgt statt dessen eine Gegenfrage.

Diese soll einem helfen, das Problem in einem »anderen Licht« zu sehen, so der Autor des Artikels. Gewöhnlich erhält man dadurch vollkommen neue Denkanstöße.

Im Tantra-Yoga gibt es eine Reihe von visuellen Kriyas (wirkungsvollen meditativen Techniken), die Anfängern helfen sollen, ihr Vorstellungsvermögen zu stärken. Eine der Übungen ist als *Tratakam* oder »Klärung des Blicks« bekannt. Diese Übung soll die Augen durch Entspannung stärken und rührt von dem Glauben her, daß konzentriertes Sehen zu einem konzentrierten Verstand führt.

Mit Hilfe von Kriyas schärfen Sie Ihren Geist

Zwei Kriya-Visualisierungen

1. Setzen Sie sich mit einer angezündeten Kerze in einen abgedunkelten, ruhigen Raum. Stellen Sie die Kerze etwa einen Meter vor sich auf.

2. Sehen Sie in die Flamme, und konzentrieren Sie sich darauf. Zwinkern Sie dabei nicht mit den Augen.

3. Wenn Ihre Augen weh tun oder tränen, schließen Sie sie. (Überanstrengen Sie die Augen nicht.) Sie sollten das Bild der Flamme auch bei geschlossenen Augen vor sich haben. Wenn das Bild verschwindet, versuchen Sie, es sich wieder zu vergegenwärtigen, wobei Sie die Augen aber geschlossen halten. Falls Sie damit keinen Erfolg haben, öffnen Sie die Augen, und sehen Sie wieder in die Flamme. Wiederholen Sie den Vorgang.

4. Die Flamme bewegt sich unter Umständen, während Sie versuchen, Sie sich innerlich vorzustellen. Versuchen Sie, das Bild ruhig zu halten.

5. Wenn Sie das regelmäßig üben, können Sie das Bild der Flamme schließlich ruhig halten.

Eine zweite Kriya-Übung benützt Farben und die Kerzenflamme, um innere Gelassenheit zu finden und gleichzeitig das Vorstellungsvermögen zu trainieren.

1. Beginnen Sie diese Übung wie die vorangegangene.

2. Wenn Sie das Bild der Flamme vor sich haben, versuchen Sie zu erreichen, daß die Flamme sich nicht bewegt.

3. Sobald Sie das geschafft haben, stellen Sie sich vor, daß die Flamme sich von der Kerze löst und auf Sie zu und in Ihr Herz schwebt. Sehen Sie, wie das Licht der Flamme wächst und die Farbe der spirituellen Liebe, Magenta, annimmt. Lassen Sie das magentafarbene Licht Ihren Körper wie eine Aura umgeben und Frieden und Liebe zu sich selbst ausstrahlen.

4. Wenn Sie meinen, daß der richtige Zeitpunkt gekommen ist, beobachten Sie, wie die Flamme wieder ihren normalen Zustand annimmt.

Kommen Sie am Schluß der Übung langsam zurück ins Hier und Jetzt

5. Öffnen Sie langsam die Augen, und spüren Sie dabei die Wärme und Stärke der inneren Liebe und des Trostes, den die Kerzenflamme Ihnen gebracht hat.

Transzendentale Meditation

Transzendentale Meditation ist eine weitere Fortentwicklung uralter Yoga-Übungen, die an den westlichen Lebensstil angepaßt wurden. Die Methode wurde von Maharishi Mahesh Yogi (eigentlich Mahesh Prasad Warma) entwickelt und im Westen eingeführt. Nach Abschluß eines Physikstudiums an der Universität von Allahabad ging Maharishi 13 Jahre bei Swami Brahmananda Saraswati in die Lehre, dem führenden Vertreter der alten vedischen Wissenschaft von der Bewußtheit. 1955, nachdem er zwei Jahre schweigend im Himalaya-Gebirge verbracht hatte, begann der Maharishi, die von ihm entwickelte Transzendentale Meditation einer kleinen Gruppe von Eingeweihten, zu denen auch einige Westler gehörten, nahezubringen.

Bei den Schülern aus dem Westen war die Methode so erfolgreich, daß Maharishi Mitte der sechziger Jahre weltweit eine ganze Schar von Anhängern gefunden hatte, zu denen auch einige Prominente zählten. Dann besuchten ihn die Beatles auf dem Höhepunkt ihres Ruhms in seiner Enklave in Indien und machten die TM weltweit zu einem Schlagwort. Seit damals ist aus der Lehre eine internationale Bewegung geworden, die Millionen praktizierende Anhänger hat.

Maharishi Mahesh Yogi bekam 1967 Besuch von den »Pilzköpfen« aus Liverpool, den Beatles, und weihte sie in die TM ein

Maharishi und die Beatles

Die Beatles wurden 1967, als sie ihre größten Erfolge feierten, Anhänger von Maharishi Yogi. Sie besuchten sein Meditations-Retreat in Rishikesh, Indien. Der ursprüngliche Zweck der Reise war ein zweimonatiger Meditationskurs. Doch aufgrund der Popularität der britischen Rockgruppe ging die spirituelle Suche im Medienrummel unter. Als Folge waren die Beatles von Maharishi enttäuscht.

John Lennon und Paul McCartney schrieben später mehrere Stücke über ihre Erfahrungen mit der TM und dem Maharishi. »Sexy Sadie« und »Dear Prudence« auf dem »weißen« Album sind ein kaum verhüllter Kommentar des öffentlichen Gipfeltreffens der vier Pilzköpfe mit dem großen Guru.

Die TM kann körperlich wie geistig die Leistungsfähigkeit steigern

Bei vielen Menschen, die nach der Methode der TM meditieren, reduziert sie Streß und Müdigkeit, verbessert die Gesundheit, macht intellektuell leistungsfähiger, ordentlicher, dynamischer und kreativer, verbessert die persönlichen Beziehungen und führt zu mehr Produktivität und Zufriedenheit am Arbeitsplatz. Seit diese Menschen TM praktizieren, haben sie das Gefühl, im täglichen Leben mehr zu leisten, sowohl in persönlicher Hinsicht als auch im Berufsleben. Jeder Mensch macht natürlich eigene Erfahrungen mit TM. Der Erfolg hängt von Ihrem körperlichen Zustand ab, da geistige Klarheit einen gesunden Körper voraussetzt.

> »Transzendentale Meditation öffnet das Bewußtsein für das unendliche Reservoir an Energie, Kreativität und Intelligenz, das tief in jedem Menschen verborgen liegt. Weil die Transzendentale Meditation neue Vitalität in diese fundamentale Ebene des Lebens hineinbringt, ist sie das einzige einfache Verfahren, das dem Leben jedes einzelnen und jeder Gesellschaft die volle Würde verleiht, wo es keine Probleme gibt und vollkommene Gesundheit, Zufriedenheit und schneller Fortschritt natürliche Eigenschaften des Lebens darstellen.«
>
> Maharishi Mahesh Yogi

»Bei dieser Technik«, so die Literatur über TM, »ruht das Bewußtsein des Menschen in sich selbst und wird zur einfachsten Form menschlichen Bewußtseins, nämlich zu einem transzendentalen Bewußtseinszustand, in dem das Bewußtsein für sich selbst offen ist. Die Erfahrung des transzendentalen Bewußtseinszustands entwickelt das latent vorhandene kreative Potential des Menschen, während aufgestaute Spannungen und Müdigkeit durch die tiefe Ruhe, die während der Übung erreicht wird, aufgelöst werden. Diese Erfahrung lenkt die Aufmerksamkeit auf Kreativität, Ordentlichkeit und Organisation, was zu mehr Leistungsfähigkeit und Erfolg im Alltag führt.«

Der Maharishi betont, daß der »wesentliche Vorteil der Transzendentalen Meditation in ihrer außerordentlichen Einfachheit liegt. Jeder kann diese Technik mühelos erlernen.« Ihm zufolge besteht der andere grundlegende Unterschied zwischen TM und anderen meditativen Traditionen darin, daß die TM »sich ausschließlich mit dem Geist befaßt. Andere Systeme beinhalten häufig zusätzliche Aspekte, die mit dem Geist zusammenhängen, wie etwa Atemtechniken oder körperliche Übungen. Diese Systeme können ein wenig kompliziert sein, da sie sich mit so vielen Dingen befassen. Doch bei der Transzendentalen Meditation gibt es keinen Störfaktor. Deshalb ist dies das einfachste Programm, das es dem bewußten Geist ermöglicht, die ganze Tiefe seiner Existenz auszuloten.«

Im wesentlichen ist TM Mantra-Meditation in ihrer einfachsten und mühelosesten Form und wird morgens und nachmittags 15 bis 20 Minuten in bequemer Sitzhaltung mit geschlossenen Augen praktiziert

Die Wirkungsweise der TM

Die TM ist möglicherweise die am gründlichsten erforschte und dokumentierte zeitgenössische Meditationstraditionen. Das ist zumindest teilweise auf beispiellos geschicktes Marketing und die Verkaufsstrategien der TM-Organisation zurückzuführen. So wurden etwa an 210 verschiedenen Universitäten und Forschungsinstituten in 27 Ländern mehr als 500 Untersuchungen über die physiologischen, psychologischen und soziologischen Wirkungen der TM durchgeführt.

TM am Arbeitsplatz

R. W. Montgomery war Besitzer einer Chemiefabrik in Detroit. 1983 führte er in seinem Unternehmen die TM ein. Innerhalb von drei Jahren, so sagte er, meditierten 52 der 100 Arbeiter des Unternehmens – angefangen vom leitenden Angestellten bis hin zum Fließbandarbeiter – vor der Arbeit und nachmittags jeweils 20 Minuten, die ihnen als Arbeitszeit angerechnet wurde. Montgomery berichtete: »Nach drei Monaten meldete ein unabhängiges Unternehmen, daß diejenigen, die meditierten, angaben, mehr Energie zu haben, Streß besser bewältigen zu können und weniger körperliche Probleme sowie einen niedrigeren Cholesterinspiegel zu haben. Im Laufe der nächsten drei Jahre gingen die Fehlzeiten um 85 Prozent zurück, die Produktivität stieg um 120 Prozent, die Qualitätskontrolle verzeichnete einen Zuwachs von 240 Prozent, die Zahl der Verletzungen fiel um 70 Prozent, die Krankmeldungen gingen um 16 Prozent zurück, und der Gewinn stieg tatsächlich um 520 Prozent.«

520 Prozent Gewinnsteigerung innerhalb von drei Jahren – das schafft die TM

Kenneth Eppeley, Physiker an der Stanford-Universität, hat verschiedene Formen von Meditation und Entspannungstechniken analysiert und ist zu dem Ergebnis gekommen, daß die Transzendentale Meditation bei Streß am wirksamsten ist.

Dr. Dr. Gary Kaplan, Leiter der Abteilung für klinische Neurophysiologie an der Universitätsklinik North Shore von Manhasset, New York, sagte: »Diese richtungweisende Untersuchung hat gewaltige Auswirkungen für unser Verständnis von den Bewußtseinszuständen und der Arbeitsweise des menschlichen Gehirns.«

Yogisches Fliegen

Die wahrscheinlich merkwürdigste Behauptung, die jemals im Zusammenhang mit den Wirkungen der Meditation gemacht wurde, ist, daß sie dem Praktizierenden die Fähigkeit verleiht, vom Boden abzuheben, was als »yogisches Fliegen« bezeichnet wird. Berichte über fortgeschrittene Meditierende, die vom Boden abheben, haben sowohl im Osten wie im Westen eine alte und ehrenhafte Tradition. Michael Murphy schreibt dazu in »The Future of the Body«: »Die Levitation (oder das freie Schweben) des menschlichen Körpers läßt sich in den Legenden des Christentums bis weit in die Vergangenheit zurückführen und ist Behauptungen zufolge auch bei Anhängern anderer Religionen aufgetreten.« Die Druiden sind angeblich Linien entlanggeschwebt, die sich kreuz und quer durch das alte Europa zogen. Indische Yogis hatten den Ruf, vormals Meister darin gewesen zu sein, die indianischen Schamanen sind dabei beobachtet worden, und die als »weise Männer« bezeichneten Heilkünstler der australischen Ureinwohner und die Magier auf Hawaii besaßen ähnliche Kräfte.

Berichte über vom Boden abhebende Meditationsmeister ziehen sich durch alle Traditionen und Kulturen

»Es gibt, so scheint mir«, schreibt Murphy, »hinreichende Aussagen über das Phänomen, um es als im Rahmen des Möglichen in Betracht zu ziehen.« Zu den Persönlichkeiten, die diese Technik Augenzeugenberichten zufolge erfolgreich gemeistert haben, gehören solche würdigen Menschen wie Rabi'a von Basra, die heilige Teresa von Avila und der heilige Joseph von Copertino. »Levitation, wie das Abheben des menschlichen Körpers vom Boden ohne erkennbaren physikalischen Einfluß gemeinhin genannt wird«, heißt es in Butlers Lebensbeschreibungen der Heiligen, »wurde in der einen oder anderen Form bei mehr als 200 Heiligen und Seliggesprochenen beobachtet.«

> »Yogisches Fliegen sorgt für Wellen überschäumender Glückseligkeit, die dem einzelnen Glück und der Welt den Frieden bringt.«
>
> MAHARISHI MAHESH YOGI

Yogisches Fliegen soll von jedermann zu erlernen sein

Die TM behauptet, die für die meditative Levitation verantwortlichen Techniken wissenschaftlich so weit ergründet zu haben, daß sie praktisch fast jedem Menschen beigebracht werden können. Der TM-Literatur zufolge haben es bereits mehr als 100 000 Personen gemeistert. Das yogische Fliegen verleiht nicht nur die Fähigkeit, vom Boden abzuheben, sondern soll auch die Koordination zwischen Geist und Körper erheblich verbessern. Es wird behauptet, die Kohärenz der Gehirnfunktionen werde verbessert, während der Meditierende innerlich gleichzeitig eine »überschäumende Freude« verspüre. Darüber hinaus sagen viele Menschen von sich, das Ziel des Kurses erreicht zu haben und levitiert zu sein.

DER HEILIGE JOSEPH VON COPERTINO

Der weltweit am heftigsten diskutierte historische Bericht einer Levitation betrifft den heiligen Joseph von Copertino, einen Franziskanermönch, der im 17. Jahrhundert gelebt hat. Er ist Aussagen zufolge bei mehr als 100 Gelegenheiten bei einer Levitation beobachtet worden. Fast ein Jahrhundert später wurde der Fall von dem skeptischen Prosper Lambertini, dem späteren Papst Benedikt XIV., analysiert. Lambertinis Analyse des Beweismaterials gilt als »gründlich und ausführlich«. Seine Zweifel schienen verschwunden, denn 1853, als er bereits Papst war, ordnete er Josephs Seligsprechung an.

Edgar Cayce – der schlafende Prophet

Der Amerikaner Edgar Cayce (1877–1945) war ein angesehenes Medium, Mystiker und Heiler. Die Biographien, die sein Leben im Detail schildern, sind Bestseller geworden. Auf einer Farm in der Nähe von Hopkinsville, Kentucky, geboren, wies Cayce schon als Kind ganz erstaunliche Fähigkeiten auf. Dazu gehörte unter anderem, daß er sich mit seinen Schulbüchern unter dem Kopf schlafen legen und am nächsten Morgen jedes Wort auswendig hersagen konnte, daß er seiner Mutter sagen konnte, wie sie eine Verletzung behandeln sollte, und daß er mit einem unsichtbaren engelhaften Wesen sprach. Später im Leben entdeckte Cayce viele andere erstaunliche Fähigkeiten an sich selbst – er konnte hellsehen, die Aura eines Menschen erkennen, mit Hilfe einer Wünschelrute auf Wasser stoßen und die unbewußten Gedanken anderer lesen.

Schon früh erkannte Edgar Cayce, daß er paranormale Fähigkeiten besaß

Cayce machte im Alter von 24 Jahren zufällig die Entdeckung, daß er eine ganz besondere Fähigkeit besaß. Im Jahr zuvor hatte er infolge einer Erkältung seine Stimme verloren, und er konnte immer noch nicht sprechen. Ein Freund schickte ihn zu einem Hypnotiseur, der ihn heilen sollte. Der Hypnotiseur ließ Cayce in eine tiefe Trance fallen. Zu beider Erstaunen begann er zu sprechen und sagte dem Hypnotiseur, wie er seine Stimme für immer wiedererlangen könne. Als die Menschen am Ort das hörten, baten sie ihn, sich in Schlaf zu versetzen und Heilmethoden für Krankheiten zu diktieren, die den Ärzten nicht bekannt waren oder die sie nicht heilen konnten. Anfangs zögerte Cayce und erklärte, daß er keine medizinische Ausbildung genossen hätte. Eigentlich besaß Cayce sogar überhaupt keine richtige Ausbildung. Doch Freunde und Verwandte baten ihn so lange um Hilfe, bis er schließlich nachgab.

Die Akasha-Chronik

Gefragt, woher seine durch die Trance ausgelösten Aussagen (Readings) stammten, antwortete der schlafende Cayce, sein Geist beziehe sein Wissen vom Geist anderer Menschen und aus dem, was er (unter Verwendung eines Begriffs aus der Kosmologie der Hindus) als »Akasha-Chronik« bezeichnete. Im wesentlichen scheint es sich bei dieser Akasha-Chronik um das zu handeln, was Carl G. Jung das »kollektive Unterbewußtsein« nannte. In anderen Traditionen wird dieses Phänomen »Buch des Lebens«, »aufzeichnender Engel« und »anima mundi« genannt. Sämtliche Gedanken und Schwingungen aller Menschen, die seit Anbeginn der Zeit jemals gelebt haben, sind in dieser Akasha-Chronik aufgezeichnet. Der Geist des schlafenden Cayce hatte Zugriff auf den Wissensspeicher und bediente sich aus der unerschöpflichen Quelle der Weisheit. Nach einigen einleitenden Worten pflegte die Stimme von Cayce zu sagen: »Ja – wir haben die Aufzeichnungen der Einheit erhalten, die jetzt als [Name der Person] bekannt ist«, und das Reading begann.

Cayce' Empfehlungen waren manchmal verwirrend und dennoch hilfreich

Die Empfehlungen, die Cayce in Trance von sich gab, waren von der besonderen Art! Häufig empfahl er homöopathische Heilmethoden, oft stützte er sich auf ein obskures medizinisches Wissen über Medikamente, die gar nicht mehr auf dem Markt waren. Doch sogar die Ärzte mußten zugeben, daß die Patienten sich eine Verbesserung ihres Zustandes nicht nur einbildeten, sondern daß es ihnen tatsächlich besserging.

Nach einem Besuch von Arthur Lammers, der sich für Metaphysik interessierte, erhielten die Readings von Cayce einen metaphysischen Anstrich. Seine frühen Aussagen hatten den physikalischen Aspekt der Krankheit eines Patienten unterstrichen. Doch nun hielt der schlafende Cayce »Readings des Lebens«, die das gegenwärtige Problem eines Menschen auf der Grundlage seines Charakters und seiner in diesem und in einem früheren Leben begangenen Taten analysierten.

1925 wurde Cayce durch seine Readings dazu bewogen, nach Virginia Beach zu ziehen, das daraufhin eine herannahende Naturkatastrophe unbeschadet überstehen sollte. Dort eröffnete er ein Krankenhaus und gründete die Gesellschaft für Forschung und Erleuchtung, um übersinnliche Probleme zu untersuchen (die Gesellschaft widmet sich heute dem geistigen Nachlaß von Cayce und veröffentlicht Zusammenstellungen seiner Offenbarungen in Büchern und auf Hörkassetten). Später, in den 40er Jahren, erlangte Cayce durch einen Artikel in einer Zeitschrift Ruhm und wurde mit 25 000 Bitten um seine Prophezeiungen bedrängt. Der enorme Arbeitsaufwand verlangte seinen Tribut von Cayce. Er erlitt im Alter von 67 Jahren einen Schlaganfall und starb, da die Ärzte sein letztes Reading ignorierten – es galt seiner eigenen Person.

Cayce starb, weil Ärzte nicht auf ihn hörten

Prophezeiung der Zukunft

Edgar Cayce wurde schon zu Lebzeiten nicht nur als Heiler, sondern auch als Prophet der Zukunft berühmt. Viele seiner Readings enthalten Hinweise auf das, was die Menschheit in Zukunft erwartet. Die Aufzeichnungen von Cayce legten nahe, daß die Menschheit sich in einer Übergangsphase befände, die zu einer »Neuen Ordnung« führen würde, die »in den Jahren zwischen 1958 und 1998« beginnen sollte. In diesem neuen Zyklus sollten die »Gerechten« die Erde erben.

Neben seinen heilerischen Fähigkeiten sah Cayce auch die Zukunft voraus

Cayce rief die Menschen dazu auf, miteinander zu kooperieren. Nur dann, so hieß es in seinen Aufzeichnungen, könnte die »Bruderschaft der Menschen« entstehen. Der Weg zu der Neuen Ordnung, so Cayce, würde durch die folgende Serie von Ereignissen vorbereitet:

- viele Krisen, die Amerikas Gesellschaft, Politik und Wirtschaft schwächen werden;
- eine Periode tiefgreifender öffentlicher Unstimmigkeiten, Kämpfe und Turbulenzen;
- eine wesentliche Veränderung in der Geographie Nordamerikas aufgrund des steigenden Wasserspiegels an der Ostküste und eines Erdbebens im Westen von nie dagewesener Stärke.

Anschließend bringt die von Cayce vorhergesehene neue Ära:

- Weltfrieden,
- Recht, Gerechtigkeit, Gnade, Geduld,
- Entlohnung der Produktivsten und Fähigsten und nicht der Wetteifernden und Selbstsüchtigen,
- Zusammenarbeit aller zum Nutzen aller in einem auf Kooperation basierenden Wirtschaftssystem, ähnlich den modernen Nahrungsmittelgenossenschaften,
- eine internationale Währung oder eine »Stabilisierung der Tauschwerte«, die dringend benötigt wird, um die globale Inflation, die wirtschaftliche Depression und das Chaos zu verhindern.

Meditation, Gebet und die globalen Gesetze

In seinen Aufzeichnungen verweist Cayce auf zwei globale Gesetze der Menschheit:

- Durch die gesamte Schöpfung zieht sich eine Unteilbarkeit. Cayce zufolge gibt es nur eine Macht oder eine Energie im Universum. Diese eine Macht manifestiert sich auf millionenfache Weise. Durch Meditation verleihen wir diesen Energien neuen Ausdruck.
- Der Mensch ist ein in drei Ebenen aufgeteiltes Wesen aus Körper, Geist und Seele. Diese Teile sind so eng miteinander verbunden, daß Krankheit auf der einen Ebene (zum Beispiel Geist) sich auf die anderen (Körper oder Seele) ausdehnen kann. Um das für alle Ebenen gleichermaßen nützliche Verhältnis zu wahren, müssen sich diese drei Ebenen stets im Gleichgewicht befinden. Cayce´ Aufzeichnungen zufolge läßt sich das mit Hilfe des Vaterunsers erreichen.

Die drei Ebenen des Menschen beeinflussen einander

Wie Cayce in einem Reading sagte, lehrte Jesus seine Jünger untenstehendes Gebet als Meditation, da es die spirituellen Energiezentren (Chakren) weckt. Cayce nannte diese Stellen die »sieben Kanäle«. Sie befinden sich am Scheitel, an der Stirn, an der Kehle, am Herzen, am Solarplexus, am Bauch und an den Genitalien.

> »Die Einheit umfaßt Körper, Geist und Seele, was der Gottheit – Vater, Sohn und Heiliger Geist – in der dreidimensionalen Welt entspricht.«
> »Nicht auf Geld, Land, Besitz, Häusern, Vieh oder Gold, sondern auf der Fähigkeit, seinem Nächsten zu dienen, beruhen Stärke, Sicherheit und die vollkommene Erkenntnis Gottes.»
>
> Edgar Cayce

MEDITATION ÜBER IDEALVORSTELLUNGEN

Cayce, ein überzeugter Christ, glaubte, daß Gebet und Meditation Hand in Hand gehen. Für Cayce ist Gebet der aktiv an Gott gerichtete Appell. Meditation bedeutet »dem Göttlichen in uns zuhören«. Eine Meditation nach Cayce will den Geist, die Seele und den Körper wieder mit der Quelle der Inspiration in Einklang bringen. Die folgende Meditation basiert auf den Aufzeichnungen von Cayce:

1. Wählen Sie die bestmögliche Zeit und den bestmöglichen Ort für eine Meditation. (Cayce empfahl die Zeit unmittelbar nach dem Aufwachen und direkt vor dem Schlafengehen. Zu diesen Zeiten sind wir entspannt und dem Alpha-Zustand nahe, in dem der Geist für die Meditation am empfänglichsten ist.)

2. Nehmen Sie sich ein wenig Zeit, um tief durchzuatmen und zu entspannen; leeren Sie Ihren Geist von allen Ablenkungen.

Die Meditation über das Vaterunser, so Cayce, verleiht unserer Seele Harmonie

3. Sagen Sie ein kurzes Gebet wie beispielsweise das Vaterunser, oder verwenden Sie eine indianische Anrufung.

4. Sagen Sie etwas Affirmatives, das Ihren höchsten spirituellen Vorstellungen Ausdruck verleiht. Cayce bekräftigte, daß es alles mögliche sein könnte, solange es das höchste Ideal reflektiert. Hier sind zwei Empfehlungen, die den Aufzeichnungen von Cayce entnommen sind: »Gott hub an und sprach, es werde Licht, und es ward Licht. Nicht das Licht der Sonne, sondern das Licht, durch das und in dem jede Seele existiert und immer existiert hat.« Oder: »Alle Seelen wurden am Anfang erschaffen und finden ihren Weg dorthin zurück, woher sie gekommen sind.«

5. Wiederholen Sie diese Affirmation mehrere Male, bis Sie anfangen, ihre Bedeutung in Ihrem Körper, Ihrem Geist und Ihrer Seele zu spüren. Lassen Sie Ihrer Intuition bei dieser Wiederholung der Affirmation freien Lauf; lassen Sie das reine Wort hinter sich, bis Sie ein

Gefühl für den Geist hinter den Worten haben, die Ihr Ideal darstellen.

6. Unterbrechen Sie die Wiederholung der Affirmation. Konzentrieren Sie sich auf den Geist. Halten Sie ihn schweigend fest. Wenn Ihre Gedanken abschweifen, wiederholen Sie die Affirmation so oft, wie es nötig ist, bis Sie die Verbindung zu dem Geist hinter den Worten wieder hergestellt haben. Wenn Sie in dieser Art der Meditation nach Cayce mehr Übung erlangt haben, können Sie Ihre Aufmerksamkeit bis zu 15 oder 20 Minuten auf das Gefühl richten.

7. Schließen Sie mit einem Bittgebet um Frieden und Heilung ab. Oder meditieren Sie darüber, den Menschen Liebe zu übermitteln, die Ihnen etwas bedeuten.

DIE GÖTTINNEN-TRADITION

Die Meditation über eine Gottheit oder das Universum in Form einer weiblichen Gestalt, der Göttin (wenn man so will) anstelle Gottes gehört gleichzeitig zu den neuesten und zu den ältesten kontemplativen Traditionen. Mehr als 2000 Jahre führte die Göttinnen-Tradition jedoch ein Schattendasein, während Meditationssysteme die Herrschaft innehatten, die an Männern orientiert und von Männern geschaffen waren. Doch mit dem Aufkommen des Feminismus und der Suche nach weiblich orientierten spirituellen und meditativen Traditionen haben viele Frauen (und auch Männer) die 6000 Jahre alte Praxis der meditativen Betrachtung der Göttin neu entdeckt.

Vielen an der Göttin orientierten spirituellen Pfaden ist die Vorstellung vom Universum als einer mütterlichen Einheit gemeinsam. Katholiken beten Maria an, die Ägypter Isis und Indianer die Große Mutter, doch alle sehen die jeweilige göttliche Gestalt als nährende und endlos schöpfe-

In einer patriarchalischen Tradition hat die Göttinnen-Meditation wenig Platz

rische Kraft, die ihre Schöpfung liebt und für sie sorgt. Lange vor der Zeit der patriarchalischen Stämme Abrahams und der Brahmanen spielte die Gegenwart der Göttin eine wichtige Rolle im Leben der Menschen, die sie führte und beschützte, wie eine Mutter sich um ihre Kinder kümmert.

In vielen Kulturen wird nun der Göttin mehr Beachtung geschenkt

Inzwischen entdecken immer mehr Menschen die Göttin neu. Das Interesse an der Göttin hat enorm zugenommen, so daß inzwischen das ganze Jahr hindurch fast überall Seminare, Workshops und Andachten rund um die Göttin stattfinden. Dutzende von neuen Büchern sind über die Wiederentdeckung der Göttin veröffentlicht worden, und in Videodokumentationen werden ihre Wurzeln erforscht.

»Ich fand die Göttin in mir, und ich liebe sie leidenschaftlich."

Ntosake Shange

IN DEN ARMEN DES MÜTTERLICHEN UNIVERSUMS

Viele Menschen sehen in der Göttin am liebsten die Große Mutter oder, wie die Theologen es ausdrücken, »Gott Mutter«. Die folgende Übung führt Sie zu einer ersten Annäherung an den nährenden, mütterlichen Aspekt der Göttin, die vielleicht bewegender und machtvoller erscheint, als Sie es erwarten.

1. Setzen Sie sich bequem hin, schließen Sie die Augen, und lockern Sie die Muskulatur.

2. Achten Sie auf Ihre Atmung. Lassen Sie den Atem langsam in Ihren Körper hineinrollen, tief, langsam, wie weiche, schwere Wolken, die Sie mit Schweigen füllen. Atmen Sie langsam und tief ein, atmen Sie langsam und tief aus. Fühlen Sie, wie Sie im Rhythmus der Ruhe atmen. Atmen Sie diese Gedanken aus, atmen Sie die Stille ein.

3. Einst waren Sie ein Kind, und das Kind, das Sie waren, ist immer noch in Ihnen. Laden Sie das Kind ein, auf Ihrem Schoß Platz zu nehmen, bei Ihnen zu sitzen. Halten Sie die Hand mit der Handfläche nach oben. Fordern Sie das Kind auf, seine Hände ruhig in Ihre Hände zu legen. Fühlen Sie die Hände des Kindes in Ihren Händen, die warmen und vertrauensvollen Finger, die in Ihrer Erwachsenenhand ruhen.

Erinnern Sie sich an Ihre Kindheit

4. Seien Sie Ihr Atem. Seien Sie ruhig. Sie sind erwachsen, und doch sind Sie noch ein Kind. Sie sind ein Kind des Universums. In Ihnen wohnt die Mutter des Universums. Bitten Sie sie, Ihre Wächterin/Begleiterin, sich zu Ihnen zu setzen. Fühlen Sie, wie Sie in ihrer Hand ruhen, wie Ihr Handrücken sich gegen die große Handfläche dieser universellen Stütze lehnt. Fühlen Sie auch die Hände des Kindes, die in den Ihren ruhen. Sie sitzen so behütet auf dem heiligen Schoß, wie das Kind auf Ihrem Schoß sitzt. Seien Sie ganz ruhig.

5. Seien Sie Ihr Atem. Sie sind angefüllt mit der Quelle allen Wissens. Sie befinden sich mit Ihrem Körper im Einklang, und Ihr Körper befindet sich im Einklang mit dem Universum. Das ist das Licht, zu dem Sie gehen. Das ist das Licht, von dem Sie kommen. Hier, in diesem Licht, hat alles seine Richtigkeit.

6. Wenn Sie soweit sind, folgen Sie Ihrem Atem zurück in diesen Raum. Verlassen Sie die Stille Ihres Körpers. Sie haben viel Zeit. Strekken Sie sich. Öffnen Sie die Augen.

Die vielen Gesichter der Göttin

Die spirituellen Traditionen der Welt verfügen über Hunderttausende von Göttinnen, und jede von ihnen stellt einen anderen Archetypus des Weiblichen dar. Diese Göttinnen gehen weit über die einfachen Gegensatzpaare von Jungfrau/Hure, Mutter/Geliebte hinaus, die in den meisten patriarchalischen Gesellschaften das Bild der weiblichen

Gottheiten bestimmen. Sie können für das Erreichen unserer Ziele stehen, für Gelassenheit, Intuition, Erhalt der Familie und vieles mehr.

Jede Göttin ist ursprünglich Teil der Großen Göttin

Diese Urbilder sind auch nicht unbedingt Stereotypen. Denn in ihrer Gesamtheit umfassen sie alle Möglichkeiten, die dem Menschen zu eigen sind. Tatsächlich ist jede einzelne Göttin, wie die amerikanische Feministin Gloria Steinem sagt, »... aus der Fragmentierung der einen Göttin, der Großen Göttin, des gesamten weiblichen Menschen entstanden, der einst in vorpatriarchalischer Zeit lebte – zumindest in der Religion und in der Vorstellung.« Vielleicht, so schreibt sie weiter, ist die Vorstellung dieser ehemaligen Ganzheit für heutige Frauen »der erste Schritt zu deren Erkenntnis«.

MEDITATIONEN DER SIEBEN GÖTTINNEN

Die folgenden Meditationen verfolgen einen zweifachen Zweck. Einmal zeigen sie, wie Frauen (und Männer) sich benötigte Stärken und Eigenschaften bildlich vorstellen und somit in sich wachrufen können.

Die zweite Absicht beschreibt Gloria Steinem: »Wenn der in den Medien gewährte Blick auf ein weibliches Rollenmodell einen solchen Einfluß auf das Leben von Frauen hat, um wieviel intensiver müßte dann nicht die Aktivierung des Urmodells in Ihrem Inneren sein?«

Athena. (Meditation: »Hilf mir, in dieser Situation den Überblick zu behalten.«) Ihre Weisheit (sie wird häufig als Eule dargestellt) und ihre Rolle als jungfräuliche Göttin symbolisieren den Teil der Frau, die in jeder Situation einen kühlen Kopf bewahrt. Athena läßt sich nicht von irgendwelchen noch so mächtigen Gefühlen fortreißen und ist somit eine sichere Quelle der Harmonie und der Objektivität.

Hera. (Meditation: »Hilf mir, Verantwortung zu übernehmen und treu zu sein.«) Würdevoll und einer Königin gleich ist Hera (Heldin) die Göttin der Ehe und deren Beschützerin. Von ihr stammt das Urbedürfnis nach Paarbindung, danach, das eigene Verhältnis zur übrigen Welt unter dem Aspekt zu definieren, daß man Teil eines Paares ist, und nach spirituellem Vollzug der »heiligen Ehe«.

Demeter. (Meditation: »Hilf mir, geduldig und großzügig zu sein.«) Als Mutter, Beschützerin, Ernährerin und Göttin des Getreides wird Demeter als Matrone in strahlendem Gold dargestellt. Ihre unermüdliche Suche nach ihrer Tochter, Persephone, die von Hades entführt wurde, symbolisiert inbrünstige mütterliche Liebe.

Von Demeter heißt es, sie habe die frühen Völker als personifizierte »Mutter Natur« dazu inspiriert, Getreide anzupflanzen

Persephone. (Meditation: »Hilf mir, offen und empfänglich zu bleiben.«) Von Hades in die Unterwelt verbannt, repräsentiert Persephone, Königin der Toten, das Unterbewußtsein der Frau. In der Antike galt das Unterbewußtsein, das zwischen der Welt der Geister/ dem transpersonalen Reich und dem alltäglichen Leben vermittelt, als »feminin« (und für Frauen leichter zugänglich). Darauf beruht die traditionelle Rolle der Frau als Hexe, Orakel, Hellseherin und Wahrsagerin.

Artemis. (Meditation: »Hilf mir, daß ich mein fernes Ziel nicht aus den Augen verliere.«) Diese jungfräuliche Göttin der Jagd trifft alles, worauf sie zielt. Sie symbolisiert den Teil der Frau, der sich mit klarem Verstand Ziele setzt und diese erreicht.

Aphrodite. (Meditation: »Hilf mir, meinen Körper zu lieben und zu genießen.«) Als Göttin der Leidenschaft, der Schönheit und der Schöpferkraft ist Aphrodite der Quell der Leidenschaft, die Sie spüren, wenn Sie verliebt sind, und der Schmerz, den Sie empfinden, wenn diese Liebe nicht erwidert wird. Sie repräsentiert auch den tiefen Brunnen der Liebe zum Leben, die die Quelle der weiblichen Schöpferkraft ist.

Hestia. (Meditation: »Hilf mir, Frieden und Gelassenheit zu finden.«) Hestia, die Göttin des Heims, die Verkörperung dessen, was aus einem Haus einen sicheren Hafen macht, ist eine weitere Repräsentantin der jungfräulichen Göttin. Sie repräsentiert die introspektiven Qualitäten der Frau – die Gabe, die Welt objektiv von einem inneren Herd der Ruhe und Gelassenheit heraus zu beobachten, ohne in die dramatischen Ereignisse des Lebens verwickelt zu werden.

Gaia

Gaia ist in der griechischen Mythologie die Erdgöttin, die den Himmel (Uranos), die Berge und das Meer gebiert

In der Geschichte der Menschheit haben fast alle Völker und Gesellschaften die Erde als lebendes, bewußtes Wesen betrachtet, als eine Frau, die mit göttlicher Macht ausgestattet ist. Sie ehrten sie beispielsweise als Gaia, Große Mutter, Kujum-Chantu, Mutter Erde, Ishtar, Lady Bird, Magna Dea, Maria Mutter Gottes, Danu und unter Tausenden anderer Namen.

Seit der Zeit vor Beginn der Geschichtsschreibung bis zur Dämmerung der christlichen Ära war die Erdgöttin überall auf der Welt das am häufigsten verwendete Meditationsobjekt.

Nun hat ein Wissenschaftler die These aufgestellt, daß unsere Vorfahren die Sache möglicherweise richtig sahen. James E. Lovelock behauptet in seinem Buch »The Gaia Hypothesis«, es gäbe Grund zu der Annahme, daß unsere Erde nicht die riesige, leblose Steinmasse ist, wie wir Menschen im Westen glauben. Statt dessen, so schreibt er, »könnte alles Leben auf der Erde, von den Walen bis zu den Bakterien, von den Eichen bis hin zu den Algen, als Bestandteil eines einzigen lebenden Organismus betrachtet werden, der mit Fähigkeiten und Kräften ausgestattet ist, die diejenigen seiner einzelnen Bestandteile überschreiten.«

Die Gaia-Hypothese (nach der griechischen Erdgöttin Gaia) wurde als »Verbindung der traditionellen intuitiven Weisheit mit den zeitgenössischen wissenschaftlichen Einsichten« bezeichnet. Lovelock sagt, ebenso wie der Mensch ein höherer Organismus als die einzelnen Organe und Zellen ist, aus denen sein Körper sich zusammensetzt, so ist die Erde als Ganzes ein höherer Organismus als die Felsen, das Erdreich und das Wasser, aus denen sie gebildet wird. Die Menschen, so Lovelocks Schlußfolgerung, müßten demnach das sich gerade entwickelnde Nervensystem und der Intellekt des Planeten sein, der Beginn des Bewußtseins der Erde.

Wenn dem so ist, ist das wirklich ein geeignetes Meditationsobjekt. Bewußt oder nicht, die Erde nährt uns wie eine Mutter, liefert die Nahrung, die wir verzehren, die Werkstoffe für die Häuser, in denen wir leben, die Kleider, die wir tragen, und all die Annehmlichkeiten der Zivilisation. Auch das ist ein geeigneter Gegenstand für die Meditation.

GAIA-MEDITATION

Nun folgt eine ganz besondere Meditation über Gaia. Sie verhilft Ihnen zu einem Gespür für Ihre eigene Position als Teil der Ökosphäre und der Kommunion mit Gaia, dem Geist der Erde selbst. Seien Sie gewarnt, es ist eine recht lange Meditation, und Sie sollten mindestens eine halbe Stunde dafür einkalkulieren.

1. Suchen Sie sich einen Ort, der sich zum Meditieren eignet, am besten an einem Fenster, das die Sonne und – vorausgesetzt, es ist warm – Luft hereinläßt. Wenn das Wetter es zuläßt, sollten Sie lieber nach draußen gehen und sich mit einer Matte oder einer Decke auf den Rasen setzen. Je näher Sie der Natur sind, um so besser. Wenn Sie diese Stelle gefunden haben, machen Sie es sich bequem. Nehmen Sie unbedingt eine Haltung ein, in der Sie es länger aushalten können.

2. Beginnen Sie zu atmen. Atmen Sie langsam und tief ein und aus; achten Sie dabei darauf, daß sich Ihre Lungen beim Einatmen völlig füllen; beim Ausatmen pressen Sie die Luft restlos nach draußen.

Spüren Sie, wie die Luft, die Sie einatmen, Sie nährt, wie der Sauerstoff Ihre Lungen füllt, Ihr Blut anreichert

3. Werden Sie sich zuerst Ihres Körpers gewahr. Was geschieht mit ihm? Welche Körperteile spüren Sie? Welche Empfindungen? Lassen Sie alle verirrten Gedanken mit der Atemluft entweichen.

4. Betrachten Sie die vielen, vielen untergeordneten Systeme in Ihrem Körper, die zusammenarbeiten und Ihre Person ausmachen. Jedes System ist Teil eines anderen, größeren. Jedes System besteht wiederum aus kleineren Systemen. Jedes davon hat seine eigene Identität und ist doch Teil eines größeren Ganzen.

5. Das kleinste System, das wir kennen, ist das Reich der Atome. Alles setzt sich aus diesen zusammen. Stellen Sie sich die Atome vor, wie sie in Ihren Zellen umherhüpfen. Einst waren sie auf Pflanzen, Tiere, Steine verteilt. Nun sind sie ein Teil von Ihnen; verbunden zu einem Reigen machen sie Ihr Leben aus.

6. Dehnen Sie Ihr Bewußtsein aus, und stellen Sie sich die Atome vor, die sich miteinander verbinden, um Ihre Zellen zu schaffen.

7. Stellen Sie sich diese Zellen vor. Fühlen Sie die Zellen als einzelne Einheiten voller Leben.

8. Dehnen Sie Ihr Bewußtsein aus, und stellen Sie sich vor, wie Ihre Zellen sich zu Organen, Knochen, Muskeln, Adern und Blut zusammenschließen.

9. Konzentrieren Sie sich auf Ihren Herzschlag. Überlegen Sie, auf wie vielen Ebenen, angefangen bei den Atomen, kollektive Anstrengungen nötig sind, um das Herz zum Schlagen zu bringen. Dehnen Sie diese Betrachtung auf die Lungen, das Blut, die Haut, den Magen, die Eingeweide, die Muskeln, die Fortpflanzungsorgane, ja sogar auf das Gehirn aus.

10. Dehnen Sie Ihr Bewußtsein aus, und stellen Sie sich vor, wie dieses Kollektiv aus Organen sich zu dem verbindet, was Ihnen als Ihr Selbst vertraut ist.

11. Dehnen Sie Ihr Bewußtsein aus, und betrachten Sie Ihre Position in all den übergeordneten Systemen, die Sie umgeben und zu denen Sie gehören: die Gesellschaft, Kultur, Ihr Partner, Ihre Familie, Ihr Arbeitsplatz, Ihre Freunde, Ihre Heimatstadt, Ihr Land, die Welt. Betrachten Sie die Kulturen, denen Sie sich am stärksten verbunden fühlen, als lebende Organismen, von denen Sie ein Teil sind.

Sie sind Teil mehrerer großer Systeme – seien Sie sich dessen bewußt

12. Dehnen Sie Ihr Bewußtsein aus, und betrachten Sie die menschliche Rasse, deren Teil Sie sind, die die Erde mit ihren Heerscharen bevölkert und Ihr Leben in einen Kontext stellt.

13. Dehnen Sie Ihr Bewußtsein aus, und betrachten Sie das gesamte planetarische Ökosystem, dessen Teil Sie sind, so wie die Tiere, Pflanzen, die Ozeane und die Luft.

14. Dehnen Sie Ihr Bewußtsein auf Gaia, die Erde, aus. Sie ist von gewaltiger Größe, von gewaltiger Langsamkeit, von gewaltigem Alter. Doch nach ihrer eigenen Zeitrechnung ist sie noch recht jung. Jedes Ökosystem ist ein Organ ihres Körpers, jede Spezies eine Faser, jedes einzelne Tier und jeder Mensch eine Zelle.

15. Stellen Sie sich vor, daß ihr Bewußtsein auf Sie gerichtet ist, Sie anschaut, weise, gütig, liebevoll, mütterlich.

16. Stellen Sie sich vor, daß Gaia Sie mit ihren Armen umfaßt, Sie an sich drückt, Sie ganz nah hält.

17. Machen Sie sich bewußt, daß das jeden Tag und jede Minute Ihres Lebens so ist, und danken Sie Gaia.

18. Nehmen Sie sich ein paar Minuten Zeit, um Ihren Geist zu leeren, atmen Sie tief durch, bevor Sie die Meditation beenden.

Verschiedene Techniken ausprobieren

Wenn die Beweggründe stimmen, ist es kein Problem, mit verschiedenen Meditationstechniken zu experimentieren. Auf der anderen Seite empfiehlt es sich nicht, immer dann zu einer neuen Meditationstechnik zu wechseln, wenn Sie mit der bereits ausgewählten Technik Schwierigkeiten haben oder auf Hindernisse stoßen.

Sie können natürlich jede der in diesem Buch oder woanders vorgestellten Techniken ausprobieren, doch geht es beim Meditieren nicht darum, von einer Technik zur nächsten zu wechseln. Sie sollten mindestens zwei Wochen bei der grundlegenden Atemmeditation bleiben, bevor Sie etwas anderes versuchen. Es gibt nicht die eine Meditationstechnik, die für Sie am besten ist.

Probieren Sie verschiedene Techniken aus, aber springen Sie nicht von einer zur anderen!

Fangen Sie zunächst damit an, Ihre Atmung zu beobachten. Das ist eine jahrhundertealte, erprobte Technik, die sowohl in den meisten westlichen als auch in den östlichen Traditionen gelehrt wird. Der Atem ist ein sicherer Hafen. Sobald Sie sich mit dem Beobachten und Zählen der Atemzüge vertraut gemacht haben, können Sie andere Techniken ausprobieren.

Die meisten Meditierenden entdecken im Laufe der Zeit, daß eine bestimmte Technik oder aber eine Kombination von Techniken für sie am besten ist. So stellen Sie vielleicht fest, daß Sie sich intuitiv zum Rezitieren eines Mantras oder zu tibetischen Visualisierungen oder zur Einsichts-Meditation hingezogen fühlen. Warum eine bestimmte Technik auf Sie eine besondere Anziehungskraft ausübt, ist nicht so wichtig wie die Tatsache, daß es so ist. Bleiben Sie bei dieser Technik. Diesmal haben Sie intuitiv die richtige Wahl getroffen.

Wie wir bereits am Anfang festgestellt haben, ist das Ziel aller Meditationstechniken immer dasselbe: die Entwicklung des Bewußtseinszustandes, der es uns ermöglicht, jeden Augenblick des Lebens so glücklich wie möglich zu leben. Um es mit den Worten des Schriftstellers T. S. Eliot zu sagen: »Und am Ende all unseren Suchens kommen wir dort an, von wo wir aufgebrochen sind, und sehen den Ort zum erstenmal mit voller Klarheit.« Machen Sie sich keine Gedanken über die Route, die Sie gewählt haben. Behalten Sie nur den Weg vor Augen.

Denken Sie nicht zu lange darüber nach, warum eine Technik Ihnen lieber ist als die anderen

Auch hier gilt, daß Sie ruhig von einer Meditationstechnik zur anderen wechseln können. Nur üben Sie dabei Zurückhaltung. So gewinnen Sie die weiter unten beschriebenen Vorteile der Kontinuität.

Zusammenfassung

- Ein explosionsartiger Anstieg von meditativen Ansätzen, die sich an westlichen Bedürfnissen orientieren, hat Tausende individueller, moderner Richtungen ins Leben gerufen.
- Die Methode der Selbstbeobachtung nach G. I. Gurdjieff hilft uns, uns selbst objektiv zu sehen.
- Gurdjieffs Schüler P. D. Ouspensky fand die Meditation mit Hilfe von Tarot hilfreich bei der Erlangung von Einsichten, wie auch der Psychiater Carl Gustav Jung.
- Visualisierung ist eine Meditation über ein Bild, das man sich innerlich vorstellt.
- Visualisierung kann Antworten auf innere Fragen geben und uns helfen, uns auf Herausforderungen besser vorzubereiten.
- Transzendentale Meditation ist im Westen eines der beliebtesten zeitgenössischen Systeme.

Es gibt zahlreiche zeitgenössische Meditationssysteme – suchen Sie sich eines aus

- Bei der TM wird ein Mantra verwendet.
- Edgar Cayce setzte den meditativen Schlaf ein, um die Verbindung zu seinem Unterbewußtsein herzustellen und so heilerische und hellseherische Fähigkeiten zu entwickeln.
- Eine Meditation nach Cayce will ein harmonisches Verhältnis zwischen dem Geist, der Seele und dem Körper und ihrer spirituellen Quelle erzeugen.
- Die zu neuem Leben erwachte Tradition der Göttin hat Meditationen hervorgebracht, die die Frau in den Mittelpunkt stellen.
- Göttinnen repräsentieren weibliche Archetypen, die sowohl Männern wie auch Frauen durch Meditation zugänglich werden.

Teil 3 Leben mit Meditation

Dieser Teil des Buches handelt davon, wie man durch Meditation im Alltag ein besseres Leben erreicht. Wir reden von etwas geradezu Wunderbarem: von einer höheren Lebensqualität – ohne daß Sie irgend etwas Besonderes dafür tun müßten.

Es gibt verschiedene Ausdrücke, die die Art und Weise beschreiben, wie man jeden Augenblick des Alltags vollkommen bewußt erlebt: meditatives Handeln, Karma-Yoga (*Karma* bedeutet Handlung, Tat) und Übung durch Arbeit. Wir benutzen den Ausdruck meditatives Handeln, denn genau darum geht es.

Meditatives Handeln ist die Kultivierung desselben Prozesses, den Sie bereits bei der Meditation im Sitzen entwickelt haben: die Kunst, sich jedem Augenblick des Lebens mit ruhiger Bewußtheit zu öffnen. Beim meditativen Handeln gehen Sie mit genau derselben achtsamen Bewußtheit an Ihre täglichen Aufgaben heran, die Sie dem Sitzen, dem Koan oder der Meditation im Gehen entgegenbringen. Der einzige Unterschied besteht darin, daß Sie gleichzeitig eine zweckorientierte Handlung ausüben.

Meditatives Handeln umfaßt alle Bereiche des täglichen Lebens

Meditatives Handeln läßt sich auf alle Bereiche Ihres Lebens ausdehnen, sei es, daß Sie Ihre Kinder zur Schule bringen oder Ihren Chef um eine Gehaltserhöhung bitten. Das Ziel ist, sich des Augenblicks vollkommen bewußt zu sein, egal ob beim Kochen, beim Liebesakt oder wenn Sie sich im Fernsehen Ihre Lieblingssendung ansehen.

Durch die Achtsamkeit in der Beziehung zu Ihrem Partner, einem Ihnen nahestehenden Menschen, Angehörigen, den Kindern, Freunden und auch Haustieren erleben Sie diese Bindungen auf ganz neue Weise.

Vielleicht bezweifeln Sie, daß diese uralte Praxis auch heute noch für unser Leben Gültigkeit haben kann. Wie kann schließlich ein solches Verfahren, das nach außen wirkt wie bloßes Nichtstun, in der Realität irgendeinen Nutzen bringen? Heute enthält eine Wochenendausgabe der *Frankfurter Allgemeinen Zeitung* mehr Informationen, als einem Zen-Mönch des 16. Jahrhunderts in seinem ganzen Leben untergekommen wären.

Die Tatsache, daß die Meditation mehr als 2500 Jahre überdauert hat, ist vermutlich der beste Beweis dafür, daß sie – was immer sie auch ist – funktioniert.

Richten Sie nun Ihr Augenmerk auf Ihre Mitmenschen

Die vorhergehenden Abschnitte dieses Buches haben sich auf einen Aspekt konzentriert, nämlich auf die Einsicht und Weisheit, die Sie durch Ihre täglichen Meditationsübungen gewinnen. Nun ist es an der Zeit, den Blick nach außen zu lenken und die Aufmerksamkeit auf einen anderen Aspekt des meditativen Lebens zu richten: die Herzensgüte und das Mitgefühl.

Achtsamkeit – meditatives Handeln

Die Idealvorstellung der Meditationspraxis besteht darin, daß man in jedem Augenblick des Lebens vollkommen wach ist. Ihre Meditationsübung sollte nicht beendet sein, wenn Sie von Ihrem Kissen oder aus Ihrem Stuhl aufstehen. Betrachten Sie jeden Augenblick des Lebens als Gelegenheit, wach zu sein und Achtsamkeit zu üben. Draußen in der Welt kommen die Herzensgüte und das Mitgefühl erst zum Tragen.

Es gibt keinen besseren Ort auf der Welt als den, an dem Sie sich gerade befinden

Gegenwärtig sein

Sie haben sicher schon einmal Augenblicke vollkommener Gegenwärtigkeit erlebt, etwa beim Sport oder in der Meditation, Momente, in denen die Grenze zwischen Ihnen selbst und dem Gefühls- oder Denkprozeß sich aufgelöst hat oder verschwunden ist – das heißt, Sie sind nicht mehr ein Läufer, sondern Sie sind das Laufen. Oder Sie sind nicht der Denker, sondern Sie sind das Denken. Diesem Zustand wurden verschiedene Bezeichnungen gegeben:

- Grenzerfahrung,
- in höheren Regionen schweben,
- sich treiben lassen,
- Erleuchtung.

Machen Sie Ihre individuellen Grenzerfahrungen, indem Sie ganz im Hier und Jetzt sind

Es gibt keine neue oder spezielle Technik, die Sie lernen müssen, um in Ihrem täglichen Leben Achtsamkeit zu üben. Eigentlich haben Sie schon begonnen, an der Achtsamkeit im Alltag zu arbeiten, als Sie angefangen haben zu meditieren. Das bedeutet nicht, daß Sie beim Autofahren die Augen schließen und Ihre Atemzüge zählen sollen oder mitten in der Jahreshauptversammlung die Halblotusposition einnehmen. Es bedeutet, daß Sie die Bewußtheit, die Sie in Ihrer täglichen Meditationspraxis entwickeln, ganz natürlich auf Ihren Tagesablauf ausdehnen.

Als Sie die Gehmeditation gelernt haben, waren die mit dem Gehen verbundenen Phänomene – das Heben, Ausstrecken und Aufsetzen der Füße – das Meditationsobjekt. Beim meditativen Handeln werden die verschiedenen Phänomene, die sich aus Ihrem Tagesablauf ergeben, zum Meditationsobjekt. Sie versuchen, in jedem Moment des sich permanent verändernden Panoramas aus Gedanken, Wahrnehmungen und Emotionen so achtsam wie möglich zu sein.

ERINNERUNG

Der Lehrer der Einsichts-Meditation Joseph Goldstein weist seine Schüler in den Seminaren immer wieder darauf hin, daß das Problem der Achtsamkeit im Trubel der täglichen Aktivitäten nicht in der Aufmerksamkeit als solcher besteht, sondern in der Erinnerung daran, daß man aufmerksam sein soll.

Es gibt keine bessere oder glücklichere Möglichkeit, einen Tag zu verbringen, als das vollkommen aufmerksam mitzuerleben, was an diesem Tag geschieht. Betrachten Sie Ihre Meditationspraxis als ein großes Geschenk. Die Hilfsmittel, mit deren Unterstützung Sie ein achtsames Leben führen, verhelfen Ihnen auch zu einem erfüllten und würdevollen Leben. Aus einem Leben in Achtsamkeit ergeben sich viele Vorteile:

- klareres Denken in normalen und in Streßsituationen,
- mehr Freude am Sex, an der Arbeit und in der Freizeit,
- mehr Geduld mit der Familie, den Kindern, den Kollegen,
- weniger Abneigung gegen langweilige oder unangenehme Tätigkeiten,
- erhöhte Konzentration beim Autofahren, beim Sport oder bei der Arbeit,
- gesündere Eßgewohnheiten,
- Gewichtsabnahme.

Um für Krisen gerüstet zu sein, üben Sie schon vorher meditatives Handeln!

Mehr noch als im Alltag ist das meditative Handeln in Krisensituationen und in Katastrophenfällen hilfreich. Doch sollten Sie nicht auf eine Katastrophe warten, bevor Sie mit dem Üben beginnen.

Genauso wie ein unerfahrener Segler dem Tode geweiht wäre, wenn er auf hoher See in einen schweren Sturm geriete, genauso kann ein unerfahrener Meditierender durch eine wesentliche Veränderung im Leben aus der Bahn geworfen werden. Deshalb ist es wichtig, daß Sie jetzt anfangen:

- Entwickeln Sie einen täglichen Meditationsplan, den Sie beibehalten.
- Wenden Sie die durch die Meditation entwickelte Achtsamkeit auf einfache Situationen des täglichen Lebens an.
- Arbeiten Sie sich langsam bis zu dem Punkt vor, an dem Sie mit schwierigen Situationen geschickt und achtsam umgehen können.

Achtsam leben

Meditatives Handeln bedeutet, alles zu beachten, was auf einer körperlichen, emotionalen und geistigen Ebene vor sich geht

Unser Körper ist mit Sicherheit der beste Prüfstein für die Entwicklung der Achtsamkeit im täglichen Leben. Dennoch haben wir leider allzu häufig den Kontakt zu unserem eigenen Körper verloren. Versuchen Sie einmal folgendes: Nehmen Sie Ihren Körper in genau diesem Moment, während Sie dieses Buch lesen, in allen Einzelheiten zur Kenntnis. Machen Sie eine Inventur. Vielleicht stellen Sie fest, daß Sie nicht ganz gerade sitzen. Vielleicht zwinkern Sie mit den Augen, weil die Sonne blendet. Nehmen Sie die Verbindung zu Ihrem Körper auf, so wie er gerade ist. Achten Sie darauf, was passiert, wenn Sie sich bewegen. Es ist ganz einfach. Sie müssen nur daran denken.

Versuchen Sie, in all Ihren täglichen Verrichtungen auf Ihren Körper zu achten, während Sie von einer Aufgabe, von einer Position, von einer Stelle zur nächsten übergehen. Das ist der springende Punkt beim meditativen Handeln – sich genau darüber bewußt zu sein, was gerade vor sich geht. Es ist einfach eine Frage der Übung. Sie werden gleich Ihren linken Arm bewegen. Tun Sie es bewußt.

Der andere wichtige Bereich des täglichen Lebens, der Achtsamkeit erfordert, ist die Arbeit; es geht um die Bewußtmachung Ihrer Gedanken und Gefühle, besonders in stressigen Situationen.

Wenn Sie etwa zu Unrecht von Ihrem Vorgesetzten zurechtgewiesen werden, kann das Wut, Schuldgefühle und körperliche Verspannungen auslösen. Zwar sind solche Gedanken und Gefühle nicht gerade angenehm, doch indem Sie sie einfach als Gedanken oder Gefühle betrachten, erleben Sie dieses Ereignis auf eine Weise, die Sie weniger aufregt und schon gar nicht dazu veranlaßt, etwas zu sagen oder zu tun, was Sie später bereuen könnten.

> »Diese grundlegende Anstrengung, die paradoxerweise nur ein Ruhen in dem Moment ist, gibt uns die Möglichkeit, unser Bewußtsein, so wie es in Phasen formeller Meditation ist, auf das achtsame Leben in der Welt zu übertragen. Unterschätzen Sie nicht, welche Macht das bloße Wahrnehmen der Bewegungen Ihres Körpers im Verlaufe des Tages Ihnen verleihen kann.«
>
> Joseph Goldstein

Anstatt nämlich diese Gedanken und Gefühle inhaltlich zu betrachten, betrachten Sie lediglich deren Umrisse. Dieser Prozeß verwischt die emotionale Spannung, die normalerweise in dieser Situation auftritt. Das gesteigerte Bewußtsein sorgt dafür, daß Sie nichts sagen, was Sie später bereuen könnten.

Im folgenden sehen wir uns einige Strategien an, wie wir uns jedem Augenblick des Lebens – in der Arbeit, zu Hause, in der Freizeit – öffnen. Das eine schließt das andere nicht aus. Betrachten Sie das als Anfang eines vollkommen anderen, unendlich angenehmeren Lebensstils für Sie und die Menschen, die Sie lieben.

Achtsames Leben bringt Ihnen selbst und Ihren Nächsten nur Vorteile

Achtsam arbeiten

Obwohl Arbeit und Meditation auf den ersten Blick sich gegenseitig auszuschließen scheinen, ergänzen sie sich den meisten meditativen Traditionen zufolge dennoch. Durch das meditative Handeln am Arbeitsplatz erhält Ihre berufliche Tätigkeit eine ebenso befriedigende – und spirituelle – Dimension, so wie auch alle anderen Bereiche Ihres Lebens. Achtsam, als Meditation ausgeführt wird auch die gewöhn-

Die Achtsamkeit der Mitarbeiter kommt auch dem Chef zugute – durch erhöhte Produktivität und bessere Teamarbeit

liche und routinemäßige Arbeit zu einer Herausforderung und zur Gelegenheit zu Wachstum und innerer Sammlung.

Der meditative Ansatz ist im Hinblick auf die Arbeit wesentlich, da der Arbeitsplatz der Ort ist, an dem wir uns am häufigsten und längsten aufhalten. Achtsamkeit am Arbeitsplatz kann:

- Streß abbauen,
- die Produktivität steigern,
- den Weitblick schärfen für das, was bevorsteht,
- einen schlechten Tag erträglich machen,
- einen guten Tag noch besser machen,
- den Zusammenhalt unter den Kollegen stärken.

Karma-Yoga

Die indische Meditationstradition, die als Karma-Yoga bekannt ist, sieht in der achtsamen Ausführung der Arbeit einen wesentlichen Bestandteil der spirituellen Entwicklung. Das ist der Ansatz, der von Maharadschi, dem Guru von Ram Dass, gelehrt wird.

»Maharadschi hat in der Regel keine besondere Strenge, ausgiebige Meditationsübungen oder komplexe Rituale empfohlen«, erklärt Ram Dass. »Statt dessen führte er uns in das Karma-Yoga ein, das eine Möglichkeit bietet, die Nähe Gottes zu erreichen, indem man das Leben als eine Art von Gottesdienst lebt ... Doch machte Maharadschi deutlich, daß schwere Arbeit allein nicht das Maß aller Dinge ist. Eher ist es die Arbeit, die im Gedenken an Gott ausgeführt wird, das heißt liebevoll und mit Gottes Gnade getane Arbeit.«

Die Vorstellung, daß wir nicht nur für uns selbst arbeiten, sondern daß wir dadurch Gott eine Ehre erweisen, liegt nicht nur dem Karma-Yoga, sondern vielen Traditionen zugrunde. Man denke in der christlichen Tradition an die Puritaner, die Benediktiner und die Quäker. Hinduistische, christliche, muslimische sowie indianische Lehrer betonen, daß die Arbeit Gott und dem Dienst am Nächsten gewidmet werden sollte.

Wir arbeiten nicht zu unserem eigenen Nutzen, sondern für Gott und unsere Nächsten

> »Sie kennen die Geschichte der drei Maurer. Als der erste gefragt wurde, was er baue, antwortete er mürrisch, ohne die Augen von der Arbeit zu heben: ›Ich lege Ziegel aufeinander.‹ Der zweite Mann sagte: ›Ich baue eine Mauer.‹ Doch der dritte Mann erwiderte enthusiastisch und voller Stolz: ›Ich baue eine Kathedrale.‹«
>
> Margaret M. Stevens

Arbeiten, ohne an den Früchten seiner Arbeit zu hängen, ist der Schlüssel zum Karma-Yoga. Wie Henry David Thoreau in seinem klassischen kontemplativen Werk »Walden« erklärt: »Der wahre Bauer sorgt sich nicht, so wie das Eichhörnchen sich nicht sorgt, ob die Bäume dieses Jahr Kastanien tragen oder nicht; er vollbringt sein Tagewerk und verzichtet auf jeden Anspruch an die Erzeugnisse seiner Felder, und im Geiste opfert er nicht nur seine ersten, sondern auch seine letzten Früchte.«

> »Eine Vision ohne Aufgabe ist nur ein Traum,
> eine Aufgabe ohne Vision ist Mühsal,
> eine Vision und eine Aufgabe sind die
> Hoffnung der Welt.«
>
> Kircheninschrift, Sussex, England

DEN TAG ANGEHEN

Die folgende Übung dauert nur einen Moment. Bauen Sie sie in Ihren Tagesablauf in der Arbeit ein, egal; wie viele Sorgen Sie haben, wie spät Sie dran sind, wie genervt Sie sich fühlen. Danach fühlen Sie sich frischer, entspannter, gesammelter. Sie werden sehen, daß sie Ihnen einen wirkungsvollen Einstieg in den Tag verleiht.

1. Halten Sie jeden Morgen, wenn Sie in der Arbeit angekommen sind, einen Moment inne.

2. Nehmen Sie eine kurze Prüfung Ihres körperlichen Zustand vor, wobei Sie die Body-Scan-Methode verwenden (siehe Seite 173).

3. Sind bestimmte Bereiche am Hals oder in den Armen angespannt?

4. Holen Sie einmal tief Luft, und lockern Sie die Verspannungen.

5. Machen Sie eine kurze Zusammenstellung der Aufgaben und Prioritäten, die Sie unmittelbar betreffen.

6. Holen Sie einmal tief Luft, und lassen Sie sie los.

7. Holen Sie noch ein letztes Mal tief Luft, um sich zu sammeln.

8. Atmen Sie aus.

9. Nehmen Sie nun den Tag in Angriff.

DER ARBEITSTAG

Machen Sie alles, was Sie tun, mit bewußter Aufmerksamkeit

Richten Sie Ihr Bewußtsein während des ganzen Arbeitstages auf Besprechungen, Telefonate und andere Tätigkeiten, bevor Sie diese angehen. Der Trick besteht darin, sich auf jede Handlung so zu konzentrieren, als wäre sie das Wichtigste, was es gibt.

Wenn Sie beispielsweise durch die Eingangshalle gehen oder aus dem Fahrstuhl steigen, machen Sie sich Ihren Zustand in diesem Augenblick bewußt. Versuchen Sie, Ihr Bewußtsein auf das Gehen zu lenken, es für die 15 Schritte bis zum Aufzug oder zum Empfang zum Meditationsobjekt zu machen. Gehen Sie ganz natürlich. Sie müssen nicht in Zeitlupe gehen.

Konzentration auf das, was Sie tun, ist der Schlüssel zum Erfolg

Die geheime Zutat

Bernard Tetesugen Glassman ist Abt der Zen-Gemeinschaft von New York. In einem gemeinsam mit Rick Fields verfaßten Buch, »Anweisungen für den Koch«, macht Glassman das Kochen zur Metapher für das Leben. Die Zen-Gemeinschaft besitzt und betreibt eine der besten Bäckereien in Amerika, die Greystone Bakery, die einen wesentlichen Teil zum Unterhalt der Gemeinschaft beisteuert.

Der richtige Lebensunterhalt gehört zum Kerninhalt des Buddhismus, denn es gibt eine geheime Zutat, die die Zen-Buddhisten als »Arbeitspraxis« bezeichnen.

Die Zen-Meditation im Sitzen, oder Zazen, ist eine von vielen Möglichkeiten der Praxis. Wir können auch beim Arbeiten meditieren.

Bei der sitzenden Meditation konzentrieren wir uns auf unseren Atem oder ein Koan. Beim Samu oder der Arbeitspraxis konzentrieren wir uns auf unsere Arbeit. Wenn wir Gras mähen, mähen wir nur Gras. Wenn wir Geschirr spülen, spülen wir nur Geschirr, wenn wir Daten in den Computer eingeben, geben wir nur Daten in den Computer ein ...

Wir benutzen unsere Arbeit als Meditationsübung, die uns hilft, in der Gegenwart zu bleiben und uns zu sammeln. Wenn wir auf diese Weise arbeiten, verleiht uns die Arbeit Energie und inneren Frieden.

Achten Sie auf Ihre körperlichen Empfindungen. Sind Sie angespannt, schwitzen Sie vielleicht? Richten Sie Ihr Bewußtsein auf Ihre Gedanken. Festzustellen, was für Sie im Moment welche Bedeutung hat, wirkt an sich schon beruhigend.

Wenn Sie die Rezeptionistin, Ihre Kollegen oder Ihre Kunden begrüßen, achten Sie auf den Klang ihrer Stimme. Wenn Sie ihnen die Hand geben, werden Sie der Berührung gewahr. Seien Sie sich bewußt, daß Sie für einen Augenblick mit einem anderen Menschen verbunden sind.

Schönheit im Gewöhnlichen

»Ich freue mich auch über die Gelegenheit, Wäsche nach draußen an die Leine zu hängen. Der frische Duft, der nasse Stoff, der wehende Wind und die trocknende Sonne verbinden sich zu einem Erlebnis von Natur und Kultur, das einzigartig und aufgrund seiner Einfachheit um so angenehmer ist. Die Fotografin Deborah Hunter hat vor einigen Jahren eine Studie von einer Wäscheleine im Wind angefertigt. Da war etwas in diesen Fotos, das schwer zu benennen war und von der Vitalität, der innigen Freude am einfachen Leben und den unsichtbaren Kräften der Natur zeugte, von all den Dingen, die man rund um das Heim findet.«

Thomas Moore,
»Der Seele Flügel geben«

Mit wachsendem Selbstvertrauen werden Sie ruhiger, leistungsfähiger und zufriedener

Wenden Sie dieses Bewußtsein ebenso auf Telefonate, Konferenzen, soziale Begegnungen mit Kollegen, einfach auf alles und jedes an. Nach einiger Zeit werden Sie entdecken, daß Sie jede Begegnung und Aufgabe mit erstaunlicher Genauigkeit vorausplanen können und so die beste Möglichkeit finden, damit umzugehen.

MEDITATION BEI BESPRECHUNGEN

1. Sitzen Sie bequem und doch aufmerksam; halten Sie den Rücken gerade, doch nicht steif.

2. Konzentrieren Sie sich auf die Besprechung. Sie füllt Ihr Bewußtsein. Öffnen Sie sich ganz dieser Erfahrung. Richten Sie Ihre Aufmerksamkeit ganz auf den Sprecher, doch machen Sie sich gleichzeitig die Bedeutung der Vorgänge und die emotionalen Strömungen im Raum bewußt.

3. Wenn Sie feststellen, daß Ihre Gedanken abschweifen, daß Sie unaufmerksam oder gelangweilt sind, nehmen Sie diese Gefühle einfach zur Kenntnis, und richten Sie Ihre Aufmerksamkeit wieder auf den Gegenstand Ihres Bewußtseins, nämlich das, was vor sich geht, gerade jetzt, in dieser Besprechung. Wenn Sie müde werden, setzen Sie sich aufrecht hin. Öffnen Sie die Augen etwas weiter. Beachten Sie, wie das Ihre Aufmerksamkeit erhöht.

Steigern Sie Ihre Aufmerksamkeit durch die richtige Körperhaltung!

4. Wenn Sie an der Reihe sind, etwas vorzutragen oder eine Frage zu stellen, sprechen Sie nicht sofort. Halten Sie für die Dauer eines langen Atemzuges, vier Sekunden lang, inne.

5. Wenden Sie in dieser Zeit das an, was Sie beim Meditieren gelernt haben. Werden Sie sich Ihrer Gedanken und körperlichen Empfindungen vollkommen bewußt. Sind Sie nervös? Geht Ihr Puls schneller? Was wollten Sie sagen?

6. Holen Sie tief Luft, und lassen Sie sie wieder ganz heraus. Beginnen Sie anschließend zu sprechen.

7. Wenn eine erbitterte Diskussion geführt wird oder Sie zur Rede gestellt werden, machen Sie vorher eine längere Pause. Holen Sie tief Luft, und machen Sie den Atem für eine Sekunde zum Gegenstand vollkommener Aufmerksamkeit. Versuchen Sie, sich von den Wörtern, die Ihnen entgegengeschleudert werden, nicht überwältigen zu lassen. Betrachten Sie sie einfach als Laute. Machen Sie eine Inventaraufnahme. Fragen Sie sich, ob Sie gerade etwas sagen wollten, was Sie später möglicherweise bereuen. Das allein bringt Sie wieder zu sich in Ihren Körper und Ihren Geist. Konzentrieren Sie sich auf Ihre Atmung.

8. Nun tun Sie, was Sie tun müssen. Antworten Sie, wehren Sie ab, fordern Sie heraus, entschuldigen Sie sich gar.

Was immer Sie auch tun, Sie und die Situation sind nun weniger aufgeladen, was zur Folge hat, daß Sie die Sache viel besser handhaben können.

Bevor Sie den Heimweg antreten

Markieren Sie das Ende Ihres Arbeitstages ebenfalls mit einer Meditation

Bevor Sie Ihre Aktentasche schnappen und sich auf den Heimweg machen, gönnen Sie sich die Zeit, einen Moment lang in einem ruhigen Winkel Ihres Arbeitsplatzes stehen- oder sitzenzubleiben. Das ist gewissermaßen das Gegenteil von dem Übergang, den Sie nach Ihrer täglichen Sitzmeditation vornehmen: Anstatt Dinge mit sich zu nehmen, lassen Sie sie hinter sich.

- Setzen Sie sich bequem hin.
- Beginnen Sie, auf Ihre Atmung zu achten. Spüren Sie, wie beruhigend das wirkt?
- Analysieren Sie, was in Ihnen in bezug auf die Arbeit, die Sie heute geleistet haben, in diesem Moment vor sich geht.
- Holen Sie tief Luft, und lassen Sie sie wieder ganz heraus.
- Gehen Sie nun hinaus, und bleiben Sie jeden Moment des Heimwegs und jeden Moment des Abends, der folgt, achtsam.

Achtsam Auto fahren

Die meisten Autofahrer verbringen unverhältnismäßig viel Zeit mit Nachdenken. Leider richten sich ihre Gedanken dabei die meiste Zeit nicht auf den Verkehr, sondern sie denken an das tolle chinesische Restaurant, zu dem sie gerade fahren, an den süßen Neuen vom Kurierdienst, den Streit, den sie morgens mit dem Sohn hatten.

Gerade beim Autofahren »driftet« unsere Konzentration leicht ab

All das fällt auch unter Achtsamkeit, ist aber nicht die richtige Art von Achtsamkeit, wenn man am Steuer sitzt. Es folgt ein Beispiel für eine typische Situation im Auto und dafür, wie Sie als achtsamer Autofahrer damit umgehen.

- Sie fahren.
- Ihre Hände ruhen bequem auf dem Lenkrad, und Sie spüren das Lenkrad unter Ihren Händen.
- Sie spüren Ihren Fuß auf dem Gaspedal.
- Sie sehen die Autobahn in jedem Moment vor sich, Sie sind wachsam, doch entspannt. Sie ertappen sich dabei, daß Sie an ein tolles chinesisches Restaurant denken, und merken, daß Sie sich nicht vollkommen aufs Fahren konzentrieren. Sie kehren zum Gegenstand Ihrer Aufmerksamkeit zurück: dem Autofahren.
- Wachsam werfen Sie einen prüfenden Blick auf den Tachometer, um sicherzugehen, daß Sie nicht versehentlich zuviel Gas gegeben haben, als Sie an das phantastische italienische Hähnchengericht dachten. Die Nadel zeigt die Richtgeschwindigkeit an.
- Aufmerksam und ruhig schauen Sie in den Rückspiegel und sehen etwa einen halben Kilometer hinter sich einen Wagen der Autobahnpolizei, der mit hoher Geschwindigkeit näher kommt. Mit vollkommener Aufmerksamkeit und Achtsamkeit erkennen Sie, daß Sie

Die hier geschilderte Situation könnte jeden Tag passieren

möglichst schnell die Spur wechseln müssen. Sie setzen den Blinker nach rechts, Sie spüren Ihre Hand auf dem Hebel.

- Sie legen die Hand wieder auf das Lenkrad. Sie richten Ihre Aufmerksamkeit auf den Rückspiegel. Der Fahrer auf der anderen Spur macht Ihnen Platz. Sie schauen nach rechts. Eine Frau in einem BMW merkt nichts und fährt weder schneller noch langsamer, um Sie einscheren zu lassen.
- Der Wagen der Autobahnpolizei kommt mit heulender Sirene und Blaulicht immer näher. Es ist sehr laut, fast schon beunruhigend. Sie kämpfen nicht gegen die Sirene an. Sie lassen den Lärm durch Sie hindurchgehen, während Sie sich weiterhin auf das Auto auf der anderen Spur konzentrieren.
- Die Sirene reißt die träumende Frau aus ihrer Trance. Sie gibt Gas. Nun können Sie auf die rechte Spur fahren, was Sie mit Achtsamkeit tun.
- Die Polizeiwagen rast mit hoher Geschwindigkeit an Ihnen vorbei. Sie werfen ruhig einen Blick in den Rückspiegel, dann auf Ihren Tacho. Sie fahren weiter. Achtsam.

Der achtsame Fahrer reagiert mit entspannter Bewußtheit auf Reize. Sie haben gesehen, daß auch der achtsame Fahrer nicht vollkommen perfekt war. Doch sobald er oder sie merkte, daß seine/ihre Gedanken beim chinesischen Essen waren, kehrte er/sie zum Meditationsobjekt – dem Autofahren – zurück.

BEWUSSTE FAHRWEISE

- Schalten Sie das Radio aus.
- Prüfen Sie jedesmal, wenn Sie an einer Ampel, einem Stoppschild oder im dichten Verkehr stehenbleiben, den Grad Ihrer Bewußtheit.
- Halten Sie jedesmal einen Moment inne, wenn Sie den Zündschlüssel ins Schloß stecken oder herausziehen. Spüren Sie Ihre Hand auf dem Schlüssel. Wie fühlt sich das Metall an? Kalt? Warm? Verfolgen Sie, wie Sie ein- und ausatmen. Anschließend, langsam und achtsam, starten Sie den Wagen oder ziehen den Schlüssel ab.
- Hören Sie unter gar keinen Umständen jemals beim Autofahren eine Meditationsanleitung auf Kassette.

BITTE KLINGELN

Ein Filmregisseur hat eine kleine Glocke an seinem Armaturenbrett angebracht. Wenn er merkt, daß seine Aufmerksamkeit nachläßt, läutet er die Glocke, um sich wieder in einen achtsamen Zustand zu versetzen.

Achtsam bei Sport und Spiel

Machen Sie den Sport zu Ihrem Meditationsobjekt

Körperliche Aktivität ist eine gute Gelegenheit, sich in Achtsamkeit zu üben. Sei es nun ein zehnminütiger Spaziergang oder ein kompletter Marathonlauf, der Gegenstand der Achtsamkeit ist, wie in allen anderen Fällen, das, was Sie gerade tun.

Aerobic ist gesund. Es ist außerdem langweilig. Aerobic-Lehrer und Unternehmer arbeiten ständig an neuen Ideen, damit wir uns nicht zu Tode langweilen, während wir die schweißtreibenden Übungen machen, die wir zum Leben brauchen.

Durch meditatives Handeln machen Sie aus Ihrer Aerobic-Stunde ein wahrhaft faszinierendes Erlebnis. Und Sie brauchen keine Musik, keine flackernden Lichter oder andere Hilfsmittel aus der Trickkiste. Sie müssen lediglich mit demselben Ansatz an Ihre Sportstunden wie an Ihre Meditationssitzungen herangehen, nämlich mit ruhiger Bewußtheit.

Erinnern Sie sich an Ihre Meditation im Gehen, wo das Objekt der Meditation das Gehen als solches war? Sie haben diesen Vorgang in seine Bestandteile aufgeteilt und sich diese bewußtgemacht, jeden einzelnen Augenblick. Nun gehen Sie bei Ihrer Aerobic-Übung genauso vor.

Aufmerksamkeit im Sport kann uns das Gefühl geben zu schweben

Die Fähigkeit, in einem Zustand erhöhter Aufmerksamkeit Sport zu treiben, erzeugt in uns das Gefühl, in höheren Regionen zu schweben. Das ist der Gipfelpunkt körperlichen und mentalen Gleichgewichts und eines mühelosen Zusammenwirkens von Geist, Körper und Bewegung. Indem Sie die Technik der Achtsamkeit, die Sie bereits geübt haben, auf sportliche Aktivitäten anwenden, erreichen Sie diesen schwebenden Zustand schneller und erhalten ihn länger aufrecht.

Viele haben sicher schon von dem Buch »Zen in der Kunst des Bogenschießens« von Eugen Herrigel gehört. Doch sportliche Spitzenleistungen sind nicht auf die Welt von Zen und Bogenschießen beschränkt. Leistungen sowohl im Wettkampfsport als auch in anderen Sportarten lassen sich durch Anwendung des Prinzips des meditativen Handelns noch steigern.

Auch Achtsamkeit im Sport bedeutet, sich des gegenwärtigen Augenblicks bewußt zu werden. Das Ausmaß und die Tiefe des Bewußtseins sind wichtige Faktoren, die Leistung, Meisterschaft und persönliche Erfüllung bestimmen.

In seinem Buch »The Inner Game of Tennis« geht W. Timothy Gallwey der Frage nach, welcher Zusammenhang zwischen Achtsamkeit und Tennis besteht. Er sagt, daß Achtsamkeit im Sport das innere Spiel stärkt und dem Tennisspieler zu besseren Leistungen verhilft. Sie verlangsamt das Denken und erzeugt ein Gleichgewicht zwischen Körper und Geist. »Kurz gesagt«, so Gallwey, »wenn man etwas erreichen will, muß man den Verstand auf niedrigere Touren bringen. Den Geist ruhigzustellen bedeutet weniger denken, kalkulieren, beurteilen, sich sorgen, sich fürchten, hoffen, probieren, bereuen, kontrollieren, Angst haben oder sich ablenken lassen. Der Geist ist ganz ruhig, wenn die Konzentration vollkommen dem Hier und Jetzt gilt und eine vollständige Einheit zwischen der Handlung und dem Handelnden besteht.«

Achtsamkeit macht Gewinner!

Achtsamkeit ermöglicht es auch, sein Können schneller und müheloser zu verbessern. Noch einmal Gallwey: »Egal, welches Problem eine Person hat, die bei mir eine Stunde nimmt, ich habe festgestellt, daß man am besten damit anfängt, sie dazu zu ermutigen, daß sie fühlt und sieht, was sie tut, das heißt, ihre Aufmerksamkeit für den aktuellen Moment zu steigern ... Dadurch erschließt man einen Prozeß natürlicher Entwicklung, die so erstaunlich wie schön ist.«

So kann sich der Aufschlag beim Tennis auf natürliche Weise entwickeln. »Wenn der Spieler sich erlaubt, seinen Schläger losgelöst und mit Interesse zu betrachten, bekommt er ein Gefühl dafür, was er eigentlich tut, und sein Aufschlag entwickelt langsam einen natürlichen Rhythmus ... Wenn er dann aufs Spielfeld geht, kann er sich konzentrieren, ohne groß nachzudenken.«

Was Tim Gallwey uns über Tennis lehrt, läßt sich auf jede Sportart anwenden, sowohl im Wettkampf als auch außerhalb. Manche Aktivitäten wie etwa Yoga und Tai Chi basieren auf jahrhundertealten Traditionen der Achtsamkeit und haben Bedeutung sowohl als Meditationstechnik wie auch als Sport. Westliche Sportarten wie Tennis oder Golf bieten ebenfalls einen idealen Hintergrund für das Üben meditativen Handelns.

Achtsam schlafen

Für manche Menschen ist der meditative Tag auch dann nicht zu Ende, wenn sie schlafen. Im tibetischen Buddhismus gibt es eine Tradition, die als Traum-Yoga oder Klartraum bezeichnet wird. Die Beherrschung dieser Praxis erlaubt es, beim Träumen wach zu bleiben. Außerdem kann der Träumende seine Träume während deren Verlauf verändern. Meister haben diese Technik als Mittel gegen Alpträume gelehrt, zur Linderung bei Angstzuständen am Tage, als Unterstützung der emotionalen und körperlichen Heilung und als Methode, die Götter und andere Mächte um Rat anzugehen.

Nutzen Sie die positiven Wirkungen der Meditation sogar im Schlaf

Man muß kein Yogi sein, um die Vorteile der Klarträume zu nutzen. Oneironauten (die für den Schlaf das sind, was Astronauten für den Weltraum sind) am Schlafforschungszentrum der kalifornischen Stanford-Universität haben den Klartraum zu einer Art Wissenschaft erhoben. Dort lehrte der Traumforscher Dr. Steven LaBerge seine Oneironauten, sich des Träumens bewußt zu werden, während sie schliefen und träumten. Dann gelang LaBerges Oneironauten etwas, was der ersten Mondlandung gleichkommt: Die Teilnehmer (zu denen auch LaBerge selbst gehörte) sandten mittels einer komplexen Serie von Augen- und Körperbewegungen Signale aus ihrer Traumwelt an die Beobachter im Schlaflabor von Stanford.

Weitere Forschungen der Psychologin Jayne Gackenbach von der Universität von Nord-Iowa scheinen einige Behauptungen der alten Meister zu bestätigen. Gackenbach stellte fest, daß die Klarträumer weniger neurotisch und weniger depressiv sind und ein höheres Selbstbewußtsein haben sowie über ein besseres emotionales Gleichgewicht verfügen als andere Träumer.

Klarträumer sind psychisch stabiler

LaBerge zufolge kann jeder diese Früchte ernten. Wir alle hatten irgendwann einmal schon Klarträume. Plötzlich, mitten in einem Traum, erscheint uns ein Element widersprüchlich, und auf einmal wird uns bewußt, daß wir träumen.

ACHTSAM TRÄUMEN

Gestützt auf seine Forschungen entwickelte LaBerge einen einfachen Prozeß, der Tausenden half, die Fähigkeit des Klarträumens zu entwickeln. LaBerge glaubt, daß nur zwei Voraussetzungen erfüllt werden müssen: Motivation und ein gutes Gedächtnis für Träume. Sein Vier-Stufen-Plan zum Herbeiführen von Klarträumen:

1. Wenn Sie spontan aus einem Traum erwachen, gehen Sie noch einmal alle Einzelheiten durch, bis Sie sie im Gedächtnis gespeichert haben.

2. Bevor Sie wieder einschlafen, sagen Sie sich selbst nachdrücklich mehrere Male: »Das nächstemal, wenn ich träume, merke ich, daß es sich um einen Traum handelt.«

3. Stellen Sie sich Ihre eigene Person in dem Traum vor, an den Sie sich gerade erinnern, wobei Sie sich dessen bewußt sind, daß Sie träumen.

4. Wiederholen Sie die Schritte zwei und drei, bis der Wunsch, sich an den Traum zu erinnern, fest in Ihrem Inneren verankert ist – oder bis Sie einschlafen.

Mit ein wenig Übung werden Sie bald in der Lage sein, in Ihren Träumen wach und klar zu bleiben. Mit Geduld und Übung erreichen Sie, daß Sie sich mit denen unterhalten können, die Sie dort treffen, daß Sie den Verlauf der Träume steuern können und sogar in einen anderen Traum wechseln können.

Die Yogis scheinen sogar recht zu haben mit ihrer Vermutung, daß Klarträume gegen Alpträume helfen können. Wenn Sie in einem Klartraum plötzlich mit einer furchteinflößenden Situation konfrontiert werden, rät LaBerge, zeigen Sie dem beängstigenden Bild, wer der Stärkere ist. Dann verschwindet das bedrohliche Bild schnell und kehrt selten zurück.

Zusammenfassung

Meditatives Handeln bedeutet, sich im Tagesverlauf während jeder Aktivität vollkommen dessen bewußt zu sein, was man tut

- Durch meditatives Handeln bei der Arbeit wird der Streß verringert, Sie sind produktiver, haben einen besseren Draht zu Ihren Kollegen und retten so manchen schlechten Tag.
- Dadurch, daß Sie am Beginn und am Ende jedes Arbeitstages einen Moment innehalten, um zu meditieren, entwirren und sammeln Sie sich geistig für den nächsten Abschnitt des Tages.
- Achtsames Autofahren führt dazu, daß Sie mit ruhigem Bewußtsein auf die rings umher entstehenden Situationen reagieren können.
- Beim Sport läutert eine meditative Haltung den Geist und versetzt Sie in einen Zustand des Gleichgewichts zwischen Körper und Geist, läßt Sie mehr sehen und fühlen, steigert Ihr Bewußtsein für Ihre Umwelt und ermöglicht natürlichen und intuitiven Fortschritt.
- Auch im Schlaf ist es möglich, anhand der Technik des Traum-Yoga, wissenschaftlich als Klartraum bezeichnet, achtsam zu bleiben.

Meditation zu Hause

Ein Kloster ist wie ein riesiger Input-Mechanismus aufgebaut, der einem Mönch oder Novizen auf jede Handlung und Absicht ein sofortiges Feedback gibt. Obwohl Ihr Zuhause das genaue Gegenteil eines Klosters zu sein scheint, ist es trotz laufendem Fernseher, Telefonklingeln und Türschellen Ihr Kloster, der Ort, an dem Ihre Absichten und Handlungen auch ein sofortiges Feedback hervorrufen. Die Achtsamkeit im eigenen Zuhause kann eine erhellende Erfahrung sein, etwa so, wie wenn Sie eine 25-Watt-Birne durch ein Flutlicht ersetzen.

Dieser Abschnitt nun beschreibt Strategien, wie Sie aus gewöhnlichen Situationen im Haushalt Gelegenheiten zu meditativem Handeln machen.

Man muß nicht ins Kloster gehen, um zu meditieren. Integrieren Sie die Übungen einfach in Ihren Alltag

Hausarbeit und Meditation

Haushaltspflichten erscheinen gleich in einem ganz anderen Licht, wenn sie mit Achtsamkeit angegangen werden. Die gewöhnlichen Hausarbeiten wie Geschirr spülen, Gemüse putzen oder den Müll rausbringen können die zusätzliche Funktion einer wirkungsvollen Meditationserfahrung erfüllen. Achtsam ausgeführt, ist das Schrubben des Spülbeckens genauso schön wie ein Sonnenuntergang. Hier sind einige Strategien zum meditativen Handeln, die Ihnen helfen sollen, mehr aus alltäglichen Hausarbeiten zu machen:

Verleihen Sie jeder Bewegung eigene Bedeutung. Wenn Sie feststellen, daß Sie etwas doppelt gemacht haben, waren Sie das erstemal nicht achtsam

- Machen Sie immer nur eine Sache auf einmal.
- Was immer Sie gerade tun, tun Sie es einfach. Wenn Sie Geschirr spülen, nehmen Sie das Wasser an den Händen wahr. Achten Sie darauf, wie Ihre Arme sich bewegen, wenn Sie über das Geschirr wischen. Beachten Sie, wie das Geschirr vor und nach dem Spülen aussieht. Beobachten Sie, wie der Gedanke »Manchmal hätte ich gerne eine Geschirrspülmaschine« kommt und geht.
- Wenn Sie den Müll rausbringen, machen Sie daraus eine Gehmeditation.
- Denken Sie beim Putzen an die Worte von Bernard Glassman: »Der Prozeß des Saubermachens als solcher verändert den Koch ebenso wie die Umgebung und die Leute, die in diese Umgebung kommen, egal ob wir in einer Meditationshalle des Zen, einem Wohnzimmer, einer Küche oder einem Büro sind.«
- Ordnen Sie Ihre Lebensmittel im Einkaufswagen so an, als befänden Sie sich in dem Steingarten eines Zen-Klosters. An der Kasse legen Sie jeden Gegenstand achtsam aufs Band. Packen Sie Ihre Waren selbst ein, und trennen Sie achtsam Dosen, Flaschen und Drogerieartikel von Nahrungsmitteln.

- **Sieben Tage in der Woche meditieren**
  - Montag. Meditieren Sie über die Arbeit.
  - Dienstag. Meditieren Sie über Ihr Zuhause.
  - Mittwoch. Meditieren Sie über Ihren Partner.
  - Donnerstag. Meditieren Sie über Ihre Kinder oder Eltern.
  - Freitag. Meditieren Sie über Ihre Sprache.
  - Samstag. Meditieren Sie über die Freizeit.
  - Sonntag. Meditieren Sie über spirituelle Fragen.

Samu

Körperliche Arbeit wird in der japanischen Tradition des Zen als Samu bezeichnet. Samu ist ein äußerst wichtiger Aspekt des meditativen Lebens eines Zen-Mönchs. Jeden Tag widmen sich die Mönche in einem Kloster für Stunden Aufgaben wie dem Fegen, dem Staubwischen, dem Polieren der Fußböden, dem Schrubben der Toiletten, dem Unkrautjäten und der Gartenarbeit – und der Meditation über jede dieser Arbeiten in dem Augenblick, in dem sie ausgeübt wird.

Samu ist für die Meditierenden eine einmalige Gelegenheit, durch Aktivität innerlich zur Ruhe zu kommen, sich zu vertiefen und zu sammeln; so kräftigen sie ihren Körper und beleben ihren Geist.

Durch meditative Arbeit kommt man innerlich zur Ruhe

Meditation während der Arbeit verdeutlicht das Grundprinzip des Zen, nämlich daß es bei der Meditation nicht nur darauf ankommt zu lernen, wie man sich bei der Meditation im Sitzen (Zazen) innerlich sammelt und konzentriert, sondern wie man diesen Zustand auch auf die nebensächlichsten und banalsten Handlungen des täglichen Lebens ausdehnt.

»Indem wir jede Aufgabe in diesem Sinne ausführen«, sagt Roshi Philipp Kapleau, »erkennen wir schließlich, daß jede Handlung ein Ausdruck des Geistes von Buddha ist. Sobald wir das unmittelbar und unmißverständlich verstanden haben, ist keine Arbeit mehr unter unserer Würde. Ganz im Gegenteil adeln uns alle Arbeiten, auch die niedrigsten, da wir sie als Ausdruck des unbefleckten Buddha-Charakters betrachten. Das ist wahre Erleuchtung, und im Zen dient die Erleuchtung nie einem Menschen allein, sondern gereicht zum Vorteil aller.«

Achtsamkeit beim Essen

Vermeiden Sie nach Möglichkeit Fast food!

Heutzutage scheint man die Nahrung eher im Stehen oder im Vorbeigehen zu sich zu nehmen, als – wie traditionell üblich – im Sitzen. Natürlich müssen wir uns den Anforderungen des modernen täglichen Lebens stellen, dennoch sollten wir der Versorgung unseres Körpers mit Nahrung mehr Aufmerksamkeit widmen.

Wenn wir unsere Mahlzeiten achtsam und in Ruhe zu uns nehmen, kann sich das auf alle Aspekte des Lebens positiv auswirken und zu mehr körperlicher und geistiger Energie, stabileren Blutzuckerwerten und geringerem Verschleiß der Verdauungsorgane führen.

Wenn Menschen beginnen, achtsam zu essen, sind sie zunächst erstaunt und schockiert, und zwar nicht über die Auswahl ihrer Nahrung, sondern über die Geschwindigkeit, mit der sie normalerweise essen, und über die – recht negativen – Auswirkungen, die das auf ihr Verdauungs- und Nervensystem hat.

> »Vermeiden Sie nach Möglichkeit, sich beim Essen zu beeilen. Schlingen Sie auch zu Hause Ihr Essen nicht hinunter. Essen ist eine heilige Handlung. Es erfordert volle Konzentration.«
>
> Rabbi Nachman von Breslau, »The Empty Chair«

Bernard Glassman von der Zen-Gemeinschaft New York schreibt in »Anweisungen für den Koch«, wir sollten in einer Weise essen, »die unsere Wertschätzung unserer Nahrung und der Mühe, die für deren Zubereitung notwendig war, ausdrückt .... Und wir müssen darauf achten, was wir essen und wer die Mahlzeit mit uns teilt ... Manche Leute empfehlen, den Reis fünfzigmal zu kauen, bevor man ihn hinunterschluckt. Das ist vielleicht ein bißchen übertrieben, doch sollten wir unsere Nahrung wenigstens so gut kauen, daß wir die sechs Geschmacksrichtungen herausschmecken können: bitter, sauer, süß, salzig, mild und scharf.«

Achtsames Handeln macht aus der Mahlzeit eine Gelegenheit, den Kontakt zu sich selbst und zu den Menschen aufzubauen, mit denen man am Tisch sitzt und die Mahlzeit teilt.

Die folgende Eßmeditation wurde von der Meditation inspiriert, die Shinzen Young seinen Schülern während der Mahlzeiten bei Meditations-Retreats empfiehlt. Sie wurde hier für den Einsatz zu Hause leicht verändert. Probieren Sie sie alleine oder in der Familie aus. Bleiben Sie während aller Phasen Ihrer Mahlzeit achtsam, auf den gegenwärtigen Augenblick konzentriert. Das Meditationsobjekt sind in diesem Fall der Geschmack, der Duft und die sinnliche Wahrnehmung der Mahlzeit. Achten Sie bewußt darauf, wie sich jeder Bissen anfühlt.

Der amerikanische Talkmaster David Letterman sagte einmal, die wichtigste Mahlzeit des Tages sei der Mitternachtssnack. Die Welt der kleinen Imbisse, Naschereien und Zwischenmahlzeiten ist ebenfalls eine ideale Gelegenheit, die Praxis der Achtsamkeit zu vertiefen, da das Hinunterkippen eines Bieres unbewußt eine Pawlowsche Reaktion auslösen kann, die Sie dazu zwingt, nach einer Handvoll Chips zu greifen.

Durch achtsames Essen bauen Sie einen besseren Kontakt zu den Menschen auf, die mit am Tisch sitzen

ACHTSAM ESSEN

1. Sitzen Sie ruhig, und halten Sie den Rücken gerade. Achten Sie darauf, wie sich Ihr Körper anfühlt, und auf die Wahrnehmungen Ihres aufrecht sitzenden Körpers. Beachten Sie Ihre Vorfreude auf das gute Essen.

2. Füllen Sie das Essen langsam auf Ihren Teller. Achten Sie genau auf die Farbe und die Größe der Portion, die Sie sich nehmen.

3. Stellen Sie den Teller vor sich hin, und betrachten Sie die nächste Minute lang das achtsam ausgewählte Essen so eingehend wie möglich. Nehmen Sie die Farben und Gerüche zur Kenntnis, oder beobachten Sie beispielsweise, wie der Dampf von einer Folienkartoffel hochsteigt. Sehen Sie sich das Essen genau an.

Schenken Sie jedem Bissen Ihre ungeteilte Aufmerksamkeit!

4. Beginnen Sie langsam zu essen. Wenn Sie die Gabel in das Essen stecken, achten Sie genau darauf, wieviel Sie nehmen. Fällt etwas von der Gabel herunter? Ist das nicht vielleicht ein bißchen zuviel für einen achtsam genossenen Happen? Während Sie beginnen zu essen, achten Sie auf die Konsistenz und den Geschmack der Nahrung. Beachten Sie jedesmal, wenn Sie abbeißen, den Geschmack. Ist der Geschmack angenehm, dehnt sich die Empfindung im ganzen Körper aus, wie ein Kiesel, den man ins Wasser wirft, Kreise zieht. Verfolgen Sie diesen Gefühl, wie es sich im Körper ausdehnt.

5. Essen Sie langsam und achtsam. Wenn die Speisen, die Sie essen, schmackhaft sind, lassen Sie sich vielleicht dazu hinreißen zu schlingen, um so schnell wie möglich so viel wie möglich aufzunehmen. Nehmen Sie das zur Kenntnis. Werden Sie Ihrer Gedanken gewahr. Vielleicht denken Sie etwas wie: »Mensch, das schmeckt super!« Möglicherweise sind Sie so hingerissen, daß Sie das Essen in dem Moment gar nicht mehr richtig schmecken. Vielleicht sind Sie auch ungeduldig, und dieses langsame Essen ärgert Sie. Nehmen Sie dieses körperliche und geistige »Getriebensein« zur Kenntnis.

6. Essen Sie langsam und achtsam. Versuchen Sie, den Rücken beim Essen so gerade wie möglich zu halten und sich gleichzeitig zu entspannen, ganz so wie bei der formalen Meditation. Anstatt diesen Prozeß als reine »Eßmeditation« zu sehen, betrachten Sie ihn als eine Erweiterung Ihrer allgemeinen Meditationspraxis. Wenn Sie durch Geräusche, Sinneswahrnehmungen, Gedanken und äußere Eindrücke abgelenkt werden, richten Sie Ihre Aufmerksamkeit vorsichtig erneut auf den Prozeß des Essen.

7. Machen Sie gelegentlich eine Pause, legen Sie das Besteck aus der Hand, falten Sie locker die Hände, und schließen Sie sanft die Augen.

8. Möglicherweise entwickeln Sie beim Essen einen Rhythmus. Sie werden sich der Bewegungen Ihrer Arme bewußt, wenn Sie das Essen zum Mund führen, Sie nehmen plötzlich den Geschmack und die Konsistenz auf Ihrer Zunge oder anderen Teilen des Mundes wahr und spüren, wie die Lust sich wellenförmig in Ihrem ganzen Körper verteilt.

Bei dieser Übung werden Sie sich des Geschmacks Ihres Essens bewußt

9. Wenn Sie mit dem Essen fertig sind, bleiben Sie einige Minuten sitzen, damit das angenehme Gefühl der körperlichen Befriedigung Ihr Bewußtsein durchdringen kann. Wenn Sie aus irgendeinem Grund unangenehme Empfindungen haben, achten Sie genau darauf, woher diese kommen. Haben Sie Schuldgefühle, weil Sie etwas gegessen haben, das nicht gesund ist? Oder leiden Sie körperlich unter Völlegefühl und Blähungen, weil Sie zuviel oder zu schnell gegessen und Luft geschluckt haben? Vielleicht beides?

10. Behalten Sie die Achtsamkeit bei, wenn Sie vom Tisch aufstehen.

Im folgenden nun eine Strategie, wie Sie mehr Bewußtsein und erhöhte Achtsamkeit darüber entwickeln, was Sie verspeisen und warum:

- Versuchen Sie einen Tag lang zwischen den Mahlzeiten den Moment abzupassen, in dem Sie nach einer Zwischenmahlzeit greifen wollen. Das ist der Moment, unmittelbar bevor Sie nach diesem Snack greifen, in dem sich innerlich schon die Absicht gefestigt hat, Kartoffelchips oder einen Schokoriegel zu essen.
- Der Moment »unmittelbar davor« ist schwer wahrnehmbar. Lassen Sie sich nicht entmutigen, wenn Sie ihn beim erstenmal nicht bemerken. Sobald das jedoch der Fall ist, überfluten Sie ihn mit Ihrem gesamten Bewußtsein. Was ist es? Woher kommt es? Wohin geht es?
- Auch wenn es Ihnen nur einmal gelingt, diesen Moment zu bemerken, werden Sie dadurch bewußter. Wenn Sie den Snack immer noch wollen, bitte. Essen Sie ihn. Genießen Sie ihn achtsam. Und wenn Sie feststellen, daß Sie ihn nicht wollen, legen Sie ihn achtsam zur Seite.

Achten Sie auf Ihre Worte

Meditatives Handeln bedeutet, sich seiner Worte und Absichten so bewußt wie möglich zu werden

Mangelhafte Kommunikation ist eine der Hauptursachen für Spannungen und Probleme innerhalb der Familie. Hier ein typisches Beispiel: Ihr Kind oder Ehepartner tut etwas, das Sie als rücksichtslos empfinden. Bevor Sie wissen, wie Ihnen geschieht, fallen Sie mit Worten über die betreffende Person her oder sagen etwas Strenges. Dann stellt sich heraus, daß der Grund für die rücksichtslose Handlung etwas war, das Sie angeordnet haben. Niemand trägt die Schuld. Hier lag einfach ein Mißverständnis vor.

Wenn es irgendwo nötig ist, sich zum meditativen Handeln zu bekennen, so gilt das für die Kommunikation in der Familie. Jede Äußerung, jede Aussage wird deutlicher wahrgenommen, schneller interpretiert und genauer befolgt als in irgendeinem anderen Bereich Ihres Lebens. Es ist äußerst wichtig, daß Ihre Worte deutlich und unmißverständlich ausdrücken, was Sie meinen.

Achtsame Kommunikation bedeutet nicht nur, sich so klar wie möglich auszudrücken, sondern so teilnahmsvoll wie möglich zu sein. Beide Aspekte folgen dem Grundsatz des Nichtverletzens, was bedeutet, daß wir nichts tun, was uns oder anderen Schaden zufügt.

Das A und O einer gelungenen Kommunikation: darauf achten, was und wie wir reden

Es gibt eine alte Weisheit, die in etwa besagt: »Mund erst öffnen, wenn Gehirn im richtigen Gang.« Oft stellen wir fest, daß wir besonders Menschen, die uns nahestehen, Dinge sagen, die wir bereuen, schon während wir sie aussprechen. Leider kann man ein einmal ausgesprochenes Wort nicht mehr ungeschehen machen.

Wenn Sie zu Hause wieder einmal in einer Situation sind, in der Sie kurz davor sind, die Nerven zu verlieren, achten Sie bewußt auf die körperlichen Empfindungen, die Sie in dieser Situation verspüren, die Hitze und den aufwallenden Ärger, vielleicht einen Knoten im Bauch. Fragen Sie sich, ob das, was Sie gerade sagen wollen, jemanden verletzen kann. Wenn Ihre Antwort »Ja« lautet, sprechen Sie es nicht aus. Diese Art von meditativem Handeln gewährleistet, daß Ihr Gehirn »den richtigen Gang eingelegt hat« und niemand verletzt wird.

ACHTSAM SPRECHEN

Die beste Möglichkeit, mit seinen Worten achtsam umzugehen, ist, ruhig zu bleiben. Die folgende Übung soll Ihnen dabei helfen. Sie wurde von einer Übung von Dr. Linda DeVillers inspiriert. Verwenden Sie diese Methode, um sich zu beruhigen, wenn irgend etwas Sie aufregt. Vergessen Sie nicht: Ruhig zu bleiben und sich zu konzentrieren ist der Schlüssel zur Klärung von Auseinandersetzungen und Mißverständnissen.

1. Achten Sie während Diskussionen über heikle oder spannungsgeladene Themen bei Ihrer Wortwahl auf Anzeichen von Abwehrhaltung, Streitbarkeit und dem Wunsch zu fliehen.

2. Läuten Sie eine Pause ein, wann immer Sie das Gefühl haben, daß Ihr Puls schneller schlägt.

3. Während der Auszeit atmen Sie langsam und tief durch und treffen andere Maßnahmen, die Ihnen helfen, sich zu beruhigen – sei es, daß Sie heiß duschen, beruhigende Musik hören oder einmal um den Häuserblock laufen. (Alkohol ist nicht zu empfehlen.)

Denken Sie an etwas Positives, Aufbauendes

4. Ersetzen Sie Gedanken, die Anspannung und körperliche Erregtheit noch steigern, wie beispielsweise »Warum tut er/sie mir das an?« oder »Es wird sich nie etwas ändern« durch beruhigende Gedanken wie »Irgendwie kriegen wir das schon hin.«

5. Nehmen Sie die Diskussion erst wieder auf, wenn mindestens 20 Minuten vergangen sind. Und achten Sie dann auf Ihre Worte. (Wenn es Ihnen geht wie den meisten anderen, halten Sie sich für ruhig, bevor Sie sich eigentlich beruhigt haben. Normalerweise dauert es etwa 20 Minuten, bis Ihr Körper wieder normal arbeitet; Ihr Puls und Ihr Herzschlag geben den sichersten Hinweis.)

Achtsamkeit und Kinder

Ihre Kinder verdienen mehr Achtsamkeit als alles andere bei Ihnen zu Hause. Ihre Welt ist einmalig, wertvoll, zerbrechlich und kann leicht beschädigt oder zerstört werden. Kinder können anstrengend, nervenaufreibend und strapaziös sein. Doch sind sie gleichzeitig das Wertvollste, was Sie besitzen.

Meditation, bei der Sie sich auf Ihre Kinder konzentrieren, kann eine Möglichkeit sein, Ihre Liebe zu ihnen und ihre Bedeutung für Ihr Leben wiederzuentdecken. Wenn Sie Kinder haben, widmen Sie jedem von Ihnen eine der nächsten Sitzungen. Rufen Sie alle Assoziationen und Erinnerungen, gute wie schlechte, in sich wach. Vielleicht reicht eine Sitzung nicht aus, um alle Gedanken und Bilder zu betrachten, die durch die Meditation über ein Kind in Ihnen heraufbeschwört werden.

Wenden Sie sich in Liebe und mit völliger Konzentration Ihrem Kind zu

Das meditative Kind

Als Eltern sollten Sie Ihre Kinder dazu ermuntern, an Ihren meditativen Erfahrungen teilzunehmen, vorausgesetzt, das Kind will das auch, rät Frances Vaughan. Sie tun sich und Ihrem Kind einen Gefallen, meint die Expertin für Transpersonale Psychologie. Sie werden sie nicht nur an einem wichtigen Teil Ihres Lebens teilhaben lassen, sondern lassen gleichzeitig auch die Geistigkeit des Kindes zu Geltung kommen.

»Viele Erwachsene«, schreibt Vaughan in »Awakening Intuition«, »berichten, daß sie sich als Kinder mehr auf ihre Intuition verlassen haben und erst gelernt haben, ihre intuitive Wahrnehmung für sich zu behalten, nachdem sie auf die Skepsis oder den Spott der Erwachsenen gestoßen sind.« Mit Ablehnung, Entmutigung und Spott konfrontiert, »neigen wir dazu, über diese Dinge zu schweigen, nicht weil wir fürchten, andere könnten uns für verrückt halten, sondern weil wir uns selbst fragen, ob wir verrückt sind. Wir haben die Urteile der Gesellschaft verinnerlicht.«

Mit einem Kind zu meditieren, empfänglich zu sein für das, was es uns möglicherweise über seine inneren Welten zu sagen hat, ist eine Möglichkeit, diese Seite zu stärken. Obwohl man von Kindern mit ihrer Energie und Unruhe kaum annehmen möchte, daß sie meditieren können, sind Kinder »auf natürliche Weise zur Kontemplation veranlagt«, meint die Familientherapeutin Theresa Schoning, die Kinder christliche Meditation lehrt. »Was mich immer wieder erstaunt, wenn ich Kinder auf Meditation und Kontemplation vorbereite«, schreibt Schoning in »Our Treasured Heritage«, »ist, daß viele von ihnen bereits mit der Kontemplation vertraut sind.«

Lassen Sie Ihre Kinder an der Meditation teilhaben

Im Osten lehrt man Kinder meditieren, kaum daß sie aufrecht sitzen können (also mit ein oder zwei Jahren). In »How to Help Your Child Have a Spiritual Life« beschreibt die Äbtissin der buddhistischen Soto-Zen-Schule Rev. Roshi Jiyu-Kennett diesen Prozeß: Die Familie sitzt still vor dem Familienschrein. Das Kind darf machen, was es will. Normalerweise ahmen die Kinder entweder die anderen Familienmitglieder nach und sitzen eine Weile still, oder sie wälzen sich auf dem Boden. Diejenigen, die meditieren, nehmen jedoch keine Notiz von dem Kind. »Die Eltern«, so Kennett, »drücken so ihre Kenntnis des beim Kind latent vorhandenen Verständnisses aus und behandeln es nicht mit weniger Respekt als sich selbst.« Gewöhnlich versucht das Kind nach einiger Zeit erneut, wie der Rest der Familie stillzuhalten. »Auf diese Weise«, folgert Kennett, »meditiert das Kind, sooft die Eltern meditieren.«

Die Partnerschaft als spiritueller Weg

Daß Ihre Beziehung zu Ihrem Ehegatten, Partner oder Liebhaber Achtsamkeit erfordert und den Mittelpunkt Ihrer Meditationen bildet, scheint offensichtlich. Genau gesehen, meinen Harrison und Olivia Hoblitzelle, Therapeuten und Meditierende, ist die Partnerschaft ein spiritueller Weg. Gewöhnlich ist es eine spirituelle Beziehung, die uns überhaupt erst zusammenführt, und der sexuelle Akt ist nur ein Ausdruck unseres Bedürfnisses nach Nähe und der Verbindung unserer individuellen Persönlichkeiten zu etwas Größerem und Mächtigeren. Natürlich verliert man bei einer häuslichen Gemeinschaft die spirituelle Seite der Beziehung bei all den Sorgen und Problemen des alltäglichen Zusammenlebens leicht aus den Augen. Das ist einer der Gründe, warum so viele meditative und religiöse Traditionen den spirituellen Aspekt des Geschlechtsakts immer wieder hervorheben.

Wenn Sie das nächstemal meditieren, machen Sie die Person, die Sie lieben, zum Meditationsobjekt der Sitzung

> »Traditionelle Kulturen, welche die bei uns übliche, moderne Trennung des Sakralen und des Profanen nicht anerkennen, haben Sexualität immer als eines der großen Geheimnisse des Lebens angesehen ... In traditionellen Gesellschaften – von der Steinzeit bis zu unserer Ära – ist Sexualität Teil der religiös-spirituellen Ansichten. Männer und Frauen haben sich einst mit unerschütterlichem Glauben auf das große Abenteuer des Geistes eingelassen und alles riskiert, um einen Blick auf die ewige Wirklichkeit hinter dem bloßen Anschein zu erhaschen. Heute sind spirituelle Abenteurer, die den Berg der Selbstdisziplin und der Selbsttranszendenz erklimmen, so gut wie ausgestorben. Unsere Sicht unseres Menschseins ist allzu eingeschränkt; daher rührt auch unsere allzu eingeschränkte Sicht unserer Sexualität.
> Dennoch können wir unser Leben als sexuell-erotische Wesen nicht vollkommen auskosten, wenn wir nicht zuerst unsere spirituelle Tiefe wiedererlangen. Unsere Sexualität kann uns helfen, mit dieser Tiefe erneut in Berührung zu kommen; sie kann als Tor zur spirituellen Dimension dienen.«
>
> GEORGE FEUERSTEIN, »Sacred Sexuality«

Spiritualität in der Beziehung

Durch etwas mehr Spiritualität läßt sich jeder Konflikt entschärfen

Harrison und Olivia Hoblitzelle haben sechs wesentliche Kennzeichen identifiziert, die uns helfen sollen, uns auf die spirituelle Seite unserer Partnerschaften zu konzentrieren und davon zu profitieren.

RATSCHLÄGE FÜR EIN BESSERES MITEINANDER UND EINE HARMONISCHERE BEZIEHUNG

1. Erkennen Sie an, daß Sie einen Sinn für das Karma oder Schicksal haben. Es ist schon wichtig zu akzeptieren, daß das Zusammensein einen Zweck verfolgt, der über die persönliche Befriedigung hinausgeht. Man ist zusammen, damit einer dem anderen Lehrer sein kann und man im anderen das Göttliche erkennt.
2. Respektieren Sie das göttliche Verlangen im anderen. Verstehen Sie den tieferen Sinn des Lebens jenseits des eingeschränkten Verständnisses von unserer eigenen Person.
3. Akzeptieren Sie die Beziehung als einen zentralen Abschnitt Ihres spirituellen Weges. In Indien spricht man vom Sadhana oder dem »Umgang« mit einer Beziehung als »scharf wie eine Chilischote«. Erwarten Sie nicht, daß es leicht ist.
4. Betrachten Sie schwierige Phasen als Übung. Beziehungen sind wunderbar geeignete Experimente, um Achtsamkeit und Verständnis in bezug darauf zu entwickeln, wo wir alten Modellen, Bindungen und Definitionen verhaftet sind.
5. Glauben Sie an den Prozeß der Weiterentwicklung und Veränderung bei Ihrem Partner wie bei sich selbst. Insbesondere können Sie Ihrem Partner helfen, indem Sie ihm in schwierigen Phasen eine Stütze sind und ihm

genügend Raum lassen, seine spirituelle Praxis zu entwickeln, auch wenn diese sich von Ihrer eigenen unterscheidet, so daß ein Gleichgewicht zwischen gemeinsam und getrennt verbrachter Zeit entsteht, ein harmonisches Verhältnis von Einsamkeit und Geselligkeit.
6. Halten Sie sich die Vision vom wahren Selbst Ihres Partners vor Augen, besonders wenn dieses sich verbirgt. Behalten Sie auch das Vertrauen daran, daß das wahre Selbst Ihres Partners sich zeigen wird, wenn Sie nur daran glauben.

Achtsamkeit im Schlafzimmer

Wenn Sie Ihr Heim als Ihr Kloster betrachten, dann ist das Schlafzimmer das Allerheiligste. Der Liebesakt ist für Sie wie Ihren Partner die ideale Gelegenheit, Achtsamkeit zu praktizieren. Es gibt viele Handbücher und Ratgeber über sexuelle Praktiken, Techniken und andere Möglichkeiten, das Liebesleben zu verbessern. Doch allein die Tatsache, daß man im Schlafzimmer Wachsein und Aufmerksamkeit praktiziert und zueinander in Verbindung steht, ist unter Umständen mehr wert als alle Ratschläge zum Sex in der »Cosmopolitan« und im »Playboy« zusammen.

Niemals sonst fühlt man sich mit dem Partner enger verbunden als beim Liebesakt

Wieder einmal liegt das Geheimnis darin, die fundamentale Technik der Achtsamkeit auf den Liebesakt zu übertragen. Ihr Meditationsobjekt sind einfach die verschiedenen körperlichen und natürlich emotionalen wie geistigen Erfahrungen, die sich bei diesem Erlebnis für Sie und Ihren Partner ergeben. Es muß nicht mechanisch oder gezwungen sein. Gehen Sie mit völliger Aufmerksamkeit und totalem Bewußtsein für jeden einzelnen Augenblick an den Liebesakt heran. Lassen Sie den Prozeß einfach und natürlich vonstatten gehen.

> »Die sexuelle Vereinigung ist ein gelungenes Yoga, das durch den Genuß aller sinnlichen Freuden befreiend wirkt. Es ist ein Pfad der Befreiung.«
>
> KAULARHASYA

Der achtsame Liebesakt

Meditation und Liebe können eine machtvolle spirituelle Verbindung eingehen. In dem Buch »Tantra oder Die Kunst der sexuellen Ekstase« beschreibt Margo Anand, die tantrische Meditation unterrichtet, wie sie selbst im Alter von 18 Jahren die spirituelle Macht von achtsamem Sex kennengelernt hat. Zu der Zeit lernte sie gerade als Anfängerin Yoga. Anand sagt, daß Sex für sie eine ungeheure Erfüllung darstellte, doch fragte sie sich, wie die Energie und die Erregung von Sex zu der heiteren Gelassenheit von Yoga paßte. Weder sie noch ihr Liebhaber hatten jemals von Tantra gehört, das angeblich einen höheren Bewußtseinszustand auslöst, von spiritueller Vereinigung von Liebenden und intensiver sexueller Ekstase. Nur dem Zufall ist es zu verdanken, daß sie auf das tantrische Geheimnis der Vereinigung durch sexuelle Stimulation ohne orgastische Befreiung stieß.

Der Liebesakt ist die schönste Art, gemeinsam zu meditieren

Eines Abends liebten sich Anand und ihr Liebhaber auf die gewohnte energische Art, als sie ihn bat, das Tempo zu drosseln und etwas Neues auszuprobieren. Die beiden hörten auf und entspannten sich einfach, wobei ihr Liebhaber in ihr blieb. Anand fand das aufregend, denn »ich hatte etwas Neues eingeleitet, indem ich ihm die Verantwortung für das Tun abnahm. Die Rollen wurden auf subtile Weise vertauscht, und ich fühlte, wie er eine eher feminine, empfangende Haltung annahm.« Sie verharrten mehrere Minuten in dieser Stellung, entspannt und sich gleichzeitig der sexuellen Erregung ihrer Körper bewußt. Bald verspürten beide eine warme, strahlende Energie, die sich über ihren gesamten Beckenbereich erstreckte.

Das Geheimnis der Liebe ohne Ziel ist eigentlich ganz einfach und natürlich

Der Liebesakt

Alan Watts definiert »kontemplativen Sex« als eine Möglichkeit, sich zu lieben, die körperliche Lust in Sanftheit und echte Befriedigung umwandelt:
Sowie sich die Erregung aufbaut, steigern wir unsere Bewegungen, um die Spannung zu erhöhen und die Entladung hervorzurufen. Doch beim kontemplativen Sex entspannt man einfach. Sie verlangsamen das Tempo und atmen tief und langsam ein und aus. Wenn Ihre Augen geschlossen waren, öffnen Sie sie jetzt, und mit ihnen Ihren Geist und Ihre Sinne. Achten Sie auf Ihre Atmung und die Ausstrahlung Ihres Partners oder Ihrer Partnerin.

Als sie merkten, daß die Erregung nachließ, kehrten sie zum tatkräftigen Lieben zurück. Dann, unmittelbar vor dem Gipfel des Orgasmus, hielten sie erneut inne, entspannten sich, wurden ganz still. »Wir wiederholten diesen Vorgang mehrere Male«, schreibt sie, »und dann geschah etwas Unerwartetes. Plötzlich schien es uns beiden, als würden wir in einem endlosen, mit Licht und Wärme gefüllten Raum schweben. Die Grenzen zwischen unseren Körpern lösten sich auf, und gleichzeitig verschwammen die Unterschiede zwischen Mann und Frau. Wir waren eins. Wir empfanden das Erlebnis als zeitlos und schienen eine Ewigkeit so zu verharren. Es war nicht nötig, einen Orgasmus zu haben. Es war nicht einmal nötig, sich zu ›lieben‹. Es gab nichts zu tun, nichts zu erreichen. Wir durchlebten die reine Ekstase.«

Maithuna

Was Margo Anand berichtet, ähnelt dem, was Anhänger des Tantra-Sex als *Maithuna* bezeichnen. Das Prinzip der tantrischen Meditation besteht darin, daß man seine Sinne einsetzt, um das bewußte sinnliche Wahrnehmen zu überwinden und *Samadhi*, einen Zustand mystischer Vereinigung mit Gott, dem Göttlichen oder dem Universum, zu erreichen.

Beim Maithuna wird der kontrollierte, rituelle Geschlechtsverkehr eingesetzt, um die als Kundalini bezeichnete Energie freizusetzen und in die höheren spirituellen Energiezentren (Chakren) beider Partner zu lenken, so daß sie eine vollkommene spirituelle Einheit bilden. Obwohl sexuelle Praktiken durchaus eine Rolle spielen, geht es bei Maithuna, wie Omar Garrison in »Tantra: The Yoga of Sex« schreibt, nicht um die Intensivierung der sexuellen Ekstase, wie viele Menschen im Westen zu glauben scheinen – auch wenn das häufig ein Nebeneffekt ist –, sondern um einen Pfad zur spirituellen Meisterschaft und Vereinigung mit dem Partner.

Ziel ist nicht die Ekstase, sondern das völlige Einssein mit dem Partner

»Während des Maithuna selbst führt der Yogi sorgfältig vorgezeichnete, rituelle Handlungen durch; dazu gehört auch, wo und wie er den Körper des Partners berührt«, schreibt Garrison. »Beim Maithuna ist der Mann passiv, die Frau aktiv; da das Ziel eher in der Steigerung der Energie als im Höhepunkt besteht, bewegen sich die Partner nur wenig.« Körperlich vereinigt meditieren die Liebenden über ein Mantra wie etwa »Om, du strahlende Göttin ... ins Feuer des Selbst gieße ich diese Gabe mit dem Geist als Opferkelle, ich, der ich dabei bin, die Sinnesorgane nutzbar zu machen.« Der Schlüssel zum Maithuna ist die sich über einen längeren Zeitraum erstreckende Zurückhaltung des vollen

Orgasmus durch beide Partner, insbesondere seitens des Mannes. Diese Zurückhaltung ebnet den Weg zum Samadhi, das »die Energie der Begierde in eine höhere Form von Energie umwandelt«.

> »Bei dieser Technik kommt es nicht selten vor, daß die einzelne Person bis zu einem Dutzend oder gar 20 Höhepunkte erreicht, ... wobei der Orgasmus als solcher vermieden wird. Diejenigen, die solche Techniken praktizieren, behaupten im allgemeinen, daß sie bei jedem Höhepunkt einen Orgasmus haben, obwohl er unterdrückt und ... die Ejakulation vermieden wird.«
>
> Dr. Alfred Kinsey

Jenseits des Sex

Dem achtsamen Liebesakt, der Kunst, Meditation und Sex zu verbinden, werden einige positive Wirkungen nachgesagt.

Die Liebes-Meditation kann sogar Erektionsprobleme beseitigen

- **Bei Männern:**
  - weniger Probleme mit der Erektion und der Ejakulation,
  - mehr Kontrolle über den Orgasmus,
  - mehr Ausdauer,
  - intensiverer Orgasmus.
- **Bei Frauen:**
  - leichtere Erregbarkeit,
  - Erregung im ganzen Körper, nicht nur im Genitalbereich,
  - häufigerer Orgasmus.

BEI MÄNNERN UND FRAUEN:

- Transzendenz dessen, was in der Religion als Lust bezeichnet wird,
- das Bewußtsein wird auf eine Ebene ultimativer Realität katapultiert,
- häufig ein echter spiritueller Durchbruch,
- echte Intimität und spirituelle Vereinigung, die Auflösung der Barrieren, die sie als einzelne Personen voneinander trennen.

ACHTSAMKEIT BEIM LIEBESAKT

Wie bei allen Übungen brauchen Sie auch hier zunächst Ruhe

Nachfolgend eine Meditation über den Liebesakt, die durch die Arbeit von Linda DeVillers inspiriert wurde. Sie können sie alleine oder mit Ihrem Partner praktizieren. Wie immer beim Meditieren geht es bei dieser Übung ausschließlich um Sie, nicht um die andere Person. Sie zeigt Ihnen, wie Sie sich über Ihren Partner als heiliges Wesen bewußt werden können.

1. Bevor Sie mit Ihrem Partner beginnen, nehmen Sie sich einen Moment Zeit. Rufen Sie sich das aufregende Gefühl und die Vorstellung von ihm oder ihr als beinahe göttliche Gestalt in Erinnerung, die sie empfanden, als sie ein Liebespaar wurden.

2. Meditieren Sie über die Realität Ihres Partners als Instrument göttlicher Liebe. Schließlich hat das Universum/Gott/die Göttin/Allah sie oder ihn zu Ihnen geschickt, nicht wahr?

3. Lassen Sie die Verbindung Ihres Partners zum Göttlichen heller und heller erstrahlen, bis Sie solche Achtung, Ehrfurcht und solches Verlangen zu dienen spüren, bis Sie nur noch vor dem Partner auf die Knie fallen wollen. Denken Sie daran, welches Glück Sie haben, sich der Liebe zu einem Boten des Himmels hingeben zu dürfen.

4. Meditieren Sie weiter über diesen Aspekt Ihres Partners, während Sie sich lieben. Wenden Sie die bereits erlernten Techniken an, um mit Ablenkungen fertig zu werden. Versuchen Sie die ganze Zeit, Ihren Partner anzusehen, mit ihm zu reden, ihn zu berühren und ihm zu dienen, wie Sie es tun würden, wenn es sich bei Ihrem Partner um einen Gott oder eine Göttin oder einen Repräsentanten des Göttlichen in Ihrem Leben handelte.

5. Konzentrieren Sie sich auf den Körper Ihres Partners, als wäre jeder Quadratzentimeter seiner Haut und jede körperliche und emotionale Reaktion Ihr Meditationsobjekt. Überschütten Sie den anderen mit der Aufmerksamkeit, die er verdient. Wenn Sie einem göttlichen Wesen dienen, spielt Zeit keine Rolle.

Zeit sollte keine Rolle spielen

6. Betrachten Sie anschließend wieder den göttlichen Aspekt Ihres Partners. Baden Sie im Glanz des Segens, den Sie dadurch empfangen haben, daß Sie einem so wundervollen Wesen dienen durften.

ZUSAMMENFASSUNG

- Unser Heim ist unser Kloster, ein Ort, an dem sich die Meditation auf jeden Aspekt unseres Lebens positiv auswirkt.
- Bei achtsamer Durchführung wird jede Hausarbeit vom Rasenmähen bis zum Schrubben des Waschbeckens zur Gelegenheit, sich spirituell weiterzuentwickeln.
- Die beste Möglichkeit, sich gesund zu ernähren, besteht einfach darin, sich darüber bewußt zu werden, was man ißt und wie es sich auf einen auswirkt.
- Bei der Meditation geht es nicht nur darum, so achtsam wie möglich, sondern auch so mitfühlend wie möglich zu sein.
- Wenn Sie kurz davor sind, daß zwischen Ihnen und Ihrem Partner oder den Kindern harte Worte fallen, gön-

nen Sie sich eine Pause zum Meditieren; bei dem erneuten Zusammentreffen achten Sie auf Ihre Worte.

Meditation über Ihre Familienangehörigen bringt Sie diesen näher

- Die Meditation über die Kinder und mit den Kindern ist eine ideale Möglichkeit, sich wieder über deren Bedeutung für das eigene Leben klarzuwerden und ihre eigenen inneren Erfahrungen zu unterstützen.
- Die Meditation über den Partner und mit dem Partner kann den spirituellen Aspekt der Beziehung, der Sie beide ursprünglich zusammengeführt hat, wieder in den Vordergrund rücken.
- Der Liebesakt ist auch Teil des spirituellen Weges.
- Bestimmte meditative Ansätze des Tantra beim Sex können intensive Ekstase und ein Gefühl der Verbundenheit miteinander – und mit Gott – erzeugen.

Vom Schmerz zur Ekstase

Es heißt, der Sinn des Lebens bestehe darin, glücklich zu sein. Das ist natürlich völlig legitim. Sie verdienen es, glücklich zu sein. Die Voraussetzung für äußeren Frieden und Glück ist, daß Sie zuerst inneren Frieden und inneres Glück finden. Meditation bereitet den Weg zum Glück, erlaubt es Ihnen, Ihr Leben umzuwandeln und die Fähigkeit zu entwickeln, sich jedem Augenblick des Lebens mit ruhiger Bewußtheit zu öffnen.

Glück als Zielsetzung

Das oberste Ziel jeder Meditation ist das Glück des Meditierenden

Wenn Sie an Meditation denken, denken Sie an 50 Mönche mit geschorenen Köpfen, die in der abgelegensten Ecke der Welt in der unbequemsten Haltung, die man sich vorstellen kann, schweigend dasitzen. Sie sitzen still, sie sprechen weder, noch bewegen sie sich. Es sieht schmerzvoll aus, erscheint sinnlos und langweilig. Und ihren Gesichtern nach zu urteilen, sind sie nicht besonders glücklich. Eigentlich sehen die Mönche total unglücklich aus.

Doch der äußere Anschein kann täuschen. Die Meditation beruht auf unserem fundamentalen Wunsch, in unserer Welt glücklich zu sein. Buddha sagte: »Ich lehre nur eines. Leiden und das Ende des Leidens.«

Hindernisse auf dem Weg zum Glück überwinden

Doch so groß unser Wunsch nach Glück auch sein mag, gibt es dennoch kaum etwas, was schwerer zu erlangen wäre. Zwischen uns und dem Glück stehen zwei Hindernisse, die es von uns fernhalten: Streß und Schmerzen. Niemand kann glücklich sein, wenn er unter Streß steht oder leidet. Oder etwa doch? Beides scheint das Gegenteil von Glück zu sein.

Erfahrene Meditierende würden in diesem Zusammenhang darauf hinweisen, daß wir häufig auch im Leiden glückliche Augenblicke oder aber Schmerz inmitten des Glücks erleben. Dieser scheinbare Widerspruch läßt sich durch Meditation auflösen, so daß wir uns auf das Glück, das wir verdienen, berufen können, auch wenn wir noch so tief im Unglück stecken.

Sogar Schmerzen aufgrund körperlicher Erkrankungen oder Verletzungen lindert die Meditation

Doch mit Meditation lassen sich auch Streß und Schmerzen als solche lindern, so daß unserem Glücklichsein nichts mehr im Wege steht. Durch Entspannung und Harmonisierung unseres Körpers werden beim Meditieren Chemikalien freigesetzt, die eine körperliche Heilung auslösen und uns optimales, geistiges Wohlbefinden schenken.

Abbau von Stress

Daniel Goleman, Autor des Bestsellers »Emotionale Intelligenz«, gehört zu den Pionieren der Forschung über Meditation als Anti-Streß-Methode. In »The Meditative Mind« kommentiert Goleman einen Bericht der amerikanischen Nationalen Gesundheitsbehörde aus dem Jahre 1984. Der Bericht über leichten Bluthochdruck empfahl im Frühstadion Meditation in Verbindung mit einer Diät statt Medikamente. Goleman berichtet ferner, daß die Meditation seinen eigenen Forschungen zufolge »Anspannung beim Meditierenden senkt und den Abbau von Streß fördert«.

In früheren Untersuchungen von Meditation und Herzkrankheiten, die Dr. Herbert Benson, Autor von »The Relaxation Response« und »Beyond the Relaxation Response«, an der Harvard-Universität durchgeführt hat, zeigten die Ergebnisse, daß die Herzfrequenz von Meditierenden bei Verabreichen von Noradrenalin, einem bei Streß ausgeschütteten Hormon, anders reagierte als bei Personen, die nicht meditieren. Anstatt, wie man vermuten könnte, einen gestiegenen Blutdruck aufzuweisen, sank der Blutdruck bei Meditierenden, ähnlich der durch Betablocker ausgelösten Reaktion.

Seit einigen Jahren kommen die gründlichsten und aufregendsten Ergebnisse bezüglich Meditation und Streß von der Stress Reduction Clinic, die zur medizinischen Fakultät der University of Massachusetts gehört. Der Gründer und Leiter der Klinik, Dr. Jon Kabat-Zinn, hat mit Hilfe der Meditation bemerkenswerte Ergebnisse beim Abbau von Streß und Schmerzen erzielt.

Meditation ist sowohl psychologisch als auch physiologisch von Nutzen. Viele Psychotherapeuten setzen sie in Verbindung mit konventionellen Behandlungsmethoden ein, um Anspannung und Streß zu lindern.

Meditation stärkt die körpereigenen Abwehrkräfte

Meditation kann Patienten helfen, sich Emotionen und Gefühlen zu öffnen, die während der Psychotherapie entstehen. Patienten lernen, mit den häufig überwältigenden Emotionen fertig zu werden, die an die Oberfläche gelangen, wenn unterdrückte Gefühle aufgedeckt werden.

Anstatt von ihren Gedanken, Gefühlen und Emotionen hin- und hergeschüttelt zu werden wie Seeleute in einem Sturm, lernen die Meditierenden, eine sichere Position einzunehmen. Ruhig und wachsam beobachten sie, wie diese Gedanken und Gefühle vorbeiziehen wie Wolken am Himmel – ohne Herkunft und ohne Ziel. Die geringere Identifikation mit dem, was innerlich vor sich geht, ermöglicht dem Patienten, sich auf natürlichem Wege und ganz allmählich an seine Probleme zu gewöhnen.

Dr. Mark Epstein, ein in Harvard ausgebildeter Psychoanalytiker aus New York City und selbst Meditierender, schreibt in »Gedanken ohne den Denker« über Psychotherapie aus der buddhistischen Perspektive. In einem Kapitel mit dem Titel »Die Psychodynamik der Meditation« erläutert Dr. Epstein den therapeutischen Wert der Meditation:

»Viel von dem, was beim Meditieren geschieht, ist in dem Sinne von therapeutischem Nutzen, als es die üblichen Ziele der Therapie wie Integration, Demut, Stabilität und Ichbewußtsein fördert. Dennoch besitzt die buddhistische Meditation etwas, das über die Therapie hinausgeht und mit einer Erweiterung des Horizonts in bezug auf das eigene Selbstverständnis zu tun hat, die allein mit Hilfe der Psychotherapie gewöhnlich nicht erreicht wird ... [Beim Meditieren] erlebt der tief verankerte Sinn für das eigene Selbst eine tiefgreifende und unwiderrufliche Transformation.«

UMGANG MIT STRESS

Die folgende Übung basiert auf einer Meditationsanleitung von Shinzen Young.

Versuchen Sie sich trotz Streß so gut wie möglich zu entspannen

1. Nehmen Sie sich genügend Zeit, bis der Körper sich etwas beruhigt hat. Werden Sie sich Ihres ganzen Körpers bewußt. Entspannen Sie sich, und machen Sie sich bewußt, wie Sie sich exakt in diesem Moment körperlich fühlen. Spüren Sie die Gesamtheit Ihres Körpers als einen verbundenen Bereich von Gefühlen: Arme, Rumpf, Beine, Kopf und so weiter. Seien Sie so entspannt und still wie möglich, auch wenn Sie Unbehagen oder Streß empfinden.

Wo genau »sitzt« der Streß? Spüren Sie ihn auf

2. Wenden Sie sich der Stelle zu, an dem der Streß sich hauptsächlich bemerkbar macht, der Stelle also, wo Sie den Streß in diesem Moment am deutlichsten fühlen. Zeichnen Sie langsam die Umrisse dieses Streßpegels, als wären Sie ein Kartograph, der die Umrisse eines neuen Territoriums zeichnet. Wie sieht der Streß aus? Welche Gestalt hat er angenommen? Ist die Gestalt symmetrisch oder asymmetrisch? Ist sie rund oder oval? Ist sie dreidimensional? Sphärisch?

3. Konzentrieren Sie sich ganz auf den Umriß der Stelle, wo der Streß hauptsächlich sitzt. Betrachten Sie sie genau, so eingehend wie möglich. Stellen Sie fest, auf welcher Ebene Ihres Körpers sich der Streß primär befindet. Ist es die Oberfläche der Haut, direkt unter der Haut oder ganz tief im Inneren?

4. Betrachten Sie genau die Umrisse der Gestalt. Treten sie klar hervor, oder sind sie verwischt? Sehen Sie sich die Intensität des Streßpegels innerhalb seiner Grenzen an. Ist der Streß konzentriert? Verschwommen? Gibt es zwischen beiden Extremen ein Dehnen und Zusammenziehen? Untersuchen Sie, wie sich der Streß innerhalb der Grenzen seiner Umrisse bewegt. Ist die Bewegung immer gleich? Wechselt sie? Vielleicht steigt und fällt der Streß, dehnt sich aus und zieht sich zusammen. Untersuchen Sie die Art der Gestalt. Ist sie dumpf, stechend, brennend, schmerzend? Fühlt sie sich muskulös, organisch an? Fahren Sie fort, den Streß mit Ihrem Bewußtsein zu durchfluten.

5. Prüfen Sie, wie der Streß sich auf Ihren übrigen Körper auswirkt. Sendet er Wellen in seine unmittelbare Umgebung aus? Sendet er weiträumig Wellen in entferntere Körperbereiche aus? Verursacht er ein Zusammenziehen bestimmter Bereiche Ihres Körpers? Wie macht er das? Gibt es sichtbare Kanäle, oder ist es mehr wie ein unsichtbares Signal?

Streßempfindungen können überall im Körper auftreten

6. Konzentrieren Sie sich weiter auf die Form Ihrer Anspannung. Achten Sie auf Veränderungen, besonders auf kaum wahrnehmbare Änderungen. Wenn Sie diesen Hauptbereich umrissen haben, untersuchen Sie weitere Teile Ihres Körpers, wo Sie den Streß wahrnehmen. Erforschen Sie jeden einzelnen Körperteil in der beschriebenen Weise. Definieren Sie die Lage, die Form, die Größe, die Umrisse, die Intensität, die Art und die Bewegungen des Streßgefühls. Vergleichen Sie das Ergebnis mit den Merkmalen der primären Stelle. Ziehen Sie keine Parallelen, und entwickeln Sie keine Theorien. Sie sollen lediglich beobachten.

7. Wenn Sie die einzelnen Streßbereiche in Ihrem Körper umrissen haben, ziehen Sie den Blick zurück, wie eine Kamera, die sich langsam immer weiter entfernt. Jetzt sehen Sie Ihren ganzen Körper und fühlen ihn vollkommen. Begutachten Sie ihn – die Gliedmaßen, das Gesicht, die Brust. Fühlen Sie Ihren Körper als einen integrierten Raum.

8. Beobachten Sie, wie sowohl primäre als auch sekundäre Streßbereiche sich auf den Körper auswirken. Sehen Sie, wie Ihre negativen Gedanken und Gefühle den Blick auf die lokalisierten Streßbereiche verzerren und diese übertreiben, wodurch sie noch intensiver und unangenehmer werden als vorher. Achten Sie darauf, wie Ihre Überzeugungen und Ihr Urteil zu dem Gefühl beitragen, daß Sie mit dem Streß nicht fertig werden.

9. Geben Sie jeden Widerstand gegen Ihre Gefühle und körperlichen Wahrnehmungen mit entspannter Bewußtheit auf. Achten Sie dabei auf jede Senkung oder Steigerung der Streßintensität. Wenn der Streß Sie am Denken hindert, sehen Sie darin die Natur, die Ihnen sagt, daß jetzt nicht die richtige Zeit zum Denken ist.

10. Vielleicht haben Sie an diesem Punkt bereits eine gewisse Erleichterung, ein Absenken des Streßpegels festgestellt. Wenn nicht, ärgern Sie sich nicht, regen Sie sich nicht auf. Vermeiden Sie nach Möglichkeit ein Urteil über Ihre Fähigkeit, diesen Anweisungen folgen zu können. Lassen Sie die Gedanken einfach kommen und gehen, wie Wolken am Himmel, die vorüberziehen. Sie tauchen auf und verschwinden, ohne daß Sie etwas dagegen unternehmen.

11. Akzeptieren Sie jeden Streß und jede Verwirrung sowohl körperlicher als auch geistiger Natur. Auf diese Weise lassen Sie Ihr ganzes leidendes Selbst los. Geben Sie jeden Widerstand auf. Ihr Leiden wird sich verringern. Wie tief können Sie Ihr leidendes Selbst versinken lassen?

12. Geben Sie sich dem dauernden Wechsel hin. Werden Sie wie der Himmel – weit, geräumig, unerschütterlich und gelassen. Die Zeit sorgt für alles übrige.

SCHMERZEN LINDERN

Jeder Mensch verspürt hin und wieder Schmerzen

Schmerzen gehören zu den unvermeidlichen Tatsachen des Lebens; alle fühlenden Wesen sind davon betroffen. Auch in Ihrem Leben kommt der Punkt, an dem Sie mit dieser Tatsache konfrontiert werden.

Unsere unmittelbare Reaktion auf körperliche und auch auf emotionale Schmerzen besteht darin, etwas dagegen zu unternehmen. Warum sollen wir uns mit etwas auseinandersetzen, das wir umgehen können? Vor einem echten Problem stehen wir dann, wenn unsere körperlichen oder emotionalen Schmerzen von der Art sind, die sich weder betäuben noch vermeiden oder beenden läßt.

Neben all den anderen Vorteilen ist die Meditation ein wirksames Mittel zur Linderung von Schmerzen. Wenn Sie bereits begonnen haben zu meditieren, verfügen Sie bereits über die Mittel zum Umgang mit körperlichen und emotionalen Schmerzen.

Die radikal andere Theorie über die Schmerzkontrolle beruht auf der Vorstellung, daß Schmerzen dadurch gelindert werden können, nicht indem man *vor* ihnen flieht, sondern *in* sie hineinflieht.

Meditation ist kein Ersatz für eine medizinische Behandlung

Natürlich gibt es keine Garantie, daß Schmerzen sich immer mit Hilfe von Meditation beseitigen lassen, auch wenn sie ein wirkungsvolles Instrument für den Umgang mit Schmerzen darstellt. Die in diesem Kapitel behandelten Techniken sind als Unterstützung und Ergänzung der herkömmlichen medizinischen Praktiken und Methoden gedacht. Wenn Sie solche Schmerzen haben, daß sie glauben, ärztliche Hilfe zu benötigen, sollten Sie sofort einen Arzt aufzusuchen.

Leben mit Schmerzen

Schmerzen sind ein unerwünschter Teil des Lebens, sie beeinträchtigen alles – angefangen von unserer Stimmung bis hin zu unserer Bewegungsfreiheit. Das erste, woran die meisten von uns denken, wenn wir Schmerzen haben, ist, wie wir ihnen ein Ende bereiten können. Je weniger Schmerzen wir erdulden müssen, desto glücklicher sind wir. Und wenn ein paar Aspirin Abhilfe leisten können, um so besser. Wenn Aspirin nicht mehr hilft, versuchen wir es mit etwas anderem, um unseren Schmerz zu betäuben, zu töten, auszuschalten: stärkere Analgetika, Akupunktur, Alkohol, starke verschreibungspflichtige Medikamente – sogar Betäubungsmittel. Die Sache hat jedoch einen Haken – nämlich die Schmerzen, die nicht zu umgehen sind.

Die Schmerzen, die nicht zu umgehen sind, können verschiedene Formen annehmen. Es kann sich um eine Art von körperlichen Schmerzen handeln, die nicht auf Medikamente ansprechen oder unbekannte Ursachen haben, oder solche, deren Ursachen zwar bekannt sind, aber nicht behandelt werden können. Unüberwindliche Schmerzen sind die, bei denen Ihr Arzt nach allen möglichen Tests, Tabletten, Prozeduren und Methoden Sie hilflos ansieht und sagt: »Es tut mir leid, aber Sie werden damit leben müssen.«

Durch Meditation werden »Glückshormone« ausgeschüttet

Es gibt eine Reihe von Untersuchungen darüber, welche neurochemische Wirkung Meditation in bezug auf Linderung von Schmerzen, mehr Entspannung und Ruhe auf den Körper ausübt. Es wird angenommen, daß diese Zustände auf der erhöhten Ausschüttung von neurochemischen Absonderungen und auf der Fähigkeit des Gehirns beruhen, diese natürlichen »Glückshormone« wie Serotonin und Dopamin effizient einzusetzen.

Wie auch immer diese Wirkung zustande kommt, Sie müssen sich lediglich mit der Meditation befassen; Ihr Körper übernimmt alles weitere.

Wie setzt sich der Schmerz zusammen?

Um genauer zu verstehen, wie Meditation Ihnen beim Umgang mit dem Schmerz helfen kann, wollen wir zunächst einmal verschiedene Aspekte von körperlichen und emotionalen Schmerzen analysieren, um ihre Bedeutung für den Körper zu verstehen. Der Schmerz hat mehrere Komponenten:

Art: Es gibt verschiedene Arten von Schmerz. Er kann zum Beispiel stechend oder dumpf sein oder sich als Druck bemerkbar machen, und es gibt mahlende emotionale Schmerzen wie Wut, Furcht, Trauer, Scham und Frustration.

Lage und Form: Der Schmerz kann auf eine Stelle begrenzt sein oder seine Position im Körper verändern. Er kann auch die Form verändern.

Intensität: Die Intensität der Schmerzen ist der Grad, in dem die Art der Schmerzen wahrgenommen werden. So ist beispielsweise die Intensität bei einem Sonnenbrand gering im Gegensatz zu der starken Intensität bei einer Verbrennung dritten Grades.

Der Nutzen von Schmerz

Sie mögen es vielleicht nicht einsehen, aber dennoch spielt der Schmerz eine wichtige Rolle in unserem Leben sowohl als Übermittler von Nachrichten wie auch als Lehrer. Schmerz ist der Bote unseres Körpers, der das Nervensystem darauf hinweist, daß ein Teil besondere Aufmerksamkeit braucht. Der Schmerz informiert das Gehirn darüber, daß die Homöostase (das physiologische Gleichgewicht) gestört wurde und daß sofortige Maßnahmen erforderlich sind, um die Ursache der Störung zu beseitigen.

Schmerz ist ein Bote, der auf Störungen hinweist

Bei näherer Betrachtung können körperliche oder emotionale Schmerzen uns lehren, eine wichtige und weitreichende Unterscheidung zu treffen: Was wir als Schmerz bezeichnen, ist nicht Schmerz, sondern unsere Auflehnung gegen den Schmerz.

Ein anderes Wort für diesen Unterschied ist Leiden. Der Unterschied ist nicht so sehr sprachlicher Art, sondern bezieht sich auf eine einschneidende Veränderung unserer Fähigkeit, mit jeder Art von Schmerzen umzugehen.

Der Gegensatz von Schmerz und Leiden

Im Leben des Menschen sind Schmerzen nicht zu umgehen. Unabhängig von Ihrer persönlichen Überzeugung, Philosophie oder Konfession: Schmerzen lassen sich nie völlig vermeiden. Doch es gibt auch eine gute Nachricht: Zwar sind Schmerzen unvermeidlich, doch Sie entscheiden selbst, ob

Sie aufgrund dieser Schmerzen leiden oder nicht. Und hierin liegt der Schlüssel zur Linderung von Schmerzen und Leiden.

Sie müssen aufgrund von Schmerzen nicht leiden. Die Meditation hilft Ihnen dabei

Sehen wir uns diesen wichtigen Unterschied einmal genauer an. Wenn Schmerzen auftreten, entscheiden wir nicht darüber, ob wir sie erleben oder nicht. Doch ob wir darunter leiden, also wie wir mental auf unsere Schmerzen reagieren, das können wir durchaus entscheiden. Ein großer Teil dessen, was Sie fühlen, wenn Sie Schmerzen empfinden, ist nicht der Schmerz als solcher, sondern das Leiden, das heißt Ihre mentale Reaktion auf den Schmerz, die durch Widerstand charakterisiert ist.

Schmerzen sind unvermeidlich, doch Sie entscheiden, ob Sie leiden. Nehmen wir einmal an, Sie wollen ein Bild an die Wand hängen. Um den Nagel einzuschlagen, heben Sie den Hammer, zielen und ... Peng! Sie haben statt des Nagels Ihren Daumen getroffen! Sofort fühlen Sie körperliche Schmerzen. Auf der Skala von eins bis zehn ist das wahrscheinlich die erste Stufe.

Das erste, was Sie nach dem körperlichen Schmerz wahrscheinlich fühlen, ist Ärger über sich selbst, weil Sie sich auf den Daumen gehauen haben. Dann folgte eine Reihe verschiedener Emotionen, Urteile und Gedanken. Daher ist in diesem Moment nicht der Daumen die primäre Quelle Ihrer Schmerzen, sondern Ihre Auflehnung gegen die Schmerzen. In Wirklichkeit ist der eigentliche körperliche Schmerz gegenüber Ihrem mentalen und emotionalen Widerstand in den Hintergrund gerückt – mit dem Resultat, daß Sie leiden.

Lassen Sie uns nun zu der gleichen Situation zurückkehren und eine vollkommen neue Art untersuchen, damit umzugehen und die Schmerzen zu lindern.

Eine achtsame Reaktion auf den Schmerz

Derselbe Nagel, derselbe Hammer, derselbe Daumen. Und wieder Stufe eins auf der Schmerzskala. Doch sehen Sie, wie der Schmerz sich verringert, wenn Sie sich ihm, anstatt sich dagegen aufzulehnen, *öffnen*. In diesem Fall erleben Sie nämlich nur die durch die Verletzung verursachten Schmerzen, nicht das Gefühl des Leidens, das aus Ihrer Auflehnung entsteht. Ist das Leiden weniger intensiv, fühlen Sie auch weniger Schmerz. Wieviel weniger? Schauen wir uns einmal eine interessante Gleichung an.

Shinzen Young, ein wissenschaftlich orientierter Lehrer der Einsichts-Meditation, hat sich intensiv mit dem Einsatz der Meditation beim Umgang mit Schmerzen auseinandergesetzt. Er hat die folgende einfache Formel entwickelt, die den Unterschied zwischen Leiden einerseits und Schmerz andererseits verdeutlicht:

LEIDEN = SCHMERZ x WIDERSTAND (gegen den Schmerz)

Benennen und akzeptieren Sie die Schmerzen – und lassen Sie sie los

Das bedeutet, daß das Leiden, das sich genauso anfühlt wie Schmerz (aber nicht dasselbe ist), in direktem Verhältnis zu Ihrem Widerstand gegen den Schmerz zunimmt oder aber abnimmt. Je weniger Sie sich dem Schmerz widersetzen, desto weniger leiden Sie – und um so weniger Schmerz empfinden Sie insgesamt.

Sich am Daumen weh zu tun, ist eine Sache, doch läßt sich unsere Formel auch auf emotionale Schmerzen anwenden? Die Antwort ist: Ja. Je mehr wir uns der Wahrheit über unsere emotionalen Schmerzen öffnen, desto geringer ist unser Widerstand und desto weniger Leiden müssen wir ertragen. Meditation kann völlig neue Perspektiven für den Umgang mit Schmerzen eröffnen.

Meditation ist die Kunst, sich jedem Augenblick mit ruhiger Bewußtheit zu öffnen. Wenn schmerzliche Gedanken, Wahrnehmungen oder Gefühle auftauchen, werden sie mit gleichmütiger Bewußtheit und gefaßt wahrgenommen und akzeptiert. Wenn sie auftreten, benennen Sie sie einfach als Gedanken, Wahrnehmungen oder Gefühle.

Auch gegen emotionale Verletzungen kann die Meditation helfen

Die auf den nächsten Seiten vorgestellten Techniken eignen sich besonders für den Umgang mit körperlichen wie auch emotionalen Schmerzen.

KLINISCHE BEWEISE

Die Stress Reduction Clinic der medizinischen Fakultät der University of Massachusetts gehört zu den ersten Einrichtungen, die Meditation zur Linderung von Streß und Schmerzen einsetzen. Mehrere dort durchgeführte Untersuchungen haben ergeben, daß Meditation zur Linderung von Schmerzen beitragen kann. Ergebnisse, über die Jon Kabat-Zinn, Leiter und Gründer der Klinik, in »Full Catastrophe Living« (1990) berichtet:

- Dramatischer Rückgang der durchschnittlichen Schmerzintensität bei der Mehrzahl der Teilnehmer an einem achtwöchigen Meditationsprogramm.
- 30 Prozent hatten »weniger Probleme« mit ihrem Körper.
- Die Beeinträchtigung des Alltags durch Schmerzen ging um 30 Prozent zurück.
- Weniger negative Stimmungslagen.

Die Topographie des Schmerzes

Diese Technik soll Ihnen helfen, sich die Grundstruktur Ihrer Schmerzen und Ihre Reaktion darauf deutlich zu machen. Sie betrachten den Bereich oder die Bereiche, wo sich

Wenn Sie unter körperlichen Schmerzen leiden, machen Sie die Übung zum Umgang mit Streß und führen Sie die Schritte durch, die nötig sind, um Ihren Schmerz zu lokalisieren und mehr darüber zu erfahren

der Schmerz befindet, die Form und Struktur dieser Bereiche und deren Auswirkungen auf Ihren ganzen Körper. So wie Sie diese Erfahrung in ihre einzelnen Komponenten zerlegen, können Sie den Schmerz objektiver analysieren, so daß er Sie nicht mehr erschreckt und einschüchtert.

Schmerz als Meditationsobjekt

Die Technik der Expansion und Kontraktion läßt sich ebenfalls wirksam gegen Schmerzen einsetzen. Betrachten Sie das Phänomen Ihrer Schmerzen als Meditationsobjekt. Dabei öffnen Sie sich beim Einatmen dem zusammenziehenden, nachlassenden Aspekt Ihrer Schmerzen. Beim Ausatmen richten Sie Ihre Aufmerksamkeit auf das sich ausbreitende, stärker werdende Wesen der Schmerzen. Wie ein Masseur Ihre steifen, verhärteten und angespannten Muskeln knetet, bis sie weich und entspannt sind, massieren Sie Ihren gesamten Körper durch das Ein- und Ausatmen und entspannen und wärmen auf diese Weise die schmerzenden Bereiche sowie den restlichen Körper und Ihre Seele.

DEHNEN UND ZUSAMMENZIEHEN

Wiederholen Sie die Schritte zur Lokalisierung der Anspannung, die in der Anti-Streß-Übung beschrieben sind, wobei Sie sich diesmal auf die Schmerzen konzentrieren. Dann fahren Sie wie folgt fort.

1. Lassen Sie Ihren Körper zur Ruhe kommen. Achten Sie auf die verschiedenen Empfindungen, die aus Ihrem Inneren aufsteigen. Nehmen Sie alle ganzheitlichen Empfindungen des Körpers wahr.

2. Richten Sie Ihr Bewußtsein auf Ihre Atmung. Werden Sie der Atmung gewahr. Egal, was Sie darüber denken oder welches Urteil Sie fällen, versuchen Sie nicht, die Atmung zu kontrollieren. Lassen Sie dem Atem einfach freien Lauf.

3. Vertiefen Sie sich weiter in Ihre Atmung. Gleichzeitig lassen Sie sie los. Lassen Sie den Atem seinen Tanz tanzen. Kein Urteil, keine Kritik, keine Identifikation mit dem Atem. Sie müssen selbst gar nichts tun.

4. Wenden Sie sich nun nacheinander den einzelnen schmerzenden Bereichen zu. Beim Einatmen beschränken Sie Ihre Aufmerksamkeit auf die Aspekte des Schmerzes, die mit dem Zusammenziehen zu tun haben. Ignorieren Sie den Aspekt der Ausdehnung, auch wenn er stark hervortritt. Lassen Sie die Gedanken, Gefühle und Wahrnehmungen im Zusammenhang mit dem Schmerz beim Einatmen mit der Luft eintreten und in sich zusammenfallen. All diese Empfindungen und Gedanken ziehen sich zu einem mühelosen Nichts zusammen. Das Zusammenziehen erfolgt ohne Druck, ohne Unbehagen; Sie haben lediglich das Gefühl, daß die Entfernung schrumpft. Sie können das Loslassen sogar körperlich spüren.

Statt die Schmerzen zu verdrängen, konzentrieren Sie sich darauf

5. Richten Sie Ihre Aufmerksamkeit anschließend auf das Ausatmen. Während dieses Teils des Atemzyklus richten Sie Ihre Aufmerksamkeit auf das Gefühl, daß der Schmerz sich in Ihrem Körper ausdehnt. Erlauben Sie dem Schmerz, sich darüber hinaus unendlich weit nach außen auszudehnen, bis er schwach, diffus, verschwommen ist.

6. Betrachten Sie die Gefühle, Wahrnehmungen und Gedanken rund um den Schmerz, wie sie sich ausdehnen und zusammenziehen. Sie müssen sie nicht benennen, definieren oder festhalten. Beobachten Sie, wie sie stärker werden und abflauen.

7. Ihr Geist und Ihr Körper werden beim Kneten und Glätten Ihrer Schmerzempfindungen einer gründlichen Massage unterworfen, und der Schmerz wird in eine weiche, elastische, warme Masse reiner, heilender, friedlicher Energie verwandelt.

Geduld

Jemand, der uns wie ein beruflicher Senkrechtstarter erscheint, hat den Erfolg in Wirklichkeit vielleicht 20 Jahre oder noch länger vorbereitet. Ähnlich verhält es sich auch mit dem Einsatz der Meditation zur Linderung von Schmerzen.

Wenn Sie seit einem Monat meditieren und seit Jahren unter chronischen Schmerzen leiden, wäre es unrealistisch zu erwarten, daß sich über Nacht eine Besserung einstellt. Doch mit Ausdauer und Disziplin können Sie akute und chronische Schmerzzustände aufbrechen und schließlich in den Griff bekommen. Üben Sie sich also in Geduld, nicht nur, was die Meditation angeht, sondern auch in Geduld mit sich selbst.

Mit Geduld können Sie auch chronische Schmerzen lindern

Hinnahme bedeutet nicht Passivität

Verwechseln Sie Hinnahme nicht mit Passivität; das gilt insbesondere beim Umgang mit Schmerzen. Die beschriebenen Meditationstechniken zur Handhabung von Schmerzen sollten immer mit allen übrigen medizinischen oder anderen therapeutischen Behandlungsformen eingesetzt werden, die notwendig sind, um die Schmerzen zu lindern.

Nehmen wir einmal an, Sie fallen und verletzen sich am Handgelenk. Was tun Sie als erstes? Nun, mit Sicherheit setzen Sie sich nicht hin und meditieren. Sie suchen sofort einen Arzt oder ein Krankenhaus auf, wo eine Röntgenuntersuchung vorgenommen, ein Gipsverband angelegt und ein hochwirksames Schmerzmittel verabreicht wird. Doch während Sie diesen Prozeß durchlaufen, können Sie auch achtsam sein und versuchen, den Schmerz im Handgelenk mit dem geringsten Widerstand zu akzeptieren.

> »Versuchen Sie nicht, den Schmerz zu vertreiben, indem Sie so tun, als wäre er nicht echt. Wenn Sie im Einssein Gelassenheit suchen, klingt der Schmerz von alleine ab.«
>
> Sengstan

Nehmen Sie Verletzungen nicht einfach hin!

Genauso verhält es sich mit emotionalen Schmerzen. Wenn Sie beispielsweise von einem Kollegen schlecht behandelt werden, sitzen Sie nicht einfach da und nehmen es hin. Tun Sie, was Sie tun müssen, das heißt reagieren Sie, oder entziehen Sie sich der Situation. Doch während Sie diese notwendigen Schritte unternehmen, können Sie sich den Schmerz bewußtmachen, den diese Angelegenheit Ihnen bereitet. Achtsamkeit kann verhindern, daß Sie etwas tun oder sagen, was Sie später bereuen könnten.

Sie haben einen zusätzlichen Vorteil, wenn Sie lernen, sich Ihrem Schmerz achtsam, widerstandslos und hinnehmend zu öffnen. Die Energie, die Sie durch die Auflehnung gegen den Schmerz verschwendet haben, kann nun für dessen Überwindung angewendet werden.

Der Weg zum Glück

In den späten fünfziger Jahren brachte die Firma Parker Brothers ein Spiel mit dem Titel *Karriere* heraus. Das Ziel bei *Karriere* bestand darin, 60 000 Punkte zu verdienen. Am Anfang des Spiels entschied jeder Spieler, wie viele Punkte er in jeder der drei Kategorien Ruhm, Reichtum und Glück zu erlangen versuchen wollte. Zum Beispiel konnte jemand, der keine Interesse am Ruhm, sondern nur am Reichtum hatte, seine Punkte wie folgt aufteilen: Ruhm 5000, Reichtum 50 000, Glück 5000. Der erste Spieler, der alle vorgegebenen Punkte in jeder Kategorie gewonnen hatte, war der

Gewinner des Spiels. Während des Spielverlaufs konnten die Spieler ungewollte Punkte mit anderen Mitspielern tauschen, beispielsweise Ruhm gegen Reichtum. Sie brachten auch Opfer auf einem Gebiet, etwa in der Liebe, um auf einem anderen mehr Punkte zu erlangen.

Wie viele Punkte fehlen Ihnen zum Glück?

Das Spiel ist eine ausgezeichnete Metapher für die Art und Weise, wie die meisten Menschen nach Glück streben. Sie stellen ein willkürliches Punktesystem auf und versuchen anschließend, die richtige Zahl der Punkte im richtigen Verhältnis zu sammeln. Leider stellen die meisten von uns zu spät fest, daß das Leben sich nicht mit dem Spiel vergleichen läßt. Punktesammeln hat nichts mit Glück zu tun.

»In mir ist etwas – ich weiß nicht,
was es ist – aber ich weiß, es ist in mir ...
ich kenne es nicht – es hat keinen
Namen – es ist ein ungesagtes Wort,
es ist in keinem Wörterbuch, ist keine
Äußerung, kein Symbol ...
Seht ihr, o meine Brüder und Schwestern?
Es ist nicht Chaos noch Tod – es ist Gestalt,
Vereinigung, Plan – es ist ewiges
Leben – es ist Glück.«

Walt Whitman, »Grashalme«

Auch wenn wir die Punkte anhäufen, die wir unserer Meinung nach brauchen, um zu Ruhm, Reichtum und Glück zu gelangen, scheint doch noch irgend etwas zu fehlen; wir haben noch nicht gewonnen. Wir versuchen, ewig an angenehmen Erlebnissen festzuhalten, doch sind sie vergänglich. Wir versuchen, die unangenehmen Aspekte des Lebens unter den Teppich zu kehren. Und immer mal wieder schlagen wir vor Ärger die Hände über dem Kopf zusammen und fragen uns: »Ist das alles, was das Leben zu bieten hat?«

Sobald wir die fundamentale Wahrheit der menschlichen Verfassung erkennen, sehen wir ein, daß das, was wir für die Antwort hielten, eigentlich das Problem ist. Dann ist es an der Zeit, etwas anderes auszuprobieren, zum Beispiel Meditation.

Tun Sie's einfach!

Lassen Sie sich zu Ihrer Beruhigung gesagt sein, daß Sie alle Vorteile der Meditation genießen können, ohne die ihr zugrundeliegenden Theorien genau zu verstehen. Buddha selbst sagte, daß zu viele Fragen zu stellen so ähnlich sei, wie von einem vergifteten Pfeil getroffen zu werden und ihn nicht eher entfernen zu lassen, bis man weiß, wer ihn abgeschossen hat, woher er kam, wie schnell er geflogen war und um welches Gift es sich handelt. Bis man die Antworten auf all seine Fragen hat, ist man gestorben.

Sie müssen nicht alles verstehen, um zu meditieren

Wie Meditation zum Glück führt

Hier eine Analogie, die den Zusammenhang zwischen Meditation und Glück aufzeigt: Schäferhunde verbringen ihr ganzes Leben damit, im Kreis um eine Schafherde herumzulaufen und nach den Beinen der Schafe zu schnappen. Sie halten die Herde zusammen und rufen mit ihrem Gebell den Schäfer herbei, wenn ein Wolf die Herde bedroht.

Stellen Sie sich vor, daß diese Schafherde Ihre Persönlichkeit symbolisiert – all Ihre Gedanken, Wahrnehmungen und Vorstellungen über sich selbst und die Welt im allgemeinen. Es ist die Art und Weise, wie Sie die Dinge sehen, mit Situationen umgehen und auf die Erfolge und Herausforderungen des Lebens reagieren.

Nun stellen Sie sich vor, daß der Schäferhund ein Symbol für Ihr Bedürfnis ist, all Ihre Gedanken und Gefühle – die Schafe – zu kontrollieren. Um die Kontrolle über die Herde zu behalten, muß dieser arme Hund den größten Teil seines Lebens mit der anstrengenden, aufreibenden und undankbaren Aufgabe verbringen, im Kreis zu laufen und nach Beinen zu schnappen. Und das nur, damit alles bleibt, wie es ist.

Distanzieren Sie sich in der Meditation von behindernden Dingen – befreien Sie sich davon!

Meditieren heißt, dem Schäferhund einfach mal eine Pause zu gönnen und die Schafe nach Belieben umherlaufen zu lassen. Das Meditieren gibt Ihnen die Möglichkeit, die emotionalen Fesseln zu lösen. Sie bekommen langsam einen Einblick darin, daß diese Konstellation, von der Sie glauben, es sei Ihre Persönlichkeit, in Wahrheit eine Zusammenstellung von unkontrollierbaren Gedanken, Ideen und Empfindungen ist, die von alleine kommen und gehen. Sie können sie nicht kontrollieren. Und das ist vollkommen in Ordnung so.

Mit Hilfe der Meditation lernen Sie, mit Ihrer Vorstellung von sich selbst geschickter umzugehen, anstatt immer nur im Kreis zu laufen, und diesen Gedanken, Vorstellungen und Wahrnehmungen zu erlauben, nach Belieben zu kommen und zu gehen. Die Befreiung des Geistes von Störungen und Kontrolle führt zur Hinnahme der Dinge, wie sie sind. Und dies bringt Sie dazu, sich von diesen Dingen zu distanzieren. Das ist die Freiheit, die zu wahrem Glück führt.

DIE INNERE EXSTASE FINDEN

Unser Glück zu finden oder wenigstens zu erfahren, was Glück ist, kann durchaus problematisch sein. Die folgende Übung will Sie auf eine Reise zur wahren Quelle Ihres eigenen inneren Glücks mitnehmen und Ihnen eine ekstatische Meditation vorstellen, deren Glanz auch an schweren Tagen noch Licht ins Dunkel bringt.

1. Setzen oder legen Sie sich an einen bequemen Ort, an dem Sie nicht gestört werden. Schließen Sie die Augen, und entspannen Sie sich; bleiben Sie jedoch geistig wachsam.

2. Meditieren Sie über das Glück.

3. Lassen Sie alle Gedanken und Bilder nach Belieben an die Oberfläche Ihres Bewußtseins treten. Sie betreffen vielleicht Menschen, vielleicht sind es Erinnerungen oder Träume. Einige können sehr intensiv sein. Andere sind nur peripher. Ganz sicher werden es viele sein. Egal, wie viele es sind, lassen Sie sie kommen. (Sie haben vielleicht nie vorher erkannt, wieviel Glück und Potential zum Glücklichsein Sie in sich haben.)

Erfahren Sie, wieviel Glück in scheinbar banalen Dingen stecken kann

4. Ihre Erinnerungen und Gedanken an das Glück erschöpfen sich schließlich, und es kommen keine weiteren. Wenn das der Fall ist, fühlen Sie vielleicht eine Diskrepanz zwischen sich und diesen Gedanken und Erinnerungen. Das liegt daran, daß es sich bei diesen nur um so etwas wie Glück handelte. Es war kein echtes Glück, sonst würden Sie jetzt anders empfinden.

5. Holen Sie tief Luft, und atmen Sie langsam aus.

6. Konzentrieren Sie sich nun auf Ihr Inneres, und meditieren Sie darüber, was Ihr wahres Glück ist.

7. Sie merken es, wenn Sie es finden, denn Sie fühlen ein tiefes, ekstatischen Glühen in Ihrem Inneren.

8. Entspannen Sie langsam, und kehren Sie zu Ihrem normalen Zustand zurück. Das innere Glühen des Glücklichseins bleibt Ihnen noch eine Zeit erhalten. Nehmen Sie sich etwas Zeit, um sich darauf einzustellen, besonders in den Phasen Ihres Lebens, wenn Sie ein bißchen Ekstase im Leben gut gebrauchen können.

Ihre Zusammenfassung

Jetzt, wo Sie verschiedene Methoden alleine zu meditieren ausprobiert haben, möchten Sie vielleicht einen Schritt weiter gehen und brauchen die Art von Anweisung, die nur ein guter Lehrer bieten kann. Die folgende Checkliste soll Ihnen helfen zu beurteilen, was Sie bisher durch die Meditation gewonnen haben und ob Sie auf diesen letzten Schritt hinreichend vorbereitet sind.

Gehen Sie diese Checkliste durch: Profitieren Sie bereits von der Meditation?

- Fühlen Sie sich jetzt innerlich zufriedener und/oder ruhiger?
- Haben Sie eine Verbesserung bei Bluthochdruck, Streß, Herzproblemen, Asthma oder anderen gesundheitlichen Problemen festgestellt?
- Hatten Sie ein spirituelles Erlebnis?
- Haben Sie sich selbst entdeckt oder mehr über sich erfahren?
- Haben Sie eine Lösung für ein persönliches oder berufliches Dilemma gefunden?
- Haben Sie kreative Einsichten gewonnen?
- Wurden die Anspannung und die Schmerzen, die durch traumatische Erlebnisse wie etwa den Tod eines geliebten Menschen, Mißbrauch, Krieg, Unfall, Scheidung ausgelöst wurden, gelindert?
- Wurden Sie von Angstzuständen, Verwirrung, Depressionen geheilt?
- Hat Ihnen die Meditation bei der Genesung von Alkoholismus, Drogenmißbrauch, Sexsucht oder anderen Zwangsneurosen geholfen?
- Hat sich Ihr Gedächtnis/Ihre Intelligenz verbessert?
- Wurden chronische körperliche Schmerzen gelindert oder beseitigt?

- Haben Sie die Nähe zu Gott erlebt?
- Haben Sie gelernt, wie Sie besser mit Ihrem Gewicht, Ihren Launen, Ihrer Passivität, Ihrer Wut oder anderen Bereichen Ihres Lebens, in denen es an Harmonie mangelt, umgehen können?

Meditation kann Ihnen helfen, diese Ziele auf natürliche, einfache und nachhaltige Weise zu erreichen. Meditation wirkt auf einer tiefen, intuitiven Ebene und führt zu echten und nicht nur oberflächlichen oder kosmetischen Veränderungen. Sie hat nichts mit Wunschdenken zu tun. Wenn Sie meditieren, meditieren Sie nicht, um zehn Kilo abzunehmen. Sie meditieren einfach.

Vergleichen Sie diese Liste mit der ersten Liste im ersten Kapitel, wo Sie angekreuzt haben, was Sie sich von der Meditation erhoffen. Haben sich Ihre Erwartungen erfüllt? Oder sind Sie mit dem Ergebnis nicht zufrieden? Auf welcher Liste haben Sie mehr Kreuze? Auf der Liste mit den Zielen oder auf der mit den Resultaten?

Hat das Meditieren Ihnen mehr oder weniger gebracht, als Sie erhofft hatten?

Wenn Sie das Gefühl haben, daß die Vorteile die Nachteile überwiegen – und wenn Sie es bis hierher geschafft haben, ist das sicher der Fall –, sollten Sie sich überlegen, ob Sie Ihre Praxis nicht vertiefen wollen, indem Sie mit einem Meditationslehrer in einer Gruppe arbeiten. Im Anhang dieses Buches finden Sie Hinweise dazu, wie Sie hierbei vorgehen können.

ZUSAMMENFASSUNG

Es ist möglich, Streß und Schmerzen mit Mediation zu lindern

- Die zwei Barrieren, die uns vom Glück trennen, sind Schmerz und Leiden.
- Wissenschaftliche Untersuchungen haben ergeben, daß Meditation beides lindern kann.
- Die Konzentration auf den Streß und dessen Visualisierung können zu Streßabbau beitragen.
- Schmerz setzt sich aus drei Komponenten zusammen: Art, Lage und Form, Intensität.
- Schmerz spielt in Ihrem Leben eine wichtige Rolle als Bote.
- Schmerz läßt sich nicht vermeiden, Leiden schon.
- Wie Sie Schmerzen durch eine Meditation mit Dehnen und Zusammenziehen lindern können.
- Wahres Glück ist nicht unbedingt das, was es unserer Meinung nach ist, doch finden wir es immer in unserem Inneren.

Meditation aus dem Herzen

Es gibt eine Art von Meditation, die aus dem Herzen kommt – das Geben und Empfangen von Herzensgüte und Mitgefühl. Einfach ausgedrückt, ist die Herzensgüte, in östlichen Meditationstraditionen manchmal als *Metta* bezeichnet, unser innerstes Verlangen, jedem und allem das bestmögliche Leben zu wünschen. Ihr Begleiter, das Mitgefühl, ist die Fähigkeit, die es uns ermöglicht, den Kummer eines anderen wie unseren eigenen zu spüren. Diese zwei Zweige der Meditation, Weisheit auf der einen Seite, Herzensgüte und Mitgefühl auf der anderen, verbinden sich zu einem neuen und wirkungsvollen Ganzen. Im tibetischen Buddhismus werden Sie mit den zwei Flügeln eines Vogels verglichen: Um geradeaus und flink zu fliegen, braucht ein Vogel zwei gesunde Flügel.

Wenn wir Güte und Mitgefühl aussenden, werden wir selbst glücklicher

Herzensgüte und Mitgefühl, gepaart mit innerem Gleichgewicht und teilnahmsvoller Freude, bilden gemeinsam das, was im Buddhismus als *Brahma-Viharas* oder die himmlischen Ausstrahlungen bezeichnet wird. Das Maß, in dem wir Herzensgüte und Mitgefühl ausdrücken können, entspricht unmittelbar dem Glück, das wir in unserem eigenen Leben genießen. Während die Meditation zur Förderung der Achtsamkeit sich eher mit der Theorie befaßt, sind

Ein Ziel der Meditation: Brahma-Viharas (Herzensgüte und Mitgefühl)

Herzensgüte und Mitgefühl ebenso wichtig, wenn nicht noch wichtiger, für ein achtsames Leben.

Einige der größten spirituellen Lehrer betrachten Herzensgüte und Mitgefühl als Ecksteine der Achtsamkeitsmeditation. In einigen Traditionen wird von den Schülern sogar erwartet, daß sie zuerst die Praxis der Herzensgüte lernen, bevor sie mit der Praxis der Achtsamkeit vertraut gemacht werden.

Herzensgüte, Meditation und Mitgefühl

Wenn Sie gerade erst mit dem Meditieren begonnen haben, denken Sie vielleicht, Sie haben schon genug zu beachten. Wozu sich noch mehr aufhalsen? Besonders etwas so Emotionales wie Herzensgüte. Außerdem, so fragen Sie vielleicht, wenn der Zweck der Achtsamkeitsmeditation darin besteht, vollkommen gegenwärtig, kritiklos und vorurteilsfrei zu sein, heißt das nicht auch, daß man vollkommen emotionslos sein soll?

In unserer normalen Welt gibt es eine Menge Verwirrung über die Bedeutung der Begriffe »Liebe« und »Mitgefühl«. Häufig ist das, was wir für Liebe halten, nichts anderes als ein Besitzanspruch, eine Art von kaschierter Geschäftsbeziehung, *quid pro quo*: »Ich liebe dich, solange du mich auch liebst.« Und das Mitgefühl wird allzu häufig mit Mitleid für jemanden, der weniger Glück hatte, verwechselt.

Solche falschen Vorstellungen von Herzensgüte und Mitgefühl bringen uns nicht näher zusammen, sondern vergrößern die Entfernung und erzeugen eine tiefe Kluft zwischen uns selbst und den anderen.

Auf der anderen Seite können wahre Liebe und aufrichtiges Mitgefühl diesen Abgrund überbrücken. Die Grenzen zwischen dem »Ich« und »den anderen« geben einem Gefühl transzendenter, universeller Verbundenheit nach. Jung nannte es das kollektive Unbewußte. Wissenschaftler bezeichnen es als den »Schmetterlingseffekt«.

Alles steht mit allem anderen in Verbindung

Der »Schmetterlingseffekt« ist ein Ausdruck der Physiker für die Theorie, daß auf molekularer Ebene alles im Universum miteinander verbunden ist. Wenn also ein Schmetterling in Carmel, Kalifornien, mit den Flügeln schlägt, hat das unter anderem Auswirkungen auf die Wetterlage im Persischen Golf.

Durch unsere Meditation öffnen wir uns jedem Augenblick des Lebens, wir werfen die Illusionen über Bord und entdecken die Wahrheit – daß es nämlich keine Trennlinie und keine Grenzen zwischen unserer äußeren und unserer inneren Welt gibt. Indem sich die in unserer Vorstellung vorhandenen Grenzen auflösen, tritt die Wahrheit zutage, daß das Leiden eines anderen Wesens nichts anderes ist als eine Reflexion unserer eigenen Schmerzen. Das ist echtes Mitgefühl.

Wenn wir mit unserer Praxis fortfahren, dehnt sich unser guter Wille schließlich auf alle Menschen aus, auch auf diejenigen, denen wir unseren guten Willen vorher vorenthalten haben. Das »Ich« wird jetzt eindeutig zum »Wir«. Jetzt wollen wir natürlich das beste für alle Menschen, auch für uns. Das ist echte Herzensgüte.

Sehen wir uns einmal an, wie Herzensgüte und Mitgefühl mit der Achtsamkeitsmeditation verbunden sind, dadurch positiv beeinflußt werden und selbst auch die Meditation positiv beeinflussen.

Herzensgüte und Mitgefühl bilden gemeinsam das, was Goethe als »Goldene Hochzeit« oder »die zwei, die eins sind« bezeichnet hat. Herzensgüte und Mitgefühl sind die andere Seite der Achtsamkeitsmeditation.

> »Der Verstand betont die Gegensätze. Mitgefühl und Liebe gehen über Gegensatzpaare hinaus.«
>
> JOSEPH CAMPBELL, »The Joseph Campbell Companion«

Was Herzensgüte und Mitgefühl mit der Achtsamkeit verbindet, sollte Ihnen bereits bekannt sein. Es ist dasselbe Fundament der ruhigen Bewußtheit, die Sie bereits in Ihrer täglichen Meditationspraxis erforschen.

Nicht Festhalten, sondern Loslassen ist der Grundstein wahren Glücks

In »Seeking the Heart of Wisdom« beschreiben Joseph Goldstein und Jack Kornfield, wie die Achtsamkeitsmeditation auch den Zugang zum Herzen öffnet: »Wenn wir aufgrund eigener Erfahrungen erkennen, daß Glück nicht mit dem Festhalten, sondern nur mit dem Loslassen zu uns kommt, nicht mit der Suche nach angenehmen Erfahrungen, sondern indem man sich für den Augenblick und die Wahrheit öffnet, befreit diese Verwandlung der Energie das Mitgefühl in uns. Unser Geist ist nicht länger darin gefangen, Schmerzen zu verdrängen oder an der Lust festzuhalten. Mitgefühl ist die natürliche Antwort eines offenen Herzens. Wenn wir uns zurücklehnen und uns dem öffnen, was in jedem Moment vor sich geht, ohne uns dazu hingezogen oder davon abgestoßen zu fühlen, entwickeln wir jeder Erfahrung gegenüber eine mitfühlende Haltung. Aus dieser Haltung heraus ... können wir aufrichtig mitfühlendes Handeln entwickeln.«

Das Ziel

»Wohltätigkeit beginnt zu Hause.« Das gleiche gilt für die Praxis der Herzensgüte und des Mitgefühls. Die Lehrerin der Einsichts-Meditation Sharon Salzberg lehrt ihre Studenten, daß eines der Ziele der Meditation über Herzensgüte und

Mitgefühl darin besteht, uns in die Lage zu versetzen, »benutzerfreundlich zu sein – im Umgang mit uns selbst«.

Werden Sie »benutzerfreundlich«!

Freundlichkeit

»Ob man an eine Religion glaubt oder nicht, ob man an die Wiedergeburt glaubt oder nicht, gibt es doch niemanden, der Freundlichkeit und Mitgefühl nicht schätzen würde.
Dumme selbstsüchtige Menschen denken immer an sich selbst, und das Ergebnis ist negativ. Kluge selbstsüchtige Menschen denken an andere, helfen anderen, soviel sie können, und als Folge genießen sie bestimmte Vorteile.
Das ist meine einfache Religion. Sie braucht keinen Tempel, keine komplizierte Philosophie. Unser eigenes Gehirn, unser eigenes Herz ist unser Tempel; die Philosophie ist Freundlichkeit.«

Dalai Lama

Die Praxis der Herzensgüte und des Mitgefühls richtet sich zunächst an die eigene Person und wird anschließend auf die Außenwelt ausgedehnt. Je geübter wir sind, um so spontaner erinnern wir uns an unsere natürliche Neigung – der Welt ein guter Freund zu sein.

Ein guter Freund ist nicht nur ein Freund für gute Zeiten. Er ist so fest wie der Felsen von Gibraltar, er urteilt, kritisiert, verdammt nicht. Die Religion eines guten Freundes ist Freundlichkeit. Wenn Sie der Welt ein guter Freund werden, überträgt sich die Ihnen eigene Güte auf die Welt, und gleichzeitig wird die Güte der Welt auf Sie übertragen. Es ist ein spiritueller Weg, der in zwei Richtungen führt – ohne Geschwindigkeitsbegrenzung.

In seinem Buch »Insight Meditation« beschreibt Joseph Goldstein den Ort in jedem von uns, an dem Herzensgüte und Mitgefühl entstehen, als die »weiche, offene Stelle«. Ihre eigene weiche Stelle war schon immer da, unmittelbar unter der Oberfläche einer lebenslangen Anhäufung von Gedanken, Emotionen und Gewohnheiten.

Bei der Entwicklung Ihrer Meditationspraxis hat die Achtsamkeit die Funktion eines spirituellen Topfkratzers, der die Kruste aus Illusionen entfernt, so daß darunter die wahre, glänzende, fleckenlose Natur zutage tritt, die darunter verborgen war. Poliert und rein stellen Sie schließlich erneut den Kontakt zu Ihrer ursprünglichen weichen Stelle her. Und zur Welt.

Unschätzbare Werte

»Laß mich in einem Haus am Straßenrand leben und dem Menschen ein Freund sein.«
Amerikanischer Spruch

Herzensgüte und Mitgefühl sind nicht nur eine theoretische Übung im Wunschdenken, sondern die Gestaltung der Lebensenergie in einer Form, die es Ihnen ermöglicht, jedem Gutes zu tun – auch sich selbst.

Man könnte das Ausüben von Herzensgüte und Mitgefühl als eine Art erleuchteten Selbstinteresses bezeichnen oder, wie der Dalai Lama es ausdrückt, als das Handeln einer »klugen selbstsüchtigen« Person. Es ist wahr, daß wir uns selbst helfen, indem wir anderen helfen. Wenn wir anderen Herzensgüte und Mitgefühl entgegenbringen, erleben wir mehr Altruismus und weniger Angst, Haß und Mißtrauen.

Auch wenn Sie es aus einem rein egoistischen Blickwinkel betrachten, haben Herzensgüte und Mitgefühl durchaus einen Sinn. Denn es ist praktisch für jeden von uns unmöglich, seine Wünsche ganz ohne die Hilfe der anderen zu erfüllen.

Heitere Gelassenheit

»Der Geist wird klar und heiter, wenn die Eigenschaften des Herzens gepflegt werden. Freundlichkeit gegenüber den Fröhlichen, Mitgefühl gegenüber den Leidenden, Glück gegenüber den Reinen und Objektivität gegenüber den Unreinen.«

Patanjali,
»Yoga Sutras«

Es läßt sich nicht leugnen, daß wir miteinander verbunden sind, voneinander abhängig, wenn es um unser Überleben, also um Nahrung, Kleidung, Unterkunft, Erziehung, Freundschaften und einen Sinn für das eigene Selbst geht. John Donnes Ausspruch »Niemand ist eine Insel« ließe sich heute vielleicht umformulieren in »Niemand kann es sich erlauben, eine Insel zu sein«. Herzensgüte und Mitgefühl sind wirksame Instrumente in der Welt, in der wir leben, wo Verbundenheit aller Wesen auf der weltumspannenden Ebene stattfindet.

Herzensgüte öffnet den Weg zur Erfüllung der eigenen Wünsche

Am Ende des Spektrums wirken sich Herzensgüte und Mitgefühl auf die tiefsten Beziehungen unseres Lebens aus.

Der Dalai Lama erzählt in »The World of Tibetan Buddhism« von einer Begegnung mit einer Gruppe von Wissenschaftlern, darunter auch einigen Neurobiologen, die ihm erzählten, es gebe eindeutige »wissenschaftliche Hinweise, die nahelegen, daß der Geisteszustand der Mutter schon während der Schwangerschaft einen starken Einfluß auf das körperliche und geistige Wohlbefinden des ungeborenen Kindes ausübt«.

Auch nach der Geburt des Kindes spielen die ersten Wochen eine entscheidende Rolle für die zukünftige Entwicklung des Kindes.

Das Metta-Sutra enthält Buddhas Lehren

DAS METTA-SUTRA

Die wörtliche Übersetzung des Wortes Sutta oder Sutra ist Faden. Dies sind die Unterhaltungen, die in Buddhas als »Korb der Lehren« bezeichneten Lehren gesammelt wurden.

Das Metta-Sutra wird Buddha selbst zugeschrieben und gilt als eine der Grundlagen seiner Lehren über Freundlichkeit und Güte. Nachfolgend ein Teil des Sutra, das überall auf der Welt täglich rezitiert wird, nicht nur von Buddhisten, sondern von all denen, die unbegrenzten Zugang zu der Quelle ihrer eigenen menschlichen Güte suchen.

»Dies ist die Aufgabe all jener, die gewandt und friedlich sind und die das Gute suchen:
Mögen sie fähig und rechtschaffen sein, aufrichtig, von sanfter Sprache und nicht stolz.
Mögen sie zufrieden und bescheiden sein, sorglos und ruhigen Sinnes.
Mögen sie weise und nicht überheblich sein, ohne Verlangen nach dem Besitz anderer.
Mögen sie nichts tun, was gemein ist oder was der Weise tadeln würde.
Mögen alle Wesen glücklich sein.
Alle lebenden Wesen, schwach oder stark, groß, kräftig, mittelgroß oder klein, sichtbar oder unsichtbar, weit oder nah, geboren oder noch nicht geboren, mögen sie alle glücklich sein.«

SAMUEL BERCHOLZ UND SHERAB CHODZIN KOHN (HG.),
»Entering the Stream«

Der Dalai Lama schreibt dazu: »Während dieser Zeit, so wurde mir gesagt, sei einer der wichtigsten Faktoren, die das schnelle und gesunde Wachstum des Gehirns des Neugeborenen gewährleisten, die konstante körperliche Berührung durch die Mutter. Wenn ein Kind jemanden mit offenem und liebevollem Verhalten sieht, jemanden, der lächelt oder dessen Gesichtsausdruck herzlich und fürsorglich ist, fühlt sich das Kind auf natürliche Weise glücklich und beschützt.«

Eltern geben die Herzensgüte an ihren Nachwuchs weiter

Man muß kein Neurobiologe oder Nobelpreisträger sein, um zu begreifen, daß Eltern, die Herzensgüte und Mitgefühl praktizieren, noch einen zusätzlichen Vorteil haben, nämlich den, diese Dinge auch an ihre Kinder weiterzugeben.

Echte Herzensgüte und Mitgefühl sind unauflöslich mit dem Gebet und der Kontemplation westlicher Traditionen wie Judaismus und Christentum verbunden.

Die beste Versicherung der Welt

Buddha nannte seinen Anhängern die unzähligen Vorteile von Herzensgüte:
»Man ist ruhig im Schlaf und im Wachen und hat keine bösen Träume. Man wird von den Menschen geliebt, man wird von den anderen Wesen geliebt, man genießt den Schutz der Götter; Feuer, Gift und Waffen können einem nichts anhaben. Es fällt einem leicht, sich zu konzentrieren, der Gesichtsausdruck ist heiter, man stirbt nicht mit verwirrtem Verstand.«

Tonglen

Im tibetischen Buddhismus gibt es eine uralte Technik der Meditation über das Mitgefühl, die als *Tonglen* bezeichnet wird, was soviel bedeutet wie »Geben und Nehmen« oder »Aussenden und Empfangen«.

Tonglen heißt wörtlich »Geben und Nehmen« – nur was man einem anderen gibt, kommt zu einem selbst zurück

Um Tonglen zu verstehen, stellen Sie sich ein Dialysegerät in einem Operationssaal vor. Während der Operation wird das Blut des Patienten durch dieses Gerät geleitet, welches das Blut reinigt, filtert und mit Sauerstoff anreichert, bevor es schließlich in den Körper des Patienten zurückgeführt wird.

Beim Tonglen wird der Meditierende zu einem spirituellen Dialysegerät, das den Schmerz und das Leiden eines anderen in sich aufnimmt, reinigt und in Freude, Mitgefühl und Glück verwandelt und anschließend zurücksendet, um zur Heilung des Leidenden beizutragen.

Kyabe Kalu Rinpoche, einer der führenden Lehrer des tibetischen Buddhismus, beschreibt, wie man die richtige Haltung für Tonglen entwickelt: »[Wir] denken zunächst an die Liebe, die wir in diesem Leben von unseren eigenen Eltern empfangen haben, die Art und Weise, wie sie uns genährt und erzogen, uns geholfen, uns beschützt haben ... Dann stellen wir uns vor, wie wir uns fühlen würden, wenn der Mensch, der uns am liebsten ist – gewöhnlich unsere Mutter –, unmittelbar vor unseren Augen stark leiden müßte. Das ließe uns nicht unberührt, wir würden sofort etwas tun, um ihr zu helfen.

Um im Tonglen Übung zu bekommen, sollte man damit beginnen, daß man denjenigen Menschen gibt und von ihnen nimmt, denen man am nächsten steht: Familienangehörige, Partner, enge Freunde und besonders die eigene Person. Während man an dieser Fähigkeit des Gebens und Nehmens arbeitet, spannt man allmählich den Bogen des Gebens weiter, so daß er alle Menschen umfaßt, die leiden.«

Eine Frage, die sich hierbei natürlich stellt, ist, ob sich die Schmerzen und Leiden eines anderen, die der Praktizierende bei der Tonglen-Praxis auf sich nimmt, nicht negativ auf ihn selbst auswirken können.

Die Antwort lautet: Nein. Die jahrhundertelange Praxis durch Tausende von Menschen hat gezeigt, daß genau das Gegenteil der Fall ist. Man muß nur an Personen wie Mutter Teresa, Albert Schweitzer, Jesus und den Dalai Lama denken, um zu begreifen, daß die Entwicklung des Mitgefühls eine Quelle der Stärke, Furchtlosigkeit und des Selbstvertrauens ist und nichts mit Schwäche, Krankheit oder Angst zu tun hat.

Tonglen hat keine negativen Auswirkungen auf den Meditierenden

Fürchtet euch nicht!

Ebenso wie die Achtsamkeit können auch Herzensgüte und Mitgefühl Furcht vertreiben. Es heißt, Buddha habe seine Mönche ursprünglich Herzensgüte und Mitgefühl als Mittel zur Überwindung der Angst gelehrt. Der Legende nach gingen diese Mönche in den Wald und begegneten einigen schrecklichen Dämonen. Sie liefen zurück zu Buddha, der Sie aufforderte, in den Wald zurückzugehen und den Dämonen, sollten die Mönche wieder auf sie treffen, Herzensgüte und Mitgefühl zu zeigen.

Die Mönche nahmen sich Buddhas Rat zu Herzen und gin gen in den Wald zurück. Als die Ungeheuer erneut erschienen, waren die Mönche durch das Üben von Güte und Mitgefühl in der Lage, ihre Furcht zu überwinden. Die Ungeheuer verschwanden.

Tonglen beweist seine überragende Wirkung besonders in den Zeiten, in denen jemand, der uns nahesteht, krank ist, im Krankenhaus liegt, unter starken körperlichen Schmerzen leidet oder sich in ernsthafter Gefahr befindet. Außerdem ist das der richtige Ansatz, wenn es darum geht, Sterbenden zu helfen.

TONGLEN-ÜBUNG FÜR EINEN LEIDENDEN

Hier ist eine Tonglen-Übung, die Sie machen können, wenn jemand krank ist, leidet oder im Sterben liegt.

Mit dieser Technik können Sie einem Kranken Unterstützung zukommen lassen

1. Setzen Sie sich bequem hin. Stellen Sie sich so deutlich wie möglich einen engen Freund oder Verwandten vor, der zur Zeit in Not, krank oder leidend ist.

2. Malen Sie sich jeden Aspekt der Krankheit oder des Leidens aus. Ersparen Sie sich nichts, auch wenn die Vorstellung abstoßend oder ekelerregend ist.

3. Stellen Sie sich vor, wie die Schmerzen und die Not dieses Menschen sich in dunklen, stechenden Rauch verwandeln.

4. Nehmen Sie diese Rauchschwaden beim Einatmen so tief wie möglich in sich auf. Haben Sie keine Angst davor. Beobachten Sie, wie die Ihnen eigene Herzensgüte und Ihr Mitgefühl wie spirituelle Alchimie wirken und diese beißende Energie in klare, reine, positive Strahlen des Friedens, der Freude, der liebevollen Freundlichkeit und des Mitgefühls verwandeln.

5. Wenn Sie ausatmen, stellen Sie sich vor, wie klares, heilendes Licht aus Ihrem Körper herausströmt und direkt in die leidende Person eindringt. Shantideva sagte, wenn wir das tun, wird unser gesamtes Wesen in einen wunderschönen Diamanten verwandelt, der jedem einzelnen genau das geben kann, was in diesem Augenblick notwendig ist.

6. Fahren Sie fort, Energie auszusenden und zu empfangen. Wenn Sie das Gefühl haben, daß Ihr Strom aus Herzensgüte und Mitgefühl langsam versiegt, bleiben Sie still sitzen, und atmen Sie mehrmals tief ein und aus. Sie können die Übung fortsetzen oder beenden.

Ansätze der Herzensgüte

Die Ausübung von Herzensgüte und Mitgefühl ist in keiner Hinsicht kompliziert, abstrus oder schwierig. Wenn Sie für sich und andere aufrichtige, herzliche Gefühle empfinden, so ist das bereits eine Form der Herzensgüte. In einigen östlichen Meditationstraditionen wird Herzensgüte zu Beginn oder vor Abschluß einer Achtsamkeitsmeditation geübt. Selbstverständlich können Sie ihr auch eine ganze Sitzung widmen. Beginnen Sie wie bei der Achtsamkeitsübung damit, fünf bis zehn Minuten Herzensgüte und Mitgefühl auszusenden.

Obwohl die folgenden Übungen auf der traditionellen Herzensgüte und dem Mitgefühl der buddhistischen Tradition des Ostens beruhen, können sie auch – wie die anderen Techniken in diesem Buch – von jedem Nicht- oder Andersgläubigen durchgeführt werden.

Herzensgüte im Alltag bedeutet mehr Freude an anderen und sich selbst

Für einen geliebten Menschen

Sie können mit der Praxis der Herzensgüte und des Mitgefühls beginnen, wie Sie angefangen haben zu meditieren. Die folgenden Anweisungen eignen sich für eine fünf- bis zehnminütige Meditation.

1. Suchen Sie sich einen ruhigen Ort, an dem Sie für die nächsten Minuten ungestört sind, und nehmen Sie eine bequeme Haltung ein.

2. Schließen Sie die Augen. Denken Sie jetzt an einen ganz bestimmten Menschen in Ihrem Leben, den Sie ernsthaft und aufrichtig lieben.

3. Drücken Sie still für sich und in Ihren eigenen Worten Ihre Liebe zu diesem ganz besonderen Menschen aus. Formulieren Sie eigene Sätze.

4. Beginnen Sie jeden Satz mit »Mögest du ...«, zum Beispiel: »Mögest du keiner Gefahr begegnen« oder »Möge es dir wohl ergehen« oder »Mögest du frei von Krankheiten sein«.

5. Wenn Sie jeden Satz aussprechen, verinnerlichen Sie die Formulierung. Sie sagen nicht einfach Worte dahin, sondern drücken die Empfindungen Ihres Herzens aus. Lassen Sie jeden Satz von Ihrer weichen Stelle ausgehen.

6. Sie müssen diese Sätze nicht rezitieren oder besonders betonen. Sie sollen Sie nur fühlen, sanft und aufrichtig. Ehrlich, ohne Druck.

7. Fühlen Sie, wie die Sätze aus der Ihnen eigenen Quelle der Herzensgüte und des Mitgefühls kommen.

8. Wenn Sie fertig sind, ruhen Sie sich ein paar Minuten aus. Nehmen Sie die warme, sanfte Energie der liebevollen Freundlichkeit und des Mitgefühls wahr, die Sie geschaffen haben.

DER LEUCHTTURM

Die Herzensgüte der ganzen Menschheit erhellt Ihren Lichtstrahl ...

So wie der Lichtstrahl eines Leuchtturms auf See den richtigen Weg weist, richten Sie in dieser Übung den Lichtstrahl der Herzensgüte auf den gesamten Planeten. Dann holen Sie ihn wieder ein, stärker und leuchtender durch die Güte, die Ihnen von den anderen Menschen zurückgegeben wird, die sich seit Urzeiten in dieser Praxis geübt haben.

1. Beginnen Sie wie bei der Achtsamkeitsmeditation damit, daß Sie auf einem Stuhl oder einem Kissen Platz nehmen: Werden Sie Ihres ganzen Körpers gewahr. Achten Sie ganz bewußt darauf. Schließen Sie die Augen. Entspannen Sie sich. Denken Sie an etwas, das Ihnen erst vor kurzem gute Gefühle bereitet hat. Lassen Sie das Gefühl in sich wachsen.

2. Stellen Sie sich Ihre eigene Gestalt in diesem Augenblick vor, wie Sie in der Meditationshaltung dasitzen. Stellen Sie sich dann all die liebenden Menschen auf diesem Planeten vor, auch die, die schon von uns gegangen sind. Dazu gehören historische Persönlichkeiten wie Gandhi, Martin Luther King oder Jesus Christus, aber auch gute Freunde, Lehrer, Eltern.

3. Verwandeln Sie sich in einen Leuchtturm, der Herzensgüte und Mitgefühl ausstrahlt. Während der Lichtstrahl Ihres Geistes langsam hin und her schwenkt, wirft er sein Licht auf diese und alle anderen erleuchteten Wesen – aus der Vergangenheit, der Gegenwart und der Zukunft. Spüren Sie das Licht der Herzensgüte, das von jedem einzelnen von ihnen ausstrahlt. Es ist ein klares, transparentes Licht, das alles durchdringt, sogar die Zeit selbst.

4. Richten Sie Ihre Aufmerksamkeit auf Ihren Scheitel. Stellen Sie sich vor, daß sich dort eine Öffnung, ein Energiezentrum befindet. Lassen Sie das angehäufte Licht der Herzensgüte durch diese Öffnung eindringen und nach unten fließen, so daß es in alle Körperteile gelangt. Es ist, als wären Sie ein bodenloses Gefäß, das mit flüssiger Herzensgüte gefüllt wird. Fühlen Sie, wie diese sich im ganzen Körper ausbreitet. Sie fließt durch Sie hindurch wie warmes, goldenes Licht.

Auf Ihrem Scheitel befindet sich eines der Chakren

5. Fügen Sie diesem Strom Ihre eigene Herzensgüte hinzu. Beobachten Sie, wie die Ihnen zugesandte Güte dadurch noch verstärkt wird. Fassen Sie sie in Ihrem Inneren sachte zusammen, und führen Sie sie zur Spitze Ihres Kopfes zurück.

6. Stellen Sie sich erneut Ihren hin und her schwenkenden Lichtstrahl vor. Diesmal sammeln Sie nicht die Sie umgebende Herzensgüte auf, sondern senden sie selbst hinaus in die Welt. Während sich Ihr Lichtstrahl dreht, durchdringt das kraftvolle, helle Licht der Herzensgüte die ganze Welt. Es zerreißt den Nebel der Feindseligkeit, des Zweifels und der Angst.

7. Richten Sie das Licht Ihres Leuchtturms auf alle Menschen und alle Wesen überall auf der Welt, ohne Einschränkungen. Wenn Ihr

Scheinwerfer sich einmal vollständig im Kreis gedreht hat, beenden Sie die Meditation.

8. Bleiben Sie einige Minuten lang still sitzen. Lassen Sie die positiven Gefühle, die Sie erzeugt haben, Ihren gesamten Körper und Geist durchdringen. Genießen Sie dieses Gefühl.

9. Bewahren Sie die Herzensgüte, erheben Sie sich langsam, und setzen Sie Ihren Tagesablauf fort, wobei die neu gewonnenen Eigenschaften alles durchdringen sollten, was Sie sagen oder tun.

Wie praktiziere ich Herzensgüte?

Es ist schwierig, aber hilfreich, einem gehaßten Menschen Herzensgüte entgegenzubringen

Sie gewinnen viel, wenn Sie sich und drei anderen Menschen in Ihrem Leben, die Ihre wesentlichen Beziehungen bilden, wirkliche Herzensgüte entgegenbringen. Diese Personen sind:

- Sie selbst,
- jemand, zu dem Sie aufsehen: ein Mentor, ein Lehrer, ein enger Freund,
- eine neutrale, wertfreie Person: jemand, den Sie nicht so gut kennen,
- eine schwierige Person: jemand, den Sie nicht mögen oder gar hassen.

Sie können jedesmal, wenn Sie diese Übung wiederholen, andere Personen auswählen (nur Sie selbst bleiben immer dabei). Manchmal ist der schwierige Mensch von gestern der Mentor von heute. Die Sätze, die Sie wiederholen, sollten aus Ihrem Herzen kommen. Sie haben mit dem zu tun, was an Ihnen am besten ist, mit den Dingen, die Sie für sich wollen. Es folgt eine Auflistung von Vorschlägen; natürlich ist sie nicht vollzählig. Jeder Satz, Wunsch oder Gedanke in Verbindung mit Herzensgüte, der in Ihnen eine Saite zum Schwingen bringt, ist der richtige. Wiederholen Sie jeden Satz zweimal.

Bringen Sie auch sich selbst Herzensgüte entgegen!

Möge ich glücklich sein.
Möge ich gesund sein.
Möge ich außer Gefahr sein.
Möge ich frei von Wut sein.
Möge ich Gewißheit haben.
Möge ich sorglos sein.
Möge ich frei von Schmerzen sein.
Möge ich frei von Leiden sein.
Möge ich frei sein.
Möge es mir leicht sein.

Traditionell werden drei oder vier Sätze zusammengefaßt und in Gruppen abgesandt. Diese Satzgruppen sind für alle vier Personen dieselben. Sie können beispielsweise die folgenden drei Sätze zusammenschließen:

Möge ich glücklich sein.
Möge ich gesund sein.
Möge ich außer Gefahr sein.

Verwenden Sie nicht mehr als vier Sätze, sonst wird es zu verwirrend. Denken Sie daran, die Übung möglichst einfach zu halten. Es geht hier nicht darum, zu üben, wie man sich etwas wünscht. Zwar mag der Wunsch »Möge ich den neuen Mercedes bekommen« seine Berechtigung haben, dennoch ist die Meditation über die Herzensgüte nicht der richtige Zeitpunkt, um ihn auszusprechen.

HERZENSGÜTE

1. Wie in der Achtsamkeitsmeditation beginnen Sie auch hier, indem Sie auf Ihrem Stuhl oder Kissen Platz nehmen. Werden Sie Ihres ganzen Körpers gewahr. Achten Sie ganz bewußt darauf. Schließen Sie die Augen. Entspannen Sie sich. Denken Sie an etwas, das Ihnen erst vor kurzem gute Gefühle bereitet hat. Lassen Sie das Gefühl in sich wachsen.

Wünschen Sie sich doch selbst einmal Glück!

2. Stellen Sie sich Ihre eigene Gestalt in diesem Augenblick vor, wie Sie in der Meditationshaltung dasitzen. Bringen Sie sich selbst Herzensgüte entgegen, indem Sie die folgenden Sätze langsam im stillen wiederholen: »Möge ich glücklich sein. Möge ich gesund sein. Möge ich außer Gefahr sein.« Während Sie die Sätze wiederholen, versuchen Sie, sie tief in Ihr Bewußtsein eindringen zu lassen. Bemühen Sie sich, offen und entspannt zu sein. Wenn Sie sich unwohl oder angespannt fühlen, lassen Sie zu, daß diese Gefühle sich austoben und anschließend, wie es bei allen Phänomenen der Fall ist, wie die Wolken am Himmel davonschweben.

3. Stellen Sie sich jemanden vor, zu dem Sie wirklich aufsehen. Es kann ein Lehrer oder ein Mentor in der Arbeit sein – jemand, den Sie achten und bewundern. Malen Sie sich Situationen oder Ereignisse aus, in denen diese Person Ihnen wirklich geholfen hat.

4. Wiederholen Sie die Sätze, wobei Sie »ich« durch »du« ersetzen, und senden Sie Ihre besten Wünsche zu ihm oder ihr, während Sie wiederholen: »Mögest du glücklich sein. Mögest du außer Gefahr sein. Mögest du sorglos sein.« Hüllen Sie den Menschen durch diese Worte in Herzensgüte ein. Anschließend halten Sie einen Moment lang inne.

5. Richten Sie Ihre Aufmerksamkeit auf eine neutrale Person. Das kann jemand sein, den Sie nicht so gut kennen, oder auch ein vollkommen Fremder, jedenfalls eine Person, welche die Quintessenz eines menschlichen Wesens darstellt. Stellen Sie sich diese neutrale Person in Geiste vor. Senden Sie ihm oder ihr Herzensgüte und wiederholen Sie die Sätze: »Mögest du glücklich sein. Mögest du außer Gefahr sein. Mögest du sorglos sein.« Sie fühlen sich jetzt durch die auftauchenden Gefühle ganz leicht. Sie werden staunen, wie eng Sie sich mit einem völlig fremden Menschen verbunden fühlen können. Seien Sie nicht verwundert. Seien Sie am besten gar nichts, sondern fahren Sie einfach fort, Ihre Herzensgüte auszusenden.

Im Laufe der Übung fühlen Sie sich immer besser, leichter

6. Richten Sie Ihre Aufmerksamkeit auf eine schwierige Person in Ihrem Leben. Umhüllen Sie diesen Gegner, diesen Feind, so aufrichtig Sie können, mit Ihrer Herzensgüte. Und wiederholen Sie dabei die folgenden Sätze: »Mögest du glücklich sein. Mögest du außer Gefahr sein. Mögest du sorglos sein.«

7. Nachdem Sie diesen vier Personen Herzensgüte gesandt haben, bleiben Sie einige Minuten ruhig sitzen. Lassen Sie die positiven Gefühle, die Sie erzeugt haben, Ihren gesamten Körper und Geist durchdringen. Genießen Sie dieses Gefühl.

8. Erheben Sie sich langsam, und setzen Sie Ihren Tagesablauf fort, wobei die neu gewonnenen Eigenschaften alles durchdringen sollten, was Sie sagen oder tun.

Herzensgüte für Feinde

Ohne Zweifel bedeutet es eine gewaltige Herausforderung, Menschen, die wir nicht mögen, Herzensgüte zu senden. Wozu auch? Die Antwort ist einfach: weil es ganz wichtig ist. Und wir wissen das.

Es gibt verschiedene Strategien oder Techniken, jemandem, den wir nicht mögen, Herzensgüte zu senden. Hier sind drei davon.

Meist leiden wir selbst am meisten unter der Wut, die wir auf andere haben

ÄRGER ÜBERWINDEN: Sie tun es nicht für die anderen. Sie tun es für sich. Das klingt vielleicht ein bißchen hartherzig und nicht halb so elegant wie »Ich liebe die ganze Welt«, doch es ist ehrlich, und Ehrlichkeit ist das, was zählt. In diesem Zusammenhang schlägt Sharon Salzberg in ihrem Buch »Lovingkindness, The Revolutionary Art of Happiness«, vor, daß man sich selbst die Frage stellt: »Wer ist der derjenige, der unter dieser Wut leidet? Die Person, die mir Schaden zugefügt hat, lebt ihr Leben weiter (oder ist inzwischen gestorben), während ich hier sitze und von dem Brennen und der Last der Wut verfolgt werde. Aus Mitgefühl mit mir selbst, um mein Herz zu erleichtern, sollte ich loslassen.«

Während der nächsten Herzensgüte-Meditation, wenn die schwierige Person an der Reihe ist, nehmen Sie sich die Zeit, um sich zu fragen: »Wer leidet unter dieser Wut?« Und wenn Sie feststellen, daß Sie es sind, senden Sie sich selbst viel Herzensgüte – und anschließend senden Sie dieser schwierigen Person das gleiche.

GEHEN SIE AUF IHRE FEINDE ZU: Wählen Sie jemanden aus, den Sie nicht mögen, und arbeiten Sie sich dann zu den echten »Ekeln« vor. Anstatt mit Ihrem Chef anzufangen, beginnen Sie zum Beispiel mit dem Busfahrer, der Sie heute naßgespritzt hat. Sobald Sie es geschafft haben, diesem Busfahrer Herzensgüte zu senden, können Sie sich auf der Skala der gemeinen Menschen langsam steigern. Irgendwann sind Sie dann soweit, daß Sie Ihrem Chef Herzensgüte und Mitgefühl entgegenbringen können.

Manche Menschen berichten über eine erstaunliche Wandlung ihrer Beziehungen zu schwierigen Menschen als Folge der Praxis von Herzensgüte. Wer hat sich verändert? Die anderen? Sie selbst? Beide? Spielt das eine Rolle?

VERZEIHEN: Eine andere Möglichkeit, mit Menschen umzugehen, die Sie nicht mögen, besteht darin, deren negative Eigenschaften in sich selbst zu entdecken.

Sie müssen einsehen, daß jeder Mensch, auch Sie, sich dasselbe Vergehen schon hat zuschulden kommen lassen. Und als das der Fall war, wollten Sie nicht auch, daß man Ihnen verzeiht? Natürlich wollten Sie das. Jeder würde das wollen, auch die Person, der Sie selbst jetzt nicht verzeihen wollen. Warum sollten Sie ihr nicht vergeben und sich etwas anderem zuwenden?

Vergeben gehört zur Herzensgüte: Seien Sie nicht zu streng mit sich selbst und anderen

HERZENSGÜTE FÜR JEMANDEN, DEN SIE HASSEN

Betrachten Sie die folgende Übung als Achtsamkeitsmeditation, bei der die Person, die Sie hassen, Gegenstand Ihrer Meditation ist.

1. Setzen Sie sich bequem hin. Schließen Sie die Augen. Stellen Sie sich eine Person in Ihrem Leben vor, die Sie hassen.

2. Fragen Sie sich, was Sie im einzelnen an der betreffenden Person hassen. Ist es das Wesen dieser Person? Wie macht sich dieses Wesen bemerkbar? Können Sie es jemandem zeigen? Ist es der Körper des Betreffenden? Wohl kaum. Wie kann man eine Zusammensetzung von chemischen Stoffen und Energie hassen?

3. Fragen Sie sich: »Wo ist diese Person, die ich so sehr hasse?« Gibt es diesen Menschen überhaupt? Oder hassen Sie eine Sammlung von Gedanken, Gefühlen und Emotionen, die nicht nur Teil der von Ihnen verabscheuten Person sind, sondern auch ein Teil Ihrer selbst? Wo also ist dieser Mensch, den Sie hassen?

4. Wenn Sie fertig sind, ruhen Sie sich ein paar Minuten aus. Stellen Sie sich den Menschen vor, Vergleichen Sie Ihre Gefühle jetzt mit den Gefühlen, die Sie vor der Übung empfunden haben.

Seien Sie gut zu sich selbst

Die Anweisungen für die folgende Übung sind genau dieselben wie bei der vorangegangenen Übung. Nur ist diesmal die Person, die Sie wirklich lieben – Sie selbst. Sie müssen sich nicht schämen, schuldig fühlen oder glauben, Sie hätten keinen Anspruch darauf. Es ist vollkommen legitim und sogar empfehlenswert, sich selbst Herzensgüte und Mitgefühl zukommen zu lassen.

Sich selbt zu mögen bereitet vielen Menschen die größten Schwierigkeiten

Viele Meditierende haben anfänglich Probleme damit, sich selbst Herzensgüte zu senden. Das liegt daran, daß die Gesellschaft uns die falsche Botschaft vermittelt, nämlich daß sich selbst zu mögen und für sich das Beste zu wollen selbstsüchtig, egoistisch, narzißtisch und ein sicheres Zeichen dafür ist, daß man sich auf einem totalen Ego-Trip befindet. Nichts liegt der Wahrheit ferner. Denken Sie daran, was Buddha seinen Anhängern sagte: »Ihr könnt im ganzen Universum nach jemandem suchen, der eure Liebe mehr verdient als ihr selbst, und ihr werdet ihn nicht finden.«

Wenn es Ihnen Schwierigkeiten bereitet, sich selbst zu lieben, versuchen Sie es mit der folgenden Übung.

LIEBE DICH SELBST

1. Nehmen Sie eine bequeme Haltung ein. Schließen Sie die Augen.

2. Rufen Sie sich die Zeiten ins Gedächtnis zurück, als Sie anderen Gutes getan haben. Es müssen nicht Dinge sein, für die Sie den Friedensnobelpreis verdient hätten. Vielleicht haben Sie am Strand einem Kind weitergeholfen, das sich verlaufen hat, oder einem älteren Nachbarn die Einkaufstasche ins Haus getragen. Das sind die Momente, in denen Sie objektiv betrachtet und ohne jeden Zweifel ein gütiger, freundlicher, mitfühlender Mensch waren, der mit Sicherheit Herzensgüte verdient hat.

3. Während Sie nachdenken, stoßen Sie sicher auf eine Episode, die vollkommen durchdrungen ist von Ihrer unbelasteten, vollkommenen Herzensgüte.

4. Stellen Sie sich die Situation so lebhaft wie möglich vor. Die Tageszeit, die Farbe des Himmels – malen Sie sich alles genau aus. Erinnern Sie sich an die Dankbarkeit, die man Ihnen gegenüber empfand. Erinnern Sie sich daran, was das körperlich für ein Gefühl war, die allgemeine Zufriedenheit, die Sie spürten.

5. Gehen Sie auf die Empfindungen von Herzensgüte ein, die an die Oberfläche kommen. Richten Sie sie schließlich auf Ihre eigene Person.

In unserer Gesellschaft herrscht die Meinung, daß Herzensgüte und Mitgefühl reiner Luxus und keine Notwendigkeit sind. Wird man etwa vom Mitgefühl satt? Kann man sich für Herzensgüte einen Diamanten kaufen? Wenn unser Bewußtsein ständig von Bildern durchdrungen ist, die diese Vorstellung noch verstärken, etwa nach dem Motto »Der Gutmütige ist immer der Dumme«, dann gelten Herzensgüte und Mitgefühl schlichtweg als Schwäche – und wir wollen doch keine Schwäche zeigen.

Doch sind Herzensgüte und Mitgefühl eigentlich Ausdruck für eine gewaltige innere Stärke. Sharon Salzberg meint: »Mitgefühl hat überhaupt nichts mit Schwäche zu tun. Es ist die Stärke, die daraus erwächst, daß man das wahre Ausmaß des Leidens auf der Welt erkennt ... Es ermöglicht uns, ohne zu zögern auf Ungerechtigkeit hinzuweisen und all unsere uns zur Verfügung stehende Stärke zum Handeln einzusetzen.«

Herzensgüte und Mitgefühl sind keine Schwächen, sondern zwei der größten Stärken, die ein Mensch nur haben kann

Sie wissen, was richtig und was falsch ist. Wenn jemand sich an der Kasse vordrängt, ist das falsch. Und Sie können dieser Person auf freundliche, mitfühlende Weise sagen, sie möchte sich hinten anstellen.

Wahre Umsetzung von Herzensgüte bietet keinen Platz für Verzicht, Schuldgefühle oder eine Opferhaltung. Die einzige Voraussetzung für aufrichtige Herzensgüte und Mitgefühl ist, daß Sie ganz Sie selbst – und keineswegs heilig – sind.

> »Das ist meine einfache Religion. Sie braucht keinen Tempel, keine komplizierte Philosophie. Unser eigenes Gehirn, unser eigenes Herz ist unser Tempel; die Philosophie ist Freundlichkeit.«
>
> DALAI LAMA

ZUSAMMENFASSUNG

Herzensgüte ist uns angeboren!

- Herzensgüte, in östlichen Meditationstraditionen manchmal als Metta bezeichnet, ist unser uns angeborenes Verlangen, jedem und allem das Beste zu wünschen.
- Mitgefühl ist die Stärke, durch die man das Leiden als Teil des Menschseins in sich und in anderen erkennt, sowie die Fähigkeit, den Kummer anderer als unseren eigenen zu empfinden.
- Die Ausübung von Herzensgüte und Mitgefühl richtet sich zunächst auf uns selbst und wird dann auf alle lebenden Wesen ausgedehnt.
- Herzensgüte und Mitgefühl sind wirksame Instrumente in der Welt, in der wir leben, wo die Verbundenheit aller Wesen auf einer wahrhaft weltumspannenden Ebene stattfindet.
- Eltern, die Herzensgüte und Mitgefühl praktizieren,

haben einen zusätzlichen Vorteil, nämlich, diese Dinge auch an ihre Kinder weitergeben zu können.

- Beim Tonglen gleicht der Meditierende einem spirituellen Dialysegerät, das den Schmerz und das Leiden eines anderen in sich aufnimmt, wo sie durch die Freude, das Mitgefühl und das Glück des Meditierenden gereinigt werden und von wo aus sie geläutert und mit Energie versehen zu dem Leidenden zurückgesandt werden.
- Buddha sagte zu seinen Schülern: »Ihr könnt im ganzen Universum nach jemandem suchen, der eure Liebe mehr verdient als ihr selbst, und ihr werdet ihn nicht finden.«

Nichts ist von Dauer.
crosbie

Anhang – Die Praxis vertiefen

Vielleicht sind Sie inzwischen bereit, Ihre Meditationspraxis zu vertiefen. In diesem Abschnitt wird erklärt, wie Sie einen Lehrer finden und an Meditationsseminaren oder »Retreats« teilnehmen können. Eine alte Weisheit besagt: »Wenn der Schüler bereit ist, erscheint der Lehrer.« Die Auswahl eines Lehrers ist eine persönliche Entscheidung, die von vielen Faktoren abhängig ist, auch von der Verfügbarkeit des Lehrers, seiner Persönlichkeit und Unterrichtsmethode.

Lehrer

Wenn Sie einen Lehrer suchen, machen Sie sich klar, was Sie von ihm wollen. Suchen Sie einen Meister, einen Führer, einen Trainer oder einen spirituellen Freund? Es gibt drei Merkmale, die gute Lehrer ausmachen:

Gute Lehrer sind selten – suchen Sie, bis Sie den für Ihre Ansprüche besten gefunden haben

- Sie sind eine Bereicherung Ihres Lebens; sie versuchen nicht, Ihr Leben für Sie in die Hand zu nehmen.
- Sie befinden sich nicht auf einem Ego-Trip, der nur durch Ihre Abhängigkeit befriedigt werden kann.
- Sie schützen Sie davor, vom rechten Wege abzukommen, während Sie Ihnen gleichzeitig die Zeit einräumen, Ihren eigenen Weg zu finden.

Das Verhältnis zu Ihrem Lehrer

In den meisten Beziehungen zwischen einem Schüler und einem Lehrer übernimmt der Lehrer die Rolle eines Gurus, eines Meisters oder spirituellen Freundes oder »Kalyana Mitta«.

Der Guru

Das Verhältnis zwischen Guru und Schüler beruht nicht auf Gleichberechtigung. Die Autorität, die Regeln und Handlungen des Guru werden von dem Schüler, der sich allen Ideen, Meinungen und Forderungen des Gurus unterwirft, selten hinterfragt und niemals in Zweifel gezogen.

Gegenüber dieser Art der Beziehung herrscht, besonders im Westen, wo das Hinterfragen der Autorität als angemessen und notwendig betrachtet wird, eine gewisse Skepsis. Eine Beziehung zu einem Guru kann jedoch auch ein Segen für einen Schüler sein. Wenn Sie sich für einen Guru entscheiden, sollten Sie sich über Ihre Motivation und Ihre Absichten sowie über die möglichen Risiken vorher im klaren sein.

Der »Kalyana Mitta«

Zum Kalyana Mitta siehe auch Glossar Seite 393

Kalyana Mitta hat in der Einsichts-Tradition des südostasiatischen Buddhismus die Bedeutung »spiritueller Freund«. Es ist auch eine passende Definition der Lehrer-Schüler-Beziehungen, die in vielen anderen religiösen und meditativen Traditionen vorherrschen.

Einem wirklich weisen Lehrer bringen Sie gerne Respekt entgegen

In der spirituellen Freund-Schüler-Beziehung unterwerfen Sie sich Ihrem Lehrer nicht; Sie stellen Ihren spirituellen Freund nicht auf ein Podest. Sowie Sie das Mitgefühl und die Weisheit Ihres Lehrers erkennen, wächst Ihre Achtung und Ehrerbietung auf spontane und natürliche Weise.

Blinder Gehorsam

Eine frühe buddhistische Geschichte illustriert die Gefahren des blinden Gehorsams der Anweisungen eines Lehrers:

Als der Reitknecht des Königs starb, stellte der König einen neuen ein, der stark humpelte, was dem König aber nicht bekannt war. Die vollkommenen, schönen, reinrassigen Hengste des Königs wurden zu dem neuen Knecht gebracht, der sie lehrte, zu traben, zu galoppieren und die Kutsche des Königs zu ziehen. Es gab nur ein Problem: Jeder der Hengste übte seine Aufgabe mit einen ausgeprägten Humpeln aus. Als der König das sah, rief er den Reitknecht zu sich. Sobald dieser auf den König zu humpelte, war dem König alles klar.

Selbstverständlich ist die Beziehung zu einem spirituellen Freund weniger durch Furcht und Abhängigkeit geprägt. Ein spiritueller Freund übernimmt die Funktion eines erfahrenen Führers auf Ihrem Weg zu Meditation und Achtsamkeit. Er oder sie ist diesen Weg bereits gegangen und kann Ihnen helfen, die Fallgruben zu umgehen.

Ein guter spiritueller Freund will, daß Sie Ihr eigenes Leben leben und nicht, daß Sie von ihm abhängig werden. Er oder sie handelt auch als spiritueller Trainer, das heißt als jemand, der sich nicht scheut, Ihnen zu sagen, wann Sie härter an sich arbeiten könnten.

Die Anforderungen des modernen Lebens machen es leichter, dem Weg des spirituellen Freundes zu folgen. Moderne Lehrer wissen das und haben Bücher, Hörkassetten und visuelle Lernmittel entwickelt, die dem Schüler helfen, auch über große räumliche Entfernungen mit dem Lehrer in Kontakt zu bleiben.

Lehrer – spirituelle Freunde oder Feinde?

Die große Mehrheit von Meditationslehrern, Yogis, Geistlichen und Gurus sind ausgeglichene Menschen mit guten Absichten, die ihren Schülern einen Nutzen bringen. Dennoch gibt es Ausnahmen, von denen viele weitgehend bekanntgemacht wurden, wo die Schüler sexuell, finanziell und emotional von Lehrern ausgebeutet wurden, die mehr spirituelle Feinde als Freunde sind. Die krassesten Beispiele sind, wenn Schüler sich in Robotern ähnliche Wesen verwandelt haben, die jeden Befehl ausführen – einschließlich den zur Teilnahme an einem Massenselbstmord oder Mord.

Hüten Sie sich vor selbsternannten Gurus, und lassen Sie sich von Ihrem Gefühl leiten

Aus diesem Grund haben viele Menschen Angst davor, sich mit einem Lehrer einzulassen. Sie haben von den selbsternannten Gurus, Fakiren, Hochstaplern und Hasardeuren sowie ganzen Horden von anderen spirituellen Scharlatanen im Zusammenhang mit der New-Age-Richtung gelesen, die nur darauf warten, daß ihnen ein ahnungsloser Meditierender oder jemand auf der Suche nach dem spirituellen Pfad über den Weg läuft. Dieser Gedanke allein hält viele davon ab, sich einen Lehrer zu suchen oder sich einer Meditationsgruppe anzuschließen.

Der Gedanke, an einem Meditationszirkel oder einem Kurs teilzunehmen, ist also für viele Menschen mit Zweifeln verbunden. Man hört schließlich Geschichten über kultähnliche Gruppen, die Politik innerhalb der Gruppen und Fanatikern.

Vernünftige Zurückhaltung ist einem tibetischen Sprichwort zufolge in diesem Fall der sicherste Weg. Das Sprichwort lautet in etwa: »Ein Guru ist wie ein Feuer. Kommst du ihm zu nah, verbrennst du dich. Gehst du nicht nah genug heran, bekommst du nicht genug Wärme ab. Es empfiehlt sich eine vernünftige Zurückhaltung.«

- »Es gibt viele Gurus und einige gute, die man leicht erkennen kann, da diejenigen, die am lautesten schreien, am wenigsten Achtung verdienen. Diejenigen, die die wahren Führer zur Weisheit sind, wissen, daß nichts gelehrt werden kann, obwohl dem Lernenden geholfen werden kann zu entdecken, was in ihm ist. Daneben gibt es nichts Wichtiges, das man wissen müßte, außer folgendem: Was in ihm selbst ist, ist überall.«

Tsiang Samdup,
»The Book of Sayings of Tsiang Samdup«

Kult oder Bewusstseinserweiterung?

Gute Lehrer und Meditationsgruppen zu finden, ist nicht ganz einfach

Wie läßt sich also herausfinden, ob ein Lehrer gut ist oder eine Gruppe mehr zum Kult als zur Bewußtseinserweiterung neigt? Der ehemalige Redakteur der *New York Times* für menschliche Verhaltensformen und Autor des Buches »Varieties of Meditative Experience«, Daniel Goleman, nennt neun wesentliche Fragen, die Sie sich in bezug auf jede meditativ oder spirituell orientierte Gruppe stellen sollten. Jede mit »Ja« beantwortete Frage ist ein Alarmsignal – gehen Sie der Sache weiter nach! Wenn Sie auf die meisten Fragen mit »Ja« antworten, suchen Sie sich eine andere Gruppe, und vermeiden Sie die hinterfragte auf jeden Fall!

- Bleiben wichtige Fragen unbeantwortet, beispielsweise solche nach Ethik, finanziellen Belangen, Benehmen, Inkonsequenz und anderen Angelegenheiten wie etwa: »Warum lehrt der Yogi Makrobiotik und ißt selbst Eier mit Speck?«
- Sind Schlüsselinformationen – etwa, wofür das Geld ausgegeben wird und mit wem der Lehrer schläft – nur einem engen, inneren Kreis zugänglich?

- Besteht die Gruppe aus Personen, die sich genau wie ihr Anführer kleiden, aufmachen und handeln wie er?
- Legt jeder, egal unter welchen Umständen, nur eine bestimmte Skala von Gefühlen an den Tag, etwa immer nur Fröhlichkeit oder Ernst oder extreme Spiritualität?
- Glauben die Mitglieder der Gruppe, etwas Besonderes zu sein oder daß sie als einzige im Besitz der Wahrheit sind und den Pfad zur Erlösung kennen und daß alle anderen Menschen sich irren und möglicherweise verdammt sind?
- Werden die Mitglieder aufgefordert, ihren Gehorsam unter Beweis zu stellen, indem sie tun, was ihnen gesagt wird, auch wenn das ihren persönlichen Wertvorstellungen widerspricht?
- Ist das in der Öffentlichkeit präsentierte Bild der Gruppe irreführend, da die Gruppe zum Beispiel vorgibt, ein einfacher gemeinnütziger Verein zu sein, während das eigentliche Ziel darin besteht, neue Mitglieder zu rekrutieren?
- Wird eine einzelne metaphysische Erklärung nach dem Motto »Es ist Mithras Wille« verwendet, um alles zu erklären, was einem Menschen widerfährt, von körperlichen Krankheiten bis hin zu Alkoholismus?
- Sind Lachen und freundschaftliche Späße selten oder gar verpönt?

ZUSAMMENFASSUNG

- Ein altes tibetisches Sprichwort sagt, daß der Lehrer dem Feuer gleicht. Wenn man zu nah heran geht, wird man verbrannt. Steht man zu weit weg, bekommt man keine Wärme ab.
- Drei Merkmale eines guten Lehrers:
  Sie sind eine Bereicherung Ihres Lebens; sie versuchen nicht, Ihr Leben für Sie in die Hand zu nehmen.
  Sie befinden sich nicht auf einem Ego-Trip, der nur durch Ihre Abhängigkeit befriedigt werden kann.
  Sie schützen Sie davor, vom rechten Wege abzukommen, während Sie Ihnen gleichzeitig die Zeit einräumen, Ihren eigenen Weg zu finden.
- In einigen Meditationstraditionen gilt der Lehrer als spiritueller Freund. Ein guter spiritueller Freund will, daß Sie so unabhängig sind wie nur möglich.
- Meditations-Retreats bilden den idealen Hintergrund für intensive Übung mit guten Lehrern.

Glossar

Acariya. (Einsichts-Tradition) Lehrer, Meister.

Ashram. Indische klösterliche Gemeinschaft.

Beachten. Eine Technik der Achtsamkeits-Meditation, die dem Meditierenden ermöglicht, vorübergehende *Meditationsobjekte* zu beachten, die in sein Bewußtseinsfeld gelangen. Mit Hilfe dieser Technik lassen sich Gefühle, Emotionen und Gedanken im Kontext der Meditation betrachten.

Bhagavad-Gita. Der Gesang Gottes, Hindu Schrifttum.

Bodhicitta. Das altruistische Bemühen, beruhend auf Liebe und Mitgefühl, zum Nutzen aller Wesen Erleuchtung zu erlangen. Bodhicitta ist die erste Sprosse auf der Leiter zum Rang des *Bodhisattva.*

Bodhisattva. Ein Mensch auf dem Pfad zur spirituellen Erleuchtung durch Mitgefühl. Ein Bodhisattva ist die Verkörperung der Acht Regeln und hat geschworen, erst ins Nirwana einzugehen, wenn alle anderen fühlenden Wesen vor ihm dort angelangt sind. Die sechs vollkommenen Tugenden bilden die Praxis des Bodhisattva. Sie lauten: Großzügigkeit, ethische Disziplin, Geduld, Ausdauer, Meditation und Weisheit.

Brahma-Viharas. Herzensgüte und Mitgefühl bilden gemeinsam mit innerem Gleichgewicht und teilnehmender Freude die himmlischen Ausstrahlungen (die höchsten Tugenden) des Buddhismus. Ein solcher Zustand wird durch Meditation herbeigeführt.

Brujo. Ein Hexenmeister in der mexikanischen und indianischen Tradition.

Buddha. Der große Lehrer, Gründer des Buddhismus.

Chakren. Die Energiezentren des Körpers, Lichträder. Dieses System hat seinen Ursprung im Buddhismus und betrachtet den menschlichen Körper als Zusammenstellung von Energiefeldern. Die Chakra-Zentren im Körper bilden die Verknüpfung zwischen dem Spirituellen und dem Körperlichen. Es gibt sieben wesentliche Chakren – am unteren Ende der Wirbelsäule, in den Geschlechtsorganen, am Solarplexus, in der Herzgegend, im Hals, an der Stirn und am Scheitel –, von denen jedes eine einzigartige Energie enthält, die zum allgemeinen Energiefluß des Körpers (siehe *C'hi*) beiträgt. Im Sanskrit heißen die Zentren *Muladhara, Svadhishthana, Manipura, Anahata, Vishuddha, Ajna* und *Sashasrara*.

C'hi oder *Chi*. Energiefluß im Körper.

Ch´an. Chinesisch für Zen.

Dalai Lama. Wiedergeborener spiritueller und politischer Führer Tibets.

Dana. (Pali) Geschenk, Gabe. Eine alte buddhistische Tradition, der zufolge Anhänger und Schüler zum Lebensunterhalt des Lehrers beitragen. Bei Retreats ist Dana in der Regel eine finanzielle Spende der Schüler an den Lehrer und andere Mitarbeiter.

Dhammapada. Sammlung der Lehren Buddhas.

Dharma. (Sanskrit) wörtlich »Pflicht«. Die wichtigste Säule der buddhistischen Lehre. (1) Der unwandelbare Zustand des Seins. (2) Die unveränderlichen, universellen Gesetze. Kosmische Ordnung, richtiges Handeln, Wahrheit. (3) Die Lehren des Buddha.

Dharma-Schmerz. Schmerzen, die von den im Körper gespeicherten Erfahrungen hervorgerufen werden.

Dhyana. (Sanskrit) Meditation.

Dikenga. Ein Kreuz in einem Kreis. Fundamentales Symbol der Religion des Kongo.

Dokusan. Treffen von einem Zen-Lehrer und einem Schüler unter vier Augen.

Ein sof. In der Kabbalah der höchste meditative Zustand.

Fakir. (Ursprünglich ägyptisch, dann Hindu) Bettler und heiliger Mann.

Fetisch. Heiliger oder magischer Gegenstand.

Gehennah. Tal bei Jerusalem, in dem Schutt begraben wird. Bildlich gesprochen ein Ort der Qual.

Gnosis. (Griechisch) Wissen, Weisheit.

Gomden. Tibetisches Kissen.

Guru. (Sanskrit). Lehrer oder Meister. Einige Gurus verlangen von ihren Schülern unbedingten Gehorsam. Vergleiche *Kalyana Mitta*.

Hara. Energiezentrum des Körpers, untere Bauchgegend, Genitalien.

Hinayana-Buddhismus. Wörtlich »das kleine Fahrzeug«. Eine der Hauptströmungen des Buddhismus.

Hindi. Moderne indische Sprache.

Hitbodidut. Kabbalistische Meditationspraxis, wie von dem chasidischen Meister des 18. Jahrhunderts, Rabbi Nachman von Breslau, beschrieben. »Den Gipfel der Hitbodidut-Meditation erreichen wir, wenn wir – bedingt durch unsere große Sehnsucht nach der Einheit mit Gott – unsere Seele nur noch durch eine einzige Faser mit unserem Körper verbunden fühlen. Kann man in diesem Leben nach etwas Besserem trachten?« Siehe *Maggid*.

Hoja. (Sufi) Meditationslehrer. Nasrudin war einer.

I Ching. (Chinesisch). *Buch der Wandlungen*, enthält Grundlagen des Tao. Die ersten Versionen dieses uralten, klassischen Textes wurden Schätzungen zufolge bereits 3000 v.

Chr. verfaßt. Das Buch soll die elementaren Prinzipien des *Dharma* enthalten. Einem alten Brauch zufolge wurde mit Schafgarbenstengeln (neuen Münzen) ein Orakel geworfen und mit einer Sammlung von 64 Hexagrammen verglichen, das dann mit Hilfe des Buches und der Intuition des Fragenden ausgelegt wurde. Das I Ching wurde im Westen durch verschiedene Philosophen, Mathematiker und Psychiater bekannt, unter ihnen auch Carl Jung, der zu den bedeutendsten Verfechtern des Buches gehörte.

Kabbala. Jüdische heilige Geheimlehre auf der Grundlage des Schrifttums. Es gibt mehrere Systeme der kabbalistischen Lehre. Eines davon mit dem Namen »Baum des Lebens« basiert auf der Geschichte, daß im Garten Eden zwei Bäume standen, der Baum der Erkenntnis von Gut und Böse und der Baum des Lebens. Die Kabbalisten glauben, daß Adam und Eva, bevor sich aus dem Paradies vertrieben wurden, weil sie vom Baum der Erkenntnis gegessen hatten, einen Blick auf den Baum des Lebens werfen durften. Das durch diesen Blick erhaschte Wissen gilt als die Basis der mystischen Traditionen des Judaismus.

Kalyana Mitta. (Spiritueller Freund). Die Beziehung zwischen Lehrer und Schüler in der Tradition des *Theravada*, wie sie von den Meditierenden im Westen bevorzugt wird. In einer solchen Beziehung unterwirft der Schüler seinen eigenen Willen nicht dem des Gurus. Statt dessen erkennt er die dem Lehrer eigene Autorität, Weisheit und Anteilnahme an und entwickelt auf dieser Grundlage auf natürliche Weise Respekt für den Lehrer.

Karma. Gesamtheit der Handlungen eines Menschen. Schicksal.

Karma-Yoga. Meditatives Handeln. Die Ausübung der Achtsamkeit bei den alltäglichen Beschäftigungen. Siehe *Samu*.

Kensho. Siehe *Satori.*

Kether. Höchste Ebene des Baum des Lebens bei den Kabbalisten.

Kinhin. Zen-Meditation im Gehen.

Koan. Zen-Rätsel, das zur Erleuchtung führt. In der Rinzai-Praxis sind Koans der Kern der Unterrichtsmethode. Koans lassen sich nicht durch logisches, deduktives Denken und Vernunft lösen. Um also ein Koan zu »bestehen« (zu lösen), muß der Schüler über das übliche diskursive Denken hinausgehen.

Kriya. Wirkungsvolle Technik der Tantra-Meditation.

Kundalini. Das spirituelle/physische Energiezentrum am unteren Ende der Wirbelsäule.

Lama. (Tibetischer Buddhismus) Meister oder Guru.

Maggid. Unter den jüdischen Mystikern ein spiritueller Lehrer, der qualifiziert ist, die Geheimlehre zu unterrichten. Der Maggid unterweist den Schüler in verschiedenen Techniken, darunter auch der Hitbodidut-Meditation, einer Art von unstrukturiertem, wortlosem Selbstausdruck.

Mahayana-Buddhismus. Wörtlich »großes Fahrzeug«. Eine der Hauptströmungen des Buddhismus.

Maithuna. Sexuelle Techniken der Tantra-Meditation.

Makosi. Geisterbeschwörer der Zulu.

Mandala. Ein kreisförmiges Muster mit Bildern und Formen, die das gesamte Universum symbolisieren.

Mantra. Wiederholung eines Lauts, eines Wortes oder Satzes, in vielen Meditationstraditionen gebräuchlich. Einige Schulen wie der tibetische Buddhismus vertreten die Ansicht, der Klang erzeuge schützende Kräfte.

Marker. Meditationsobjekt. Ein beim Meditieren verwendetes Hilfsmittel, das verhindern soll, daß die Gedanken abschweifen.

Maya. Illusion.

Meditation. Die Kunst, sich jedem Augenblick des Lebens mit ruhiger Bewußtheit zu öffnen. Die Kultivierung der Achtsamkeit sowohl in Ruhephasen wie beim Handeln.

Meditationsgegenstand. Eine Aktivität, die zum zentralen Punkt der Meditation gemacht wird, bei der Atemtechnik beispielsweise die Atmung.

Metta. Herzensgüte in östlichen Meditationstraditionen.

Metta-Sutra. Die Lehren des Buddha.

Mittlerer Pfad. Ein Pfad zur Erleuchtung, der die Harmonie von Suche und Hingabe gewährleistet. Achtsames Leben in Genügsamkeit. Anhänger des mittleren Pfades verzichten auf extreme Verhaltensweisen, sei es übermäßiger Genuß oder übermäßige Enthaltsamkeit. Das hat zur Folge, daß Vorlieben und Abneigungen nachlassen, was die Voraussetzung für die Befreiung vom Leiden ist.

Minkisi. Medizinische Fetische im Kongo.

Mudra. (Sanskrit) Geste oder Haltung der Hände. In der Meditation die Art, wie man die Hände hält. Bestimmte Mudra verkörpern bestimmte Energien. So drückt beispielsweise das kosmische Ei den Wunsch aus, die Verirrung und die Ignoranz zu überwinden und Erleuchtung zu erlangen.

Nirwana. Ein Zustand der Seele, in dem alles Leiden ein Ende hat.

Nobles Schweigen. Das Schweigen, das während eines Retreats eingehalten wird.

Noradrenalin. Ein Hormon, das den Streß abbaut.

Om. (Hindu) Symbolischer, mystischer Ausdruck der Zustimmung.

Orisha. Afrikanischer Gott.

Pali. Alter indischer Dialekt des südindischen Buddhismus, die religiöse Sprache des Buddhismus.

Pantheon. Alle Götter in einer religiösen Tradition.
Prana. Atem, intuitive Weisheit.
Pranisch. Mit Prana verbunden.
Quies. (Frühchristlich) Ruhe, höchster Friede.
Rinpoche. Wie *Lama.*
Rinzai. Zen-Schule, die im Unterricht Koan verwendet.
Roshi. (Japanisch) Ehrentitel für einen Zen-Meister, einen Lehrer oder einen Älteren, der Schülern den Weg zur Erleuchtung weist.
Ruah. (Hebräisch) Atem, übersetzt als »Geist Gottes«.
Ruhepunkt. Pause zwischen Ein- und Ausatmen.
Sadhana. Meditationspraxis.
Samadhi. Einssein mit Gott und dem Universum.
Samath. Achtsamkeit.
Samu. Meditation durch Arbeit im Gegensatz zum Zazen, der Meditation im Sitzen. Achtsames Arbeiten. Samu kann alles vom Geschirrspülen bis zum Entwerfen von Computerprogrammen sein.
Sanskrit. Die klassische indische Sprache, die seit dem 3. Jahrhundert v. Chr. existiert. Die Sprache, in der Buddha lehrte und in der viele hinduistische Schriften verfaßt sind.
Sashasrara. (Hindu) Höchstes Chakra, unmittelbar an der Spitze des Kopfes.
Satori. Im Zen der Zustand, in dem man seine eigene Natur erkennt und somit Erleuchtung erlangt.
Schamane. Ein menschlicher Vermittler zwischen der Welt der Geister und der natürlichen Welt.
Sechs vollkommene Tugenden. Siehe *Bodhisattva.*
Sephiroth. Ebenen des Baums des Lebens bei den Kabbalisten.
Shema. Eine jüdische Meditation, die sich auf verschiedene Aspekte Gottes konzentriert.
Shikantaza. Der Kern der Meditation des Soto-Zen, frei über-

setzt heißt es »einfach sitzen«. Shikantaza basiert nicht auf Atemtechniken, Koans oder der Verwendung eines Meditationsobjekts. Diese Praxis beruht auf dem Glauben, daß der Praktizierende, wenn er die geistige und körperliche Haltung Buddhas einnimmt, per se schon den Zustand der Erleuchtung erreicht. Shikantaza kommt ohne Meditationsobjekt, ohne bestimmte Technik aus. Der Meditierende ist vollkommen leer.

Soto. Zen-Sekte.

Sutren. Die Aufzeichnungen der ursprünglichen Lehren Buddhas, wie sie wortwörtlich von seinem Schüler Ananda aufgeschrieben wurden. Beide Hauptströmungen des Buddhismus, Hinayana und Mahayana, haben ihre eigenen Versionen dieser Sutren.

Tai-Chi. Ein System von Positionen und Übungen zur Selbstverteidigung und zur Unterstützung der Meditation. Große Weisheit.

Tai-Pei. Das große Mitgefühl. Mit Tai-Chi verwandt. Auch *Daihi* genannt.

Tantra. Höhere esoterische Lehre und Schriften über die meditative Praxis des Vajrayana.

Tao. (Chinesisch) »Weg des Lebens und des Todes«, die universelle Wahrheit. Ähnlich dem Begriff des Dharma. Ausgeführt in dem Tao Te Ching (Buch des Weges) von Lao-Tzu.

Theravada-Buddhismus. Die Schule, die in Südostasien vorherrschend ist. Teil der Hinayana-Schule.

Thora. Der Hauptteil des jüdischen Schrifttums, genauer gesagt, die fünf Bücher Mose.

Tokusan. Bambusstock, der verwendet wird, um die Meditierenden zu wecken.

Tonglen. Tibetische Meditation über das Mitgefühl. Wörtlich »Geben und Nehmen«. Eine Form der Meditation, bei der der Meditierende die Schmerzen und das Leid eines anderen auf sich nimmt, reinigt und dem Leidenden geläutert und mit Energie versehen zurückgibt.

Vajrayana. Auch tantrische Schule oder das Diamant-Fahrzeug. Eine Tradition, die zur Mahayana-Schule gehört und als Gipfelpunkt der buddhistischen Praxis gilt. Auf dieser Ebene ist der Praktizierende in der Lage, eine Art von »spiritueller Alchimie« zu vollziehen und die Hindernisse der weltlichen Gedanken und des Kummers in einen seligen Zustand der Erleuchtung und der Erkenntnis zu verwandeln. Diese Einsichten werden durch eine komplizierte Mischung aus mentalen und körperlichen Techniken gewonnen, die darauf abzielen, die Energiezentren des Körpers, die Chakren, zu öffnen.

Vipassana. Einsichts-Tradition des theravadischen Buddhismus. Eine Schule der Meditation.

Wicca. Eine moderne Religion, die auf Hexerei basiert.

Yoga. Ein allgemeiner Begriff für eine Reihe von indischen Meditationstraditionen.

Yogi. Eine Person, die Yoga praktiziert.

Zabuton. Im Japanischen ein kleiner Meditationsfuton, auf dem das Zafu liegt.

Zafu. Im Japanischen ein in der Regel rundes Meditationskissen.

Zazen. In der Zen-Tradition die Ausübung der Sitzmeditation einschließlich Koan-Praxis.

Zen. Japanische Form von Dhyana, des Sanskrit-Wortes für Meditation, mit dem chinesischen Wort *Ch'an* verwandt. Ein Zweig des Buddhismus.

Zendo. Meditationshalle des Zen.

Zikr. (Sufi) Erinnerung. Unter den Derwischen ein Mantra, das beim Tanzen verwendet wird.

Register